La réalité virtuelle pour
l'apprentissage des langues.
Une étude auprès d'adolescents
apprenant le français ou l'allemand

MEHRSPRACHIGKEIT IN EUROPA
MULTILINGUALISM IN EUROPE 13

Collection dirigée par Demeter Michael Ikonomu,
Ernst Kretschmer & Gérald Schlemminger

PETER LANG
Bern · Bruxelles · Frankfurt am Main · New York · Oxford · Warszawa · Wien

Mickaël Roy

La réalité virtuelle pour l'apprentissage des langues. Une étude auprès d'adolescents apprenant le français ou l'allemand

PETER LANG
Bern · Bruxelles · Frankfurt am Main · New York · Oxford · Warszawa · Wien

Information bibliographique publiée par « Die Deutsche Nationalbibliothek »
« Die Deutsche Nationalbibliothek » répertorie cette publication dans la « Deutsche Nationalbibliografie » ; les données bibliographiques détaillées sont disponibles sur Internet sous ‹http://dnb.d-nb.de›.

Publié avec le concours de l'Université de Strasbourg et de la *Heinrich-Hertz-Gesellschaft - Karlsruhe*

ISSN 1662-7792 br.
ISBN 978-3-0343-2820-3 br.
ISBN 978-3-0343-2990-3 MOBI
ISSN 2235-6541 eBook
ISBN 978-3-0343-2960-0 eBook
ISBN 978-3-0343-2989-7 EPUB

Cette publication a fait l'objet d'une évaluation par les pairs.

Wabernstrasse 40, CH-3007 Bern, Suisse
bern@peterlang.com, www.peterlang.com

À mes parents

Le présent ouvrage propose une version légèrement remaniée de ma thèse « La réalité virtuelle pour l'apprentissage des langues : l'influence de l'immersion, de l'interaction et de la présence sur la communication en langue étrangère. Une étude exploratoire auprès d'adolescents apprenant le français ou l'allemand », soutenue en sciences du langage, le 28 novembre 2016 à l'Université de Strasbourg, dans le cadre d'une cotutelle franco-allemande avec la Pädagogische Hochschule Karlsruhe[1]*. Les références au corpus du volume 2 et au corpus numérique ont été élidées, ainsi que le chapitre 16 « Zusammenfassung in Deutsch », résumé de la thèse en allemand.*

1 Titre allemand de la thèse : *Virtuelle Realität und Fremdsprachenerwerb: der Einfluss von Immersion, Interaktion und Präsenz auf die Kommunikation in der Fremdsprache. Eine explorative Studie zu jugendlichen Lernern in Französisch bzw. Deutsch.*

Table de matières

Remerciements

Préparer une thèse en cotutelle, c'est avoir le privilège d'être accompagné par deux directeurs de thèse. Je tiens d'abord à adresser mes remerciements les plus sincères à Anemone Geiger-Jaillet, Professeur à l'Université de Strasbourg, et à Gérald Schlemminger, Professeur à la *Pädagogische Hochschule Karlsruhe*. Ils m'ont fait confiance en dirigeant ma thèse et m'ont accompagné avec une grande disponibilité dans mon travail de recherche. Leur binôme est un modèle de coopération franco-allemande, soudé au-delà des contraintes institutionnelles et des défis interculturels. Je remercie Anemone Geiger-Jaillet de la rigueur scientifique qu'elle sait transmettre à ses doctorants. Merci à Gérald Schlemminger pour son enthousiasme scientifique rassembleur. J'ai apprécié son écoute et son empathie, notamment lors de longues discussions à l'issue de nos journées de travail à Karlsruhe. Je tâcherai d'être digne de leur investissement en usant, dans mon futur parcours professionnel, des compétences qu'ils m'ont aidé à développer.

Mes remerciements vont également aux autres membres de mon jury de thèse, Dominique Macaire et Gabriele Weigand, Antonio Capobianco et Hans Giessen, pour avoir accepté d'évaluer mon travail.

Je remercie les institutions qui m'ont aidé à financer mes recherches et à leur donner une visibilité. La *Pädagogische Hochschule Karlsruhe* et l'Université de Strasbourg, avec l'École Doctorale des Humanités et l'Unité de Recherche LILPA, ont largement contribué à ma participation à des manifestations scientifiques internationales. La *Heinrich-Hertz-Gesellschaft* m'a accordé sa confiance en me décernant un prix au début de mon travail. Enfin, l'Université Franco-Allemande a facilité la réalisation de ma thèse en cotutelle avec une bourse de mobilité pour une recherche transfrontalière.

Mon travail de thèse s'est en grande partie déroulé dans le cadre du projet européen EVEIL-3D. Je remercie toute l'équipe du projet, en particulier Manuel Veit qui a travaillé, sans temps compter, au développement du dispositif technique, rendant ainsi possible les tests dans les établissements scolaires. Je salue également Laurence Schmoll, pour notre belle collaboration didactique. Je la remercie aussi pour la relecture finale de la thèse et pour son aide dans le laborieux travail de transcription du corpus. J'ai une pensée nostalgique pour Susanne Bernert-Rehaber et Juliane Zeiser, mes collègues de la *Pädagogische Hochschule Karlsruhe*, avec qui j'ai partagé, pendant trois ans, le quotidien souvent mouvementé du projet EVEIL-3D. Je tiens également à saluer l'engagement des enseignants et des élèves qui se sont prêtés au jeu des expérimentations de l'environnement virtuel.

Pendant cinq ans, le séminaire doctoral mensuel, animé par mes deux directeurs de thèse, a constitué un lieu d'échanges scientifiques à l'apport inestimable pour mes recherches. Ce fut aussi un espace d'expression de mes doutes et une source de motivation. Je remercie particulièrement Léonie Fournier et Meryl Kusyk avec qui j'ai grandi au sein de ce groupe.

Mes remerciements vont également au pôle Recherche de la *Pädagogische Hochschule Karlsruhe*, qui accompagne les doctorants par des séminaires méthodologiques et par un appui logistique à l'organisation de manifestations scientifiques. C'est dans ce cadre que j'ai pu profiter des conseils méthodologiques de Kenneth Horvath ; je l'en remercie.

J'ai une pensée particulière pour Monsieur Bréjoux, mon premier professeur d'allemand. Par des échanges scolaires réguliers avec l'Allemagne, il m'a fait dépasser en quelques années mes grandes difficultés à apprendre l'allemand. Il a semé les graines desquelles allait naître ma passion pour la cause franco-allemande. Bien des années plus tard, Michel Candelier, mon directeur de Master à l'Université du Maine, m'a fait découvrir la didactique des langues et m'a initié à la recherche scientifique ; je lui adresse mes remerciements.

D'un point de vue plus personnel, je remercie mes collègues et amis, pour leurs encouragements. La pression sociale qu'ils ont aimablement exercée, sans relâche, m'a aidé à achever mon travail.

Merci à ma mère, Catherine. Par un savant mélange de proximité et de distance vis-à-vis de mon travail de thèse, elle m'a aidé à garder le cap dans les moments difficiles. Je la remercie aussi pour son travail de relecture. Je lui suis surtout infiniment reconnaissant de m'avoir transmis la valeur du travail ainsi que le sens de la rigueur. Ma gratitude va à mes deux parents, notamment parce qu'ils m'ont très tôt fait découvrir d'autres langues et d'autres cultures ; je leur dédie cette thèse.

Enfin, merci à Esben, d'avoir supporté au quotidien, avec une rare patience, mes péripéties de doctorant. Je sais combien cela lui a coûté et estime d'autant plus son soutien indéfectible.

Table des abréviations

2D	bidimensionnel
3D	tridimensionnel
ALMT	Apprentissage des Langues Médiatisé par les Technologies
CAVE	*Cave Automatic Virtual Environment*
CECRL	Cadre Européen Commun de Référence pour les Langues
DEL2	Discipline Enseignée en Langue 2
E	Élève
EAO	Enseignement Assisté par Ordinateur
EIAH	Environnements Informatiques pour l'Apprentissage Humain
EIAO	Enseignement Intelligent Assisté par Ordinateur
EVEIL-3D	Environnement Virtuel pour l'Enseignement Immersif des Langues étrangères
FEDER	Fonds Européen de Développement Régional
IMAX	Image Maximum
MMORPG	*Massively Multiplayer Online Role-Playing Games*
MOOC	*Massive Open Online Course*
MOOs	*MOOs Multi-User Dungeons Object Orientated*
MUDs	*Multi-User Dungeons*
OE	Observateur Enseignant
S3D	Stéréoscopique en trois Dimensions
VPL	*Visual Programming Language*

1. Présentation générale de la recherche

Il y a plusieurs siècles, le marquis de Condorcet écrivait que si l'enthousiasme avait constitué une force pour acquérir les libertés républicaines pendant la révolution française, il devait laisser place à la sagesse qui, elle, permettrait d'installer durablement les bénéfices de la révolution : « Conservons par la sagesse ce que nous avons acquis par l'enthousiasme » (Condorcet 1804 : 233). Ce propos trouve une résonnance particulière dans notre recherche sur la réalité virtuelle pour l'apprentissage des langues. Dès l'émergence des premiers dispositifs de réalité virtuelle, la technologie a fait naître un fort enthousiasme. Précurseurs dans l'ingénierie en réalité virtuelle, Jaron Lanier illustre cet esprit de la fin des années 1980 :

> When VR [Virtual Reality] becomes widely available, around the turn of the century, it will not be seen as a medium used within physical reality, but rather as an additional reality. VR opens up a new continent of ideas and possibilities. (VPL Research, Inc. 1989, cité dans Rheingold 1991 : 154)

Ainsi, la réalité virtuelle permettrait à l'homme de se transcender. Le philosophe franco-canadien Fischer (2001 : 39) reprend cette approche en affirmant qu'« [...] avec la révolution douce de l'informatique, nous assistons à la mise en place extrêmement rapide d'un nouveau monde transcendantal : le simulacre numérique du monde réel ». Ainsi, la réalité virtuelle permettrait-elle à l'homme de s'évader pour une quête d'intelligence et de perfection (Paquin 2015). Au regard de cet 'enthousiasme' vis-à-vis de la réalité virtuelle, la 'sagesse' du chercheur est d'adopter une démarche scientifique afin de mettre en exergue les possibilités effectives de cette technologie et d'en comprendre les limites.

C'est avec cette démarche que nous nous intéressons aux apports de la réalité virtuelle pour l'apprentissage des langues. Ce chapitre introductif présente d'abord le contexte de notre recherche en exposant l'émergence, dans la région trinationale métropolitaine du Rhin Supérieur, d'une dynamique scientifique à la croisée de la réalité virtuelle et de l'apprentissage. De ce contexte pluridisciplinaire a émergé une problématique plus spécifique à l'apprentissage des langues. Nous la présentons dans un second temps, en exposant comment la vérification de l'hypothèse générale de notre recherche s'inscrit dans le traitement de cette problématique. Enfin, une courte présentation des chapitres de notre thèse constitue une première approche du cheminement scientifique de vérification de notre hypothèse et de compréhension de quelques phénomènes liés à l'apprentissage des langues médiatisé par la réalité virtuelle.

1.1 Contexte

En 2009, un atelier de recherche sur le thème de l'apprentissage en réalité virtuelle constitue le début d'une collaboration entre le *Karlsruher Institut für Technologie* et la *Pädagogische Hochschule Karlsruhe* sur l'apprentissage des langues médiatisé par la réalité virtuelle. Cette collaboration se concrétise par la constitution en 2011, à la *Pädagogische Hochschule Karlsruhe*, du groupe de recherche *LiVE – Learning in Virtual Environments*, rassemblant des chercheurs spécialistes de neurobiologie, ingénierie en réalité virtuelle et didactique ; nous y intervenons alors comme doctorant en sciences du langage. Cette dynamique locale autour de la réalité virtuelle se manifeste également par la création, en 2011, du consortium 3D-Allianz (3D-Festival BEYOND 2016), avec notamment la *Hochschule für Gestaltung Karlsruhe*, le *Zentrum für Kunst und Medientechnologie*, le *Karlsruher Institut für Technologie* et la *Pädagogische Hochschule Karlsruhe*. Ces partenaires visent le développement de formations aux technologies immersives, la conception de ressources en images tridimentionnelles et l'organisation de manifestations scientifiques internationales.

Cette dynamique de recherche pluridisciplinaire trouve une dimension franco-allemande avec, dès 2010, la préparation du projet européen « Environnement Virtuel pour l'Enseignement Immersif des Langues étrangères dans la Région Trinationale Métropolitaine du Rhin Supérieur » (EVEIL-3D) (Pädagogische Hochschule Karlsruhe 2011b). Le chapitre 7.2 présente le projet de manière détaillée, notamment les partenaires et les objectifs ; nous soulignons ici les éléments contextualisant notre recherche. Comme les groupes précédemment créés, le projet

EVEIL-3D installe une collaboration entre des partenaires à la fois issus du domaine de la réalité virtuelle et des sciences du langage. Ils sont, cette fois-ci, situés des deux côtés du Rhin, en France et en Allemagne. Les partenaires d'EVEIL-3D partent du constat suivant :

> [Les technologies de réalité virtuelle] permettent d'impliquer les utilisateurs dans un monde 3D immersif pour faciliter l'apprentissage des gestes techniques et des procédures. Jusqu'à présent, ces technologies ne sont pas mises à profit en tant qu'outil pédagogique pour l'apprentissage des langues dans les établissements scolaires. (Pädagogische Hochschule Karlsruhe 2011a : 7)

Avec le projet EVEIL-3D, ils souhaitent pallier

> [...] ce déficit en associant la 3D immersive, à échelle 1:1, à la commande vocale et gestuelle suscitant une forte implication émotionnelle. [Ils veulent créer] des scénarii offrant une toute nouvelle façon d'apprendre une langue étrangère à l'école avec des sensations réelles et une interaction authentique. (Pädagogische Hochschule Karlsruhe 2011a : 7)

Le projet vise les réalisations suivantes :

> – [c]oncevoir un processus d'apprentissage adapté aux besoins et compétences des apprenants, de niveau collège, pour produire des situations authentiques de communication[,]
> – [d]évelopper, expérimenter et mettre en place des scénarii exploitant les outils de réalité virtuelle pour l'apprentissage des langues étrangères (française et allemande). (Pädagogische Hochschule Karlsruhe 2011a : 7)

La sémantique utilisée met en exergue l'approche holistique de l'apprentissage. Le dispositif fait appel aux « sensations » de l'utilisateur, pour mieux l'impliquer dans des situations de communication authentique. En plus d'être novateur, le dispositif se veut facilitateur des apprentissages en langue étrangère. La technologie utilisée pour créer cette immersion est celle de la réalité virtuelle, avec des images stéréoscopiques et de l'interaction vocale et gestuelle (le chapitre 4.2 présente cette technologie).

Le projet EVEIL-3D débute en janvier 2012, avec une couverture médiatique mettant en avant la création de laboratoires de langues en trois dimensions, au service de l'immersion linguistique en langue étrangère. Plusieurs défis sont déjà soulignés dans la presse, dont la création d'un environnement virtuel motivant les adolescents ou le défi du fonctionnement de la reconnaissance de la parole avec des locuteurs non natifs. Le projet annonce bien, dans sa brochure de présentation, un jeu sérieux plaçant les apprenants

> [...] en situation d'immersion sensorielle et interactive dans le but de susciter une implication plus forte [, partant de l'idée que] ces facteurs favorisent l'apprentissage des langues, à condition que les élèves soient aussi sollicités cognitivement par du contenu (Pädagogische Hochschule Karlsruhe 2013).

Un contexte de recherche a ainsi émergé du rapprochement scientifique opéré entre les domaines de la réalité virtuelle et la didactique. Les défis liés au développement d'un dispositif de réalité pour l'apprentissage des langues sont à la croisée des sciences de l'informatique, des sciences de l'éducation et des sciences du langage. C'est dans ce contexte pluridisciplinaire que notre recherche s'inscrit, en traitant une problématique propre à l'apprentissage des langues.

1.2 Problématique, objectifs et hypothèse

L'utilisation des technologies de réalité virtuelle pour l'apprentissage des langues crée un nouvel objet de recherche en didactique des langues : l'influence de l'immersion virtuelle sur l'apprentissage des langues et plus généralement la communication en langue cible par des apprenants dans un environnement virtuel. Avec la réalité virtuelle, c'est intrinsèquement l'apprentissage médiatisé qui est étudié, puisque les technologies sont intégrées à la situation d'enseignement-apprentissage (Guichon 2012). L'environnement d'apprentissage se trouve modifié par la technologie utilisée, à la fois par le dispositif technique et par l'artefact de l'environnement virtuel. L'objet de recherche en devient complexe puisque le contexte d'apprentissage intègre l'outil technologique. Cette complexité implique une réflexion sur la nature multifactorielle de la situation d'apprentissage médiatisée et sur l'influence des possibilités et des contraintes fournies par l'environnement sur les actions de l'apprenant, langagières ou non (Grosbois 2012).

C'est précisément à partir de cette complexité que se dessine notre objet d'étude, puisque notre question de recherche est de savoir quelle est l'influence de l'immersion dans un dispositif de réalité virtuelle sur la situation d'apprentissage de la langue cible. Les ingénieurs et chercheurs français Fuchs *et al.* définissent la réalité virtuelle par une approche fonctionnelle : elle permet à l'utilisateur de

> [...] s'extraire de la réalité physique pour changer virtuellement de temps, de lieu et (ou) de type d'interaction : interaction avec un environnement simulant la réalité ou interaction avec un monde imaginaire ou symbolique. (Fuchs *et al.* 2006 : 7)

Les stimuli sensoriels et l'interaction gestuelle proposés à l'apprenant dans le dispositif de réalité virtuelle doivent ainsi lui permettre de changer d'environnement de référence pour son activité cognitive et motrice. La recherche en didactique des langues doit alors comprendre l'immersion de l'apprenant dans un environnement virtuel d'apprentissage de la langue cible et analyser la plus-value d'une telle immersion.

La problématique sous-jacente à notre question de recherche est la compréhension du phénomène en lui-même. Il s'agit d'abord de comprendre dans quelle mesure la réalisation d'une tâche en réalité virtuelle peut constituer une situation cohérente d'interaction en langue cible. Le dispositif immersif offre bien à l'apprenant une série de stimuli programmés, mais il faut également savoir si l'apprenant change vraiment d'environnement de référence. L'expérience subjective en réalité virtuelle pourrait alors faire émerger chez l'apprenant un sentiment de 'présence' dans l'environnement virtuel (Reeves 1991). Le chapitre 5 présente de manière détaillée la présence en réalité virtuelle, mais nous soulignons que celle-ci constitue un élément central de notre questionnement. Le défi est d'abord d'appréhender cette présence en réalité virtuelle, pour ensuite comprendre comment elle peut influencer la situation d'apprentissage en langue cible.

L'approche choisie, pour étudier les caractéristiques de l'interaction en langue cible en réalité virtuelle et pour appréhender la présence et son influence, consiste, dans un premier temps, à restreindre notre recherche à l'étude de l'apprentissage médiatisé. Dans une comparaison d'un dispositif d'apprentissage en réalité virtuelle à une situation de classe dite 'typique', trop de biais contextuels émergeraient. L'influence de la médiatisation par les technologies se confondrait avec l'influence de l'immersion en la réalité virtuelle. Nous circonscrivons ainsi notre recherche à l'étude d'un dispositif médiatisé, afin d'utiliser des variables issues du dispositif de réalité virtuelle. Notre recherche se concentre par ailleurs sur l'influence de la situation d'apprentissage en elle-même, en étudiant la réalisation d'activités langagières au sein du dispositif de réalité virtuelle. Notre contribution scientifique n'est qu'une première étape d'une recherche, qui pourra ensuite étudier d'autres effets de la réalité virtuelle sur l'apprentissage de la langue cible.

Selon l'approche choisie, nous examinons ainsi la question de recherche suivante :

Dans quelle mesure la réalisation d'une tâche en réalité virtuelle peut-elle constituer une situation propice à l'interaction en langue cible ?

La vérification de l'hypothèse suivante contribue à traiter la problématique de l'influence de la réalité virtuelle sur l'apprentissage des langues :

Dans un dispositif d'apprentissage des langues médiatisé par les technologies numériques, l'immersion en **réalité virtuelle** influence le sentiment de **présence** de l'apprenant dans la situation d'usage de la langue cible. Ce sentiment de **présence** a une influence sur la réalisation d'**activités langagières de communication en langue cible**.

L'immersion renvoie ici au dispositif technique dont l'étude nécessite la formulation d'hypothèses secondaires incluant les variables d'immersion sensorielle et d'interaction gestuelle. D'autres hypothèses secondaires doivent préciser les activités langagières étudiées. L'ensemble de nos hypothèses de recherche est présenté dans le chapitre 7.1, portant sur notre méthodologie de recherche.

1.3 Plan

Ce premier chapitre « Présentation générale de la recherche » expose l'émergence de la problématique de l'influence de la réalité virtuelle sur l'apprentissage des langues dans un nouveau contexte scientifique pluridisciplinaire. Nous traitons cette problématique en interrogeant la capacité de la réalité virtuelle à constituer un environnement propice à la communication en langue cible. Nous émettons également l'hypothèse de l'influence de l'immersion en réalité virtuelle sur le sentiment de présence de l'apprenant, et celle de l'influence de la présence sur la réalisation d'activités de communication en langue cible.

Le chapitre 2 « Positionnement épistémologique » explique l'ancrage de notre recherche dans le domaine de l'apprentissage des langues médiatisé par les technologies et précise le lien qu'elle entretient avec les recherches sur les environnements virtuels et les jeux sérieux.

Le chapitre 3 « Communiquer en langue cible » présente la façon dont notre recherche aborde l'apprentissage des langues étrangères, en privilégiant l'agir par la tâche et les activités de communication langagière.

Le chapitre 4 « Réalité virtuelle » dépasse le débat sémantique sur l'oxymore 'réalité virtuelle' par une approche technologique qui permet de comprendre les facteurs susceptibles d'influencer la situation d'apprentissage. Un examen des dispositifs d'apprentissage en réalité virtuelle illustre ensuite l'exploitation didactique de la technologie.

Le chapitre 5 « Présence en réalité virtuelle » aborde la question de la subjectivité de l'expérience en réalité virtuelle, ainsi que la présence, en tant que sentiment d'immersion dans la réalité virtuelle.

Le chapitre 6 « Appréhender la présence en réalité virtuelle » présente le processus d'émergence de la présence, ainsi que les outils existant pour mesurer et appréhender le sentiment de présence en réalité virtuelle.

Le chapitre 7 « Cadre méthodologique de la recherche » détaille notre question et nos hypothèses de recherche, et explique le choix d'une recherche expérimentale compréhensive. Le projet EVEIL-3D y est présenté en tant que contexte empirique de notre recherche.

Le chapitre 8 « Constitution et analyse du corpus » présente comment les données du corpus ont été recueillies, en détaillant le public d'apprenants, les dispositifs techniques utilisés et les outils de recueil employés (questionnaires, tests de compréhension, observation, etc.). Ce chapitre explique également comment les données ont été traitées et ont fait l'objet d'une analyse statistique ou d'une analyse de contenu, avec une méthode mixte.

Le chapitre 9 « Étude préliminaire : les influences technologiques et humaines sur la présence, les effets de la présence sur la compréhension de l'oral » est consacré aux résultats d'analyse statistique du premier relevé de données. Il présente les premiers résultats, d'une part à propos de l'influence, sur la présence, de l'immersion, de l'interaction et de la prédisposition à la présence, et d'autre part, à propos de l'influence de la présence sur la compréhension orale en langue cible. Les limites de l'approche quantitative y sont également abordées.

Le chapitre 10 « Le discours post-immersion, marqueur de présence » explore comment les entretiens, menés après les immersions en réalité virtuelle, permettent de recueillir, chez les apprenants, des marques du sentiment de présence dans l'environnement virtuel.

Le chapitre 11 « L'influence de l'immersion et de l'interaction sur la présence » complète qualitativement les résultats présentés dans le chapitre 9, en examinant la relation entre les profils de présence des apprenants et le degré d'immersion du dispositif auquel ceux-ci ont été soumis lors du recueil de données.

Le chapitre 12 « À chacun son profil de présence » propose une classification des profils de présence des apprenants, établis à partir des marques de présence identifiées dans les entretiens post-immersion.

Le chapitre 13 « Interaction en langue cible en réalité virtuelle » analyse les caractéristiques de l'interaction en langue cible pendant l'immersion en réalité virtuelle, en examinant leur lien éventuel avec les profils de présence des élèves.

Le chapitre 14 « Le rôle de l'enseignant dans le dispositif d'apprentissage des langues en réalité virtuelle » aborde la question de l'accompagnement de l'élève pendant l'immersion en réalité virtuelle, en examinant dans quelle mesure l'enseignant peut faciliter l'expérience dans l'environnement virtuel.

Enfin, le chapitre 15 « Bilan de la recherche empirique » synthétise les résultats de notre recherche, dresse un bilan sur la méthodologie de recherche retenue et aborde les questions de recherche qui ont émergé avec notre étude et qui restent à traiter.

Chacun de ces chapitres se termine par un résumé conclusif.

2. Positionnement épistémologique

L'apprentissage des langues médiatisé par les technologies (ALMT) constitue un domaine de recherche en construction, à l'intérieur de la didactique des langues. Ce champ de recherche se caractérise par une forte interdisciplinarité[1], puisque les chercheurs y utilisent des notions et des outils à la fois issus de la linguistique, de la psychologie, de la sociologie, des sciences de l'éducation et de l'ingénierie informatique (Guichon 2012). Bertin (2015), didacticien des langues en France, souligne l'illusion ontologique générée par l'utilisation de termes génériques comme 'technologie' ou 'ordinateur', renvoyant à une grande variété de technologies, de contextes et d'usages.

Afin d'expliciter le positionnement épistémologique de notre étude, nous la situerons d'abord dans l'historique de la construction de l'ALMT en tant que domaine de recherche. Au regard des travaux menés depuis les années soixante en France, en Allemagne et par la recherche anglophone, nous examinerons ainsi de quelle manière l'étude de notre dispositif de réalité virtuelle s'inscrit dans le continuum sociohistorique de l'ALMT et comment elle apporte une approche originale dans le domaine. Dans un deuxième temps, nous examinerons en quoi notre étude appartient au courant plus récent de recherche sur les environnements virtuels et les mondes synthétiques. Le dispositif de réalité virtuelle étudié propose à l'apprenant une quête dans l'environnement virtuel. Par conséquent, nous situerons enfin notre étude dans le courant de recherche sur les jeux sérieux. Nous examinerons les travaux sur les jeux sérieux permettant d'éclairer la relation entre jeu et apprentissage, et de comprendre de quelle manière la dimension d'apprentissage du dispositif étudié peut être compatible avec la dimension ludique du jeu.

1 Au regard de l'interdisciplinarité de notre champ de recherche, nous veillerons à contextualiser nos sources, en précisant la discipline d'appartenance et le pays des auteurs cités.

2.1 Étude de l'apprentissage des langues médiatisé par les technologies

Pour contextualiser notre étude dans le continuum socio-historique de l'apprentissage médiatisé des langues, nous choisissons de focaliser notre positionnement sur les caractéristiques didactiques clés du dispositif étudié. L'axe 'guidage – autonomie' constitue un fil rouge pour situer le dispositif par rapport aux théories de l'apprentissage et à leur appropriation par le domaine de l'apprentissage des langues médiatisé par les technologies. Le degré de symbolisme et d'ouverture de l'environnement d'apprentissage est une composante de cet axe, dont l'étude historique contribuera à souligner l'originalité de notre recherche.

Dans les années 1960, les premiers dispositifs d'enseignement-apprentissage médiatisé se fondent sur les théories behavioristes ou comportementalistes, construites au début du XXème siècle par le psychologue américain Watson (1913). La 'machine à enseigner' du psychologue américain Skinner (1958) illustre les applications du béhaviorisme pour un apprentissage où la machine fait défiler des exercices sur un rouleau. À la fin des années 1960 et au début des années 1970, les influences behavioristes marquent le début de 'l'Enseignement Assisté par Ordinateur'. C'est l'époque de 'l'ordinateur tuteur', avec des tutoriels et des exerciseurs proposant des exercices structuraux à un apprenant qui réagit simplement aux sollicitations de l'ordinateur (Warschauer 1996). S'inscrivant dans les travaux du linguiste français Culioli (1991) et sa théorie des opérations énonciatives, certains tutoriels posent, dès cette époque, les bases d'une réflexion sur le traitement des réponses à des sollicitations ouvertes, de type phrase ; une réflexion toujours d'actualité avec le dispositif étudié dans notre recherche.

Des années 1970 aux années 1990, l'apprentissage des langues médiatisé par les technologies se nourrit des théories constructivistes (Piaget 1936) en donnant l'initiative à l'apprenant. Les programmes informatiques de 'l'Enseignement Intelligent Assisté par Ordinateur' intègrent des scénarii d'apprentissage plus ouverts. Avec l'ordinateur de bureau et de la programmation informatique dans les années 1980, 'l'ordinateur tuteur' des années 1970 devient 'l'ordinateur outil' (Levy 1997) : il n'est plus là pour enseigner mais est l'outil de l'apprentissage avec, par exemple, le traitement de texte pour l'activité d'écriture. C'est en réaction aux contraintes de l'Enseignement Assisté par Ordinateur et avec l'esprit d'ouverture de l'Enseignement Intelligent Assisté par Ordinateur, que les premières simulations voient le jour. Utilisées en formation, elles plongent l'apprenant dans des situations réalistes (simulateur de vol, panne de machine, gestion d'entreprise, etc.). L'arrivée de ces logiciels fait émerger un questionnement encore d'actualité sur la nature et les limites de la simulation pour l'apprentissage : celle-ci doit simplifier la réalité pour créer les conditions de l'apprentissage mais elle doit également proposer un degré d'approximation de la réalité acceptable pour l'apprenant. Le degré de guidage des simulations fait partie des interrogations : une simulation réaliste tendrait vers une liberté de l'apprenant, dont les explorations lui permettraient de découvrir le fonctionnement de la simulation. Cette liberté de parcours dans la simulation pourrait alors nuire aux apprentissages visés si l'apprenant n'exploitait pas la simulation comme les concepteurs l'avaient prévu. Les simulations sont alors davantage utilisées dans les phases d'application en langue cible, après une phase d'apprentissage (Grosbois 2012).

Avec le développement du multimédia et d'Internet, l'usage des technologies pour l'apprentissage des langues des années 1990 à 2000 place l'exploration de ressources au centre de l'apprentissage. La terminologie employée pour désigner l'apprentissage des langues par les technologie témoigne de cette évolution : alors que l'association des termes 'informatique' et 'ordinateur' domine dans les années 1980, elle fait référence dans les années 1990 à un usage technique de l'informatique, à un moment où l'usage d'un ordinateur personnel est déjà repandu dans les foyers occidentaux (Rézeau 2001). L'omniprésence du terme 'multimédia' indique alors un glissement vers une utilisation de ressources reliées par des hyperliens, de plus en plus souvent sur Internet. L'apprentissage par exploration exploite cette facilité d'accès aux ressources. L'apprenant utilise alors l'outil multimédia pour

> [...] résoudre un problème de sélection d'information dans un espace documentaire et comprendre les documents sélectionnés, pour élaborer une représentation synthétique du contenu de ces documents sélectionnés. (Tricot/Pierre-Demarcy/El Boussarghini 1998 : 43)

Cette activité de recherche sur Internet a souvent lieu dans le cadre d'une cyberenquête ou *webquest*. Catroux (2003 : 27), chercheuse en didactique des langues en France, désigne la cyberenquête comme

> […] une forme particulière d'activité d'apprentissage sur l'Internet où l'élève cherche les éléments d'information à partir de questions et d'indices, en vue de réaliser une tâche particulière. La cyberenquête intègre les technologies dans un processus d'apprentissage centré sur l'élève. Inspirée du cadre de référence socioconstructiviste, la cyberenquête guide les élèves vers des ressources sur l'Internet afin de créer des productions authentiques et originales.

La suite de la définition de Catroux met en exergue la place grandissante faite à l'autonomie de l'élève :

> Transdisciplinaire et transversale, elle sollicite la motivation, l'engagement des élèves, la pensée critique et nourrit la formation des compétences. En outre, elle favorise la pédagogie centrée sur la tâche en instaurant un travail de type collaboratif et ouvre la voie à l'autonomisation et à la construction individuelle des savoirs. (Catroux 2003 : 27)

Les années 1990 voient ainsi émerger une réflexion sur l'utilisation du multimédia dans le cadre de l'autoformation. C'est la période des centres de langues offrant de l'autoformation tutorée où ce n'est plus l'enseignant qui organise le parcours d'apprentissage mais l'apprenant qui le construit en accédant à des ressources authentiques (Poteaux 1997).

Dans les années 2000, le CD-ROM laisse rapidement place à une palette d'outils utilisés sur Internet : la visioconférence, le courrier électronique, le tchat, le blog, le wiki, etc. Ces outils participent à un environnement d'apprentissage constituant un domaine de recherche pluridisciplinaire, celui des Environnements Informatiques pour l'Apprentissage Humain (EIAH), associant des chercheurs en psychologie cognitive et en sciences de l'éducation (Grosbois 2012). À partir de 2005, les recherches portent moins sur les didacticiels ou sites d'apprentissage des langues mais davantage sur l'utilisation des outils du web 2.0 (blog, forum, wiki, etc.). Pour Guichon (2012), ces outils sont utilisés dans une perspective socioconstructiviste et dans une logique d'apprentissage qui s'inscrit alors dans la théorie de l'action, avec la perspective actionnelle. Pour Puren (2009a), chercheur français en didactique des langues, il existe une rare convergence entre l'agir social, au centre de la perspective actionnelle, et les usages des technologies pour l'éducation. Il liste sept convergences, que nous synthétisons dans le tableau 1.

Tableau 1 : Convergences perspective actionnelle / TICE du web 2.0 (Puren 2009a : 14).

	Perspective actionnelle en didactique des langues et des cultures	*Technologies numériques*
1	Passage de l'interaction communicative à la coaction	Outils de co-construction de documents élaborés en commun (wikis...)
2	Documents au service de la tâche	Accès facilité aux ressources authentiques sur le Web
3	Dimension sociale externe des activités des apprenants	Publication facilitée des productions sur le web
4	Passage de la compétence communicative à la compétence informationnelle	Outils de recherche, de traitement et de stockage de l'information
5	Pédagogie du projet	Outils partagés de gestion de projet
6	Pédagogie du contrat et pédagogie différenciée	Outils de suivi individuel des activités d'apprentissage
7	Productions des élèves utilisés comme supports d'apprentissage	Technologie d'exploitation collective : vidéo-projection, tableau numérique interactif...

Les outils technologiques en ligne servent de nouvelles pratiques pédagogiques telles que celles de la classe inversée (Bergmann/Sams 2012) ou des cours en ligne ouverts et massifs, plus connus sous l'appellation anglaise *massive open online course* (*MOOC*) (Minichiello 2013). Des jeux sérieux et des simulations commencent à être utilisés pour l'apprentissage, ils sont alors souvent tournés vers la résolution de problème (Gonçalves/Ney/Balacheff 2009) ; nous les présenterons dans le chapitre suivant.

2.2 Étude d'un environnement virtuel pour l'apprentissage des langues

Wigham (2012), chercheuse en didactique des langues en France, souligne l'instabilité sémantique dans la recherche sur les mondes virtuels, appelés également 'mondes synthétiques', 'mondes virtuels', 'mondes artificiels' ou 'mondes miroirs'. Au regard de cette instabilité sémantique, il est nécessaire de délimiter notre recherche en convoquant les travaux nous permettant de situer l'étude de notre dispositif de réalité virtuelle dans la recherche sur des environnements numériques plus ou moins symboliques et ouverts.

J. Sanchez[2] (2009), chercheur américain en sciences de l'information et de la communication, identifie les principales étapes de développement des mondes virtuels. Les *Multi-User Dungeons* (*MUDs*) apparaissent en 1979. Ce sont des adaptations pour Internet d'un jeu de rôle fonctionnant en mode texte et mettant en scène des participants qui luttent dans des mondes imaginaires. Les utilisateurs y sont appelés à partager une interface uniquement textuelle dans laquelle ils peuvent évoluer par des commandes textuelles, pour mener une quête scénarisée par les auteurs de l'environnement. C'est dix ans plus tard, avec les *TinyMUDs* puis les *Multi-User Dungeons Object Orientated* (*MOOs*), environnements multi usagers orientés objet, que la représentation graphique est utilisée et que le monde virtuel gagne sa dimension sociale, en permettant aux utilisateurs de co-construire puis de partager les objets du monde. Avec les jeux de rôle en ligne massivement multi joueurs, en anglais *Massively Multiplayer Online Role-Playing Games* (*MMORPGs*), à partir de 1996, les communautés de joueurs grandissent. Les joueurs peuvent évoluer au centre d'une interface graphique dite 'persistante', puisque l'environnement virtuel continue d'exister lorsque l'utilisateur n'y est plus connecté. Avec les jeux de rôle en ligne massivement multijoueurs, on observe la construction de communautés d'utilisateurs se rencontrant certes dans le monde virtuel, mais également via d'autres espaces sur Internet, comme les forums ou lors de rencontres en présentiel (conventions, colloques, etc.). Dans les mondes virtuels comme *Second Life*, à partir de 2003, le jeu scénarisé disparaît, laissant place à un espace social collaboratif que les utilisateurs partagent sans objectif ludique fixé *a priori* par les concepteurs du monde virtuel. Différenciant les « mondes de jeu virtuels » des « mondes sociaux virtuels », Kaplan et Haenlein (2013), spécialistes allemands des réseaux sociaux et de marketing, considèrent le second type de monde virtuel comme moins restrictif, car permettant aux avatars d'interagir sans règles déterminées par un jeu.

2 Nous indiquons le prénom uniquement en cas d'homonyme, par exemple J. Sanchez et É. Sanchez.

De cette évolution historique, Book (2004), chercheuse américaine spécialiste des mondes virtuels, retient six caractéristiques permettant de désigner un environnement virtuel comme un 'monde virtuel'. Ce dernier est :

- un espace potentiellement partagé par plusieurs utilisateurs,
- une interface graphique bi ou tridimensionnelle,
- un espace d'interactions synchrones,
- un espace co-construit par ses utilisateurs,
- un espace persistant,
- une communauté permettant la formation de groupes sociaux.

Bell (2008), chercheur américain en sciences de l'éducation, reprend ces caractéristiques en spécifiant que les utilisateurs d'un monde virtuel sont représentés par des avatars et qu'ils accèdent à cet espace par des ordinateurs en réseau.

Pour Book, les jeux de rôle fonctionnant uniquement avec une interface textuelle, du début des années 1980, ne constituent pas des mondes virtuels au sens contemporain du terme, puisqu'ils ne comportent pas d'interface graphique. P. Schmoll (2001) désigne ces 'espaces textuels partagés' comme des espaces virtuels auquel le jeu donne leur cohérence. C'est le niveau de symbolisme du monde virtuel qui est questionné ici. Messager (2008) oppose la représentation symbolique à la représentation littérale. Dans le premier cas, la représentation graphique utilise des images schématiques et codifiées, alors que dans le second cas, la représentation s'appuie sur des photos réalistes retranscrivant le plus fidèlement possible la réalité extérieure à la représentation graphique. P. Schmoll (2000), psychosociologue et anthropologue français, dépasse la question de la fidélité de la représentation en convoquant l'imaginaire partagé comme condition de la réalité du monde virtuel : c'est le partage d'un imaginaire collectif qui crée une communauté réelle d'utilisateurs d'un monde virtuel.

Dès leur création, les mondes virtuels sociaux ont été utilisés comme environnement d'apprentissage. En donnant la possibilité aux utilisateurs de se déplacer n'importe où dans le monde virtuel, d'interagir avec d'autres utilisateurs et de partager avec eux des expériences, les mondes virtuels sociaux constitueraient des espaces propices à un apprentissage basé sur le socioconstructivisme, introduit par le psychologue russe Vygotsky en 1978 (Molka-Danielsen 2009). Pour Lange

(2008), chercheur allemand en sciences de l'éducation, c'est dans l'interaction entre utilisateurs que se situeraient les affordances principales des mondes virtuels sociaux en terme d'apprentissage. 'Affordance' renvoie au concept développé par le psychologue américain Gibson, désignant l'ensemble des possibilités d'action offertes par un environnement. Celles-ci dépendent des objets de l'environnement mais également de l'acteur qui évolue dans l'environnement. Elles guident les comportements de cet acteur qui agit en fonction des possibilités offertes (Luyat/Regia-Corte 2009).

Le partage d'une interface graphique et d'un imaginaire au sein d'une simulation fréquentée par une communauté d'utilisateurs interagissant et co-construisant le monde virtuel semble être propice à l'apprentissage des langues. Les mondes virtuels constituent ainsi un lieu d'apprentissage des langues faisant l'objet de travaux de recherche en didactique des langues. Notre étude s'appuie sur ces travaux mais aborde un objet d'étude différent : le dispositif étudié n'est pas ouvert à une communauté d'utilisateurs mais simule l'interaction par des échanges verbaux entre un utilisateur unique et les personnages virtuels. L'existence d'une quête à mener par l'apprenant, l'utilisation d'avatars dans un environnement tridimensionnel permettent cependant d'inscrire notre étude dans le domaine de recherche sur les mondes virtuels pour l'apprentissage des langues.

2.3 Étude d'un jeu sérieux

Dans sa tentative de dominer l'oxymore « jeu sérieux », L. Schmoll (2016b), chercheuse française en didactique des langues, convoque les travaux de l'historien néerlandais Huizinga (1951) et du sociologue français Caillois (1967) sur la dialectique jeu/travail. Alors que le jeu peut inclure une dimension sérieuse, notamment avec les règles qu'il induit, le travail exclurait le jeu puisque celui-ci renverrait à une sphère extérieure aux activités quotidiennes dont il permettrait justement de s'évader. Cette opposition est ensuite dépassée avec les travaux du philosophe français Henriot (1969) et de Genvo (2012), chercheur français en sciences de l'information et de la communication, qui associent le jeu à une attitude ludique, celle-ci pouvant aussi bien être activée au cours d'un jeu ou d'une activité de travail. À l'inverse, un jeu ne garantirait pas l'activation de cette attitude ludique.

Le jeu sérieux serait ainsi un dispositif potentiellement activateur d'une attitude ludique mais porteur d'informations extérieures à la sphère du jeu en question. Alvarez (2007 : 249), chercheur français en sciences de l'information et de la communication, définit le jeu sérieux comme une

> [a]pplication informatique, dont l'intention initiale est de combiner, avec cohérence, à la fois des aspects sérieux (Serious) tels, de manière non exhaustive et non exclusive, l'enseignement, l'apprentissage, la communication, ou encore l'information, avec des ressorts ludiques issus du jeu vidéo (Game).

Cette définition caractérise le jeu sérieux comme un dispositif médiatisé par les technologies numériques. Elle précise également le caractère 'sérieux' du support, avec un objectif d'apprentissage, de communication ou d'information. Alvarez (2007) retient plusieurs catégories de jeux sérieux, en fonction de la finalité du jeu :

- les jeux sérieux engagés (*militant games*),
- les jeux sérieux publicitaires (*advergames*),
- les jeux sérieux éducatifs (*edugames*),
- les jeux sérieux informatifs (*informative games*) et
- les jeux sérieux d'entraînement/simulation (*training games*).

Passant en revue les jeux existants, Alvarez (2007) fait le constat suivant : alors que les jeux d'entraînement visent le transfert d'une pratique, et que les jeux publicitaires, informatifs et militants visent la transmission d'une connaissance, les jeux éducatifs privilégient souvent la combinaison des deux : connaissance et pratique.

Les jeux éducatifs ou jeux d'apprentissage constituent par conséquent une catégorie de jeux sérieux servant un objectif d'apprentissage. Pour Graesser, chercheur américain en psychologie, les émotions entretiennent une relation étroite avec l'apprentissage et peuvent, notamment dans le cadre d'un jeu, rendre l'apprenant plus réceptif aux contenus enseignés (Graesser *et al.* 2009). Peterson (2010), chercheur en sciences du langage au Japon, constate la plus-value apportée par l'apprentissage médiatisé via les jeux de simulation quant aux performances des apprenants en langue. L'utilisation de la langue cible pour la résolution de tâches contextualisées par le jeu favoriserait la motivation et le plaisir de l'apprenant, créant un contexte favorable aux apprentissages. Giessen (2016), chercheur en sciences de l'éducation en Allemagne et en Finlande, détaille ce phénomène : selon la nature des émotions, des parties différentes du cerveau sont activées, avec des effets distincts sur la mémorisation. Les émotions primaires telles que la peur, le stress ou l'ennui activent l'amygdale dans le cerveau, les émotions positives et éveillant l'intérêt activent l'hippocampe qui joue un rôle central dans le processus de mémorisation. L'apprentissage doit ainsi viser l'activation de l'hippocampe, en suscitant des émotions positives. À partir de ce constat, Giessen questionne, dans son état de l'art, l'efficacité du jeu sérieux pour l'apprentissage, et plus spécifiquement l'apprentissage des langues. Il pose d'abord la question de l'équilibre entre le ludique et le sérieux, avant d'aborder les conditions d'utilisation pour un transfert réussi des contenus d'apprentissage.

À la différence du *serious gaming* qui consiste en l'utilisation d'un jeu existant à des fins pédagogiques, le jeu sérieux est conçu avec une intention pédagogique préexistante (Alvarez 2007). Dans le processus de conception du jeu sérieux, L. Schmoll (2016b) montre que le concept de 'didactique invisible' apporte une réponse quant à l'équilibre entre l'intention didactique du support d'apprentissage et sa dimension ludique. Selon Ollivier (2012 : 27) chercheur français en didactique des langues,

> [...] il s'agit de donner à un tel site une apparence aussi peu didactique que possible [...]. Concevoir un site sur le principe de la didactique invisible, c'est développer des tâches – dans notre cas interactionnelles – avec des objectifs d'enseignement / apprentissage clairement définis et, ensuite, lors de la création du site, gommer toute trace de la didactique sous-jacente.

Appliquée au jeu sérieux, la didactique invisible doit permettre au joueur, donc à l'apprenant, d'adopter une attitude ludique vis-à-vis des contenus d'apprentissage, qu'il ne perçoit d'ailleurs pas comme tel mais comme des composantes du jeu. L. Schmoll (2016b) conditionne la réussite d'une didactique invisible à l'application du modèle PLOT (Public/Ludique/Objectifs/Tâches) de scénarisation du jeu sérieux. Selon ce modèle, le concepteur du jeu sérieux prend d'abord en compte les besoins et les centres d'intérêts des apprenants, à partir desquels il développe une scénarisation ludique. Les objectifs d'apprentissage et la mise en place de micro-tâches ne sont considérés que dans un second temps.

Les conditions d'utilisation du jeu sérieux sont également l'objet de recherches, puisqu'elles influencent la réussite de l'acquisition par le joueur des contenus d'apprentissage. Exposant le défi pédagogique et technologique d'intégration du jeu sérieux en milieu scolaire institutionnel, Schlemminger, Geiger-Jaillet et Collas (2016) illustrent, avec l'exemple du jeu *Architecte 2015* utilisé pour notre recherche, comment la réalité alternée permet de conserver une continuité scénaristique entre les différentes phases d'utilisation du jeu sérieux : la préparation au jeu, le jeu dans le dispositif technique et le transfert des apprentissages en dehors du jeu sérieux. Les auteurs du guide pédagogique du jeu (Collas *et al.* 2014) ont repris les éléments fondamentaux des simulations globales, en fixant un 'lieu-thème' et des 'identités fictives', découverts en classe par les apprenants dans le cadre de micro-tâches.

Résumé conclusif

Le chapitre 2 a permis de situer notre recherche d'un point de vue épistémologique. Il a mis en exergue le caractère atypique de notre étude, qui s'inscrit pourtant dans un champ de recherche existant. L'étude d'un dispositif médiatisé par les technologies numériques pour l'apprentissage des langues est d'actualité parce qu'elle contribue à la recherche sur l'autonomie de l'apprenant et sur l'utilisation des technologies numériques au service de la perspective actionnelle pour l'enseignement/apprentissage des langues. Analyser un jeu sérieux pour l'apprentissage des langues permet également de comprendre comment la simulation numérique peut placer l'apprenant comme acteur social au sein d'un monde imaginaire et comment son attitude ludique peut être activée au sein du jeu sérieux. Nous aborderons ainsi, dans notre recherche, la réalisation de la tâche en réalité virtuelle, en examinant dans quelle mesure cette réalisation a effectivement lieu, d'un point de vue verbal et non verbal. L'étude de l'accompagnement de l'élève dans cette réalisation doit également participer aux travaux de recherche sur l'autonomie dans les dispositifs médiatisés d'apprentissage des langues.

L'étude d'un dispositif de réalité virtuelle, tel que celui du projet EVEIL-3D, peut cependant être considérée comme atypique. Par la présentation du contexte socio-historique de l'étude d'un dispositif d'apprentissage des langues médiatisé par les technologies, nous avons montré que les recherches actuelles s'intéressent aux usages interactionnels des simulations ouvertes dites 'mondes virtuels'. Le socioconstructivisme est le paradigme de référence pour les mondes virtuels. Comme les mondes virtuels, le dispositif étudié est une simulation tridimensionnelle crée par ordinateur (*cf.* chapitre 7.3). La technologie de la réalité virtuelle, que nous présentons dans le chapitre 4, ne permet cependant pas l'ouverture de la simulation à plusieurs utilisateurs. Notre recherche ne porte par conséquent pas sur les interactions entre apprenants et ne peut s'inscrire dans le courant socioconstructivisme des mondes virtuels. Elle trouve son originalité dans l'immersion sensorielle et corporelle induite par la réalité virtuelle. Cette immersion est susceptible d'influencer la perception de l'environnement virtuel par l'apprenant ainsi que son action dans cet environnement, mise en œuvre par la réalisation d'activités de communication en langue cible. Notre recherche devra ainsi aborder les effets, sur la réalisation de la tâche en langue cible, de la possible implication sensorimotrice de l'apprenant et de son éventuel engagement corporel dans le dispositif de réalité virtuelle.

3. Communiquer en langue cible

Notre recherche interroge l'influence d'un environnement de réalité virtuelle sur la « situation de communication en langue étrangère » et sur la « réalisation d'activités de communication langagière en langue cible » (*cf.* chapitre 1.2). Le présent chapitre expose les éléments constituants d'une situation de communication en langue cible dans un contexte d'apprentissage. C'est sur ces éléments que s'appuieront nos observations pour la vérification de nos hypothèses de recherche.

Une étude de la notion de compétence de communication posera d'abord la question de l'authenticité de la communication en contexte scolaire. L'agir par la réalisation de tâche sera ensuite présenté comme un élément porteur de sens et d'authenticité dans la situation de communication en langue cible. La mobilisation des compétences stratégiques dans la réalisation de la tâche et dans l'usage de la langue sera ensuite analysée comme élément nécessaire à la communication en langue cible. Enfin, la communication sera observée sous l'angle de l'immersion, en tant que dispositif didactique participant à une approche holistique de l'apprentissage des langues.

3.1 Compétence de communication en langue cible

L'introduction dans les années 1970 de la notion de compétence de communication modifie les orientations didactiques pour l'apprentissage des langues. Pour étudier l'influence de la réalité virtuelle sur la communication en langue cible par des apprenants, notre étude analysera la mise en œuvre de la compétence de communication chez les apprenants. Notre propos vise d'abord à définir la compétence de communication, pour ensuite comprendre dans quelle mesure elle peut être transposée en classe. L'authenticité de la situation de communication constitue ainsi un élément de référence pour le cours de langue. La mise en œuvre de cette authenticité remet cependant en question la constitution même du groupe d'apprenants et la place de l'enseignant.

3.1.1 De la compétence à la performance

La notion de compétence de communication naît des critiques formulées par le sociolinguiste américain Hymes (1972) sur les travaux du linguiste et philosophe américain Chomsky, pour qui la compétence renvoie à la capacité d'un locuteur à produire des énoncés nouveaux. La compétence s'intéresse donc à la connaissance de la structure de la langue ; elle est le moyen d'expression de la pensée. Sans rejeter cette notion de compétence, Hymes la considère incomplète et lui ajoute la notion d'adéquation sociolinguistique (Bérard 1991). Selon Hymes, la langue est davantage un instrument de communication. Pour communiquer, le locuteur a certes besoin de connaître un système linguistique mais il doit prendre en compte les aspects sociaux du langage pour adapter sa communication au contexte social (Hymes 1984). À la compétence s'ajoute donc la performance : l'aptitude à communiquer ne se réduit pas à la maîtrise de la langue mais implique une maîtrise de l'usage contextualisé de la langue, pour assurer la communication par une mise en œuvre réussie d'actes de parole (Agostinelli 2010). La performance renvoie ainsi à l'utilisation effective de la langue dans une situation de communication contextualisée.

À partir des travaux de Hymes sur la performance, Canal et Swain (1980), chercheurs en sciences du langage au Canada, identifient trois sous-compétences de la compétence de communication : la compétence grammaticale, la compétence sociolinguistique (connaissance des règles sociales et maîtrise des différentes formes du discours) et la compétence stratégique qui regroupe l'ensemble des stratégies de communication permettant de compenser les déficits de communication. Pour le linguiste et didacticien français Coste (1978), la compétence de communication comprend quatre composantes :

- une composante de maîtrise linguistique relative au fonctionnement de la langue en tant que système linguistique,
- une composante de maîtrise textuelle relative au discours en tant que séquence organisée d'énoncés,

- une composante de maîtrise référentielle relative aux stratégies d'échanges interpersonnels,
- une composante de maîtrise situationnelle relative aux facteurs influençant la communication dans une communauté ou dans des circonstances données.

En identifiant quatre composantes (linguistique, discursive, référentielle, socioculturelle) de la compétence de communication, Moirand (1982), chercheuse en sciences du langage en France, fait également à la fois référence au fonctionnement de la langue et à l'ancrage social et culturel de la situation de communication comme composantes fondamentales de la compétence de communication.

Avec le *Cadre Européen Commun de Référence pour les Langues* (CECRL), le Conseil de l'Europe (2001) distingue trois composantes de la compétence communicative langagière de l'apprenant : les compétences linguistiques, sociolinguistiques et pragmatiques. Pour chaque compétence, le Conseil de l'Europe propose une classification permettant de décrire avec précisons la compétence de communication.

La compétence linguistique renvoie à la maîtrise du système de la langue. La théorie de référence est donc celle de la compétence, en tant que savoir d'un ensemble de règles linguistiques. La norme de la langue est alors à considérer comme une pratique codifiée en constante évolution. La compétence linguistique est composée des compétences suivantes :

- lexicale, pour la connaissance et la capacité à utiliser le vocabulaire de la langue,
- grammaticale, pour la connaissance et la capacité à utiliser les ressources grammaticales de la langue,
- sémantique, traitant de la conscience et du contrôle que l'apprenant a de l'organisation du sens,
- phonologique, pour la perception et la production d'unités sonores de la langue,
- orthographique, pour la perception et la production d'unités écrites de la langue,
- orthoépique, pour la prononciation de la forme écrite.

La compétence sociolinguistique renvoie à la capacité à utiliser le système linguistique en fonction du contexte socioculturel de la situation de communication. La théorie de référence est donc celle de la performance, en tant que maîtrise de l'usage contextualisé de la parole. Cette compétence comprend :

- les marqueurs de relations sociales, dans les salutations, la prise de contact, etc.,
- les règles de politesse,
- la connaissance et la capacité à produire des « expressions de la sagesse populaire » comme les proverbes,
- les différences de registres, formel, neutre, informel, etc.,
- les dialectes, les accents et les spécificités lexicales d'une communauté linguistique.

La compétence pragmatique renvoie à la connaissance des principes selon lesquels le système linguistique est utilisé à des fins fonctionnelles particulières. Cette compétence comprend :

- la compétence discursive, permettant au locuteur de produire des ensembles cohérents d'énoncés,
- la compétence fonctionnelle, avec l'utilisation du discours en termes de communication à des fins fonctionnelles.

L'analyse de l'usage de la langue cible dans l'environnement virtuel s'appuie sur celle de la compétence de communication de l'apprenant. Chaque composante de la compétence de communication est alors susceptible de varier selon le locuteur et sa maîtrise de la langue, mais également selon les effets de l'immersion ressentis par celui-ci, que nous définissons au chapitre 5 en traitant de la présence en réalité virtuelle.

3.1.2 Transposition didactique de la notion de compétence de communication

L'approche communicative pour l'enseignement apprentissage des langues fait de la notion de compétence de communication sont concept de référence. La publication de *Un niveau-seuil* (Coste *et al.* 1976) marque cette transposition de la compétence de communication en didactique des langues. L'objectif majeur de l'enseignement des langues est alors d'amener l'apprenant à communiquer. La transposition didactique de la notion de compétence de communication n'est cependant pas aisée, en raison notamment de la diversité de définitions de la notion. Coste, de Pietro et Moore (2012) soulignent la richesse de la notion et l'importance d'en garder son essence dans le processus de transposition didactique :

> La transposition didactique de cette notion, dès lors doit passer par un examen rigoureux de l'ensemble des composantes qu'elle met en jeu (style, genre, communauté, identité, etc.), afin d'en préciser la place et les articulations. Une telle transposition ne va pas sans réductions, sans simplifications, mais il importe ce faisant de ne pas perdre ce qui en est la qualité fondamentale, à savoir la prise en compte de l'inscription sociale et culturelle de la compétence ainsi que de l'hétérogénéité – constitutive – des communautés langagières, quelles qu'elles soient. (Coste/Pietro/Moore 2012 : 20)

Dès l'émergence de la notion de compétence de communication, Savignon, chercheuse en sciences du langage aux États-Unis d'Amérique, étudie la notion au sein de la salle de classe. Les situations d'apprentissage décrites doivent alors être authentiques et ainsi rompre avec la priorité à la compétence linguistique que prônait la méthode audiovisuelle (Savignon 1972b). La situation de communication prévaut alors sur l'apprentissage du système linguistique ; il vaut « mieux communiquer tout de suite et finir par apprendre la langue qu'apprendre la langue pour communiquer plus tard » (Coste 1976 : 19, d'après Savignon 1972a). Les supports d'apprentissage comme les manuels scolaires ne peuvent alors que difficilement intégrer toute la dimension de la compétence de communication :

> [L]es manuels de français dits communicatifs ne suffisent pas pour aider l'apprenant à acquérir une compétence de communication ou encore ce qu'on pourrait appeler de culture de la communication dans la langue cible (fonctionnement de la langue, réalisations des échanges, habitudes langagières, quels gestes…). (Costa 2005 : 60)

L'auteur considère que les manuels ne sont que des leviers pour la mise en place, en classe de langue, de situations de communication authentiques. Ollivier (2010), chercheur en didactique des langues en France, montre comme la situation d'apprentissage en classe de langue empêche souvent l'authenticité des situations de communication. Avec l'exemple de la rédaction d'une carte postale, par un apprenant, à un destinataire fictif, il illustre comment l'activité d'écriture est alors non plus orientée vers la transmission d'un message mais vers l'adaptation de la production aux attentes de l'enseignant.

La médiatisation de l'apprentissage, par l'utilisation des outils de communication sur Internet, n'apporte pas nécessairement l'authenticité recherchée dans la situation d'apprentissage. Jeanneau, didacticienne des langues en Irlande, et Ollivier (2009), comparent deux dispositifs en ligne de communication asynchrone, un blog ouvert à destination d'apprenants en Français Langue Étrangère et un forum didactique interne à un groupe d'étudiants, également de Français Langue Étrangère. À propos du forum interne au groupe d'apprenants déjà constitué hors ligne, les auteurs constatent que

> [c]'est donc la relation enseignante-apprenant qui domine largement les échanges reléguant la relation entre partenaires au second plan. La présence de l'enseignant-évaluateur détermine de façon évidente les données de la communication, menant à une moindre présence de l'étudiant en tant que personne pour laisser une plus grande place à l'apprenant. (Jeanneau/Ollivier 2009 : 13)

La mise en place d'une « didactique invisible » (Jeanneau/Ollivier 2009 : 14) est une voie pour apporter plus d'authenticité à la situation d'apprentissage tout en gardant l'apprenant dans une zone adaptée à son profil. L'enseignant intervient en amont de l'activité d'apprentissage pour constituer les outils de communication, avec la création de sites ou le filtrage de commentaires. Ces supports d'apprentissage sont fabriqués à des fins didactiques mais n'en portent aucune trace visible pour l'apprenant. Celui-ci s'engage ainsi plus naturellement dans la situation de communication authentique par l'interaction sociale avec les autres usagers du site. Dans cette interaction sociale, l'enseignant adopte alors le rôle du spécialiste de la langue utilisée, au service de l'apprenant pour l'aider dans sa communication sociale.

Pour placer l'apprenant dans une situation d'apprentissage de la langue susceptible de mobiliser sa compétence de communication, notre dispositif d'apprentissage médiatisé par la réalité virtuelle doit par conséquent favoriser l'usage de la langue dans des situations de communication les plus authentiques possibles et proposer un scénario didactique invisible pour l'apprenant au moment de l'immersion dans l'environnement virtuel.

3.2 Communiquer pour agir

Avec la perspective actionnelle, la méthodologie de l'enseignement-apprentissage des langues essaie d'intégrer la tâche au cœur de l'apprentissage des langues. L'analyse de la communication en langue cible induit, par conséquent, celle de la résolution de la tâche par les apprenants dans l'environnement virtuel. Il s'agit d'abord de définir la tâche comme élément structurant de la situation d'apprentissage, avant d'examiner dans quelle mesure elle doit être réaliste ou réelle. L'étude de la relation entre interaction et interactivité participera ensuite à éclairer la relation entre l'humain et la machine dans la réalisation de la tâche en environnement virtuel. Enfin, nous définirons les activités langagières qui permettent de mettre en œuvre la tâche.

3.2.1 Tâche et perspective actionnelle

Depuis les années 1970, l'approche communicative en didactique des langues place la compétence de communication au centre de la situation d'apprentissage. La simulation, où l'on demande à l'apprenant de faire comme s'il était dans un pays dont il apprend la langue, constitue l'exercice de référence de l'approche communicative. La tâche langagière, et plus particulièrement la tâche communicative, sont largement privilégiées. Avec l'approche communicative, 'agir' signifie 'agir sur l'autre', par la langue.

Au début des années 2000, avec le *Cadre Européen Commun de Référence pour les langues*, la division des politiques linguistiques du Conseil de l'Europe (2001) propose une base commune européenne pour l'élaboration des programmes de langues vivantes mais également pour la description d'objectifs, de contenus ou de méthodes d'apprentissage des langues. Il s'inscrit dans une politique linguistique du Conseil de l'Europe visant « une union plus étroite entre ses membres » et ayant pour objectif[1] de

1 Maurer (2011) dresse un bilan critique de la mise en œuvre de cet objectif et de l'évolution de l'enseignement des langues sous l'influence du projet politique du Conseil de l'Europe. Avec la didactique du plurilinguisme, il ne s'agirait plus d'enseigner les langues mais de construire l'identité du citoyen européen sans

> […] préparer tous les Européens à répondre aux défis d'une mobilité et d'une coopération internationales accrues dans les domaines de l'éducation, de la culture et des sciences, ainsi que dans les domaines du commerce et de l'industrie. (Conseil de l'Europe 1998 : 33)

La compétence en langue cible ne sert pas seulement à communiquer ponctuellement avec des étrangers mais à s'insérer dans une société plurilingue (Puren 2001). L'agir de référence est par conséquent l'agir avec l'autre, par l'action sociale. Dans la situation d'apprentissage de la langue, les tâches ne sont plus seulement langagières (Puren 2006).

En France, la perspective actionnelle introduite par le CECRL est souvent perçue comme un changement conceptuel dans l'apprentissage des langues. La perspective actionnelle induit ainsi une rupture, par le passage du paradigme de la communication au paradigme de l'action (Puren 2012). Pour Beacco (2010 : 98), chercheur français en sciences du langage, la perspective actionnelle n'apporte

> [r]ien de vraiment novateur par rapport à l'approche communicative des enseignements de langues, dont le CECR[L] recueille directement l'héritage et dont il ne constitue, de ce point de vue, qu'une reformulation.

Pour les chercheurs de l'espace germanophone, le CECRL n'ouvre pas une nouvelle étape pour la didactique des langues mais s'inscrit dans une évolution de l'approche communicative sans changement de paradigme (Delouis 2008). Nous retenons que la perspective actionnelle fait évoluer le paradigme et que la tâche devient un élément structurant de l'apprentissage des langues dans une perspective actionnelle.

Pour le Conseil de l'Europe,

> [e]st définie comme tâche toute visée actionnelle que l'acteur se représente comme devant parvenir à un résultat donné en fonction d'un problème à résoudre, d'une obligation à remplir, d'un but qu'on s'est fixé. (Conseil de l'Europe 2001 : 16)

Cette définition de la tâche met en exergue un élément structurant : l'objectif ou le sens de l'action, qu'elle soit langagière ou non. Pour Goullier (2005), Inspecteur Générale de l'Éducation Nationale en France,

---

connaître le projet politique à sa source. L'idéologie dominante du plurilinguisme nuirait à l'apprentissage des aspects linguistiques.

> […] il n'y a tâche que si l'action est motivée par un objectif ou un besoin, personnel ou suscité par la situation d'apprentissage, si les élèves perçoivent clairement l'objectif poursuivi et si cette action donne lieu à un résultat identifiable. (Goullier 2005 : 21)

Il précise donc que l'objectif de la tâche doit être explicite pour l'apprenant et que celui-ci doit pouvoir identifier le résultat de son action. Coste (2010) confirme le produit final comme composante de la tâche et décrit celle-ci comme un processus :

> La notion de tâche renvoie à une action finalisée, avec un début, un achèvement visé, des conditions d'effectuation, des résultats constatables (réparer une machine, remplir un formulaire, acheter un billet de train sur Internet, jouer au loto). (Coste 2010 : 500)

À partir de ces définitions, nous retenons les caractéristiques suivantes de la tâche en tant qu'élément structurant la situation d'apprentissage des langues. La tâche intègre :

- un objectif explicite que l'apprenant peut percevoir,
- un produit final, matériel ou non,
- un processus menant à la réalisation du produit final,
- des actions et des activités langagières.

3.2.2 Tâche réaliste versus tâche réelle

La simulation est souvent associée à l'approche communicative en tant que situation où l'apprenant est mis dans la situation de communication d'un locuteur natif. Avec la perspective actionnelle, la tâche devient l'élément structurant de la situation d'apprentissage. La question du caractère réel ou réaliste de la tâche doit être posée pour identifier les situations d'apprentissage des langues s'inscrivant dans une perspective actionnelle.

Le Conseil de l'Europe identifie un premier type de tâche, que nous qualifions de 'réaliste' :

> [Les] tâches « cibles » ou de « répétition » ou « proches de la vie réelle » sont choisies en fonction des besoins de l'apprenant hors de la classe, que ce soit dans les domaines personnel ou public ou en relation à des besoins plus particulièrement professionnels ou éducationnels. (Conseil de l'Europe 2001 : 121)

Recensant les types de tâche décrits dans plusieurs publications sur le CECRL et dans des dispositifs médiatisés, Nissen (2011), chercheuse en didactique des langues en France, identifie la tâche 'réaliste' comme le type le plus fréquent de tâche d'apprentissage. Pour Beacco (2010), l'approche par la tâche, largement inspirée des travaux anglophones sur le *Task Based Langage Teaching* (Ellis 2003), nécessite l'identification des besoins langagiers des apprenants. La tâche en question est donc de type 'réaliste' puisqu'elle constitue une anticipation de situations de communication future. L'auteur souligne que cette approche n'a pas de sens en situation scolaire où l'apprentissage de la langue reste généraliste et ne répond pas à des besoins spécifiques.

Le conseil de l'Europe identifie un second type de tâche, que nous qualifions de 'réelle' :

> D'autres sortes de tâches ou activités, de nature plus spécifiquement « pédagogique », sont fondées sur la nature sociale et interactive « réelle » et le caractère immédiat de la situation de classe. [...] Ces activités de type pédagogique sont assez éloignées de la vie réelle et des besoins des apprenants ; elles visent à développer une compétence communicative [...] (Conseil de l'Europe 2001 : 121)

Dans ce cas, la situation d'apprentissage constitue en elle-même une tâche de communication réelle. Puren (2009b) souligne que l'agir d'apprentissage est une action sociale au sein de la société authentique que la classe constitue. Avec l'approche communicative, les apprenants simulent une situation et la réalisent comme s'ils n'étaient pas en classe, par exemple, en faisant semblant de commander un menu au restaurant. Avec la perspective actionnelle, la tâche est réalisée à partir de la situation d'apprentissage, qui constitue une situation de communication réelle, par exemple, avec un débat entre élèves. Le groupe d'apprenants devient ainsi un espace social partagé.

Les technologies numériques favorisent la mise en œuvre de tâches réelles en classe de langue. Internet facilite d'abord l'accès à l'information qui peut elle-même constituer une tâche réelle. Lorsque les technologiques numériques sont mobilisées, c'est principalement pour les outils du web 2.0, notamment le partage de documents en ligne, la publication de productions, l'écriture collaborative (Puren 2009b ; Nissen 2011). La technologie ouverte d'Internet et les échanges entre apprenants participent à la perspective socioconstructiviste de l'approche actionnelle (Desmet 2006). Comme nous l'indiquions dans notre positionnement épistémologique (*cf.* chapitre 2.2), les mondes virtuels constituent un espace approprié pour un apprentissage basé sur le socioconstructivisme, en offrant une plateforme d'échanges entre apprenants et de co-construction de l'environnement virtuel (Molka-Danielsen 2009 ; Lange 2008). Pour L. Schmoll (2016a : 25),

> [...] les jeux vidéo plus ouverts, tels que les jeux d'aventure, qui permettent une réelle participation et des interactions entre utilisateurs ou avec des personnages non-joueurs (PNJ)[2], présentent un intérêt majeur pour l'enseignement des langues. En effet, laisser la possibilité aux apprenants d'incarner un personnage dans un monde virtuel semble ouvrir les perspectives en ce qui concerne les activités en permettant de mettre en place des tâches telles qu'elles sont conçues dans la perspective actionnelle.

Il convient ainsi de différencier, d'une part, la simulation de la future situation de communication, typique de l'approche communicative, et d'autre part, la simulation dans les mondes virtuels, lieu de tâches réelles médiatisées par les technologies numériques. Nous rejoignons ici le Conseil de l'Europe (2001 : 121) qui donne l'exemple de l'interprétation théâtrale : comme dans le jeu vidéo ou le monde virtuel, l'apprenant joue un rôle (qui peut d'ailleurs être le sien) mais agit réellement, à travers sa représentation théâtrale ou sa quête dans le jeu vidéo.

3.2.3 Tâche et activités langagières

La tâche constitue un élément structurant de la situation d'apprentissage, notamment parce qu'elle donne du sens à la communication. Pour le CECRL, les activités langagières constituent des moyens de réalisation de la tâche, parmi d'autres moyens non langagiers.

> La compétence à communiquer langagièrement du sujet apprenant et communiquant est mise en œuvre dans la réalisation d'activités langagières variées pouvant relever de la réception, de la production, de l'interaction, de la médiation

2 Dans un jeu vidéo, les personnages non joueurs sont des personnages que le joueur ne peut pas contrôler, mais avec qui il peut éventuellement communiquer. Les personnages non joueurs peuvent être des adjuvants, des oppansants ou ne pas avoir de relation directe avec l'action du joueur.

(notamment les activités de traduction et d'interprétation), chacun de ces modes d'activités étant susceptible de s'accomplir soit à l'oral, soit à l'écrit, soit à l'oral et à l'écrit. (Conseil de l'Europe 2001 : 18)

Pour Beacco, la perspective actionnelle désigne par 'activités langagières' ce que l'approche communicative nomme 'compétences' en désignant les quatre compétences de production et de compréhension orales d'une part, et de production et de compréhension écrites d'autre part :

> Le CECR analyse la compétence à communiquer langagièrement en trois composantes dites compétence linguistique, compétence sociolinguistique et compétence pragmatique ; celles-ci sont mises en jeu dans la réalisation d'activités langagières dites de réception, de production, d'interaction et de médiation. Si l'on désigne ce complexe de concepts issu du CECR par la dénomination approche par compétences de l'enseignement des langues, on réinscrit le CECR dans un courant pédagogique qui n'est pas propre à l'enseignement des langues. (Beacco 2008 : 35)

Ainsi, avec la perspective actionnelle, la compétence désigne à la fois la compétence générale de communication et ses composantes relatives au système de la langue, à la situation de communication et à la fonction de l'acte de langage. Les activités langagières ne sont que les moyens pour l'actualisation de la compétence à communiquer. Portine (2008), chercheur sciences du langage en France, différencie les activités langagières (au pluriel) de l'activité langagière (au singulier), cette dernière renvoyant à la compétences à communiquer.

Le choix du terme « activités langagières » fait référence aux théories des actes de parole d'Austin (1962), philosophe américain, repris par Searle (1972), philosophe anglais : par un énoncé, le locuteur accomplit à la fois un acte locutoire, illocutoire et perlocutoire. Notons que l'utilisation, dans le CECRL, de verbes à l'infinitif pour désigner les activités langagières renforce la référence à l'action par le langage. Pour notre analyse, nous reprenons par conséquence le terme 'activités langagières' (et non pas 'compétences') pour désigner les actions d'écouter, de lire, de prendre part à une conversation, de s'exprimer oralement en continu et d'écrire en langue cible, parce qu'il renvoie à la fois à l'agir par le langage sur son interlocuteur et à l'action dans le monde servant la réalisation de tâches.

3.2.4 *Interaction et interactivité au service de la tâche*

C'est dans le milieu des années 1980 que l'interactivité devient un champ de recherche[3]. Le débat scientifique interroge notamment la relation sémantique entre l'interaction et l'interactivité.

Interactivité versus interaction

Demaizière et Dubuisson (1992 : 37), chercheuses en sciences du langage en France et au Canada, rapportent l'état du débat scientifique au début des années 1990 :

> La véritable interactivité [...] tend vers un véritable échange bidirectionnel entre l'humain et la machine. [...] Certains diraient qu'au niveau maximum, l'interactivité ne se distingue plus de l'interaction même si elle est médiatisée. Nous resterions plus prudentes (de par notre formation de linguistes nous ne distribuons pas la capacité de langage aux machines aussi aisément que d'autres).

Pour les auteurs, le langage constitue une caractéristique essentielle de l'interaction humaine, qui permet de différencier, d'une part, l'action de l'utilisateur sur la machine (interactivité), et d'autre part, l'interaction communicative entre humains (interaction).

Dans une approche moins contractée, Jacquinot (1997 : 60), chercheuse en sciences de l'éduction en France, différencie l'interactivité machiniste de l'interactivité intentionnelle, avec

- d'un côté l'interactivité machinique, fonctionnelle, [...] qui permet à l'utilisateur de rétroagir sur le programme [...] gérant la communication entre l'utilisateur et la machine,
- et, de l'autre, l'interactivité mentale, intentionnelle [...] qui gère la communication entre l'utilisateur et l'auteur du logiciel, présent à travers ses choix de contenu [...] de structure [...] de navigation, de rhétorique, de contrat énonciatif.

Pour l'auteur, l'interactivité mentale constitue une interaction entre deux humains, l'utilisateur et le concepteur du logiciel, médiatisée par l'environnement numérique.

---

3 Julia (2003), chercheur français en sciences de l'information et de la communication, identifie la publication en 1985 d'un numéro du bulletin de l'Institut de l'audiovisuel et des télécommunications en Europe, intitulée « Interactivité(s) », comme l'une des premières publications sur cette thématique.

Bésile et Linard (1996), respectivement chercheuses françaises en sciences humaines et sociales et en sciences de l'éducation, adoptent une position dichotomique : l'interactivité est une technique, alors que l'interaction est de nature humaine et psychosociale. L'interactivité désigne ainsi une technique permettant, d'une part, à l'utilisateur d'agir sur un environnement numérique, et d'autre part, à l'environnement numérique de s'adapter aux actions de l'utilisateur. Paquelin (2002 : par. 2), chercheur français en sciences de l'éducation, précise la fonction de l'interactivité, en soulignant qu'elle permet à l'utilisateur de s'impliquer dans l'environnement : « [U]ne application est dite interactive lorsqu'elle donne la possibilité à l'utilisateur d'agir sur son déroulement et de devenir co-auteur ». Bésile et Linard (1996) désignent l'interaction comme un échange interhumain, entre deux personnes partageant un objet et un objectif de conversation communs.

La distinction entre interactivité et interaction reposerait ainsi, d'une part, sur l'artificialité du langage de la machine, et d'autre part, sur l'absence de dimension psychosociale dans l'échange entre l'ordinateur et son utilisateur. Avec le développement des technologies numériques, l'artefact de la communication interpersonnelle devient plus repandu, avec l'introduction de caractéristiques de la communication interhumaine dans l'échange entre l'utilisateur et l'environnement numérique. La dichotomie interactivité versus interaction devrait être réinterrogée.

Agent conversationnel animé

L'interactivité peut être dotée de caractéristiques de la communication interhumaine. Les 'agents conversationnels animés' constituent des artefacts humanoïdes simulant la conversation humaine dans un environnement virtuel.

> Un agent conversationnel animé est un personnage virtuel créé par l'ordinateur qui peut converser avec les utilisateurs d'une façon naturelle à travers un langage verbal et non-verbal. (Ochs *et al.* 2013 : en ligne)

S'appuyant sur les travaux d'Isbiter et de Doyle (2004), Buisine (2005 : 15), chercheuse française en psychologie cognitive et ergonomie, définit l'agent conversationnel idéal :

> L'Agent Conversationnel idéal […] devrait être intelligent, capable de comportements sociaux, et tirer parti de sa représentation visuelle pour renforcer sa crédibilité (notamment par des comportements non verbaux sophistiqués et pertinents, par l'expression d'émotions…).

Elle précise ainsi les caractéristiques de la communication interhumaine que doit comporter l'interaction avec l'agent conversationnel animé : sens dans la communication, adaptation sociale, communication verbale et non verbale. Buisine (2015) souligne cependant la pluridisciplinarité nécessaire à la conception d'un tel agent conversationnel (l'animation graphique, l'intelligence artificielle, le traitement automatique de la langue, l'ergonomie, la psychologie, la sociologie, etc.), que peu de concepteurs possèdent.

Les dialogues menés avec les agents conversationnels animés peuvent être regroupés en deux catégories : ceux orientés vers la réalisation d'une tâche, et ceux visant le déroulement d'un échange social sans objectif de réalisation autre que le dialogue. Ces deux catégories sont cependant de plus en plus perméables. La dimension sociale du dialogue entre l'utilisateur de l'interface et l'agent conversationnel pourrait être modélisable et programmable. Le modèle repose sur des 'arbres à dialogue' intégrant des actes de parole. Chaque acte de parole (proposition, acceptation, refus, etc.) est réalisé par l'agent conversationnel en fonction de préconditions définies selon le déroulement effectif du dialogue. Le système adapterait le choix des actes de parole et des énoncés en fonction de la relation interpersonnelle construite par le dialogue, en prenant par exemple en compte la domination de l'utilisateur dans le déroulement du dialogue (Ould Ouali *et al.* 2016).

Par conséquent, l'échange entre l'homme et la machine, devient paradoxalement, de plus en plus interpersonnel. L'agent conversationnel animé tend vers la réalisation de réactions humaines, aussi bien non verbales que verbales.

Choix terminologiques

Notre objet d'étude, l'usage de la langue cible en réalité virtuelle, se caractérise par sa pluridisciplinarité, puisqu'il se situe à la croisée des sciences de l'éducation, du langage, et de l'informatique. La polysémie du terme 'interaction' reflète l'apport des champs disciplinaires sur la question. Nous abordons notre recherche avec le positionnement terminologique suivant :

Le chapitre 4.2 aborde la technologie de réalité virtuelle. L'immersion et l'interaction y sont définies comme des facteurs du dispositif technique de l'environnement virtuel. L'interaction des sciences de l'informatique correspondrait ainsi à l'interactivité définie par les sciences humaines. Pour traiter du dispositif de réalité virtuelle et ses facteurs techniques, nous utiliserons 'interaction', afin de respecter la cohérence interne au domaine de recherche sur la réalité virtuelle.

L'interaction verbale constitue un objet d'étude du linguiste. La technologie de reconnaissance automatique de la parole permet, aujourd'hui, un échange verbal entre l'environnement virtuel et son utilisateur. Selon la dichotomie établie entre l'interactivité et l'interaction, l'échange verbal homme/machine constituerait une 'interactivité verbale'. Cette dénomination rendrait compte de la technique utilisée dans l'environnement virtuel pour réaliser le dialogue. Notre recherche porte cependant sur la présence en réalité virtuelle, comportant une présence sociale, qui se définit par la rencontre d'une forme d'intelligence en réalité virtuelle (*cf.* chapitre 5.1.2). De fait, l'utilisateur communique avec un environnement piloté par un ordinateur, mais s'il est présent dans l'environnement et appréhende ainsi le personnage virtuel comme une intelligence sociale, alors, il réalise bien une interaction avec ce personnage. Par conséquent, nous abordons notre recherche en considérant, certes, l'action de l'utilisateur sur l'environnement virtuel comme un phénomène d'interactivité. La réalisation du dialogue entre l'apprenant et le personnage non joueur constitue, par contre, une interaction verbale au sein de l'environnement virtuel. Cette interaction verbale sert l'interactivité du dispositif.

3.3 Communiquer en stratège

La réalisation de tâches en langue cible place l'apprenant face à une situation-problème qu'il doit résoudre en utilisant sa compétence stratégique (*cf.* chapitre 3.3.1). L'analyse de la mise en œuvre par les apprenants, dans l'environnement virtuel, de cette compétence stratégique nécessite d'observer comment les apprenants utilisent des stratégies d'usage de la langue cible (*cf.* chapitre 3.3.2).

3.3.1 Compétence stratégique

Au chapitre 3.3, nous avons souligné que la compétence stratégique est une composante de la compétence de communication. Ainsi, pour Canal et Swain (1980), la compétence stratégique concerne uniquement l'acte de communication, en renvoyant à la capacité du locuteur à transmettre et à recevoir l'information, en utilisant des stratégies verbales et non verbales pour compenser les difficultés de communication. Dans la logique de la perspective actionnelle, le Conseil de l'Europe donne une dimension plus large à la compétence stratégique. Pour les auteurs du CECRL (Conseil de l'Europe 2001), la réalisation d'une tâche, si celle-ci n'est pas routinière ni automatisée, implique nécessairement la mise en œuvre de stratégies. Si la tâche induit une dimension non verbale, la réalisation d'activités langagières conduit, elle, à des stratégies de traitement d'énoncés langagiers. Pour les auteurs du CECRL,

> [l]es stratégies sont le moyen utilisé par l'usager d'une langue pour mobiliser et équilibrer ses ressources et pour mettre en œuvre des aptitudes et des opérations afin de répondre aux exigences de la communication en situation et d'exécuter la tâche avec succès et de la façon la plus complète et la plus économique possible – en fonction de son but précis. Les stratégies communicatives ne devraient pas, en conséquence, s'interpréter seulement selon un modèle d'incapacité, comme une façon de remédier à un déficit langagier ou à une erreur de communication. Les locuteurs natifs utilisent régulièrement des stratégies de communication de tous ordres [...] quand la stratégie est appropriée aux exigences communicatives qui pèsent sur elles. (Conseil de l'Europe 2001 : 48)

Avec cette approche, la compétence stratégique dépasse la simple compensation des difficultés de communication. Elle intègre la planification, l'exécution, le contrôle et la remédiation, nécessaires à la réalisation d'une tâche. La planification de la production ou de l'action consiste en la mobilisation des ressources langagières ou non langagières, déjà à disposition de l'apprenant, ou à acquérir. Pendant l'exécution, le locuteur utilisera des stratégies d'évitement, en réduisant ses objectifs, de réalisation, en augmentant le niveau de réalisation de la tâche ou de compensation, pour atteindre le but fixé en fonction des ressources à sa disposition. Le contrôle permet au locuteur de vérifier le bon fonctionnement de la communication et la bonne réalisation de la tâche. Les stratégies sont ainsi comparables à des 'principes métacognitifs' conscients (Conseil de l'Europe 2001 : 48).

La compétence stratégique intervient, par conséquent, dans l'ensemble de la réalisation de la tâche. Nous retenons qu'elle renvoie à un processus conscient complet participant à la réussite de l'action. Les stratégies d'usage de la langue participent à la compétence stratégique, en tant qu'outils dans la mise en œuvre de cette compétence.

3.3.2 Stratégies d'usage de la langue

La compétence stratégique permet de réaliser l'action en langue cible. Cette compétence est notamment mise en œuvre par l'utilisation de stratégies pendant la réalisation de la tâche. Dans ce chapitre, nous retenons la différence entre les 'stratégies de communication', qui participent directement à la communication en langue cible, et les 'stratégies d'usage de la langue'. Celles-ci portent à la fois sur la communication en langue cible et la réalisation de la tâche.

Faerch et Kasper, chercheurs en sciences du langage, définissent la 'stratégie de communication' de la manière suivante : « potentially conscious plans for solving what to an individual presents itself as a problem in reaching a particular communicative goal. »[4] (Faerch/Kasper 1983 : 16). Notons, à partir de cette définition, plusieurs caractéristiques des stratégies de communication :

- Les stratégies de communication sont utilisées de manière consciente par l'apprenant, avec un degré variable de conscience (Tang 2012). Nous suivons cette approche en spécifiant que si le choix d'une stratégie spécifique n'est pas toujours conscient, l'obstacle communicationnel est lui nécessairement ressenti par le locuteur qui cherche alors à le dépasser consciemment.
- L'obstacle communicationnel à franchir par une stratégie de communication est de nature subjective. C'est à l'appréciation du locuteur

4 Notre traduction : plans potentiellement conscients qu'a un individu afin de résoudre ce qui lui semble être un problème pour atteindre un objectif communicationnel donné.

qu'une situation de communication nécessite l'emploi de stratégie de communication.
– La stratégie de communication doit permettre d'atteindre un objectif de communication.

La différenciation entre 'stratégie de communication' et 'stratégie d'apprentissage' n'est cependant pas toujours aisée lorsque la communication a lieu en langue cible dans un contexte d'apprentissage.

Avec l'expression 'stratégies d'apprenant', Tönshoffs, chercheur en didactique des langues en Allemagne, propose une appellation englobant les stratégies de communication et d'apprentissage :

> Der Terminus ‚Lernerstrategien' wird dabei häufig als Oberbegriff gebraucht, der sowohl Lernstrategien als auch Sprachverwendungsstrategien (Kommunikationsstrategien) umfasst. (Tönshoff 1997 : 204)

À partir des travaux des didacticiens allemands Bimmel et Rampillon (2000), du linguiste français Cohen (1996), et des didacticiens français Jeannot et Chanier (2008), L. Fournier, enseignante et chercheuse en didactique des langues en Allemagne, se réfère à l'usage de la langue comme médium et propose d'utiliser le terme 'stratégie d'usage' dans des situations d'apprentissage :

> [Sprachgebrauchsstrategien :] Anwendung von Strategien beim Gebrauch der Sprache in Lösungssituationen von Aufgaben (sei es im Sachfach, das in der Fremdsprache unterrichtet wird, oder im Sprachunterricht).
>
> Der Begriff Sprachgebrauchsstrategien bezieht sich also nicht auf die Verwendung von Sprache im Rahmen einer Unterhaltung, sondern in einer Situation, in der die Sprache als Medium zur Vermittelung und Aneignung von Inhalten dient. (L. Fournier 2015 : 107–108)

Fournier reprend la distinction établie par Oxford (1990), chercheuse américaine en sciences du langage, entre les stratégies directes et indirectes de réalisation d'une tâche. Les stratégies directes sont les stratégies de rappel, les stratégies cognitives et les stratégies de compensation. Les stratégies indirectes se décomposent en stratégies métacognitives, stratégies affectives et stratégies sociales. La classification d'Oxford se focalise sur les stratégies d'apprentissage dans une salle de classe. La référence à l'usage de la langue pour la résolution de tâches convient cependant à notre étude qui s'intéresse à une situation d'apprentissage.

Notre recherche porte en effet sur la communication en langue cible pendant une immersion dans un jeu sérieux, mais celui-ci est expérimenté en milieu scolaire. L'immersion fait bien intervenir une communication avec le personnage non joueur mais sert intrinsèquement l'apprentissage de la langue cible par la résolution des tâches du scénario de jeu.

La recherche sur les stratégies d'usage de la langue cible essaie de décrire un phénomène cognitif par une classification des phénomènes visibles. Ces phénomènes apparaissent avec l'utilisation de stratégies par le locuteur, dans la situation de communication. La classification de ces phénomènes offre des outils pour une description et une analyse ordonnées de la communication en langue cible.

Tarone (1977), chercheuse américaine en didactique des langues, propose une première taxonomie des stratégies de communication, avec cinq grandes catégories :

- paraphrase : approximation, invention de mots, circonlocution,
- transfert conscient : traduction littérale, passage à une autre langue,
- appel à l'aide,
- mime.

Faerch et Kasper (1983) font une distinction entre les stratégies relevant de la planification et celle relevant de l'exécution. Ils distinguent également deux comportements : l'évitement et la réussite. Ils proposent la taxonomie suivante :

- réduction formelle : utilisation de systèmes réduits de la langue et de règles bien intégrées par le locuteur,
- réduction fonctionnelle : minimisation du contenu de l'énoncé qui peut être prévu au moment de la planification ou décidé pendant l'exécution,
- réalisation : élargissement des ressources communicatives, avec le passage à une autre langue, le mime, etc.

Parmi les stratégies de réalisation, Faerch et Kasper distinguent les stratégies de récupération (attente d'un mot clé, analyse des champs sémantiques) et les stratégies de compensation. Celles-ci peuvent être d'une part interlinguales (alternance codique, emprunt, etc.) ou intralinguales (paraphrase), coopérative (demande d'aide) ou non linguistique (gestuelle). Suivant la classification de Faerch et Kasper, Méron-Minuth

(2009), chercheuse en didactique des langues en Allemagne, mène une étude sur les stratégies de communication employées par des élèves d'école élémentaire. Elle remarque que les jeunes apprenants n'utilisent pas de stratégies de réduction fonctionnelle, en maintenant leurs objectifs communicationnels malgré les obstacles liés à l'utilisation de la langue cible. L'auteur souligne ici l'usage différent des stratégies de communication selon le contexte mais également selon l'âge des locuteurs. Les classifications proposées ne constituent donc que des outils de description à adapter.

À partir des travaux présentés dans ce chapitre, nous retenons une classification des stratégies d'usage de la langue, qui sera utilisée pour l'analyse des activités langagières de communication dans le dispositif de réalité virtuelle. La figure 1 synthétise la classification retenue.

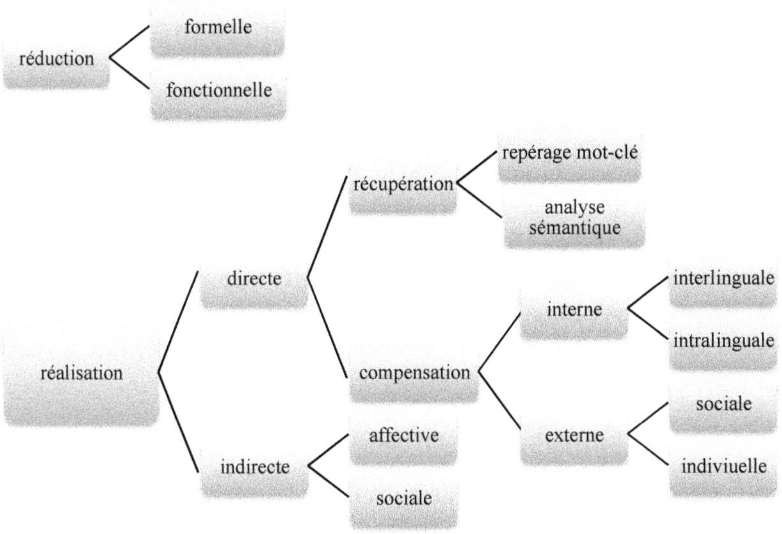

Figure 1 : Typologie des stratégies d'usage de la langue.

Notre classification s'appuie ainsi en grande partie sur les travaux de Faerch et Kasper (1983), parce qu'ils proposent une typologie interne détaillée des stratégies de compensation. Cette typologie semble pertinente pour rendre compte du détail de nos observations des interactions en langue cible dans le dispositif de réalité virtuelle. Comme indiqué précédemment, la situation de communication étudiée est celle d'une tâche d'apprentissage en milieu scolaire. Au vu de ce contexte et de la présence d'observateurs extérieurs à l'environnement virtuel, nous distinguons les stratégies de compensation internes à l'interaction entre l'élève et son interlocuteur virtuel, et les stratégies de compensation externes, lors desquelles l'élève fait appel à une aide extérieure. Ces stratégies externes sont sociales lorsque l'élève s'adresse à une autre personne, ou individuelles lorsque l'élève fait appel à une ressource matérielle. Parmi les stratégies de réalisation, nous distinguons les stratégies qui facilitent, directement, le maniement de la langue (stratégies directes), des stratégies qui portent sur la réalisation de la tâche dans son ensemble (stratégies indirectes).

3.4 Communiquer en immersion

Lorsqu'elle est associée à l'apprentissage des langues, l'immersion est souvent considérée comme un facteur positif dans le processus d'apprentissage. Afin de comprendre dans quelle mesure notre objet d'étude peut être associé à de l'immersion en langue cible, nous présenterons d'abord l'immersion en tant que dispositif didactique. L'immersion induite par l'approche holistique de l'apprentissage des langues sera ensuite mise en parallèle avec l'immersion sensorimotrice des environnements en réalité virtuelle.

3.4.1 Immersion et enseignement bilingue

La notion d'immersion en tant que modèle didactique d'apprentissage des langues a été introduite au Canada dans les années 1960, pour l'apprentissage du français par la population anglophone vivant dans un environnement social très largement francophone. L'immersion est un type de dispositif didactique au sein de l'enseignement bilingue (Johnson/Swain 1997). Les principes de l'immersion reposent notamment sur les travaux du linguiste américain Krashen (1984) qui émet l'hypothèse selon laquelle l'apprentissage d'une langue étrangère peut reposer sur des principes similaires à l'acquisition de la langue maternelle. Selon l'auteur, l'exposition à des productions langagières en langue cible permet à l'élève d'acquérir progressivement des compétences en langue cible, à condition que cette exposition ait lieu dans un cadre pédagogique adapté. Curtain (1986), didacticien des langues américain, identifie quatre objectifs de l'immersion :

- conférer aux apprenants une compétence fonctionnelle en langue cible,
- maintenir et développer les compétences des apprenants dans leur langue première,
- assurer une maîtrise des contenus disciplinaires à un niveau donné,
- développer, chez les apprenants, la compréhension de la langue cible et de la culture correspondante sans restreindre la maîtrise de leur propre culture.

Selon ces objectifs, l'immersion vise à la fois l'accroissement des compétences en langue cible et l'apprentissage de contenus relatifs à une discipline autre que linguistique. L'auteur indique que l'immersion peut prendre différentes formes, selon qu'elle intervienne plus ou moins tôt et avec une exposition à la langue cible plus ou moins longue. À partir de recherches notamment menées sur l'apprentissage 'bilingue' en Alsace, Petit (2001), chercheur français en psycholinguistique acquisitionnelle, souligne les apports de l'approche linguistique instrumentale, par laquelle la langue est enseignée par un enseignement dans la langue. Il souligne que les apprenants de l'enseignement 'bilingue' maîtrisent, certes, une langue cible, mais acquièrent également une meilleure maîtrise de leur langue source, par un travail de comparaison interlinguistique. La stimulation intellectuelle induite par l'utilisation régulière de deux langues aiderait les apprenants à acquérir de nouveaux concepts dans les domaines de l'abstraction et du symbolisme.

C'est sur le double principe d'enseignement d'une discipline et d'une langue que repose l'enseignement dit « enseignement bilingue ». Marsh, chercheur en didactique des langues en Finlande, désigne cet enseignement, à partir des années 1990, par *Content and Language Integrated Learning* (CLIL) :

> CLIL refers to situations where subjects, or parts of subjects, are taught through a foreign language with dual-focused aims, namely the learning of content and the simultaneous learning of a foreign language marsch (Marsh 1994)

CLIL, repris en français par « Enseignement d'une Matière par l'Intégration d'une langue Étrangère (EMILE) » (Beardsmore 1999) est un terme générique désignant une douzaine d'approches en Europe. Proposant l'appellation 'DEL2' pour 'Discipline Enseignée en Langue 2', Geiger-Jaillet, Schlemminger et Le Pape Racine (2011), linguistes et didacticiens des langues respectivement en France, en Allemagne et en Suisse, identifient trois fonctions de la langue, dans le cadre de l'enseignement en DEL2 :

- la fonction communicative, interactionniste et référentielle : la langue est utilisée comme outil pour réguler la vie de classe et organiser les apprentissages,
- la fonction gnoséologique : la langue est un outil d'appropriation des contenus disciplinaires,
- la fonction de métacognition : la langue est un moyen de réflexion métalinguistique, métacognitive et métadiscursive.

Au-delà de la diversité des dispositifs, ces trois fonctions de la langue constituent une constante de l'immersion en tant que dispositif didactique.

L'immersion en réalité virtuelle se distingue de l'immersion de l'enseignement dit 'bilingue'. Dans le domaine de la réalité virtuelle, l'immersion renvoie à l'immersion sensorimotrice de l'utilisateur dans l'environnement virtuel (*cf.* chapitre 4). L'emploi dans les deux cas du terme 'immersion' invite cependant à souligner quelques parallèles quant à la fonction de la langue dans le dispositif de réalité virtuelle tel que nous l'étudions. Pour Schlemminger, le jeu sérieux en réalité virtuelle développé par EVEIL-3D repose sur la même approche holistique que celle de la DEL2, puisque

> [...] la langue apprise n'est plus l'objet principal d'étude, mais devient un outil fonctionnel pour des interactions centrées sur le contenu d'apprentissage et l'acquisition de nouveaux concepts. Ici, la focalisation sur les formes de la langue laisse place à la construction de savoirs adaptés au niveau des apprenants. (Schlemminger 2014 : 73)

Dans la brochure de présentation du projet, l'équipe EVEIL-3D annonce : « Nous partons de l'idée que [les différents facteurs d'immersion] favorisent l'apprentissage des langues, à condition que les élèves soient aussi sollicités cognitivement par du contenu » (Pädagogische Hochschule Karlsruhe 2013). Elle souligne ainsi l'utilisation de la langue dans le jeu pour sa fonction gnoséologique.

L'immersion en réalité virtuelle n'est pas à appréhender *a priori* comme un dispositif didactique d'immersion pour l'apprentissage des langues. Cependant, les fonctions de la langue mobilisées par le jeu sérieux, permettent d'analyser la situation de communication sous l'angle de l'immersion pour l'apprentissage des langues.

3.4.2 Approche holistique et immersion corporelle

Le mouvement de l'Éducation Nouvelle a introduit, à partir de la fin du XIXème siècle, l'éducation holistique dans les débats sur l'école. Selon cette approche, le processus d'apprentissage sollicite autant l'affect et le corps de l'apprenant que son intellect. Pestalozzi, pédagogue suisse, prônait alors d'apprendre avec la tête, avec le cœur et avec les mains. L'éducation holistique repose sur la psychologie de la forme (de l'allemand *Gestaltpsychologie*), pour laquelle l'Homme constitue une unité d'esprit, de corps et de conscience. Le processus d'apprentissage doit par conséquent s'adresser à ces trois composantes. Apprendre dans une démarche holistique, c'est donc apprendre avec tous ses sens, son intelligence, son âme et son corps[5] (Klippel 2000).

S'intéressant à l'approche holistique dans l'apprentissage des langues, Nikola Mayer, didacticienne des langues en Suisse, appelle à un cours de langues sollicitant les sens de l'apprenant, pas l'utilisation d'objets, de couleurs, de parfums, etc.

> Ein verstärkter, aber gleichzeitig auch bewusster Einsatz von [...] Anschauungsobjekten, Farben, Düften und weiteren, die Sinne stimulierenden Elementen. (N. Mayer 2002 : 55)

Bach et Timm (2003 : 15), chercheurs en sciences du langage en Allemagne, décrivent un cours de langue holistique comme un cours où l'apprentissage est multidimensionnel parce qu'il sollicite l'apprenant

5 « Lernen mit allen Sinnen, Lernen mit Verstand, Gemüt und Körper » (Klippel 2000 : 242).

par différents canaux : « *ein mehrdimensionales Lernen über vielfältige Sinneswahrnehmungen („Eingangskanäle")* ». À propos de l'enseignement des langues aux enfants, Macaire (2008), chercheuse française en sciences du langage et didactique des langues, retient les principes d'un apprentissage holistique des langues, d'une approche visuelle, d'un apprentissage multisensoriel et d'une démarche liant l'action à la parole.

La sollicitation de tous les sens de l'apprenant dans une approche holistique de la situation d'apprentissage des langues fait écho à l'immersion sensorielle que propose la réalité virtuelle. Comme nous le décrivons dans le chapitre 4.2.2, l'immersion constitue un des piliers technologiques de la réalité virtuelle. Les dispositifs techniques comme la projection d'images stéréoscopiques sollicitent l'utilisateur par différents canaux.

En plus de l'immersion sensorielle de l'apprenant, l'approche holistique de l'apprentissage repose également sur le sens kinésthésique. Dans sa définition d'un cours holistique, N. Mayer poursuit : « ein Unterricht, in dem die Schülerinnen und Schüler sich bewegen können und nicht hinter ihren Tischen verharren » (N. Mayer 2002 : 55), l'apprenant n'est plus immobile mais passe à l'action physiquement.

Pour Aden, chercheuse en sciences du langage en France, apprendre à parler une autre langue, c'est apprendre à « langager », c'est à dire à faire l'expérience de la relation à l'autre par une expérience vivante,

> [...] médiée par les corps en action puisque tout ce que nous comprenons et tout ce que nous « échangeons », les mots, les émotions, les sentiments, passe par notre corps, par nos sens, nos perceptions, et tout cela est traité par notre cerveau. (Aden 2013 : 115)

L'auteur constate à quel point l'usage de la langue cible est facilité par une situation d'apprentissage permettant l'implication corporelle des apprenants. Observant des élèves d'école primaire apprenant l'anglais par le théâtre, elle constate que les élèves

> [...] retrouvent les éléments linguistiques au moment où ils entrent en action, comme si les éléments de langue émergeaient au moment où ils en ont besoin sans avoir à faire un effort intellectuel pour le[s] retrouver. Lorsqu'un mot leur manque, ils peuvent en inventer un autre, le remplacer par une action, un geste, ou bien ils modifient l'histoire tout en préservant le sens, ils peuvent même se lancer dans des improvisations langagières complexes en utilisant tous les moyens à leur disposition. (Aden 2013 : 113)

L'implication corporelle serait ainsi à la fois un élément facilitateur de la mémorisation de la langue cible et un facteur de créativité dans l'usage de la langue. L'implication corporelle permettrait ainsi de relayer au second plan l'acte langagier en lui-même et de donner la primauté à l'action et au sens qui y est associé.

L'engagement corporel de l'éducation holistique fait écho aux modalités d'interaction entre l'utilisateur et l'ordinateur dans un environnement de réalité virtuelle. Comme nous le décrivons dans le chapitre 4.2.3, l'interaction constitue un autre des piliers technologiques de la réalité virtuelle. Les dispositifs techniques comme les systèmes de capture de mouvements invitent l'utilisateur à agir avec son corps dans l'environnement virtuel.

Résumé conclusif

Nous retenons que l'étude de l'influence d'un environnement en réalité virtuelle sur la communication en langue cible par des apprenants nécessite de circonscrire l'objet de recherche en mettant en exergue les constituants de la situation de communication. Le chapitre 3 a permis de considérer la situation de communication en langue cible dans l'environnement virtuel d'apprentissage comme une situation de communication authentique et immersive. L'apprenant y agit par la réalisation d'une tâche. Pour cette réalisation, il a recourt à sa compétence de communication par laquelle il utilise notamment des stratégies d'usage de la langue.

À travers le scénario d'apprentissage proposé par le jeu sérieux en réalité virtuelle, l'apprenant mettra par conséquent en œuvre sa compétence de communication. L'observation de la réalisation des tâches en langue cible portera non seulement sur la compétence linguistique de l'apprenant mais également sur la performance, en considérant la réussite des actes de parole en contexte. Un apprenant avec une appréhension accrue du personnage non joueur sera par exemple susceptible de faire preuve d'une meilleure compétence sociolinguistique.

L'analyse de la communication en langue étrangère prend en compte la réalisation des tâches proposées dans le jeu sérieux. Élément structurant de la situation de communication, la tâche dans le jeu sérieux est considérée comme une tâche réelle. L'analyse de la réalisation des activités langagières nécessite par conséquent d'observer la réalisation des tâches par l'apprenant.

L'étude de la situation de communication en langue cible se base notamment sur l'analyse de la mise en œuvre de la compétence stratégique par les apprenants, avec l'utilisation de stratégies d'usage de la langue. Les classifications de Faerch et Kasper (1983) et d'Oxford (1990) fournissent un outil détaillé de description des stratégies d'usage de la langue.

Enfin, la situation de communication est à considérer comme une situation d'immersion en langue cible. Son analyse doit notamment prendre en considération l'immersion sensorielle et l'implication corporelle des apprenants. Ces caractéristiques de la situation de communication constitueront des phénomènes à analyser pour savoir d'une part, dans quelle mesure la réalisation d'une tâche en réalité virtuelle peut constituer une situation d'interaction cohérente en langue cible, et d'autre part, comment ils sont influencés par l'immersion, l'interaction et la présence en réalité virtuelle.

4. Réalité virtuelle

Le présent chapitre précise la notion de réalité virtuelle en mettant en relief les caractéristiques de cette technologie qui sont susceptibles d'influencer une situation d'apprentissage et plus spécifiquement une situation d'apprentissage médiatisé des langues.

Une étude sémantique permettra d'abord de circonscrire l'objet en précisant les acceptions retenues de 'réalité' et de 'virtuelle'. Une présentation de la technologie éclairera ensuite le lecteur sur les composantes typiques d'un dispositif de réalité virtuelle. Ceci participera à la compréhension de l'immersion sensorimotrice proposée à l'utilisateur. Enfin, un état des lieux des dispositifs d'apprentissage en réalité virtuelle mettra en lumière les potentialités de cette technologie comme outil pour l'apprentissage médiatisé.

4.1 Réalité virtuelle : considérations sémantiques

> You can't really ask what the purpose of Virtual Reality is because it's just too big. You can ask what the purpose of a chair is because it's a small enough thing to have a purpose. (Lanier, interviewé dans Heilbrun/Stacks 1989 : 117)

Jaron Lanier, ingénieur informaticien américain, musicien et surtout pionnier de la réalité virtuelle, souligne dans cette interview la difficulté de saisir à quelle fin cette technologie est utilisée. Son domaine d'application serait ainsi trop vaste pour renvoyer à une fonction facilement identifiable. Une étude sémantique de l'oxymore 'réalité virtuelle' apporte des premiers éléments pour circonscrire l'objet d'étude.

Il est légitime de s'interroger sur la capacité de la réalité à être virtuelle. Comme tout oxymore, le terme 'réalité virtuelle', lors de son introduction à la fin des années quatre-vingts, a laissé perplexe. C'était d'ailleurs l'intention de Lanier, lorsqu'il emploie en 1989, à des fins commerciales, le terme anglais de *Virtual reality* lors du salon *Texpo'89* à San Francisco (États-Unis). Fondateur de la société *VPL Research, Inc* (*Visual Programming Language*), Lanier est à l'origine des gants de données *DataGlove*, largement utilisés en réalité virtuelle[1]. Il est considéré comme l'un des pères fondateurs de la réalité virtuelle.

Dans le cadre de notre positionnement sémantique, l'utilisation de l'adjectif 'virtuelle' doit être interrogée. Lanier retient dans le mot *virtual* l'existence d'objets composant un environnement exclusivement sous la forme d'une représentation numérique. Il écarte d'autres termes tels que « *artificial* » ou « *synthetic* » qui ne renvoient pas directement au caractère numérique du support. Il écarte également le terme « *cyberspace* » qui, au contraire, ferait trop référence à l'informatique. La réalité virtuelle serait ainsi plus qu'un programme informatique et s'approcherait d'un espace social (Heilbrun/Stacks 1989 : 110).

Examinant la fréquence des expressions *virtual reality* et *simulation* dans les articles scientifiques et de presse publiés en langue anglaise entre 1988 et 1993, les chercheurs américains en information et communication, Biocca *et al.* (1995) constatent que les termes « simulation » et « réalité virtuelle » sont employés pour exprimer le même phénomène. Il y a donc un amalgame entre les deux termes. Un consensus sur l'utilisation de l'expression « réalité virtuelle » se met en place à partir de 1992, le mot « simulation » étant considéré comme trop large.

L'émergence, à la fin du XXème siècle, des « mondes virtuels » du type *Seconde Life* (Linden Lab 2003) rend nécessaire un positionnement quant aux termes « réalité », « monde » et « environnement ». Comme nous le soulignions dans le chapitre 2.2, le « monde » virtuel se caractérise par son accès ouvert – via Internet – à une communauté de membres participant à la co-construction d'un univers numérique via des avatars (Molka-Danielsen/Deutschmann 2009). La réalité virtuelle, telle que nous l'étudions, ne bénéficie pas – pas encore – du degré d'ouverture des mondes virtuels. Dans la présente étude, nous écartons par conséquent le terme « monde » pour retenir

1 Le *Data Gloves* ou gant de données est un gant comportant des capteurs, utilisé pour l'interface homme-machine en réalité virtuelle. Notamment couplé à un système de capture des mouvements, il permet, par exemple, de simuler la saisie et la manipulation d'un objet virtuel.

ceux de « réalité » et « environnement » virtuels. Ces deux substantifs désignent un ensemble cohérent de stimuli envoyés numériquement à un utilisateur.

Une compréhension de la technologie de réalité virtuelle permet de dépasser le débat sémantique encore actuel sur les substantifs « réalité » ou « monde » et sur les adjectifs qualificatifs « virtuel », « persistant », « synthétique » ou « artificiel » (Boellstorff 2008). Il s'agit surtout de comprendre la relation entre le réel et le virtuel, à travers le prisme des dispositifs techniques.

4.2 Approche technologique de la réalité virtuelle

Depuis les années 1980, les outils techniques utilisés pour générer la réalité virtuelle ont grandement évolué, les ordinateurs gagnant notamment en capacité de calcul. Au-delà des évolutions techniques des outils informatiques utilisés dans le domaine de la réalité virtuelle, le principe de la technologie y reste stable : elle repose sur une boucle sensorimotrice médiatisée par ordinateur et sur des dispositifs d'immersion sensorielle et d'interaction entre l'utilisateur et l'environnement virtuel.

4.2.1 Boucle 'perception – cognition – action' médiatisée par ordinateur

La réalité virtuelle se caractérise par la place qu'elle occupe au sein du continuum liant le monde réel à la réalité virtuelle (*cf.* figure 2). Milgram et Kishino (1994), chercheurs américains en génie mécanique et industriel, établissent le concept de « réalité mixte », reliant l'environnement réel (la réalité écologique) à la réalité virtuelle, en passant par la réalité augmentée puis la virtualité augmentée. Le critère principal de classification est le degré de réalité ou de virtualité des objets de l'environnement.

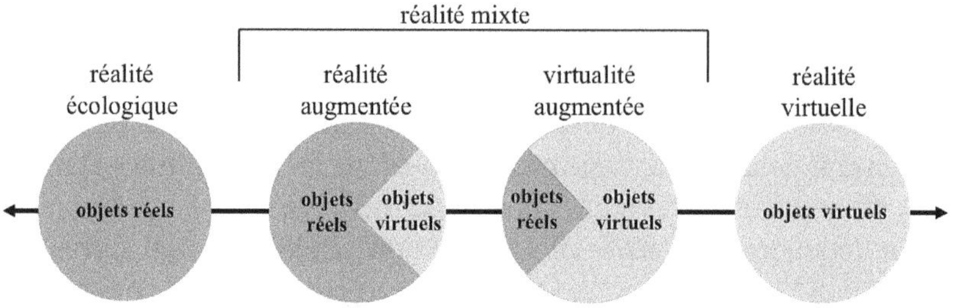

Figure 2 : Continuum réalité-virtualité (d'après Milgram/Kishino 1994).

Dans la réalité écologique, tout objet renvoie à une réalité physique de l'environnement visible. Dans la réalité augmentée, l'environnement dominant est réel (au sens de non numérique) ; des objets virtuels, donc créés par ordinateur, y sont insérés. Dans la virtualité augmentée, l'environnement dominant est virtuel ; des objets réels y sont insérés. Dans la réalité virtuelle, tout objet est issu d'une création numérique, il n'y a pas de réalité physique dans l'environnement visible. Notre objet d'étude se situe à l'un des extrêmes du continuum réalité-virtualité. L'environnement y est composé, dans sa totalité, d'objets virtuels, créés numériquement et transmis à l'utilisateur par une interface sensorielle.

Dans sa thèse de doctorat en sciences naturelles soutenue en Allemagne, Distler (2003) souligne la similitude entre la circulation de l'information dans le dispositif de réalité virtuelle et celle dans l'environnement réel : l'homme perçoit certaines informations de son environnement et réagit. Son action peut être, par exemple, de prolonger son attention, de changer son point de vue en se déplaçant ou de modifier son environnement en agissant sur les objets qui le composent. La particularité de la transmission de l'information dans le dispositif de réalité virtuelle relève cependant de la duplicité de l'environnement. Immergé dans l'environnement virtuel par ses sens, l'utilisateur est présent physiquement dans l'environnement réel. La transmission d'informations s'effectue alors par l'intermédiaire de périphériques faisant partie de l'environnement réel. Bormann (1994), chercheur allemand en réalité virtuelle, propose trois catégories d'éléments du dispositif technique :

- les périphériques d'entrée (comme le clavier ou la souris d'un ordinateur de bureau),
- les périphériques de sortie (comme l'écran d'un ordinateur de bureau),
- et l'ordinateur.

Par conséquent, la circulation de l'information dans le dispositif de réalité virtuelle se caractérise par :

- la coexistence de deux environnements, virtuel et écologique,
- l'utilisation de périphériques pour la transmission des informations. Le temps de traitement des données et l'interprétation des informations par les périphériques étant de nature à biaiser la circulation de l'information (Distler 2003).

Cet échange d'informations en temps réel entre l'ordinateur et l'utilisateur repose sur le même principe que l'échange d'informations entre l'utilisateur et son environnement dans la réalité écologique. Cependant,

> [...] l'utilisateur agit sur l'environnement virtuel grâce à l'usage d'interfaces motrices qui captent ses actions (gestes, déplacements, voix, etc.). Ces activités sont transmises au calculateur [(ou ordinateur)] qui l'interprète comme une demande de modification de l'environnement. Conformément à cette sollicitation de modification, le calculateur évalue les transformations à apporter à l'environnement virtuel et les restitutions sensorielles (images, son, efforts, etc.) à transmettre aux interfaces sensorielles. (Fuchs *et al.* 2006 : 9)

L'ordinateur médiatise ainsi la perception qu'a l'utilisateur de l'environnement, par exemple avec la visualisation de cet environnement. L'utilisateur, l'ordinateur et les dispositifs d'interface forment une boucle sensorimotrice. Comme le montre la figure 3, le traitement des informations par l'ordinateur et l'utilisateur s'effectue avec la même démarche :

- la perception ou l'acquisition des informations,
- le traitement des données par une activité cognitive chez l'utilisateur ou le calcul d'une simulation par l'ordinateur,
- une réaction adaptée suite au traitement des données, avec une action de l'utilisateur (ou une absence d'action) et l'adaptation de l'environnement virtuel par l'ordinateur.

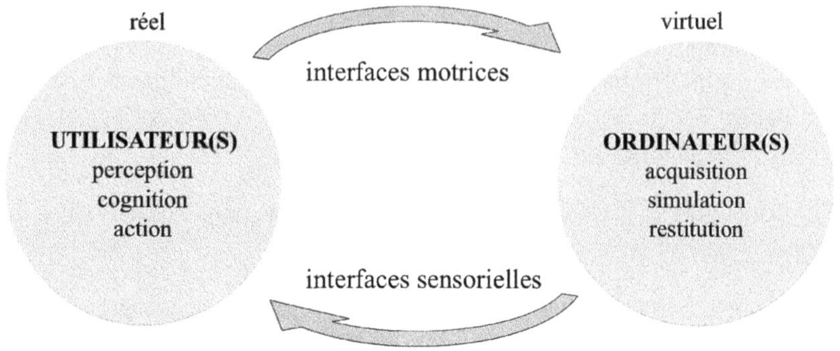

Figure 3 : Boucle « perception, cognition, action » (d'après Fuchs *et al.* 2006 : 9).

Pour Fuchs *et al.* (2006), c'est par cette boucle sensorimotrice, au-delà de la variété des dispositifs techniques utilisés pour générer l'environnement virtuel immersif, que la réalité virtuelle permet à l'utilisateur de changer d'environnement de référence pour son activité cognitive et motrice (*cf.* chapitre 1.2).

4.2.2 Dispositif d'immersion sensorielle

Le générateur de réalité virtuelle doit être un ordinateur assez puissant pour effectuer des calculs en temps réel et envoyer à l'utilisateur, via l'interface sensorielle, des stimuli sensoriels en fonction de l'activité qu'à celui-ci dans l'environnement virtuel. Selon le dispositif utilisé, plusieurs sens peuvent être stimulés.

La vue est sollicitée par un système de visualisation de l'environnement virtuel. Kalawsky (1993), chercheur américain en réalité virtuelle, focalise sa présentation de l'immersion visuelle en réalité virtuelle sur les visiocasques, auxquels il nous semble important d'ajouter d'autres dispositifs. La visualisation stéréoscopique en trois dimensions (S3D) connait actuellement une large diffusion par la démocratisation des téléviseurs à écran S3D (*cf.* figure 4). L'écran de projection stéréoscopique (*cf.* figure 5) utilise la même technologie mais diffuse l'image par l'intermédiaire d'un vidéoprojecteur, pour une image de plus grande taille. Dans les deux cas, l'image en trois dimensions s'intègre dans le champ visuel de l'utilisateur sans caractère exclusif : l'utilisateur peut à la fois voir l'environnement virtuel et la réalité écologique. Le visiocasque (*cf.* figure 6) permet cette exclusivité, en projetant l'environnement virtuel directement devant les yeux de l'utilisateur, avec la possibilité d'obstruer la vue de la réalité écologique. La salle immersive, ou le CAVE (*Cave Automatic Virtual Environment*) (*cf.* figure 7) est un espace cylindrique ou cubique muni d'écrans de projection S3D dans lequel l'utilisateur peut se mouvoir.

Figure 4 : Téléviseur S3D[2].

Figure 5 : Mur de projection S3D.

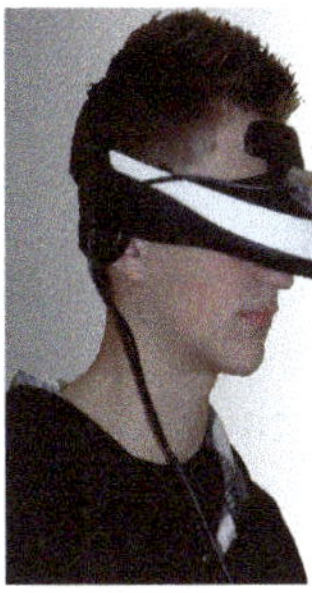

Figure 6 : Visiocasque.

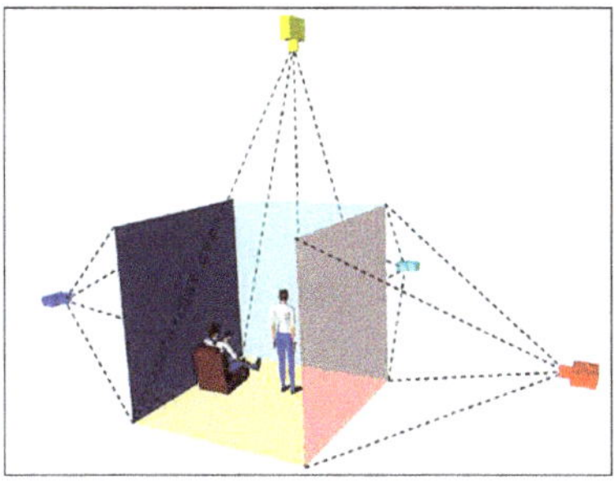

Figure 7 : CAVE.

Les informations auditives faisant habituellement partie de l'environnement de l'être humain, un système de diffusion audio peut être préconisé pour favoriser l'immersion sensorielle. D'autres dispositifs permettent une stimulation olfactive de l'utilisateur (Kalawsky 1993). Le constat

2 *Cf.* table « Sources des images ».

de Bormann (1994), il y a presque dix ans, reste d'actualité : les technologies actuelles rendent difficile la production artificielle de stimuli olfactifs fins, adaptés à chaque utilisateur. La sensation olfactive, fortement liée à la subjectivité et à l'expérience de l'individu, constitue un domaine de recherche encore à explorer. Les stimuli olfactifs restent donc peu utilisés en réalité virtuelle.

4.2.3 Dispositif d'interaction gestuelle et verbale

Hand (1997) et Bowman (1999), chercheurs américains en informatique, identifient quatre tâches primaires d'interaction gestuelle dans l'environnement virtuel : la navigation, la sélection, la manipulation et le contrôle du système. Les trois premières tâches correspondent à des actions dans la réalité écologique : se déplacer, toucher un objet et le déplacer. Le contrôle du système renvoie à l'interaction de l'utilisateur avec le dispositif afin de régler des paramètres se situant en dehors de l'environnement virtuel, comme l'accès à une aide d'utilisation de l'interface technique avec l'environnement virtuel. Ces actions sont réalisées par l'utilisation de différents éléments techniques, que nous listons à partir du travail de Sternberger (2006) dans sa thèse de doctorat soutenue en France.

Interfaces d'entrée utilisateur

Un périphérique de pointage tridimensionnel, comme un flystick (*cf.* figure 8) ou un gant de données (*cf.* figure 9) peut être utilisé. Contrairement aux interfaces visuelles qui présentent l'environnement virtuel à l'utilisateur, les interfaces d'entrée utilisateur permettent à celui-ci d'envoyer des informations à l'ordinateur, par exemple, lorsqu'il déplace un objet de l'environnement virtuel. Le flystick est semblable à un joystick mais permet une navigation tridimensionnelle dans l'espace, reconnue par l'ordinateur. Il ne fournit pas de retour physique programmé par ordinateur, que l'utilisateur pourrait percevoir. Le gant de données permet d'utiliser la main pour naviguer dans l'environnement virtuel.

Figure 8 : Flystick.

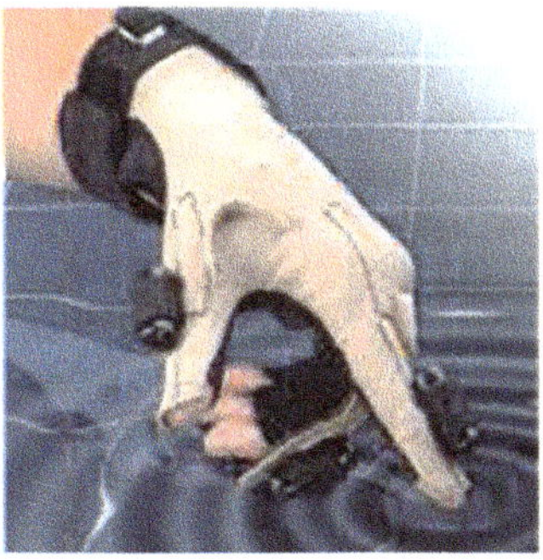

Figure 9 : Gant de données.

Ces interfaces d'entrée utilisateur sont couplées à un dispositif de suivi du mouvement. Pour ce dispositif, des traqueurs (ou capteurs) sont positionnés sur l'utilisateur ou sur des éléments du dispositif technique, par exemple sur des lunettes ou sur une manette. La position des traqueurs est captée par des caméras infrarouges qui envoient l'information à l'ordinateur.

Interfaces haptiques

Des interfaces haptiques peuvent stimuler le sens du toucher de l'utilisateur. Avec les dispositifs actifs, la machine agit physiquement sur l'utilisateur ; avec les dispositifs passifs, c'est l'utilisateur qui touche la machine. Le retour de force, exercé par un objet saisi par l'utilisateur, peut ainsi être simulé dans un environnement virtuel.

Reconnaissance automatique de la parole

L'interface d'entrée, permettant à l'utilisateur d'envoyer des données à l'ordinateur, peut également être verbale, lorsque le dispositif comprend un système de reconnaissance automatique de la parole. La reconnaissance de la parole est un sous-domaine du traitement automatique de la parole. Un dispositif de reconnaissance de la parole convertit automatiquement en texte des données produites à l'oral. Les données entrées dans le système de reconnaissance de la parole sont constituées de l'enregistrement audio d'un énoncé oral. Un calcul statistique à partir de ces données, effectué par ordinateur, permet de produire une transcription hypothétique de l'enregistrement (Veit/Stücker 2012). Winebarger *et al.*

(2016), ingénieurs en anthropomatique en Allemagne, indiquent que les méthodes statistiques utilisées pour la reconnaissance de la parole de locuteurs natifs ne peuvent être employées à l'identique avec des apprenants s'exprimant en langue cible. La reconnaissance de la parole chez les locuteurs non natifs constitue un domaine d'ingénierie en construction, dont les résultats sont encore instables en termes de fidélité des données textuelles produites par rapport aux données orales entrées dans le système de reconnaissance de la parole.

4.3 Réalité virtuelle pour l'apprentissage

La technologie de réalité virtuelle utilise des dispositifs d'immersion sensorielle et d'interaction gestuelle pour permettre à l'utilisateur de changer d'environnement de référence pour son activité motrice et cognitive. Notre positionnement épistémologique ayant situé notre recherche dans le domaine de l'apprentissage des langues médiatisé par les technologies, il est nécessaire de faire un état des lieux sur l'utilisation de cette technologie en tant que dispositif d'apprentissage médiatisé.

Un état des lieux sur l'utilisation de la réalité virtuelle pour l'apprentissage mettra d'abord en exergue les potentialités et les limites de cette technologie utilisée comme dispositif d'apprentissage. Nous reprenons pour cela une partie du rapport (non publié) de l'étude didactique du projet EVEIL-3D que nous avions rédigé. Dans un second temps, nous ferons appel aux recherches sur les mondes virtuels en ligne qui, en l'absence de travaux sur la réalité virtuelle pour les langues, nous permettent d'analyser les apports de la simulation numérique pour l'apprentissage des langues.

4.3.1 Dispositifs de réalité virtuelle pour l'apprentissage

Burkhardt, Lourdeaux et Mellet-d'Huart (2006), chercheurs français en réalité virtuelle, illustrent l'utilisation de la réalité virtuelle dans le secteur éducatif à travers deux projets : *SciencesSpace*, à Huston en 1996, permet à des collégiens d'appréhender des lois de la physique par la manipulation virtuelle de balles. *Nice (Narrative-based Immersive Constructionist / Collaborative Environment)*, en 1999 à l'université d'Illinois, propose un écosystème sur une île imaginaire, où des enfants de 6 à 10 ans font pousser des plantes en agissant sur des variables météorologiques. De l'analyse de ces applications, les auteurs tirent quelques potentialités de l'utilisation de la réalité virtuelle pour l'apprentissage.

- Les apports liés à la simulation : construction d'environnements alternatifs, paramétrables, facilitateurs et réutilisables.
- Les apports liés aux technologies de l'information et de la communication pour l'enseignement : adaptabilité des scénarii aux compétences de l'apprenant, réversibilité des actions (par exemple, revenir en arrière après une erreur), feedbacks automatisés.
- Les apports liés à la réalité virtuelle : modes de représentation flexibles (variété de points de vue, ajout d'aides visuelles et/ou sonores, changement d'échelle, etc.), ancrage sensorimoteur et corporel (dimension holistique de l'apprentissage).

Dede, Salzman et Bowen Loftin (1996), chercheurs américains sur les environnements collaboratifs d'apprentissage, montrent comment la sensorimotricité, c'est-à-dire l'activité motrice et les sensations, ainsi que la redondance entre les modalités sensorielles favorisent davantage l'apprentissage par rapport à des environnements d'apprentissage médiatisés fondés uniquement sur l'immersion visuelle.

Patel *et al.* (2006), chercheurs en informatique aux États-Unis, étudient l'apprentissage de techniques d'arts martiaux, avec l'exemple du tai-chi, et relèvent une meilleure maîtrise de ces techniques suite à un apprentissage en réalité virtuelle immersive, en comparaison à un apprentissage à l'aide de supports vidéo.

Mawhin (2010) illustre, dans son mémoire de Master soutenu en France, la typologie de Burkhardt *et al.* (2006) sur les potentialités de la réalité virtuelle en terme d'apprentissage. Il analyse pour cela des applications pour la sécurité civile. Elles servent par exemple à des sapeurs-pompiers pour l'entraînement à des situations d'urgence. La réalité virtuelle permet alors de créer des situations rares, contrôlées, sans danger et à moindre coût lorsqu'elles doivent être répétées pour l'apprentissage.

Ragan *et al.* (2010), chercheurs américains en anthropomatique, montrent l'influence positive de l'immersion sensorielle sur la mémorisation d'informations spatiales. Larrue *et al.* (2012), ingénieurs et chercheurs en réalité virtuelle en France, interrogent le rôle de la motricité dans le processus de la mémorisation d'informations spatiales. L'étude montre un niveau de mémorisation quasiment identique entre les utilisateurs d'un dispositif sensorimoteur et ceux d'un dispositif sans implication corporelle.

Ces exemples d'utilisation des technologies de réalité virtuelle pour l'apprentissage ont un caractère représentatif quant à leur domaine d'application. Ainsi, l'apprentissage par la réalité virtuelle s'oriente davantage vers l'acquisition ou l'entraînement de comportements. On note ici l'ancrage corporel des domaines d'application, intrinsèquement lié à la spécificité de la réalité virtuelle immersive : permettre une immersion corporelle, au moins partielle, de l'utilisateur dans l'environnement virtuel. Pour Burkhardt, Lourdeaux et Mellet-d'Huart, la motricité constitue une plus-value essentielle de la réalité virtuelle pour l'apprentissage. Ainsi, les technologies de réalité virtuelle

> [...] réintroduisent le corps dans les processus d'apprentissage. En effet, la perception et la motricité fondent la conduite des interactions médiatisées à visée pédagogique. La recherche de formes de sensori- motricité « naturelle » ou « adaptée » au projet d'apprentissage est un autre élément essentiel de la démarche de conception d'un environnement virtuel pour l'apprentissage. (Burkhardt *et al.* 2006 : 43)

Les auteurs soulignent néanmoins que les études empiriques ne prouvent pas la plus-value de la réintroduction du corps, de la perception et de la motricité dans l'apprentissage médiatisé par les technologies numériques. Leur état de l'art sur la réalité virtuelle pour l'apprentissage leur permet cependant de lister des points de vigilance devant guider la conception d'un environnement de réalité virtuelle pour l'apprentissage (Burkhardt *et al.* 2006) :

- l'esthétisme et le réalisme ne prévalent pas aux objectifs pédagogiques,
- les enseignants sont également, en plus des apprenants, des utilisateurs de l'environnement virtuel,
- l'apprentissage est un processus complexe dans lequel l'exposition à une simulation ne peut se suffire à elle-même,

- le développement d'un environnement virtuel pour l'apprentissage nécessite une conception collaborative pluridisciplinaire notamment en ingénierie technologique et pédagogique,
- la nouveauté technologique doit être ancrée dans les travaux plus anciens,
- l'environnement d'apprentissage doit faire l'objet d'un accompagnement et d'une évaluation méthodique.

Des travaux récents analysent les apports des environnements de réalité virtuelle pour l'apprentissage de concepts. Heers (2005) étudie, dans sa thèse en sciences de l'information soutenue en Allemagne, comment l'immersion dans un dispositif de réalité virtuelle favorise le processus d'apprentissage de concepts en physique et chimie. Il établit un lien étroit entre le degré d'immersion du dispositif technique et le sentiment de présence ressenti par l'utilisateur. Tout en affirmant une corrélation positive entre le sentiment de présence et la compréhension des contenus d'apprentissage, il écarte l'influence de la présence sur la mémorisation de ces contenus. Enfin, plus que l'immersion, l'interaction de l'utilisateur avec l'environnement virtuel constituerait selon lui un élément influençant davantage le processus d'apprentissage.

Remmele et Martens (2016), didacticiens des sciences de la vie et de la terre en Allemagne, soumettent deux groupes d'apprenants à deux dispositifs expliquant le fonctionnement de la cavité nasale, présentant uniquement des différences relatives à la visualisation schématique des contenus. Un dispositif diffuse des images en 2D et l'autre en 3D. Remmele et Martens soulignent que les apprenants soumis aux images tridimensionnels témoignent, à l'issue de la séquence d'apprentissage, d'une représentation de la cavité nasale plus fidèle que ceux soumis aux images bidimensionnelles.

Qotb (2015), chercheur français sur les environnements d'apprentissage des langues médiatisé, passe en revue les projets actuels développant des dispositifs immersifs d'apprentissage des langues.

À l'exception du projet EVEIL-3D, les dispositifs présentés sont des dispositifs en ligne n'utilisant pas la technologie de la réalité virtuelle telle que nous l'avons présentée. Aucune étude ou aucune application de la réalité virtuelle pour les langues, autres que celle développée dans le cadre du projet EVEIL-3D, ne semble en effet exister.

4.3.2 Apprentissage des langues dans les mondes virtuels

Notre positionnement épistémologie a permis de situer la présente étude au sein du domaine de recherche sur les environnements virtuels. Nous analysons un dispositif de réalité virtuelle hors ligne, utilisé par un seul apprenant. En ce sens, notre travail n'appartient pas aux courants de recherche sur les mondes synthétiques. Le manque d'études sur l'utilisation de la technologie de réalité virtuelle pour l'apprentissage des langues nous conduit cependant à nous tourner vers les mondes virtuels pour construire le cadre théorique de notre recherche. Les deux types de dispositif, mondes virtuels en ligne, d'une part, et réalité virtuelle hors ligne, d'autre part, ont des caractéristiques communes, telles que la simulation graphique d'un environnement créé par ordinateur, l'utilisation d'avatars représentant dans l'environnement virtuel les utilisateurs et les personnages non joueurs. Au-delà de l'ouverture de l'environnement virtuel à plusieurs utilisateurs, le monde virtuel peut être considéré comme un dispositif de réalité virtuelle avec un très faible degré d'immersion visuelle et d'interaction gestuelle. Par conséquent, il est pertinent de savoir comment les mondes virtuels peuvent contribuer à l'apprentissage des langues.

Les outils de communication d'une part, à la fois verbale et non verbale, et les activités de création d'autre part, permettent surtout de développer chez l'apprenant des compétences sociales, auxquelles participe la compétence de communication langagière. Suivant cette approche, Biebighäuser (2014), dans sa thèse en didactique des langues soutenue en Allemagne, met en avant la fonction de plateforme de communication des mondes virtuels, avec les rencontres entre locuteurs de différentes langues et le besoin de communiquer en langue cible, à la fois à l'oral et à l'écrit, par messagerie instantanée. Elle souligne l'authenticité de cette communication et l'aisance de l'utilisateur à s'exprimer en langue cible par le biais d'un avatar. Elle s'inscrit ici dans les travaux sur le rôle facilitateur de l'avatar et de la simulation. L'avatar permet à l'utilisateur de s'exprimer en langue cible avec moins d'inhibition (Schwienhorst 2002), la simulation facilite la prise de risque (Teoh 2007). L'apport culturel des mondes sociaux virtuels, bien qu'ayant fait l'objet de peu de recherches, est également mis en avant par Biebighäuser (2014), avec l'exploitation de nombreuses répliques virtuelles du patrimoine culturel international.

Les mondes virtuels sont également des lieux d'apprentissage intégré des langues, par une approche didactique sur le modèle 'Enseignement d'une Matière Intégrée à une Langue Étrangère'. Wigham (2012) analyse les apports du monde virtuel dans le cadre d'une formation d'architecture en tant que Discipline Enseignée en Langue 2 (DEL2). Elle propose par exemple des pistes quant à l'organisation proxémique des apprenants et la conception des avatars pour favoriser la participation verbale en langue cible.

Dans une étude sur le monde virtuel comme société de consommation, Kaplan et Haenlein (2013) listent les motivations des utilisateurs des mondes virtuels sociaux à passer du temps dans le monde virtuel. Certaines de ces motivations font écho aux principes qui devraient présider l'apprentissage d'une langue, selon Schlemminger (2016) :

- L'étude de Kaplan et Haenlein indique que l'utilisateur souhaite aller à la rencontre de l'autre dans le monde virtuel ; pour Schlemminger, apprendre une nouvelle langue, c'est créer du lien social en échangeant pour transmettre effectivement des informations à son interlocuteur.
- Considérant le monde virtuel comme un espace de rencontre, Kaplan et Haenlein relèvent le souhait de l'utilisateur des mondes virtuels d'apprendre par l'expérience ; pour Schlemminger, apprendre une nouvelle langue, c'est découvrir, comprendre et conceptualiser le monde.
- Enfin, lorsque Kaplan et Haenlein indiquent que l'utilisateur veut être pris au sérieux dans le monde virtuel, exister en tant que membre de la communauté ; pour Schlemminger, apprendre une nouvelle langue, c'est se construire et exister parmi ses pairs.

Résumé conclusif

Somme toute, avec la réalité virtuelle, l'utilisateur est immergé dans un environnement entièrement conçu par ordinateur. 'Virtuel' s'oppose ainsi à 'réel', en désignant l'environnement comme numérique. L'environnement constitue pourtant une réalité pendant l'immersion, à laquelle se réfère l'utilisateur pour son activité cognitive et motrice. L'utilisateur fait ainsi partie d'une boucle d'échange d'informations avec l'ordinateur. C'est en fonction des informations reçues, que l'utilisateur agit dans l'environnement virtuel et le modifie éventuellement. L'immersion est générée par des interfaces sensorielles. La visualisation de l'environnement se fait par des images 2D ou 3D, avec un champ de vision dans lequel l'environnement virtuel est plus ou moins exclusif. L'interaction entre l'utilisateur et l'environnement virtuel a lieu par des interfaces d'interaction utilisées, par exemple, pour capturer les mouvements de l'utilisateur ou reconnaître des énoncés oraux.

Lorsqu'elle est employée pour la formation, la technologie de réalité virtuelle est surtout utilisée comme dispositif pour l'apprentissage de techniques ou de comportements. Elle donne en effet la possibilité d'introduire le corps de l'utilisateur dans la situation d'apprentissage médiatisé, tout en offrant les avantages des dispositifs médiatisés, comme la sécurité ou la possibilité de répéter les situations d'apprentissage. Les potentialités de la réalité virtuelle pour l'apprentissage de concepts restent à explorer. Cette technologie facilite surtout la compréhension des concepts et participe à la mise en place d'une situation d'apprentissage, certes médiatisée par ordinateur, mais authentique. Pour l'apprentissage des langues, par exemple, l'apprenant peut utiliser la réalité virtuelle pour découvrir et conceptualiser le monde.

5. Présence en réalité virtuelle

La technologie de réalité virtuelle repose sur une boucle sensorimotrice dans laquelle l'utilisateur reçoit des stimuli sensoriels générés numériquement et envoie à l'ordinateur des informations selon son action dans l'environnement virtuel. Cet échange d'informations entre l'ordinateur et l'utilisateur doit permettre à celui-ci de changer d'environnement de référence pour son activité cognitive et motrice. Les dispositifs d'immersion et d'interaction constituent par conséquent le cadre technologique de l'expérience en réalité virtuelle. Cette expérience reste cependant propre à chaque utilisateur : pour un même dispositif de réalité virtuelle, l'expérience immersive est différente selon les utilisateurs.

Pour prendre en compte cette subjectivité de l'expérience en réalité virtuelle, notre étude de l'influence de la réalité virtuelle sur la communication en langue cible nécessite d'adopter une approche centrée sur l'utilisateur. Le sentiment de présence dans l'environnement virtuel est au cœur de cette approche. Ce chapitre se propose de définir dans un premier temps la présence et d'identifier les composantes de ce sentiment global. La notion de présence sera ensuite précisée avec une étude des facteurs de la présence. Enfin, la distinction entre *flow* et présence contribuera à circonscrire la notion de présence.

5.1 Définition et typologie de la présence

La notion de présence en réalité virtuelle se définit d'abord comme un sentiment global d'appartenance à l'environnement numérique. La compréhension de la notion nécessite cependant d'affiner notre approche en analysant les composantes de la présence.

5.1.1 Être dans l'environnement numérique

C'est dans le cadre d'une étude sur le comportement des téléspectateurs, que Reeves, chercheur américain en sciences de la communication, introduit le concept de présence dans un environnement médiatisé, avec la formule *being there* (être là) (Reeves 1991, cité dans Steuer 1992 : 6). Il affirme alors que la combinaison de facteurs tels que l'attention, la narration et une activité sensorielle médiatisée, peut conduire à percevoir une expérience médiatisée comme réelle. Dans son étude, les réponses à des stimuli médiatisés ont alors été celles que les individus auraient donné dans une expérience semblable non médiatisée par ordinateur. Pour Slater et Usoh (1993), chercheurs anglais en informatique, le concept de présence, pour une personne immergée dans un environnement virtuel, est le fait de se convaincre d'être dans un lieu différent de celui dans lequel elle est physiquement présente.

> [...] the extent to which a human subject allows him/herself to be convinced while experiencing the effects of a VEG [virtual Environment generator] that s/he is somewhere other than where s/he physically is – that "somewhere" being determined by the images, sounds and physical sensations provided by the VEG to the person's senses. (Slater et Usoh 1993 : 90)

Ils décrivent ainsi la médiatisation de l'expérience via un dispositif immersif et focalisent leur attention sur le rôle de l'utilisateur lors du passage de l'environnement réel à l'environnement virtuel ; celui-ci devant juger l'expérience convaincante. Lombard et Ditton (1997 : en ligne), chercheurs américains en sciences de l'information et de la communication, précisent le concept en ajoutant l'illusion perceptive de non médiatisation, « *the perceptual illusion of non mediation* » comme élément clé : l'utilisateur présent dans l'environnement virtuel oublie, au moins partiellement, le dispositif technique de réalité virtuelle.

Cette définition de la présence permet de cerner l'objet d'étude, elle a néanmoins un caractère particulièrement réducteur : 'être là' est un concept parapluie renvoyant d'abord à un sentiment subjectif global particulièrement difficile à mesurer (Kalawsky 2000). Le sentiment de présence varie cependant selon que l'on considère le sentiment d'implication de l'utilisateur, sa relation aux autres dans l'environnement ou encore son activité dans l'environnement virtuel lui-même.

5.1.2 Composantes de la présence

Le sentiment de présence est un phénomène global dont les composantes sont intiment liées entre-elles. Une typologie de la présence doit cependant permettre de répertorier les composantes du sentiment global de présence.

Heeter (1992), chercheur américain en sciences de l'information et de la communication, distingue trois composantes de la présence :

- la présence personnelle : se sentir présent dans l'environnement virtuel, en raison de la correspondance entre les stimuli sensoriels et ses propres attentes, comme voir une partie de son corps, avoir la sensation de connaître l'endroit, être familier des lois physiques régissant l'environnement,
- la présence sociale : se sentir présent dans l'environnement virtuel en raison de l'existence d'êtres réels ou artificiels peuplant l'environnement virtuel et témoignant à l'utilisateur de sa présence, par des possibilités d'interaction verbales ou non verbales,
- la présence environnementale : se sentir présent dans l'environnement virtuel parce que celui-ci, en s'adaptant à l'utilisateur, témoigne de sa présence, avec par exemple l'apparition de lumière en entrant dans une pièce.

L'utilisateur reste certes au cœur de la présence, mais des composantes lui étant extérieures (présence sociale et environnementale) contribuent au sentiment de présence. La notion de présence personnelle reste cependant à préciser puisqu'elle se confond avec la présence globale. Dans la typologie de Heeter, la présence sociale et la présence environnementale semblent constituer des composantes de la présence personnelle.

Notons que la présence sociale est souvent distinguée de la coprésence. Celle-ci se manifeste par le sentiment de partager l'expérience dans l'environnement virtuel avec d'autres utilisateurs. Alors que la présence sociale renvoie à la qualité de l'environnement virtuel, la coprésence implique davantage une dimension psychologique liée à l'interaction entre individus (Schroeder 2002).

Biocca (1997) identifie également trois composantes de la présence.

- la présence physique : elle renvoie à la question « Où suis-je ? », posée par l'utilisateur. À chaque moment de l'expérience en réalité virtuelle, celui-ci se construit un modèle mental de l'environnement dans lequel il se trouve. Selon les stimuli sur lesquels l'utilisateur focalise son attention, ce modèle peut correspondre à l'environnement physique, à l'environnement virtuel ou à un environnement imaginaire,

- la présence sociale : elle correspond au concept développé par Heeter. L'accès à d'autres formes d'intelligence contribue, pour Biocca, à accroitre le sentiment de présence sociale. Cette rencontre constitue un facteur favorisant mais non nécessaire à la présence sociale, puisque celle-ci peut, comme pour Heeter, être simplement le résultat d'expériences sensorielles suggérant la présence,
- la présence de soi : elle renvoie à la représentation qu'a l'utilisateur de lui-même, au sein de l'environnement virtuel. La notion de conscience de soi est alors liée à une certaine construction identitaire de l'individu, englobant aussi bien la perception de son corps que son état psychologique et émotionnel.

Si la typologie de Biocca valide la présence sociale en tant que composante de la présence globale, notons la difficulté de différenciation entre la présence physique et la présence de soi. L'utilisateur pourrait ainsi construire un modèle mental de l'environnement qui l'entoure sans nécessairement se représenter comme faisant partie de cet environnement, en tant que personnage ayant une identité propre. Si cette approche trouve une validité théorique, elle semble difficile à vérifier empiriquement, puisque la présence physique et la présence de soi sont intrinsèquement liées. Cette approche est théoriquement pertinente puisqu'elle distingue la conscience de soi de la simple présence dans un environnement donné.

Lee (2004), chercheur en sciences de la communication aux États-Unis, utilise les mêmes termes que Biocca mais désigne des concepts différents.

- la présence physique : elle se manifeste lorsque l'utilisateur perçoit les objets du monde virtuel comme des objets réels. Lee écarte ici toute nécessité pour l'utilisateur de se sentir présent à un endroit distinct,
- la présence sociale : comme Biocca, Lee renvoie ici à la possibilité d'accéder à une forme d'intelligence présente dans l'environnement

virtuel. Pour Lee, l'utilisateur doit cependant considérer comme réelles les formes d'intelligence rencontrées,
- la présence de soi : elle émerge lorsque la représentation de soi par l'utilisateur dans le monde virtuel est perçue comme réelle.

Notons dans cette typologie la différenciation plus claire entre la présence physique et la présence de soi. La typologie de Lee se distingue des précédentes par ses références plus explicites à l'environnement réel. Tout en identifiant ici le réel comme un élément de référence permettant d'appréhender plus concrètement les degrés de présence, nous soulignons la différence déjà explicitée entre le réalisme et la crédibilité de l'environnement virtuel. Une étude de la présence ayant le réel comme élément de référence pourrait être biaisée par une interprétation erronée de la notion de réel, qu'auraient les sujets participant à l'enquête. Ceci notamment si l'univers virtuel, tout en étant crédible, représentait un environnement imaginaire éloigné de la réalité.

Bouvier (2009), chercheur français en informatique, s'associe à Lee concernant le nécessaire rééquilibrage des composantes de la présence, réduisant la place de la présence physique et donnant à la présence sociale toute son importance, notamment dans les dispositifs peu immersifs, ne permettant pas une forte présence physique. Ajoutant à la taxonomie de Lee une quatrième composante, il propose la typologie suivante :

- la présence de l'environnement ou présence spatiale, renvoyant à la présence physique de Lee,
- la présence des autres, se référant ici à la présence sociale de Lee,
- la projection de soi, en référence à la présence de soi de Lee,
- la présence d'action : elle intervient lorsque l'utilisateur a conscience de ses actes et de leur portée au sein du monde virtuel. Les affordances de l'environnement doivent être perçues par l'utilisateur et assumées par l'environnement virtuel. Celui-ci doit maintenir le lien de causalité entre les actions de l'utilisateur et les stimuli envoyés en son sein.

La composante 'présence d'action' de Bouvier semble particulièrement pertinente, puisque la réalité virtuelle considère l'action de l'utilisateur ou ses possibilités d'action, comme des éléments clés de la boucle « perception, cognition, action », cette dernière structurant le principe même de réalité virtuelle. Si la présence d'action est bien constitutive de la présence de soi dans les typologies de Heeter, Biocca et Lee, elle est plus explicite chez Bouvier.

Notre démarche de décomposition de la présence globale et la vision dichotomique de notre objet d'étude ne doit pas occulter les relations complexes entretenues par les différentes composantes de la présence, ainsi que leurs effets différents sur la présence globale. Bulu (2012), chercheur en sciences de l'éducation en Turquie, met en lumière la relation étroite entre la présence spatiale et la présence sociale : alors que la présence spatiale et la coprésence contribueraient à l'immersion dans l'environnement virtuel, la présence sociale participerait davantage à l'acceptation positive de l'environnement par l'utilisateur.

Les typologies de la présence ont permis d'identifier les composantes de l'expérience subjective en réalité virtuelle. La typologie de Bouvier nous semble valide dans des dispositifs de réalité virtuelle peu immersifs. Il propose une différenciation claire entre présence spatiale et projection de soi, et considère que l'action joue un rôle majeur dans le sentiment de présence globale. Pour ces raisons, nous retenons la typologie de Bouvier et l'utilisons pour identifier les composantes de la présence suivantes :

- la présence spatiale : percevoir les objets virtuels comme objets environnants.
- la présence de soi : se considérer comme faisant partie de l'environnement virtuel.
- la présence sociale : sentir la présence de formes d'intelligence dans l'environnement virtuel, autres que la sienne.
- la présence d'action : pouvoir agir sur l'environnement.

Pour mesurer le sentiment de présence, notre étude veillera à interroger chacune de ces composantes. Pour comprendre les phénomènes constatés relatifs au sentiment de présence dans l'environnement virtuel, il nous faudra appréhender les facteurs qui influencent la présence. Ils constituent en effet des variables impactant la subjectivité de l'utilisateur. Ils sont, par conséquent, à identifier pour être pris en compte dans l'élaboration d'outils de mesure et de compréhension du sentiment de présence.

5.2 Facteurs de la présence

Comme nous l'avons exposé dans notre définition de la réalité virtuelle (*cf.* chapitre 4), l'approche technologique est souvent la première retenue dans les recherches sur les environnements virtuels. L'étude des facteurs de la présence a ainsi d'abord porté sur les caractéristiques techniques de l'environnement virtuel, avant de s'intéresser au facteur humain. C'est cette dernière approche qui retient plus particulièrement notre attention. Une approche équilibrée entre la technologie et l'humain met en exergue l'interaction entre ces deux pôles.

5.2.1 Reconnaissance du facteur humain

Slater et Usoh (1993) introduisent le facteur humain dans leur étude de la présence en environnement virtuel en distinguant les facteurs endogènes et exogènes de la présence. Les facteurs exogènes sont directement liés au dispositif générant l'environnement virtuel. Ils renvoient à la fois à l'ordinateur, à ses périphériques et au logiciel ; ils sont par exemple constitués de signaux envoyés à l'utilisateur, de réponses de l'ordinateur aux actions de l'utilisateur ou encore de la boucle d'information entre l'homme et la machine. L'identification des facteurs endogènes est moins précise, renvoyant d'une manière générale au fonctionnement neurologique de l'individu conditionnant, par exemple, sa capacité à s'imaginer être dans un endroit différent, en fonction de son vécu. Les auteurs caractérisent les facteurs exogènes et non les facteurs endogènes comme « condition nécessaire » à la présence. Si la recherche ultérieure nous conduit à douter de la pertinence de cette caractérisation minimisant le rôle de l'utilisateur, nous notons la centration sur l'utilisateur induite dans le choix des termes exogènes et endogènes. Dans les deux cas, c'est bien l'utilisateur qui est la référence pour classifier les facteurs.

Dans leur étude sur le concept, les facteurs et la mesure de la présence, IJsselsteijn et Ridder, chercheurs néerlandais en informatique, ainsi que Freeman et Avons, chercheurs anglais en psychologie (2000) soulignent, presque dix ans plus tard, le manque de travaux sur les déterminants humains comme facteurs d'émergence de la présence. Ils en distinguent quatre, regroupant les deux premiers parce qu'ils font référence à la forme du média :

- le degré et la fidélité des informations sensorielles, correspondant à la capacité du dispositif technique à produire un environnement virtuel ayant une certaine richesse sensorielle,
- le lien entre les périphériques d'entrée et de sortie. Ce facteur est déterminé par les caractéristiques de l'interface sensori-motrice, qui influence la réponse du dispositif aux actions de l'utilisateur,
- le contenu, caractérisant à la fois les objets, les personnages et les évènements présents dans l'environnement virtuel,
- les caractéristiques de l'utilisateur, incluant sa perception, son activité cognitive et ses capacités motrices.

Cette classification des facteurs de la présence a le mérite de pointer l'importance du contenu virtuel de l'environnement. Les auteurs ont ainsi regroupé les facteurs en trois catégories : la forme du dispositif, le contenu et l'utilisateur.

5.2.2 Typologie du facteur humain de la présence

Dans les deux approches précédentes, l'humain est certes reconnu comme influençant le sentiment de présence, mais avec une vision encore globale, quoique plus précise dans le second cas. Pour être appréhendée comme facteur de la présence, l'activité cognitive doit être abordée de manière plus détaillée. Sas et O'Hare (2003), respectivement chercheur en informatique et chercheuse en sciences de l'information et de la communication, en Angleterre, distinguent cinq composantes de l'activité cognitive susceptibles d'influencer le sentiment de présence :

- l'empathie : la capacité à adopter un point de vue différent du sien ; c'est la composante la plus citée comme facteur de la présence,
- la concentration : paroxysme de l'attention renvoyant à une utilisation combinant des ressources sensorielles, motrices et cognitives,
- l'imagination créative : désignant la capacité à la création imaginaire,
- la volonté d'atteindre la présence : engagement émotionnel en faveur du monde virtuel, favorisant sa crédibilité,

- le style cognitif : processus mental inconscient de traitement de l'information.

Établissant une corrélation positive entre chacune de ces composantes et le sentiment de présence, l'étude souligne le rôle majeur de la volonté qu'a l'utilisateur d'atteindre la présence. Les auteurs s'interrogent cependant, sans proposer de réponse, sur la réciprocité des facteurs : l'individu ressent-il plus de présence en raison de sa volonté d'atteindre la présence ou a-t-il davantage cette volonté en raison d'une activité cognitive augmentant son sentiment de présence. Chacune des composantes de la cognition, susceptible d'influencer le sentiment de présence, fait à la fois référence à l'activité cognitive durant l'expérience en réalité virtuelle et à un profil cognitif propre à l'individu, antérieur à l'expérience immersive.

Heers (2005) identifie une prédisposition à la présence, variable selon les individus. Cette prédisposition serait essentiellement influencée par deux facteurs.

- Le degré de familiarité de l'utilisateur avec l'environnement virtuel. Un utilisateur familiarisé avec le dispositif technique serait davantage prédisposé à un sentiment de présence élevé.
- La fréquentation de l'utilisateur des médias générateurs d'environnements fictionnels, tels que les films, les livres ou les jeux vidéo.

L'auteur souligne la nécessité de s'intéresser aux médias autres que les dispositifs de réalité virtuelle, puisque ceux-ci ne sont pas encore assez démocratisés pour constituer un élément de l'expérience de l'utilisateur. Une décennie après l'étude de Heers, il nous semble important de souligner la démocratisation de dispositifs immersifs intégrés à l'offre de jeux vidéo grand public, essentiellement basés sur la capture des mouvements du joueur. L'utilisation de ces dispositifs est susceptible d'influencer la prédisposition d'un individu à la présence. Heers interroge la prédisposition à la présence chez un individu par l'étude de sa fréquence d'utilisation des médias, sa relation à la narration (s'il a l'impression d'en faire partie), et l'influence de l'environnement extérieur pendant l'utilisation des médias (s'il se laisse distraire). Il constate la corrélation positive entre la prédisposition à la présence et le sentiment de présence lors d'une expérience dans un dispositif de réalité virtuelle.

Murray, Fox et Pettifer (2007), chercheurs anglais en psychologie, identifient le 'locus de contrôle' (ou 'lieu de contrôle') comme facteur cognitif entretenant une corrélation avec le sentiment de présence. Ce concept de psychologie, attribué au psychologue américain Rotter en 1954, renvoie à la perception qu'a un individu du contrôle des évènements intervenant dans sa vie. Un individu à fort locus de contrôle externe aura tendance à attribuer une causalité externe aux évènements qu'il subira (chance, destin, etc.). Contrairement à Sas et O'Hare (2003), Murray *et al.* n'identifient pas de corrélation entre la concentration et le sentiment de présence.

Retenons deux composantes du facteur humain de la présence : son activité cognitive dans toute sa diversité et son expérience des médias. Sacau, Laarni et Hartmann (2008), chercheurs en psychologie au Portugal, en Finlande et en Allemagne, identifient une relation inverse entre le degré d'immersion du média et l'influence des facteurs humains lors d'une expérience médiatisée. Ainsi, le sentiment de présence avec les médias peu immersifs tels que la télévision ou la radio serait plus influencé par les facteurs individuels qu'avec la réalité virtuelle, par définition plus immersive. Tout en nous inscrivant dans cette orientation scientifique qui envisage l'humain comme déterminant dans l'émergence de la présence, nous prenons le parti de le considérer parmi l'ensemble des facteurs endogènes et exogènes.

5.2.3 Les cinq piliers de la présence et leur influence réciproque

S'interrogeant sur les conditions nécessaires pour atteindre la présence, Bouvier (2008) compare cinq facteurs aux couleurs primaires. Tout autre facteur serait le résultat d'une combinaison de ceux-ci. Tout en leur attribuant un caractère plus humain ou plus technique, l'auteur se refuse à établir une hiérarchie entre les cinq facteurs, ceux-ci agissant parfois seuls ou en association. Sa représentation schématique (*cf.* figure 10) met en exergue cette absence de hiérarchie que nous retenons pour notre étude.

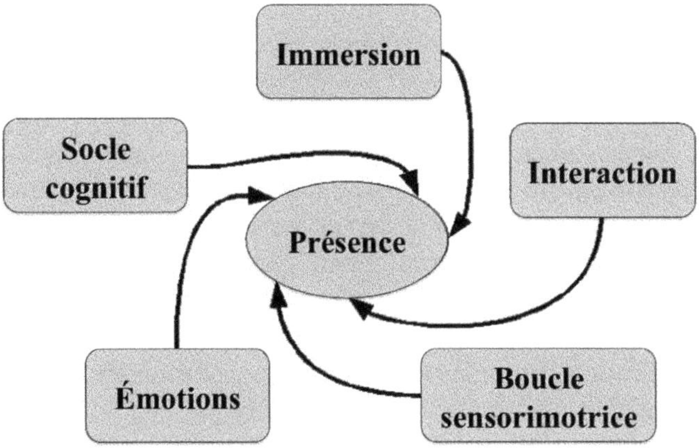

Figure 10 : Les cinq piliers de la présence (Bouvier 2008 : 247, notre traduction).

Immersion : souvent confondue avec la présence, l'immersion caractérise la stimulation sensorielle de l'utilisateur influençant sa perception d'environnement virtuel. L'immersion est objective et mesurable. Elle est constituée des caractéristiques techniques du dispositif de réalité virtuelle, comme l'utilisation éventuelle d'un écran stéréoscopique ou de haut-parleurs à effet tridimensionnel. En participant à la crédibilité de l'environnement virtuel, le pilier 'immersion' contribue à l'émergence de la présence. Bouvier différencie ici la crédibilité du réalisme. Pour être accepté par l'utilisateur, l'environnement virtuel doit être jugé cohérent et crédible. Il peut se référer à l'imaginaire, il ne doit pas nécessairement être réaliste et se référer à la réalité de l'environnement physique.

Interaction : caractérisant la communication réciproque entre l'environnement virtuel et l'utilisateur, l'interaction est l'échange d'informations entre les deux pôles. Par l'interaction, l'utilisateur valide son existence au sein de l'environnement virtuel et participe ainsi au sentiment de présence. Pour favoriser l'illusion de non médiation, les outils d'interaction doivent être les plus transparents possible, en tendant vers une utilisation naturelle. La reconnaissance des gestes sans marqueur fixé sur l'utilisateur en est un exemple. La possibilité de communiquer ou d'établir un contact visuel avec des personnages de l'environnement virtuel permet à l'utilisateur de valider son existence, elle concourt à la présence de soi.

Boucle sensorimotrice : pour contribuer au sentiment de présence, la cohérence de la boucle « perception, cognition, action » doit respecter deux principes. Le lien de cause à effet entre les actions de l'utilisateur et les réponses de l'environnement virtuel ne doit pas être interrompu, ceci nécessitant un calcul par l'ordinateur en temps réel. La cohérence spatio-temporelle, pour tout objet de l'environnement virtuel, doit être simultanément respectée par l'ensemble des stimuli envoyés à l'utilisateur.

Émotions : bien que rapprochant l'émotion du contenu de l'expérience en réalité virtuelle, Bouvier préfère le terme 'émotions', plus générique et davantage centré utilisateur. Dissociant l'émotion de la présence, il fait du premier un facteur du sentiment de présence. Un faible degré d'immersion peut être compensé par une forte implication émotionnelle de l'utilisateur afin de faire émerger la présence.

Socle cognitif (ou socle de connaissances) : conformément à son approche centrée sur l'utilisateur, Bouvier considère la connaissance de la cognition humaine comme facteur de la présence. Savoir comment l'homme perçoit son environnement, par exemple, par une utilisation simultanée de tous ses sens, doit permettre de tendre vers la présence, lors de la conception de l'environnement virtuel.

Bouvier (2009) interroge la relation entre ces piliers de la présence. Il constate d'abord l'influence du 'socle cognitif' en tant que vivier d'idées pour les autres piliers. Il met ensuite en lumière une relation double : les piliers s'influencent mutuellement et se compensent entre eux. L'immersion permet par exemple une meilleure compréhension de la scène et facilite ainsi l'interaction. Une interaction trop complexe peut, en revanche, influencer négativement les émotions. Comme nous l'avons déjà mentionné, il peut par exemple y avoir compensation entre l'immersion et l'émotion : l'impact des émotions sur l'utilisateur lui permettra de ressentir le sentiment de présence malgré un environnement faiblement immersif. Par conséquent, Bouvier exclut un fonctionnement parallèle ou additif des piliers pour privilégier un effet compensatoire par une interaction en synergie.

5.3 Flow et présence

La mise en perspective des notions de *flow* et de présence participe à la compréhension de la présence. Les notions renvoient toutes les deux à l'implication de l'individu pendant une activité. La nature de l'implication est cependant différente selon qu'il s'agisse de *flow* ou de présence.

5.3.1 Immersion dans la tâche

Le psychologue hongrois Csikszentmihalyi (1975) introduit le concept de *flow* lors d'une étude sur l'ennui et l'anxiété. Il décrit alors le *flow* comme l'état psychique d'un individu totalement immergé dans la tâche qu'il est en train d'accomplir (« a holistic sensation that people feel, when they act with total involment ») (Csikszentmihalyi 1975 : 36). L'étude de Csikszentmihalyi ne porte alors pas sur les tâches médiatisées par des technologies numériques ou réalisées dans des environnements immersifs. La proximité des concepts de *flow* et de présence nous conduit cependant à expliciter les différences et les points communs entre les deux concepts. Nous précisons ainsi notre champ d'étude et examinons les éventuels apports conceptuels et méthodologiques d'études portant sur le *flow*. Csikszentmihalyi (1990) caractérise la tâche favorisant l'émergence du *flow* :

- une tâche dont les objectifs sont compris,
- une tâche nécessitant la mise en œuvre de compétences que l'on possède,
- une tâche nécessitant une concentration intense sur sa réalisation,
- une tâche permettant un bon contrôle sur la réalisation de la tâche,
- une tache permettant un effacement de la conscience de soi,
- une tâche permettant une perte de la notion du temps.

Des travaux ultérieurs ont étudié le concept de Csikszentmihalyi lors de tâches médiatisées par ordinateur : Ghani et Deshpande (1994), chercheurs en sciences du management au Pakistan et aux États-Unis, relèvent quelques conditions pour l'émergence du *flow* lors d'une activité médiatisée par ordinateur : l'utilisateur doit avoir l'impression de contrôler l'interaction entre l'homme et l'ordinateur ; l'utilisateur doit focaliser son attention sur l'interaction ; l'interaction doit attirer la curiosité de l'utilisateur. Ces conditions correspondent ainsi aux caractéristiques du *flow* identifiées par Csikszentmihalyi (1990).

Rheinberg, Vollmeyer et Engeser (2003), chercheurs allemands en psychologie, analysent le *flow* pendant un travail en bureautique et lors de séances de jeux vidéo. Ils interrogent alors deux facteurs : la réalisation automatique (*glatter automatisierter Verlauf*) et l'implication (*Absorbiertheit*). Ces facteurs renvoient bien aux concepts du *flow* lors d'expérience non médiatisée : la concentration, le contrôle et la clarté des objectifs d'une part, l'implication et la perte de la notion du temps d'autre part. D'après Sherry (2004), chercheur américain en sciences de la communication, le *flow* est une composante essentielle au plaisir pendant l'expérience de jeu vidéo. Ce média serait particulièrement adapté à l'expérience du *flow* :

> Video games possess ideal characteristics to create and maintain flow experiences in that the flow experience of video games is brought on when the skills of the player match the difficulty of the game. (Sherry 2004 : 340)

Weibel et Wissmath (2011), chercheurs suisses en psychologie et en sciences de l'éducation, répertorient des études sur les points communs et les différences entre les concepts de *flow* et de présence. Les deux concepts renvoient à une expérience d'immersion. Fontaine (1992), sociologue américain, compare la forte implication lors de l'expérience du *flow* à la *vividness* de la présence, une forte implication mêlée à un plaisir intense. Pour Draper, Kaber et Usher (1998), chercheurs américains sur les environnements immersifs, la présence est une expérience spécifique appartenant au genre de l'expérience *flow* dans un environnement virtuel. Weibel *et al.* (2008) rapprochent également les deux concepts, lors d'une étude portant sur une expérience de jeu vidéo sur ordinateur, en constatant une corrélation statistique forte entre le *flow* et la présence.

5.3.2 Immersion dans l'environnement

Bien qu'ils soient similaires, le *flow* et la présence ne désignent cependant pas le même phénomène. Alors que le concept de *flow* désigne l'immersion par et dans la tâche, celui de présence renvoie nécessairement à une immersion sensorielle dans un environnement médiatisé.

> The concept of flow focuses more on the task characteristics, while the concept of presence is more focused on technological characteristics of a medium. Flow could thus be described as immersion into an activity (i.e., the gaming action), whereas presence rather refers to a sense of spatial immersion in a mediated world. (Weibel/Wissmath 2011 : 3)

Le *flow* et la présence sont par conséquent deux concepts distincts. Le premier correspond à la sensation d'une forte implication dans l'action de jeu alors que le second renvoie à la sensation « d'être là », dans un environnement différent de celui de la réalité écologique. Les deux concepts restent cependant proches parce qu'ils intègrent tous les deux l'effacement, pour et par une personne, de distracteurs externes. Dans le cas du *flow*, il s'agit d'ignorer les distracteurs extérieurs à l'action menée. Dans un processus cognitif intériorisé, le sujet construit alors un environnement subjectif focalisé sur l'action. Dans le cas de la présence, il s'agit pour l'immersion dans l'environnement virtuel, non pas nécessairement d'ignorer les stimuli extérieurs, mais davantage de ne pas les percevoir. Comme le *flow*, l'acceptation de prendre l'environnement numérique comme environnement de référence fait intervenir un processus cognitif intériorisé. Le processus est cependant en partie extérieur au sujet, puisque dépendant de l'environnement programmé par ordinateur (Heers 2005).

Résumé conclusif

La présence désigne ainsi le sentiment qu'a l'utilisateur d'un environnement en réalité virtuelle, lorsqu'il prend, au moins partiellement, l'environnement virtuel comme environnement de référence pour son activité cognitive et motrice. Par ce sentiment, l'utilisateur a l'impression de se sentir dans l'environnement virtuel et oublie les dispositifs technologiques de médiatisation de cet environnement. Bien que la présence soit un sentiment global, elle peut varier selon ses composantes : la présence sociale, spatiale, de soi et d'action. Les facteurs favorisant le sentiment de présence sont à la fois d'ordre technique, comme le degré d'immersion et d'interaction, et d'ordre humain, avec un rôle joué par les émotions, les attentes de l'utilisateur, son expérience, etc.

Bien que s'appuyant nécessairement sur les outils techniques servant à concevoir et à générer l'environnement virtuel, l'expérience en réalité virtuelle est, par conséquent, à considérer comme une expérience intrinsèquement subjective. Son étude doit appréhender la présence en interrogeant l'humain.

6. Appréhender la présence en réalité virtuelle

L'expérience en réalité virtuelle est subjective, puisqu'elle dépend du sentiment de présence de l'utilisateur dans l'environnement virtuel. Des facteurs technologiques, comme le degré d'immersion ou d'interaction, et des facteurs humains influencent la présence. Pour étudier l'influence de l'immersion et de l'interaction sur la présence, et l'influence de la présence sur la réalisation d'activités langagières en langue cible, il est nécessaire d'appréhender le sentiment de présence.

L'appréhension du sentiment de présence nécessite, dans un premier temps, de comprendre par quel processus la présence émerge. Un état de l'art sur les outils de mesure et d'appréhension de la présence constituera ensuite un apport théorique pour notre méthodologie de recherche.

6.1 Émergence de la présence

Notre étude de la présence permet d'en identifier les composantes et les facteurs. Nous devons cependant rappeler le caractère instable du sentiment de présence. Les composantes de la présence globale varient selon les utilisateurs et au cours d'une même expérience en réalité virtuelle. La présence doit ainsi être considérée comme un processus, que des modèles permettent d'identifier et d'organiser. Il convient alors de faire la lumière sur ces processus, d'en comprendre le déroulement pour cerner la relation entre facteurs, composantes et manifestations de la présence. Cette démarche nous permet d'appréhender la présence dans son ensemble et ainsi de pouvoir en extraire des caractéristiques observables.

6.1.1 Deux étapes pour atteindre la présence : le modèle de Wirth et al.

Wirth *et al.* (2007) proposent un modèle dynamique (*cf.* figure 11) organisant l'émergence de la présence. Ils établissent un modèle complet, prenant en considération à la fois les caractéristiques du dispositif technique et de l'utilisateur. Selon le modèle de Wirth *et al.*, l'émergence de la présence a lieu en deux étapes : la formation d'un modèle mental précède l'émergence d'un état psychologique de présence spatiale.

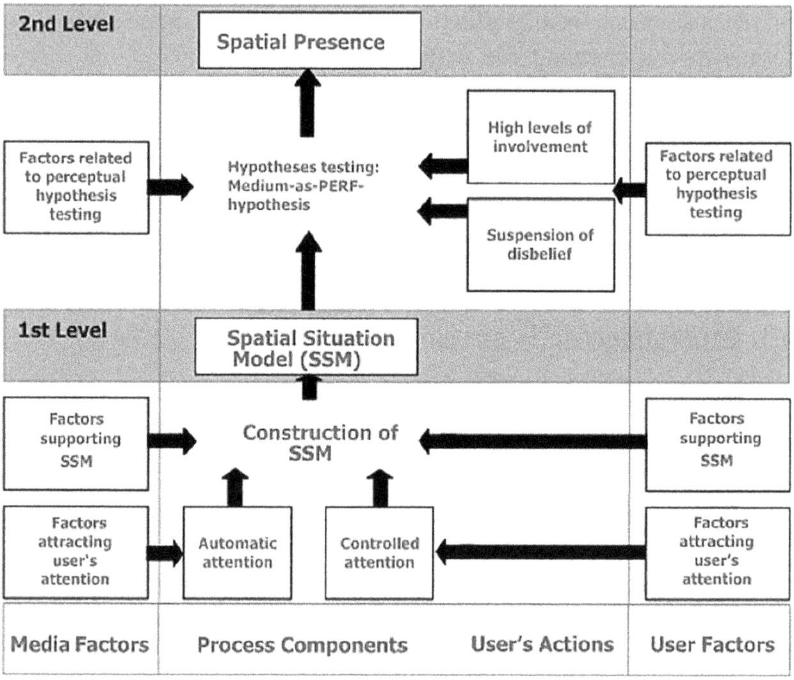

Figure 11 : Modèle d'émergence de la présence, de Wirth *et al.* (2007 : 498).

La représentation mentale de l'environnement spatial est influencée par des facteurs techniques et humains. Les caractéristiques techniques du dispositif, telles que ses propriétés immersives ou interactives, ainsi que le contenu de l'application constituent les caractéristiques du média (sur la figure 11 : *Media factors*) contribuant à la construction de la représentation mentale. L'expérience de l'utilisateur, sa mémoire, ses centres d'intérêt constituent les caractéristiques de l'utilisateur (*User factors*) participant également à la construction mentale. Pour les deux types de facteurs, l'attention joue un rôle clé dans la construction de la représentation mentale. Les facteurs techniques doivent représenter l'environnement mais aussi stimuler une sorte d'attention automatique (*automatic attention*) chez l'utilisateur. L'intérêt de l'utilisateur pour le contenu participera à son 'attention contrôlée' (*controlled attention*). La rencontre des facteurs humains et techniques permet à l'utilisateur de se façonner une représentation mentale de l'environnement virtuel. Celle-ci lui est propre et doit être différenciée de la présence, qui nécessite un processus cognitif supplémentaire. C'est avec cette représentation mentale qu'est atteinte la première étape dans l'émergence de la présence.

Après s'être représenté l'environnement spatial, l'utilisateur émet des hypothèses dont la validation conditionne l'émergence du sentiment de présence spatiale. Les hypothèses liées aux caractéristiques du média (*Factors related to perceptual hypothesis testing*) renvoient au degré de réalisme de l'environnement ou à la cohérence du contenu. Les hypothèses liées aux facteurs humains dépendront du degré d'implication de l'utilisateur (*High levels of involment*) et de sa capacité à accepter la fiction comme réelle en dépit des conditions de l'expérience (*suspension of disbelief*).

Le modèle retient notre attention parce qu'il met en exergue le rôle de l'utilisateur dans l'émergence de la présence. Il présente également l'intérêt de décrire le processus d'émergence de la présence spatiale, dépassant ainsi la simple description de ses composantes. Nous remarquons cependant que Wirth *et al.* focalisent leur attention sur la présence spatiale, écartant ainsi d'autres composantes que nous avons retenues, telles que la présence sociale ou la présence d'action.

6.1.2 De l'inconscient au conscient : le modèle de Bouvier

Bouvier (2009) décrit l'émergence de la présence par une approche globale et évolutive. Son modèle met en lumière le caractère à la fois inconscient et conscient des étapes menant à la présence. Bien que la présence se définisse par son caractère conscient, les étapes qui y mènent sont d'abord inconscientes (Schubert 2009 : 164). Le modèle de Bouvier (*cf.* figure 12) précise à quel moment les facteurs interviennent dans le processus d'émergence de la présence.

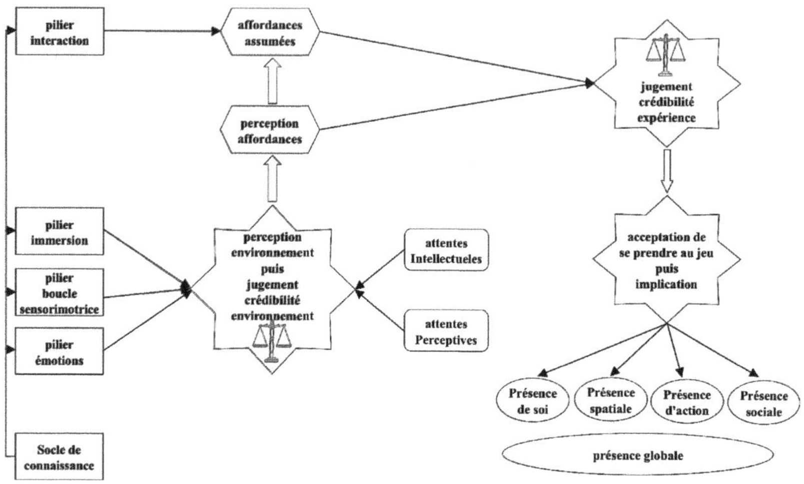

Figure 12 : Modèle d'émergence de la présence, de Bouvier (2009 : 93).

La première étape du processus d'émergence de la présence est, selon Bouvier, essentiellement influencée par les piliers 'immersion', 'boucle sensorimotrice' et 'émotions' décrits précédemment. Ils participent en effet à la perception de l'environnement virtuel par l'utilisateur, réduisant l'influence de l'environnement réel. À cette perception est associé un jugement de crédibilité de l'environnement. La crédibilité est à dissocier du réalisme, puisqu'elle ne renvoie pas à la comparaison entre le réel et le virtuel, mais à la satisfaction des attentes de l'utilisateur. Ces attentes sont d'ordre intellectuel lorsqu'elles proviennent, par exemple, des centres d'intérêt ou des envies de l'utilisateur. Elles sont d'ordre perceptif lorsqu'elles désignent les stimuli nécessaires pour « leurrer » les sens de l'utilisateur. Lorsque la satisfaction l'emporte sur la frustration des attentes, l'utilisateur atteint la première étape nécessaire à l'émergence de la présence. Cette étape a lieu de manière inconsciente.

La deuxième étape mène au jugement de crédibilité de l'expérience. Le pilier 'interaction' y tient une place essentielle. Dans une approche écologique de la présence, l'utilisateur ayant jugé crédible l'environnement y perçoit des affordances. Comme dans la phase de vérification des hypothèses du modèle de Wirth *et al.*, l'utilisateur teste les actions perçues comme possibles dans l'environnement virtuel. Si les affordances sont assumées par l'environnement virtuel, l'utilisateur juge l'expérience crédible, encore une fois de manière inconsciente.

Similaire à la *suspension of disbelief* de Wirth *et al.*, l'acceptation de se prendre au jeu et l'implication constituent la troisième étape de l'émergence de la présence selon Bouvier. De manière consciente, l'utilisateur décide, dans un acte volontaire et réfléchi, d'accepter l'environnement virtuel comme environnement de référence. C'est avec cette troisième étape que les conditions d'émergence des composantes de la présence sont réunies. En prenant en compte le rôle de l'utilisateur, des affordances et de la perception, le modèle de Bouvier est valide, non pas uniquement pour la présence spatiale, mais également pour la présence de soi, la présence d'action, et la présence sociale.

Nous nous interrogeons sur la dissociation dans le modèle de Bouvier des attentes intellectuelles et du pilier 'émotions'. Cette différenciation parait surtout avoir été faite dans une démarche de simplification, puisque Bouvier associe lui-même l'expérience de l'utilisateur au pilier 'émotions', tout en soulignant le rôle de l'expérience dans les 'attentes intellectuelles'. Le modèle de Bouvier peut être retenu pour notre étude parce qu'il met en lumière le processus d'émergence de la présence, et qu'il permet surtout de différencier les composantes ou les marqueurs de la présence des étapes de son émergence. Nous en proposons une représentation simplifiée (*cf.* figure 13) :

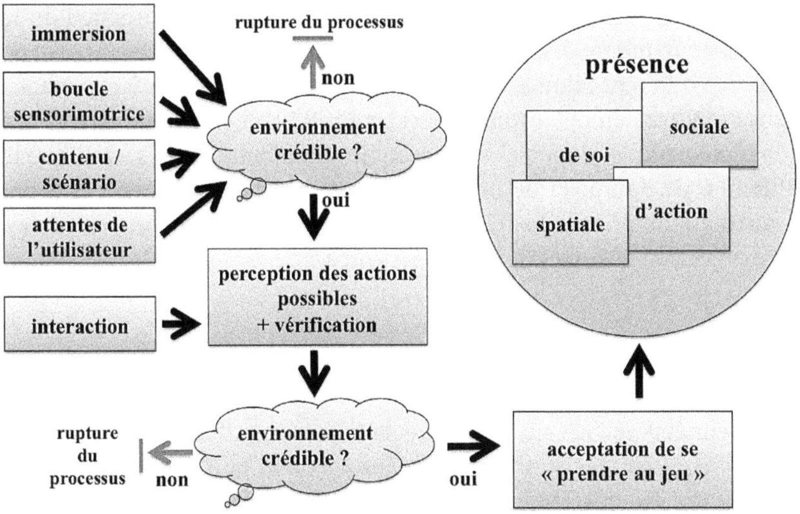

Figure 13 : Processus d'émergence de la présence, modèle retenu (Roy 2014 : 15).

Cette représentation du processus d'émergence de la présence synthétise l'approche de la présence que nous retenons comme cadre théorique de notre recherche. Le schéma montre bien la multiplicité des facteurs d'émergence de la présence, sans les hiérarchiser. Elle met en relief le rôle spécifique du facteur 'interaction', qui intervient dans la vérification des affordances de l'environnement virtuel. La présence y est présentée comme un phénomène conscient, d'un utilisateur qui accepte de se prendre au jeu. Enfin, le sentiment global de présence y est détaillé avec les quatre composantes de la présence.

6.2 Outils pour appréhender la présence

La présence est donc définie comme l'expérience subjective de se sentir dans un environnement autre que celui où l'on se trouve physiquement. Les facteurs de la présence sont à la fois d'ordre technique (immersion, interaction, boucle sensorimotrice) et humain. L'expérience de l'utilisateur, ses attentes et son adhésion à l'environnement virtuel proposé le conduiront à se prendre (ou pas) au jeu de l'expérience en réalité virtuelle. En raison de ces facteurs humains dans l'émergence de la présence, un même dispositif de réalité virtuelle engendre un niveau de présence différent selon les individus et selon le contexte de l'expérience dans l'environnement virtuel. Sheridan (1992), chercheur américain en génie mécanique et spécialiste des environnements virtuels, souligne la difficulté de définir et de mesurer objectivement la présence. Suivant l'ingénieur américain Jex (1988), Sheridan fait la distinction entre mesure objective et subjective de la présence.

6.2.1 Outils de mesure de la présence

Dans leur état de l'art sur la mesure de la présence, Baren et IJsselsteijn (2004) recensent les outils utilisés dans soixante-huit études entre 1992 et 2004. Ils les classent en deux catégories : les mesures subjectives et les mesures objectives.

Mesures subjectives

Les mesures subjectives dépendent de l'interprétation du participant. Elles peuvent être regroupées en plusieurs catégorie.

- Mesures quantitatives : un questionnaire de présence, généralement composé de plusieurs items interrogeant indirectement le sentiment de présence, est soumis au participant après l'expérience en réalité virtuelle. Le participant y répond en positionnant son avis sur une échelle de valeurs. Le questionnaire a l'avantage d'être facile à administrer et de ne pas interrompre l'expérience en réalité virtuelle. La nécessité de mémoriser l'expérience pour le participant constitue néanmoins un biais dans la mesure. Les réponses du participant peuvent également être plus fortement influencées par les évènements survenus à la fin de l'expérience, occultant une partie de cette dernière.
- Mesures continues : le participant indique sur une échelle son degré de présence au fur et à mesure de l'expérience en réalité virtuelle. Cet outil permet un relevé en temps réel, sans biais lié à la mémorisation de l'expérience. L'attention portée par le participant à la mesure est cependant susceptible d'interrompre ou de réduire le sentiment de présence.
- Mesures qualitatives : cette catégorie regroupe les recueils de données qualitatives, comme l'observation, l'entretien, l'analyse de contenu textuel, etc. Le participant construit son propre discours sur son expérience, avec des réponses souvent plus ouvertes qu'avec les mesures quantitatives. L'administration de ces mesures et l'analyse des données sont cependant chronophages. L'interprétation du chercheur peut constituer un bais dans l'analyse et la généralisation des résultats.
- Mesures psychologiques : utilisation de méthodes issues de la psychologie, comme la 'comparaison par paires'. Le participant compare deux environnements virtuels et indique celui dans lequel son sentiment de présence lui semble le plus fort. Ce type d'outils de mesure est, certes, facile à administrer mais comporte un biais important lié à l'interprétation du chercheur.
- Les mesures subjectives corroboratives : mesures ne portant pas directement sur la présence mais fournissant des données sur le

processus cognitif d'émergence de la présence. Ces mesures portent par exemple sur l'attention ou la mémorisation.

Mesures objectives

Les mesures objectives ne sont pas dépendantes de l'interprétation du participant. Elles peuvent être regroupées en plusieurs catégories :

- Mesures psychophysiologiques : mesures portant sur les réponses physiologiques du participant à des stimuli extérieurs, comme le rythme cardiaque, les réactions musculaires, le clignement des yeux. Insko (2003), ingénieur et chercheur américain en réalité virtuelle, souligne le biais lié à l'interprétation des données. Le stimulus à l'origine de la réponse physiologique ne peut pas être clairement identifié.
- Mesures neuronales : observation de l'activité cérébrale pendant l'expérience en réalité virtuelle, par exemple avec un électroencéphalogramme. Bien qu'objectives, les données sont difficiles à interpréter en raison du manque de connaissances scientifiques sur les processus neuronaux. Les outils de mesures sont particulièrement coûteux et intrusifs.
- Mesures comportementales : mesures portant sur les réponses comportementales du participant à des stimuli extérieurs, comme les expressions du visage ou les postures. Nichols, Haldane et Wilson (2000), chercheurs anglais sur les applications de la réalité virtuelle, utilisent les réflexes verbaux et non verbaux comme indicateurs de la présence. Un geste d'évitement ou une formule de politesse témoignent ainsi du sentiment de présence dans un environnement virtuel. Comme pour les mesures psychologiques, il est difficile d'identifier avec certitude le stimulus à l'origine de la réponse comportementale. Une perte d'équilibre du participant peut par exemple aussi bien être provoquée par l'environnement virtuel que par les conditions d'expérimentation elles-mêmes (Insko 2003).
- Mesures de performance : le temps de réalisation d'une tâche dans l'environnement immersif ou le taux d'erreurs dans la réalisation de la tâche peuvent constituer des indicateurs de présence. Heeter (2003) souligne cependant que la performance de réalisation d'une tâche est largement dépendante de facteurs autres que la présence, par exemple la motivation du participant à effectuer la tâche.

Cet inventaire des outils de mesure de la présence met en évidence la difficulté à appréhender le sentiment de présence de manière scientifique. Les mesures dites objectives laissent une large place à la subjectivité du chercheur dans l'interprétation des données. Plutôt que de nier la subjectivité des mesures et de l'analyse des données sur la présence, il s'agit de s'assurer de la validité des outils de recueil des données utilisés. Insko (2003) reprend les critères de validité de toute recherche quantitative et y ajoute le critère de sensibilité, propre aux outils de mesure de la présence :

- la fiabilité : dans des conditions d'expérimentation identiques et pour les mêmes participants, la mesure doit donner des résultats identiques,
- la validité : la mesure permet de mesurer la présence subjective,
- l'objectivité : la mesure est peu influencée par la subjectivité du participant ou le chercheur,
- la sensibilité : la mesure permet de différencier différents degrés de présence.

6.2.3 Questionnaire de présence

Le questionnaire de présence est l'outil le plus utilisé dans les études de la présence en environnement immersif (Wissmath/Weibel/Mast 2009). D'après Insko (2003), le questionnaire présente l'avantage d'être facile à administrer, valide et non intrusif. Pour Baren et Ijsselsteijn (2004), il permet surtout d'interroger les facteurs intervenant dans l'émergence de la présence. Cet outil est donc particulièrement approprié à notre étude, qui vise, certes, à mesurer le niveau de présence, mais surtout à comprendre le sentiment de présence.

Depuis les années quatre-vingt-dix, certains questionnaires de présence ont été établis comme scientifiquement valides et servent de références pour la création de questionnaires spécifiques à d'autres études. Nous en retenons trois, pour leur fréquence de citation dans la littérature, leur accessibilité et leur complémentarité : le *Presence Questionnaire* des sociologues américains Witmer et Singer (1994), le questionnaire des chercheurs anglais en informatique Slater, Usoh et Steed (1994) et le *ITC-Sense of Presence Inventory* des chercheurs anglais en psychologie Lessiter, Freeman, Keogh et Davidoff (2001). L'étude de leur fondement théorique et de leur structure doit éclairer notre propre méthodologie de recherche, pour la conception d'un questionnaire de présence adapté à notre étude.

Questionnaire de présence de Witmer et Singer

Le questionnaire de présence de Witmer et Singer (1998) (*cf.* annexe 2) mesure la présence en interrogeant les facteurs influençant l'expérience dans l'environnement virtuel : les facteurs de contrôle, les facteurs sensoriels, les facteurs de perturbation et le réalisme. Les facteurs de contrôle renvoient à la possibilité donnée à l'utilisateur de modifier l'environnement virtuel et d'anticiper ses changements. Ils concernent également l'ergonomie de navigation dans l'environnement et la vitesse d'adaptation de l'environnement aux actions de l'utilisateur. Les facteurs sensoriels font référence à la richesse et à la cohérence des informations transmises à l'utilisateur via ses différents sens. Ils renvoient également à la liberté laissée à l'utilisateur de l'utilisation de ses sens. Les facteurs de perturbation considèrent le degré d'isolement de l'utilisateur dans l'environnement virtuel que permet l'interface utilisée (par exemple visiocasque ou moniteur). Ils influencent donc la conscience qu'à l'utilisateur de la réalité écologique. Le réalisme correspond à la cohérence des stimuli dans l'environnement virtuel avec ceux de la réalité écologique, au sens intrinsèque de l'expérience et à la désorientation de l'utilisateur au sortir de l'environnement virtuel (Witmer/Singer 1998 : 228). Les 32 items du questionnaire utilisent chacun une échelle à sept degrés ; les extrémités de l'échelle proposent une appréciation totalement opposée et le degré du milieu une appréciation modérée. La figure 14 donne un exemple avec le premier item du questionnaire :

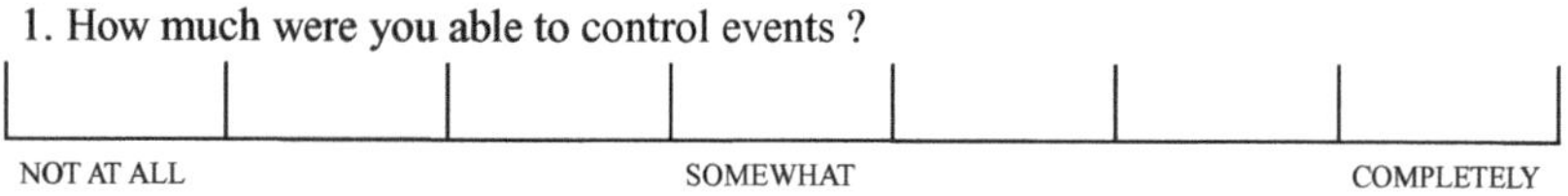

Figure 14 : Questionnaire de présence de Witmer/Singer 1(1998).

Le questionnaire de Witmer et Singer interroge la perception de l'utilisateur concernant les facteurs nommés précédemment. Pour examiner la perception du mécanisme de contrôle, de l'interaction ou de l'immersion, les pronoms interrogatifs (*how natural, how much, how aware, how compelling, how well*, etc.) invitent l'enquêté à quantifier sa réponse. Pour renforcer ce recueil de la perception de l'utilisateur, ces pronoms interrogatifs sont associés à des verbes interrogeant la subjectivité de l'enquêté (*to be able to, to seem, to be engaged, to fell*, etc.). Slater (1999) critique de manière virulente le questionnaire de Witmer et Singer.

> Suppose there is a CAVE-style virtual environment, with a visual display on all six walls, and the freedom of people to walk around the CAVE with full collision detection, etc. The subjects hold a tennis racquet which is tracked. Virtual tennis balls fly towards subjects, and they have to hit as many as possible. Subjects individually enter the environment, and carry out the task with varying degrees of success. For two such subjects one reports a high degree of ability to control events, and another reports a very low ability. Of course the system is the same in both cases. What has determined the difference in response is nothing at all to do with the immersive system, but is due to differences in the individuals, their experience, psychological make-up, dexterity, and so on. (Slater 1999 : 562)

Slater considère ainsi que la subjectivité des réponses aux questionnaires est davantage liée aux caractéristiques de l'utilisateur, à son expérience et à ses attentes qu'aux caractéristiques de l'environnement étudié. Le questionnaire de Witmer et Singer ne serait ainsi pas valide pour mesurer l'influence des facteurs techniques liés au dispositif de réalité virtuelle. Il permet cependant de recueillir la perception qu'a l'utilisateur des facteurs de présence. Notons néanmoins qu'un ensemble de facteurs favorables à la présence ne permet pas d'identifier l'existence du sentiment de présence. Tout en s'appuyant sur les facteurs, la mesure de la présence doit par conséquent porter sur les composantes de la présence : la présence de soi, la présence spatiale, sociale et d'action.

Questionnaire de Slater, Usoh et Steed

Le questionnaire de Slater, Usoh et Steed (1994) (*cf.* annexe 3) interroge trois indicateurs de présence : la sensation d'être dans l'environnement virtuel, l'impression que l'environnement virtuel remplace la réalité écologique, et l'impression de ressemblance entre le monde virtuel et la réalité écologique. Le participant répond aux questions en utilisant une échelle à 7 degrés. Le questionnaire de 1994 comporte trois questions portant directement sur la présence, dans un ensemble de questions sur les habitudes d'utilisation des technologies numériques. Dans une étude ultérieure, Usoh, Catena, Arman et Slater (2000) soulignent l'importance de contextualiser leur questionnaire, en intégrant aux questions des éléments du scénario en réalité virtuelle. Le participant répond à 6 questions, toujours à l'aide d'une échelle à 7 degrés.

ITC-Sense of Presence Inventory

Le *ITC-Sense of Presence Inventory*[1] de Lessiter, Freeman, Keogh et Davidoff (2001) est un questionnaire développé pour constituer un outil de mesure valide sur tout type de média et avec tout scénario. Dans sa version de 2014[2], le questionnaire est constitué de 38 items. Le participant indique son degré d'approbation de chaque item sur une échelle de Likert à 5 niveaux. Les réponses génèrent un score mesurant la présence spatiale, l'implication, le réalisme et la distraction. Le questionnaire a été testé avec plusieurs types de média, par exemple l'IMAX 2D et 3D, mais les auteurs indiquent qu'il n'a pas été testé avec des environnements incluant de l'interaction entre l'utilisateur et l'environnement virtuel.

Certaines recherches identifient l'expérience antérieure du participant comme un biais dans la mesure de la présence (Freeman, Avons, Pearson, Ijsselsteijn 1999). Si cette subjectivité des réponses peut, en effet, être un biais pour comparer les effets de dispositifs techniques différents, elle est intrinsèquement liée à la présence. Les questionnaires présentés interrogent les facteurs d'émergence de la présence, livrant quelques éléments de compréhension des conditions favorables à l'émergence de la présence. Les questionnaires de présence utilisant des échelles de réponses, ils ne laissent pas le participant construire un discours qui permettrait une meilleure compréhension du sentiment de présence. L'entretien, outil de recueil de données largement utilisé dans les sciences sociales, pourrait constituer un outil d'appréhension de la présence en environnement virtuel.

6.2.4 Entretien post-immersion

Friedman *et al.* (2006) catégorisent les corpus de données sur la présence et les outils de recueil. Ils soulignent l'utilité de l'entretien post-

1 ITC : Independent Televion Commission.

2 Le questionnaire ITC-Sense of Presence Inventory nous a été envoyé par les auteurs. Les droits d'utilisation du document interdisent toute diffusion écrite du questionnaire. Celui-ci ne peut donc pas être placé en annexe.

expérience pour la compréhension des données quantitatives. Plus que le questionnaire de présence, l'entretien rend compte de la richesse de l'expérience dans l'environnement virtuel :

> The post-experiment interview is vital for understanding the statistical data in a deep way, beyond what questionnaires can reveal, and can additionally provide hypotheses for future research. Such interviews typically contain a lot of fascinating insights [...]. (Friedman *et al.* 2006 : 604)

L'état de l'art sur la mesure de la présence de Baren et IJsselsteijn (2004) témoigne cependant de la rareté des recherches sur la présence utilisant l'entretien post-immersion comme outil de recueil de données : sur les soixante-huit études présentées, seule celle de Murray, Arnold et Thornton (2000) utilise cet outil. En complément du questionnaire de présence, l'entretien leur permet d'accéder au discours des participants et ainsi de mieux appréhender leur expérience dans l'environnement virtuel :

> The aim of this study was to explore the experience of sudden induced hearing loss and the associated experience of presence. The approach was qualitative in nature so that the complexity of experiences could be revealed. Semi-structured interviews were conducted to allow participants to express, as fully as possible, their personal experience of presence associated with sudden induced hearing loss. (Murray/Arnold/Thornton 2000 : 143)

Leur étude qualitative a été réalisée auprès de six participants. Immédiatement après l'immersion dans l'environnement virtuel, les participants ont complété un questionnaire de présence et ont été interrogés pendant quinze minutes, avec comme support leurs réponses au questionnaire de présence. L'entretien a été enregistré puis transcrit. Le corpus a fait ensuite l'objet d'une analyse thématique identifiant la conscience de soi dans l'environnement (*Heightened Awarness of Self*), l'implication dans l'environnement (*Remoteness*), la prise en considération de l'environnement virtuel comme environnement de référence (*Heightened Environmental Awarness*), le contact social dans l'environnement (*Decreased Social Presence*), l'implication intellectuelle (*Intellectual Presence*) et enfin un commentaire sur le questionnaire de présence (*Problems with the Questionnaire*) (Murray/Arnold/Thornton 2000 : 145).

Dans leur étude sur les variations temporelles et spatiales de la présence, Garau *et al.* (2004) mettent en exergue le caractère qualitatif de leur travail :

> One of the reasons for gathering physiological data is to shed light on participants' involuntary responses during the experience itself. However, in this research we were also interested in understanding how participants themselves viewed their experience of interacting in the VE. For this reason, at the end of each experimental session we conducted an in-depth semi-structured interview on various aspects of the experience, in particular the causes and extent of any anomalies experienced, as well as responses to the virtual characters. (Garau *et al.* 2004 : 234)

L'intention des auteurs n'est pas d'expliquer chaque action des participants dans l'environnement virtuel, mais de recueillir leur vision subjective de l'expérience en réalité virtuelle. L'entretien post-immersion leur semble constituer un outil de recueil de données approprié à cette approche qualitative.

Résumé conclusif

La présence est par conséquent un sentiment conscient. Le processus d'émergence de ce sentiment comporte cependant des étapes inconscientes pour l'utilisateur de l'environnement virtuel. Selon notre étude de l'émergence de la présence, l'utilisateur est d'abord inconsciemment influencé dans sa perception de l'environnement virtuel, par les stimuli envoyés par le dispositif technique, ainsi que par son expérience ou ses attentes. C'est par contre consciemment qu'il accepte de se prendre au jeu de l'environnement qui lui est proposé.

Des outils permettent d'appréhender ce processus subjectif. Ils sont utilisés pour effectuer des mesures dites « subjectives » ou « objectives ». Cette catégorisation est finalement peu pertinente, puisque les mesures objectives sont ensuite soumises à la subjectivité du chercheur, pour l'analyse des données et l'interprétation des résultats. C'est justement la subjectivité des mesures apportées par les outils comme le questionnaire de présence et surtout l'entretien post-immersion, qui permet d'appréhender la présence et la subjectivité de l'expérience en réalité virtuelle. C'est alors à la méthodologie de recherche d'assurer l'objectivité nécessaire à l'analyse et l'interprétation scientifique des données recueillies par des questionnaires et des entretiens.

7. Cadre méthodologique de la recherche

L'objectif de notre recherche est de comprendre dans quelle mesure l'immersion en réalité virtuelle influence l'usage de la langue cible dans un dispositif d'apprentissage des langues médiatisé par les technologies numériques. Pour répondre à cette question de recherche, il est nécessaire d'étudier comment la technologie de réalité virtuelle permet à l'apprenant de s'immerger, par la présence, dans la situation d'apprentissage et de communication proposée par l'environnement virtuel. Il faut également éclairer la relation entre le sentiment de présence en réalité virtuelle et la réalisation d'activités langagières de communication en langue cible.

Détaillant la problématique et l'objectif de notre recherche, le chapitre 1.2 a également annoncé l'hypothèse générale de recherche formulée pour traiter la problématique de l'influence de la réalité virtuelle sur l'apprentissage des langues étrangères. Le présent chapitre reprendra d'abord cette hypothèse générale afin de la décliner en hypothèses secondaires. Celles-ci seront formulées à partir de variables identifiées à l'aide de notre cadre théorique sur la réalité virtuelle et la communication en langue cible. Le choix d'une étude empirique à la fois quantitative et qualitative sera ensuite expliqué, avant la présentation du projet EVEIL-3D et de ses environnements virtuels, comme contexte de recherche. Enfin, nous expliciterons notre positionnement de chercheur dans le contexte du projet EVEIL-3D.

7.1 Démarche hypothético-déductive et positionnement méthodologique

Afin d'atteindre l'objectif de notre recherche, nous adoptons une démarche hypothético-déductive. Notre question de recherche, interrogeant l'influence de l'immersion dans un dispositif de réalité virtuelle sur la situation d'apprentissage de la langue cible, donne lieu à des conjectures théoriques soumises ensuite à des tests empiriques. Ces tests empiriques s'inscrivent dans une méthodologie de recherche expérimentale et compréhensive.

7.1.1 Questions et hypothèses de recherche

Pour examiner la réalité virtuelle en tant qu'outil potentiel pour l'apprentissage des langues médiatisé par les technologies numériques, nous portons uniquement notre questionnement sur l'apprentissage médiatisé, en interrogeant la plus-value des facteurs apportés par les technologies de la réalité virtuelle. Nous questionnons d'abord la capacité d'un environnement virtuel, dans lequel l'élève est seul, à constituer une situation propice à l'interaction en langue cible. Pour cela, nous posons la question de recherche (Q) suivante :

> Dans quelle mesure la réalisation d'une tâche en réalité virtuelle peut-elle constituer une situation propice à l'interaction en langue cible ?

À partir de notre cadre théorique sur la communication en langue cible (*cf.* chapitre 3), nous déclinons cette question de recherche avec les questions suivantes :

- Q_1 : La situation de communication en réalité virtuelle permet-elle une production en langue cible par l'élève ?
- Q_2 : La situation de communication en réalité virtuelle permet-elle une utilisation efficace de stratégies d'usage de la langue ?
- Q_3 : Dans quelle mesure la réalisation de la tâche en réalité virtuelle doit-elle être accompagnée ?
- Q_4 : Dans quelle mesure la réalisation de la tâche en réalité virtuelle permet-elle une implication non verbale de l'apprenant dans la situation d'apprentissage en langue cible ?

Le caractère particulièrement novateur de l'utilisation de la réalité virtuelle pour l'apprentissage des langues, et le peu d'études scientifiques dans ce domaine qui en découle, nous conduisent à envisager une influence de la réalité virtuelle sur l'activité langagière en langue étrangère, sans préjuger d'une influence positive ou négative. Puisque la réalité virtuelle doit permettre à l'utilisateur de changer de situation d'usage de la langue, c'est sur l'activité de communication elle-même que porte notre étude, au moment de l'immersion. Les tests en établissements scolaires réalisés dans le cadre du projet EVEIL-3D étant ponctuels et ayant un caractère expérimental marqué, il n'est pas possible, dans le cadre de notre étude, d'étudier les effets de la réalité virtuelle sur l'apprentissage de la langue cible, dont l'analyse nécessite une étude longitudinale. Le contexte de recherche, avec le caractère pluridisciplinaire du projet EVEIL-3D, offre cependant un terrain de recherche unique pour analyser différents dispositifs de réalité virtuelle utilisés par des apprenants du français et de l'allemand langues étrangères. D'après ces considérations méthodologiques, nous émettons l'hypothèse générale suivante :

> Dans un dispositif d'apprentissage des langues médiatisé par les technologies numériques, l'immersion en **réalité virtuelle** influence le sentiment de **présence** de l'apprenant dans la situation d'usage de la langue cible. Ce sentiment de **présence** a une influence sur la réalisation d'**activités langagières de communication en langue cible**.

À partir de notre cadre théorique sur la technologie de réalité virtuelle (*cf.* chapitre 4), nous identifions, dans un premier temps, les facteurs technologiques de l'immersion et de l'interaction comme variables pour la formulation d'hypothèses spécifiques. L'immersion et l'interaction constituent les variables indépendantes dont nous examinons la corrélation avec le sentiment de présence. Nous formulons ainsi les hypothèses de recherche suivantes :

Hypothèse 1 (H_1) :

> Dans un dispositif d'apprentissage des langues médiatisé par les technologies numériques, l'**immersion sensorielle** renforce le **sentiment de présence** chez l'apprenant.

Hypothèse 2 (H_2) :

> Dans un dispositif d'apprentissage des langues médiatisé par les technologies numériques, l'**interaction gestuelle** renforce le **sentiment de présence** chez l'apprenant.

Dans un deuxième temps, nous considérons la subjectivité de l'expérience en réalité virtuelle mise en exergue dans le chapitre 5. Nous examinons d'abord la corrélation entre la prédisposition des participants à se sentir présent dans l'environnement virtuel et le sentiment de présence ressenti dans notre dispositif. Nous envisageons ensuite une variation du sentiment de présence selon ses composantes. Nous posons ainsi les hypothèses suivantes :

Hypothèse 3 (H_3) :

> Dans un dispositif d'apprentissage des langues médiatisé par les technologies numériques, le **sentiment de présence** de l'apprenant est influencé par sa **prédisposition à la présence**.

Hypothèse 4 (H_4) :

> Dans un dispositif d'apprentissage des langues médiatisé par les technologies numériques, les **niveaux de présence de soi, de présence sociale, de présence spatiale et de présence d'action** sont **hétérogènes** chez un même apprenant.

Puisque nous étudions l'influence de la présence sur l'usage de la langue cible, le sentiment de présence constitue enfin, lui-même, une variable indépendante que nous mettons en corrélation avec la réalisation d'activités langagières de communication en langue cible. Nous formulons l'hypothèse suivante :

Hypothèse 5 (H_5) :

> Dans un dispositif d'apprentissage des langues médiatisé par les technologies numériques, le sentiment de présence influence la réalisation d'activités langagières de communication en langue cible, en français ou en allemand.

La réalité virtuelle privilégie l'immersion sensorielle par la visualisation d'images tridimensionnelles et l'utilisation du canal audio. En raison de la mauvaise lisibilité du support textuel dans un environnement de réalité virtuelle, l'utilisation de l'écrit dans cet environnement n'est pas appropriée. Le contexte de recherche oriente par conséquent notre travail vers des activités langagières de communication orale, en l'occurrence de réception et de production en interaction. Nous choisissons ainsi d'étudier la compréhension de l'oral et la production orale en interaction. Pour vérifier notre hypothèse H_5, nous posons les sous-hypothèses suivantes :

> $H_{5.1}$: le **sentiment de présence** influence la **compréhension d'énoncés oraux** en langue cible, en français ou en allemand.

$H_{5.2}$: le **sentiment de présence** influence l'**interaction orale** en langue cible, en français ou en allemand.

7.1.2 Méthodologie de recherche

Dans leur synthèse des recherches empiriques sur les effets des technologies de l'information et de la communication sur l'apprentissage en milieu scolaire, Crinon *et al.* (2002 : 11), chercheurs en sciences de l'éducation, relèvent une dichotomie méthodologique avec des recherches soit expérimentales, soit compréhensives. Les recherches de type expérimental utilisent une démarche hypothético-déductive nécessitant le contrôle strict des situations analysées. Pour les ethnométhodologues, le strict contrôle des situations expérimentées ne permet pas de rendre compte de la réalité. Les recherches compréhensives visent à saisir la complexité du réel, par l'observation et la compréhension de situations préexistantes à la recherche. Les expérimentalistes reprochent souvent à la recherche compréhensive son manque de scientificité.

S'appuyant sur les travaux des psychologues américains Cook et Campbell (1979), Grosbois (2007), chercheuse française en didactique des langues, relève la difficulté de saisir la complexité des situations étudiées en sciences humaines et sociales. Elle identifie plusieurs obstacles à la recherche expérimentale en didactique des langues : les variables ne peuvent être toutes contrôlées car nombreuses et parfois non observables, les facteurs extérieurs influencent les situations étudiées, comme c'est par exemple le cas pour des études longitudinales sur l'apprentissage.

Pour Tricot (2007), chercheur français en psychologie, le reproche fait à la recherche expérimentale de ne pas saisir la complexité des situations n'est pas pertinent, puisque l'objet de l'expérimentation n'est pas la situation mais les effets d'une variable sur une autre. Tricot souligne également que si la recherche expérimentale s'effectue toujours dans une démarche hypothético-déductive, cette démarche peut également être employée dans une recherche compréhensive. Narcy-Combes (2005), chercheur français en sciences du langage, dépasse la dichotomie entre une recherche expérimentale explicative et une recherche compréhensive, en considérant les deux types de recherche comme étant les extrémités d'un continuum (*cf.* figure 15).

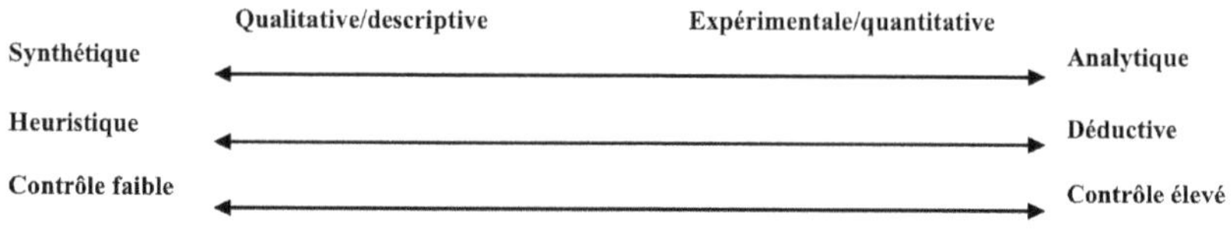

Figure 15 : Continuum recherche explicative / compréhensive (Narcy-Combes 2005 : 103).

C'est au chercheur de positionner sa recherche sur le continuum, en fonction de son approche (synthétique ou analytique), de son positionnement épistémologique (heuristique ou déductif) et du niveau de contrôle qu'il a sur le recueil de ses données.

Suivant Narcy-Combes (2005), nous positionnons notre recherche sur ce continuum méthodologique afin d'en déterminer le type.

- Notre travail s'intéresse, certes, à la situation globale d'apprentissage des langues médiatisée par la réalité virtuelle, mais il en isole successivement des composantes, comme les facteurs technologiques ou la présence. Il adopte ainsi une approche analytique.
- L'objectif est d'étudier une nouvelle organisation du savoir : l'influence d'un nouvel outil sur une situation d'apprentissage. L'objectif est donc heuristique.
- Le contexte offre un degré de contrôle relativement fort des variables (*cf.* chapitre 7.2). Les tests sont effectués dans des établissements scolaires, mais les situations d'expérimentation sont spécifiquement élaborées pour le test. Rejoignant Crinon *et al.* (2002), nous soulignons l'impossibilité intrinsèque aux sciences humaines de contrôler toutes les variables de l'expérimentation. Tricot (2007 : 87), suivant Cook et Campbell (1979), parle dans ce cas de « quasi-expérimentation », avec une « expérience qui ne satisfait pas à toutes les conditions d'une expérience ».
- Les données recueillies sont observables et stables. Elles sont numériques, avec les résultats aux questionnaires de présences, ainsi qu'aux tests de compréhension, ou textuelles, avec les transcriptions d'entretiens (*cf.* chapitre 8.1.4).

À partir des travaux de Juan (1999) et Chalmers (1987), Narcy-Combes (2005 : 104) souligne qu'un type de recherche n'exclut pas nécessairement une diversité d'approches et d'outils. En fonction de ses paramètres (objectif, contexte, données, etc.), la recherche peut être plus ou moins compréhensive ou explicative et se baser à la fois sur de l'observation et de l'expérimentation (*cf.* figure 16).

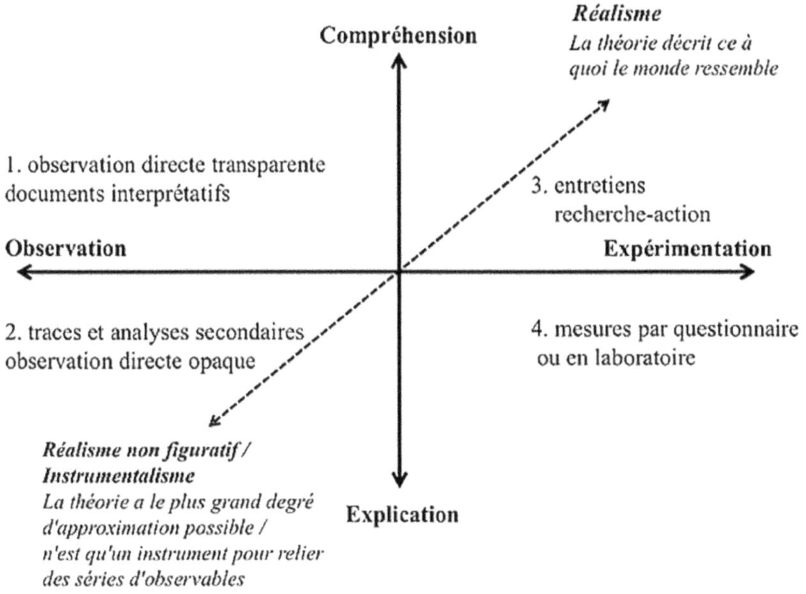

Figure 16 : Méthode en sciences humaines (Narcy-Combes 2005 : 104).

La recherche expérimentale peut ainsi adopter une approche compréhensive, en faisant appel à des entretiens ou à une recherche-action, et adopter une approche explicative, avec des questionnaires élaborés en fonction de théories ou d'expériences en laboratoires.

D'après notre positionnement sur le continuum méthodologique allant de la recherche explicative à la recherche compréhensive, notre travail est davantage de type expérimental mais adopte une approche compréhensive des phénomènes observés. Nous optons également pour cette approche mixte concernant la nature quantitative ou qualitative des données et des analyses. Pour Tricot (2007 : 90), même si l'expérimentation est plus souvent associée à des données quantitatives, cette pratique n'est pas normative. Le chercheur peut utiliser des données qualitatives ou quantitatives pour quantifier ou qualifier une relation causale. C'est bien notre démarche lorsque nous visons de dépasser le constat d'une influence de la réalité virtuelle sur l'usage de la langue cible et de comprendre l'expérience subjective de l'apprenant dans l'environnement virtuel.

7.1.3 Posture : ingénieur pédagogique versus chercheur

En tant qu'ingénieur d'études de l'École Supérieure de Pédagogie de Karlsruhe, nous participons pendant toute la période du projet au développement et à l'évaluation didactique du dispositif EVEIL-3D. En tant que chercheur, il convient de questionner cette double implication : membre de l'équipe d'ingénierie pédagogique du projet EVEIL-3D et doctorant utilisant EVEIL-3D comme contexte de recherche.

Demaizière et Narcy-Combes (2007), soulignent que le positionnement épistémologique du chercheur ne peut être indépendant de l'environnement social dans lequel celui-ci évolue et des pressions qu'il exerce sur lui. Il ne s'agit pas pour le chercheur de s'affranchir de ce contexte social et de ses pressions, mais de l'intégrer dans son positionnement. Prenant appui sur les travaux du sociologue allemand Elias, Lacroix, chercheur français en sciences politiques, écrit à propos de la distanciation du chercheur, qu'elle doit être considérée

> [...] moins comme une difficulté ou un obstacle dont il s'agirait de prévenir des effets, que comme une donnée du problème posé et qui doit être prise en compte quitte à ne pas en rester à cette observation préliminaire. C'est donc le travail scientifique dans sa totalité qui s'en trouve pratiquement bouleversé – en même temps qu'il se trouve redéfini- à l'instant où son « objet » ne peut plus être posé en stricte extériorité. (Lacroix 2002 : 2)

La prise en compte de notre double posture nous amène à nous considérer comme partie intégrante de notre objet d'étude. Notre méthodologie de recherche repose d'ailleurs sur l'accès au terrain et aux outils de recherche que notre participation au projet EVEIL-3D rend possible. Le cadre méthodologique que nous avons conçu pour le traitement des données et leur analyse (chapitres 8.2 et 8.3) doit procurer à nos travaux la qualité nécessaire à leur validité scientifique.

Dépassant l'opposition développeur *versus* chercheur, notons la temporalité différente des actions menées dans chacune des postures. Les évaluations didactiques réalisées pendant le projet ont directement servi le développement du jeu sérieux. Cette approche itérative de développement nécessitant la production de résultats d'analyse dans des délais d'environ quatre semaines, les évaluations menées pour le projet EVEIL-3D n'ont pas de rigueur scientifique, à l'exception des analyses menées lors du premier test, qui a eu lieu très tôt dans le projet. L'analyse des données et la rédaction de la thèse de doctorat se sont, elles, essentiellement déroulées entre décembre 2015 et septembre 2016, après la fin du projet EVEIL-3D. Cette prise de distance par rapport à notre objet de recherche, liée à la fin de notre activité d'ingénieur d'étude pour le projet EVEIL-3D, renforce l'objectivité du chercheur, indépendant quant aux résultats de sa recherche.

7.2 Projet EVEIL-3D comme contexte de recherche

En présentant le projet EVEIL-3D (*cf.* Schlemminger 2012), le présent chapitre contextualise notre terrain de recherche. Il précisera d'abord le caractère pluridisciplinaire et franco-allemand du projet, avant de décrire les scénarii d'apprentissage développés par le projet, dont le jeu en réalité alternée *Architecte 2015* (Pädagogische Hochschule Karlsruhe 2014), qui a constitué le support de nos deuxième et troisième relevés de données. La description du scenario de jeu fournira ainsi des éléments de compréhension de notre corpus d'immersions en langue cible et d'entretiens post-immersion. La description des dispositifs techniques utilisés par le projet fera empiriquement écho à notre cadre théorique sur la réalité virtuelle (*cf.* chapitre 4) et annoncera les éléments du dispositif technique parmi lesquels nous avons pu choisir selon nos choix méthodologiques de constitution de notre corpus (*cf.* chapitre 8).

7.2.1 Un projet européen transfrontalier pluridisciplinaire

EVEIL-3D est un projet réalisé de janvier 2012 à décembre 2014, cofinancé par l'Union Européenne via le Fonds Européen de Développement Régional (FEDER), dans le cadre du programme INTERREG IV Rhin Supérieur. L'espace transfrontalier du Rhin Supérieur est constitué du sud du Palatinat (Allemagne), de l'Alsace (France), du nord-ouest de la Suisse et du pays de Bade (Allemagne). Depuis 1989, les programmes INTERREG de l'Union Européenne financent des projets communs transfrontaliers.

Le projet EVEIL-3D s'inscrit dans la priorité B du programme INTERREG IV Rhin Supérieur : « Faire de l'espace du Rhin Supérieur une région intégrée en matière de formation, de travail et d'habitat » (INTERREG IV Rhin Supérieur / Oberrhein 2014 : 4). Avec la priorité B, INTERREG IV Rhin Supérieur a notamment pour objectif de favoriser les réseaux transfrontaliers dans l'éducation et la formation, et d'encourager le bilinguisme. Comme nous l'avons souligné dans notre cadre théorique (*cf.* chapitre 4.3), les projets de développement d'environnement d'apprentissage en réalité virtuelle doivent être pluridisciplinaires, puisqu'ils nécessitent à la fois des ingénieurs en réalité virtuelle et des didacticiens. Avec ses 13 institutions ou entreprises participantes (*cf.* tableau 2), le projet EVEIL-3D regroupe des partenaires actifs dans les domaines de la formation et de l'ingénierie informatique.

Tableau 2 : Partenaires du projet EVEIL-3D.

Institution (par ordre alphabétique)	*Territoire*	*Domaine d'intervention dans le projet*
Almédia	Alsace	Scénarisation
Hochschule Karlsruhe – Technik und Wirtschaft	Pays de Bade	Ergonomie et évaluation économique
Holo3 – Centre de Transfert de Technologie	Alsace	Réalité virtuelle
Karlsruher Institut für Technologie Institut für Anthropomatik (IFA), interACT	Pays de Bade	Reconnaissance de la parole

Institution (par ordre alphabétique)	*Territoire*	*Domaine d'intervention dans le projet*
Karlsruher Institut für Technologie – Institut für Informationsmanagement im Ingenieurwesen (IMI), Lifecycle Engineering Solutions Center (LESC)	Pays de Bade	Réalité virtuelle
Pädagogische Hochschule Karlsruhe	Pays de Bade	Porteur de projet Coordination du projet Didactique des langues Formation initiale et continue des enseignants
Académie de Strasbourg	Alsace	Formation initiale et continue des enseignants
Regierungspräsidium Freiburg	Pays de Bade	Formation initiale et continue des enseignants
Regierungspräsidium Karlsruhe	Pays de Bade	Formation initiale et continue des enseignants
Universität Koblenz-Landau Institut für fremdsprachliche Philologien – Romanistik	Palatinat	Didactique des langues
Université de Strasbourg École Supérieure du Professorat et de l'Éducation (ESPE)	Alsace	Didactique des langues Formation continue des enseignants
Université de Strasbourg Linguistique, Langues, Parole (LiLPa)	Alsace	Didactique des langues
Université de Strasbourg – Laboratoire des sciences de l'ingénieur, de l'informatique et de l'imagerie (ICube)	Alsace	Réalité virtuelle

7.2.2 Objectifs du projet EVEIL-3D

Le projet EVEIL-3D poursuit des objectifs dans quatre domaines (*cf.* Pädagogische Hochschule Karlsruhe 2011a) :

- Ingénierie pédagogique : développer et expérimenter un jeu sérieux exploitant la technologie de réalité virtuelle pour l'apprentissage de l'allemand et du français langue étrangère.

- Dissémination : dans une approche pluridisciplinaire, sensibiliser les enseignants et les futurs enseignants à l'utilisation de la réalité virtuelle dans le cadre des apprentissages scolaires. Mettre à disposition des établissements scolaires de la région du Rhin Supérieur les solutions logicielles développées.
- Étude économique : définir un dispositif technique économiquement viable pour les établissements scolaires et les entreprises intéressés.
- Coopération scientifique : renforcer la coopération scientifique transfrontalière et pluridisciplinaire.

Nous constatons l'imbrication forte des objectifs d'ingénierie pédagogique et informatique d'une part, et d'autre part, de dissémination. L'influence mutuelle de ces objectifs implique un travail collaboratif sur la technologie utilisée et sur les contenus du support à l'apprentissage. Une contrainte forte émerge également de cet objectif pluriel : l'environnement virtuel d'apprentissage doit ainsi être utilisable avec un dispositif immersif financièrement abordable pour un établissement scolaire (*cf.* chapitre 7.4).

Pour atteindre les objectifs de développement et de dissémination d'un jeu sérieux en réalité virtuelle, les partenaires du projet EVEIL-3D interviennent dans le cadre de 6 lots de travail (*cf.* Pädagogische Hochschule Karlsruhe 2011b).

- Lot 1, coordination : coordination du projet, organisation administrative et financière, veille technologique.
- Lot 2, étude : étude technique, étude didactique, cahier des charges.
- Lot 3, développement : moteur de jeu, pilotage de l'environnement immersif, reconnaissance de la parole.
- Lot 4, création de contenus : graphisme, bruitages, voix.
- Lot 5, évaluation : évaluation pédagogique, évaluation économique, évaluation technologique.
- Lot 6, dissémination : promotion du projet, diffusion des résultats, exploitation des résultats.

Les études menées dans le cadre des lots de travail 2 et 3 influencent directement notre terrain de recherche, puisqu'elles formulent des préconisations techniques et didactiques sur les dispositifs de réalité virtuelle du projet. C'est dans le cadre du lot de travail 5 qu'ont lieu les recueils de données de notre recherche (*cf.* chapitre 8.1).

Le planning de réalisation de ces lots de travail (*cf.* annexe 1) prévoit deux actions longitudinales pendant toute la durée du projet : la coordination et la dissémination. Les études techniques et didactiques sont effectuées pendant neuf mois en amont du développement et de l'évaluation et aboutissent à la rédaction d'un cahier des charges du jeu à développer. Les développements sont ensuite prévus jusqu'à six mois avant la fin du projet et ponctués de quatre évaluations pédagogiques et techniques. Ces évaluations sont prévues auprès des élèves.

7.3 Environnements virtuels du projet EVEIL-3D

Pour un apprentissage de l'allemand et du français langues étrangères médiatisé par les technologies de réalité virtuelle, le projet EVEIL-3D scénarise la communication en langue cible dans l'environnement de réalité virtuelle. Deux environnements virtuels ont été utilisés pendant le projet : un espace de vente pour l'étude préliminaire, et la cathédrale de Strasbourg pour le jeu sérieux.

7.3.1 Création d'un espace de vente virtuel pour une étude préliminaire

Le planning du projet EVEIL-3D prévoit une première évaluation technique et pédagogique à l'issue de la première année du projet. Le développement du jeu sérieux *Architecte 2015* n'étant pas encore assez avancé pour une évaluation empirique en établissement scolaire, un environnement virtuel techniquement et scénaristiquement plus simple que le jeu sérieux final est créé. Le premier test d'un environnement virtuel mettant des apprenants en situation de communication en langue cible se déroule avec un scénario plaçant l'élève en tant que vendeur stagiaire dans une boutique.

Ce module permet de tester, auprès des élèves français, d'une part des outils d'immersion et d'interaction avec l'environnement virtuel, et d'autre part la réalisation d'activités langagières de communication en langue cible, à savoir la compréhension de l'allemand oral. Le scénario de ce module place l'élève dans un espace de vente virtuel (figure 17), dont la configuration est proche de celle d'une boutique. Au début du scénario, l'élève voit, au premier plan, un comptoir sur lequel différents objets sont posés ; il voit une table vide à sa gauche au second plan, et en arrière-plan, face à lui, une étagère vide à trois niveaux.

Figure 17 : Espace de vente virtuel du projet EVEIL-3D.

Dès le début de la simulation, l'élève entend une voix masculine lui souhaitant la bienvenue comme nouveau vendeur stagiaire, ceci en langue cible (allemand). La voix lui demande ensuite de ranger les articles à leur place, en suivant les consignes. À la suite de cette courte introduction, la même voix désigne successivement les objets à ranger et leur place sur la table ou dans l'étagère. Ce scénario s'inscrit thématiquement dans le cursus de formation des élèves concernés, qui préparent un baccalauréat professionnel Commerce.

7.3.2 Architecte 2015 : un jeu sérieux en réalité alternée

À partir des études technique et didactique du projet EVEIL-3D et suite à l'étude préliminaire pour laquelle un espace de vente virtuel a été utilisé, les partenaires du projet EVEIL-3D développent un jeu sérieux en réalité virtuelle : *Architecte 2015.*

Le scénario du jeu *Architecte 2015* invite le joueur à un voyage dans le temps, dans les murs de la cathédrale de Strasbourg. Céline Steinbach est spécialiste de modélisation en trois dimensions et a créé un logiciel qui permet de visiter virtuellement la cathédrale. Suite à l'attaque d'un virus informatique, Arthur Steinbach, le père de Céline, reste bloqué dans le logiciel. Répondant à l'appel de Céline, le joueur va alors parcourir plusieurs époques de la construction de la cathédrale pour réparer le monument et ainsi délivrer Arthur Steinbach (Collas *et al.* 2014).

L'utilisation de ce jeu sérieux en réalité virtuelle est intégrée au cours de langue en milieu institutionnel, à la fois du point de vue scénaristique et didactique. Le jeu *Architecte 2015* est ainsi un jeu en 'réalité alternée'. Par des activités menées à la fois en classe et dans le dispositif de réalité virtuelle, le jeu entretient le flou caractéristique du genre, entre la réalité et le jeu (Szulborski 2005). Schlemminger, Geiger-Jaillet et Collas (2016) identifient les tâches que le didacticien doit accomplir pour intégrer un jeu sérieux à un cours de langue en milieu scolaire institutionnel :

- situer le jeu sérieux dans le cadre d'une séquence d'apprentissage en fixant les objectifs à atteindre,
- concevoir et organiser des activités pédagogiques en amont et en aval de la phase du jeu sérieux même,
- tenir compte de la complexité organisationnelle et pédagogique de cette nouvelle démarche,
- permettre une utilisation facile des outils technologiques du jeu.

Pour cette intégration scénarisée, les auteurs du guide pédagogique prévoient une progression composée de

> 14 activités réparties en 6 cours. Ces activités scénarisées intègrent des phases de découverte des outils langagiers mais aussi des activités d'évaluation ou de préparation des devoirs à la maison. (Collas *et al.* 2014 : 4)

Avant l'immersion

En amont de l'immersion dans le dispositif de réalité virtuelle, cinq cours sont prévus pour introduire l'espace de jeu, les personnages et la quête à réaliser. Par une activité de bricolage, menée en langue cible, consistant en la construction d'une voûte romane et d'une voûte gothique, l'apprenant doit se familiariser avec l'art sacré. L'apprenant reçoit ensuite la carte de visite de Celine Steinbach et est invité à visiter son site Internet afin de se renseigner sur elle. Le flou entre réalité et fiction est introduit ici, puisque l'apprenant reçoit une carte de visite d'un personnage fictif et consulte ensuite un site Internet. Une cyberenquête permet alors à l'apprenant de découvrir la cathédrale de Strasbourg, au centre des activités professionnelles de Céline Steinbach. Suite à un échange de courriels avec Céline Steinbach, cette dernière demande de l'aide à l'apprenant. Elle a en effet besoin de lui pour sauver son père, emprisoné par un virus informatique à l'intérieur de la maquette virtuelle de la cathédrale de Strasbourg. L'apprenant se prépare à entrer dans la cathédrale virtuelle en lisant un message secret qui lui permet d'y accéder.

Dans la cathédrale virtuelle

Une fois dans la cathédrale virtuelle, générée par le dispositif de réalité virtuelle, l'apprenant retrouve Céline Steinbach, représentée par un avatar. Il accède à une première pièce, le 'bac à sable', qui doit lui permettre de s'approprier la manipulation du dispositif d'interaction avec l'environnement virtuel. Il s'entraîne ainsi aux actions de base en réalité virtuelle (*cf.* chapitre 4.2.3) : la navigation, avec un slalom, la sélection et la manipulation, avec le déplacement d'objets, et le contrôle de l'environnement, avec l'utilisation de la manette pour accéder à une réserve personnelle d'objets virtuels. Cette phase d'entraînement se termine par la lecture expressive du message secret, texte introduit en classe en amont de l'immersion. Cette lecture expressive ouvre les portes de la cathédrale et permet, d'un point de vue technique, d'affiner l'étalonnage du système de reconnaissance de la parole.

Dans la première scène de l'immersion, l'apprenant se retrouve en 1015, avec Céline Steinbach, dans la crypte de la cathédrale de Strasbourg (*cf.* figure 18)[3]. Un virus, représenté par un masque volant, détruit les piliers de la crypte. L'apprenant doit alors réparer les piliers en cherchant les pierres et en les déposant sur les colonnes endommagées. La mission doit s'effectuer en évitant les attaques du virus. À chaque colonne réparée, l'apprenant reçoit un chiffre pour reconstituer ensuite un code (*cf.* figure 19) qui permet d'accéder à la seconde scène.

3 Le manque de netteté des images / captures d'écran issues du jeu *Architecte 2015* est dû à la représentation graphique stéréoscopique utilisée dans le jeu.

Figure 18 : *Architecte 2015* – visuel scène 1, reconstruction de la crypte.

Figure 19 : *Architecte 2015* – visuel scène 1, ouverture du vitrail de la crypte.

Dans la seconde scène de l'immersion, l'apprenant est transporté avec Céline Steinbach en 1318, dans la nef de la cathédrale de Strasbourg. Il doit alors répondre à des énigmes du virus (*cf.* figure 20) pour se constituer une palette de couleurs. Avec cette palette, l'apprenant accède au final du jeu : la rosace de la cathédrale (*cf.* figure 21). Les couleurs de la rosace ayant été effacées, l'apprenant doit comprendre ce que signifie chacune d'elle, pour les placer au bon endroit sur la rosace. Des énigmes du virus décrivent les éléments naturels à associer aux couleurs. Le bleu représente l'eau, le marron la terre, le vert les plantes et le bleu ciel la voûte céleste. Une fois les couleurs placées, le père de Céline est délivré.

Figure 20 : *Architecte 2015* – visuel scène 2, énigme du virus dans la nef.

Figure 21 : *Architecte 2015* – visuel scène 2, colorisation de la rosace dans la nef.

Après l'immersion

En aval de l'immersion, l'apprenant est invité à se rendre, avec sa classe, dans la cathédrale de Strasbourg, non plus virtuelle mais réelle, et à participer à un rallye photos pour retrouver un code à envoyer par mail à Céline Steinbach. Ainsi, le virus destructeur sera détruit. Le tableau 3 synthétise les phases du scénario en réalité alternée.

Tableau 3 : Phases du scénario du jeu *Architecte 2015.*

Phase	*Lieu*	*Contenu scénaristique*
1	En classe	Découverte d'une carte de visite et enquête sur les personnages et la mission.
2	En classe	Contact par courriel avec Céline Steinbach pour comprendre puis accepter la mission.
3	Dans le dispositif en réalité virtuelle	Dans la crypte de la cathédrale de Strasbourg. Le joueur répare les colonnes afin de reconstituer un code secret lui permettant d'accéder à la scène suivante.
4	Dans le dispositif en réalité virtuelle	Dans le chœur de la cathédrale de Strasbourg. Le joueur répond à des énigmes du virus informatique pour collecter des couleurs et les replacer sur la rosace en respectant la symbolique des couleurs.
5	Dans la cathédrale de Strasbourg	Le joueur visite la cathédrale et collecte les chiffres du code à envoyer par courriel à Céline Steinbach afin de détruire définitivement le virus.

7.3.3 Dispositif technique du jeu sérieux Architecte 2015

Le dispositif technique du projet EVEIL-3D (*cf.* figure 22) génère un environnement virtuel dont les caractéristiques nous permettent de l'identifier comme un environnement de réalité virtuelle, telle que cette technologie a été expliquée dans notre cadre théorique.

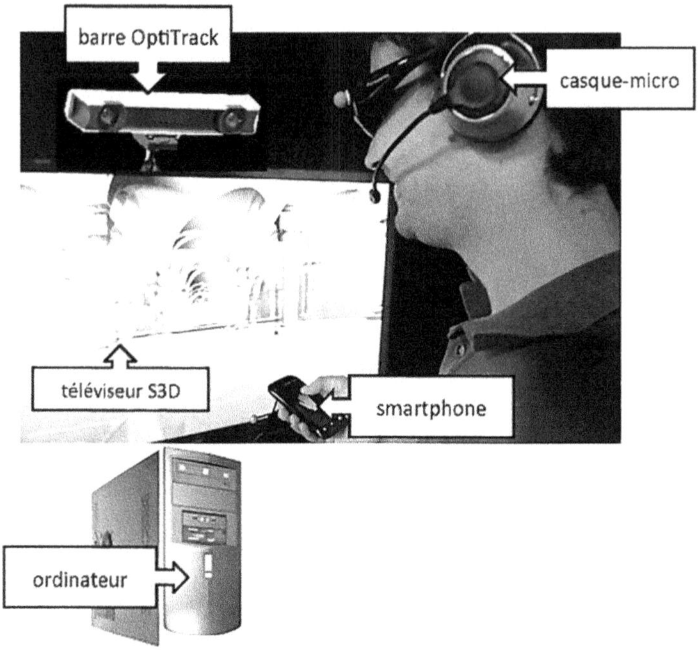

Figure 22 : Dispositif technique du jeu *Architecte 2015*.

Une évaluation technologique a permis de déterminer quel dispositif répondait aux besoins du projet EVEIL-3D, à la fois en matière de coût du dispositif et de qualité de l'environnement virtuel (Capobianco/Veit 2016). Ce dispositif comporte un moteur de jeu : VRJuggler/Ogre-3D, logiciel installé sur un ordinateur, gérant l'affichage graphique de l'environnement virtuel. Le dispositif comporte également les périphériques suivants qui stimulent l'utilisateur au niveau sensorimoteur, essentiellement au niveau visuel et auditif :

- Pour la visualisation, le dispositif utilise principalement un téléviseur à images stéréoscopiques en 3 dimensions (S3D), de 140 centimètres de diagonale, avec des lunettes 3D passive ; un visiocasque à images stéréoscopiques en 3 dimensions a également été utilisé pour le test 1, avec l'espace de vente virtuel.
- Pour la capture des mouvements, une barre Optitrack et des marqueurs passifs réfléchissants positionnés sur les lunettes 3D et un Smartphone.

- Une manette de jeu (*cf.* figure 23) intégrant le Smartphone, pour le contrôle de l'environnement virtuel.
- Pour la capture et la restitution audio, un casque-micro.

Figure 23 : Manette du jeu *Architecte 2015.*

L'interactivité dans le dispositif de réalité virtuelle étudié repose sur un dispositif physique (joystick, marqueurs réfléchissants et caméras infrarouges pour la capture des mouvements) et des métaphores dans l'environnement virtuel (rayon, changement de point de vue ou de vitesse). Les métaphores prolongent, dans l'environnement virtuel, les actions réalisées par le joueur sur le dispositif dans la réalité écologique. La figure 24 présente le dispositif utilisé pour l'interactivité pendant le recueil R_2.

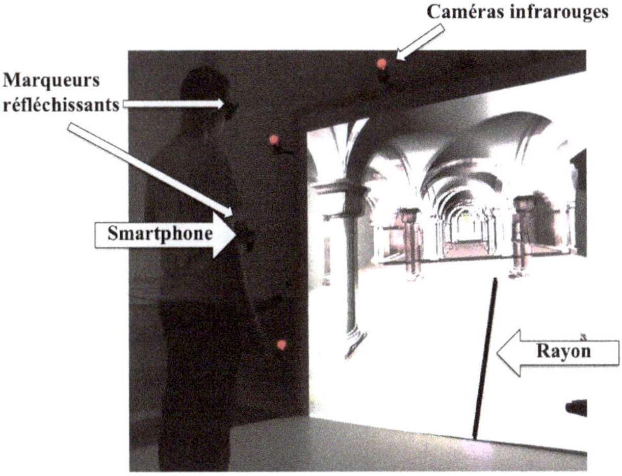

Figure 24 : Interactivité – dispositif R_2.

Le jeu sérieux *Architecte 2015* prévoit les quatre composantes de l'interaction gestuelle en réalité virtuelle : la sélection, la manipulation, la navigation et le contrôle de l'environnement. Capobianco et Veit (2016 : 81), membres de l'équipe du projet EVEIL-3D, respectivement chercheur français en sciences de l'information et de la communication et ingénieur en réalité virtuelle, présentent les choix de mise en œuvre de l'interactivité dans l'environnement virtuel étudié. Nous les synthétisons dans le tableau 4, en les associant aux actions dans le scénario de jeu.

Tableau 4 : Mise en œuvre de l'interactivité dans le jeu *Architecte 2015.*

Interactivité (interaction)	*Métaphore*	*Action dans le scénario*
Sélection : désigner un objet dans l'environnement	*Ray-casting* : pointer l'objet à sélectionner avec un rayon Justification : prise en main rapide	Toucher une pierre Choisir la zone à colorier
Manipulation : positionner / faire pivoter un objet 3D	*Point'N'Click* : deux sélections successives, un clic sur l'objet, un clic sur la position cible Justification : manipulation plus facile qu'avec le *Ray-manipulation* (objet reste collé au rayon pendant son déplacement) mais moins de sensations kinesthésiques	Prendre une pierre Poser une pierre Appliquer une couleur
Navigation : se déplacer dans l'environnement virtuel au-delà des limites de la réalité écologique	Contrôle de vitesse (indication d'une direction et non d'un déplacement) R_2 : joystick virtuel / R_3 : joystick physique Justification : facilité d'utilisation, effort physique réduit	Marcher, courir (uniquement pour R_3)
Contrôle de l'application : gérer des paramètres de l'application	Écran 2D tactile d'un Smartphone Justification : visibilité plus aisée en 2D, 3D réservée à l'environnement virtuel	Choisir une couleur

7.3.4 Tests du dispositif technique et didactique

Suite à l'étude technique et didactique qui prend fin en septembre 2012, le développement et l'évaluation du scénario pédagogique et du dispositif technique sont organisés autour de tests dans des établissements scolaires. Les tests du projet EVEIL-3D sont conçus et réalisés par les partenaires intervenant dans le lot de travail 'évaluations'. Ils ont pour objectif, d'une part, l'évaluation de la programmation de l'environnement virtuel et des technologies d'immersion et d'interaction utilisées par des élèves, et d'autre part, l'évaluation didactique et scénaristique du jeu sérieux. Ils constituent des étapes du développement du dispositif. Le tableau 5 synthétise le calendrier des tests, le dispositif technique utilisé pour chaque test, le scénario de jeu dans l'environnement immersif et le public visé.

Tableau 5 : Tests du dispositif EVEIL-3D.

Test	*Calendrier*	*Dispositif technique*	*Scénario de jeu*	*Public*
Test 1	Janvier 2013	– Visiocasque – Capture des mouvements	Aménagement d'un espace de vente	Lycéens de lycée professionnel, Alsace
Test 2	Juin 2013	– Écran 3D stéréoscopique – Plateforme immersive – Capture des mouvements	Dans la cathédrale de Strasbourg – reconstruction de la crypte, – coloration de la rosace	Lycéens de lycée général et technologique, Alsace

4 Avec la technique du magicien d'Oz, l'utilisateur interagit avec un système informatisé qu'il croit autonome. Celui-ci est en réalité piloté par un opérateur qui n'est pas visible pour l'utilisateur. Cette technique permet de tester et configurer des systèmes informatiques utilisés dans le domaine de l'interaction homme-machine (Baccino *et al.* 2005).

Test	*Calendrier*	*Dispositif technique*	*Scénario de jeu*	*Public*
Test 3	Mai 2014	– Écran 3D stéréoscopique – Capture des mouvements – Écran 2D, clavier, souris – Reconnaissance de la parole simulée par la technique du « magicien d'Oz »[4]	Dans la cathédrale de Strasbourg, reconstruction de la crypte	Collégiens, Palatinat (*Realschüler*)
Test 4	Octobre 2014	– Écran 3D – Capture des mouvements – Reconnaissance de la parole	Dans la cathédrale de Strasbourg – reconstruction de la crypte, – coloration de la rosace	Lycéens de lycée général et technologique, Alsace

Le scénario de jeu a été adapté selon l'avancement du développement du jeu sérieux. Le test 2 a ainsi été réalisé avec une version Beta du jeu : le scénario correspond à la trame narrative du jeu final, mais les éléments suivants diffèrent de la version finale :

- la phase d'entraînement à la manipulation du dispositif d'interaction n'est pas intégrée au jeu mais fait l'objet d'une explication et d'un accompagnement par l'équipe du projet, avant le début du jeu,
- le personnage non joueur n'est pas présent à l'écran. Scénaristiquement, Céline Steinbach reste à l'extérieur de la cathédrale. Elle est en communication vidéo avec le joueur pour l'aider à trouver son père,
- le joueur mène sa quête dans la cathédrale sans être attaqué par le virus,
- la structure des dialogues avec Céline Steinbach suit une structure plus linéaire (*cf.* chapitre 13.1.3).

Les différences entre les scénarii de jeu et les structures des dialogues entraînent une activation différente de l'attitude ludique dans le dispositif d'apprentissage. Ces effets sont étudiés par L. Schmoll dans sa thèse de doctorat (L. Schmoll 2016b). Notre travail ne compare pas les tests entre eux mais l'influence de l'immersion, de l'interaction et de la présence au sein d'un même dispositif. Nous n'approfondissons donc pas la comparaison des scénarii vidéoludiques et renvoyons à la recherche de L. Schmoll.

Résumé conclusif

Le présent chapitre a explicité le cheminement méthodologique permettant de vérifier empiriquement l'hypothèse générale dans le contexte du projet EVEIL-3D. En postulant une relation entre les variables d'immersion, d'interaction et de présence, les hypothèses de recherche ont d'abord un ancrage fort dans la technologie de réalité virtuelle. Avec des hypothèses portant sur la relation entre la prédisposition à la présence et sur les composantes de la présence, l'étude place ensuite l'utilisateur au centre de la recherche. Enfin, avec les hypothèses postulant une influence de la présence sur la réalisation d'activités langagières en langue cible, notre recherche envisage l'utilisation de la réalité virtuelle comme dispositif d'apprentissage des langues médiatisé par les technologies numériques.

Le positionnement méthodologique a mis en lumière une approche plurielle pour vérifier les hypothèses à la fois orientées vers la technologie de réalité virtuelle et l'humain en tant qu'apprenant. La méthodologie de recherche est ainsi de type expérimental et adopte une démarche compréhensive pour comprendre les phénomènes observés dans la complexité de la situation d'expérimentation de la réalité virtuelle auprès d'apprenants adolescents.

Le projet EVEIL-3D constitue le contexte de notre recherche. Il offre à la fois un terrain de recherche riche, avec la conception et le test de deux environnements virtuels, et impose son calendrier et ses dispositifs à notre recherche. Notre intervention, en tant qu'ingénieur pédagogique, dans le projet EVEIL-3D nous permet cependant de travailler dans l'équipe pluridisciplinaire du projet et de configurer certains de ses tests afin de respecter les critères de validité scientifique pour la constitution du corpus.

8. Constitution et analyse du corpus

En testant un dispositif de réalité virtuelle dans des établissements scolaires français et allemands, le projet EVEIL-3D permet de constituer notre corpus de données. Pour que ce corpus soit au service de la vérification de notre question et de nos hypothèses de recherche, nous utilisons les tests EVEIL-3D, mais menons les relevés de données et nos analyses en suivant une méthodologie adaptée à notre positionnement scientifique. Ce chapitre présente dans un premier temps notre méthode de recueil des données, en décrivant le terrain de recherche et les outils de recueil utilisés. Il explique, dans un second temps, comment les données recueillies sont traitées pour préparer l'analyse quantitative et qualitative. Enfin, les choix méthodologiques ayant présidé à l'analyse statistique et à l'analyse qualitative de contenu sont présentés.

8.1 Recueil des données

Afin de rendre compte de notre méthode de recueil de données, nous présentons d'abord la chronologie des recueils et les contenus scénaristiques proposés aux élèves dans l'environnement virtuel. Une description des participants à l'étude permet ensuite de comprendre le choix du public, en lien avec notre recherche et les impératifs du projet EVEIL-3D. Nous décrivons alors quels dispositifs de réalité virtuelle permettent de vérifier chacune de nos hypothèses recherche. Enfin, nous exposons l'élaboration et l'utilisation des outils de recueil : questionnaires, tests de compréhension, observations et entretiens.

8.1.1 Chronologie et objet des recueils

Le recueil des données du corpus se déroule en trois temps, lors des tests organisés dans le cadre du projet EVEIL-3D, entre janvier 2013 et mai 2014. La durée du projet EVEIL-3D étant supérieure à celle du recueil de données prévu pour notre recherche, le dernier test du projet EVEIL-3D (octobre 2014) n'est pas utilisé pour constituer notre corpus.

Premier recueil de données

Le premier recueil de données (R_1) a lieu en janvier 2013, pour une étude préliminaire dans notre recherche. À ce moment du projet, l'équipe EVEIL-3D développe un environnement virtuel distinct du jeu *Architecte 2015* (*cf.* chapitre 7.3.1). Nous rappelons que le scénario place l'élève au sein d'un espace de vente virtuel qu'il doit aménager en fonction des consignes d'un tuteur, personnage non joueur que l'élève entend uniquement.

Deux semaines avant l'immersion dans l'environnement virtuel, nous présentons l'ensemble du recueil aux élèves. Afin de diminuer l'éventuelle appréhension des élèves, il leur est précisé que les résultats sont anonymes et que le test porte uniquement sur le nouveau matériel, mettant ainsi au second plan leurs compétences en langue cible. Dans le cadre du premier recueil de données, six tests sont réalisés avant et après l'immersion dans l'espace de vente virtuel. Deux semaines avant l'immersion dans l'environnement virtuel, les élèves sont soumis à un questionnaire de prédisposition à la présence (T_1) et à un test de compréhension de l'oral en langue cible (T_2) – les outils utilisés pour le recueil des données font l'objet d'une présentation détaillée au chapitre 8.1.4. Deux semaines après les tests T_1 et T_2, les élèves participent à l'immersion dans l'environnent virtuel 'espace de vente'. Immédiatement après l'immersion, les élèves sont soumis à un test de compréhension de l'oral (T_3) et à un questionnaire de présence (T_4). Enfin, deux semaines plus tard, les élèves sont à nouveau soumis à un test de compréhension de l'oral (T_5) et à un questionnaire les invitant à commenter leur expérience dans l'environnement virtuel (T_6). Le tableau 6 récapitule les tests réalisés dans le cadre du premier recueil de données.

Tableau 6 : Tests lors du 1er recueil (R_1).

Recueil R_1		
Test	*Moment*	*Outils de recueil des données*
T_1	2 semaines avant la tâche dans l'environnement virtuel	Questionnaire de prédisposition à la présence
T_2		Test de compréhension orale (discrimination auditive et signification)
Immersion dans l'environnement virtuel		
T_3	Immédiatement après la tâche dans l'environnement virtuel	Test de compréhension orale (discrimination auditive et signification, similaire aux tests T_2 mais non identique)
T_4		Questionnaire de présence.
T_5	2 semaines après la tâche dans l'environnement virtuel	Test de compréhension orale (discrimination auditive et signification, similaire aux tests T_2 et T_3 mais non identique)
T_6		Questionnaire de retour d'expérience

Deuxième et troisième recueils de données

Les deuxième et troisième recueils de données ont lieu en juin 2013 (R_2) et mai 2014 (R_3). L'environnement de réalité virtuelle utilisé est celui du jeu sérieux *Architecte 2015*, décrit dans un précédent chapitre. Pour le deuxième recueil, les élèves testent une version Bêta du jeu. Dans le cadre de ce test, l'équipe EVEIL-3D constate la faible implication verbale et corporelle des élèves. Dans les entretiens post-immersion, les élèves soulignent le caractère peu ludique de l'environnement virtuel, qu'ils considèrent plus comme un exercice que comme un jeu. L'équipe EVEIL-3D développe alors une nouvelle version du jeu *Architecte 2015*, moins prescriptive pour le joueur, lui offrant une plus grande liberté de déplacement dans l'environnement virtuel et d'interaction verbale avec les personnages du jeu. C'est cette version du jeu sérieux qui est utilisée comme environnement virtuel pour le troisième recueil de données.

Dans le cadre des deuxième et troisième recueils, deux tests sont à chaque fois menés. Une observation directe et un enregistrement vidéo (T_1) ont été réalisés pendant l'immersion dans l'environnement virtuel. Un entretien semi-guidé (T_2) a été conduit immédiatement après l'immersion dans l'environnement virtuel. Le tableau 7 récapitule les tests réalisés dans le cadre des deuxième et troisième recueils de données.

Tableau 7 : Tests lors des 2e et 3e recueils (R_2, R_3).

Recueil R_2 et recueil R_3		
Test	*Moment*	*Outils de recueil des données*
T_1	Pendant l'immersion dans l'environnement virtuel	Observation directe Enregistrement vidéo
T_2	Immédiatement après la tâche dans l'environnement virtuel	Entretien semi-guidé (enregistrement audio)

8.1.2 Public

Conformément aux recommandations de la phase d'étude menée dans le cadre du projet EVEIL-3D (Veit/Stücker 2012), les joueurs du jeu sérieux *Architecte 2015* doivent être âgés d'au moins 14 ans. En-dessous de cet âge, l'instabilité de la voix des utilisateurs ne permet pas d'obtenir un taux de reconnaissance de la parole suffisamment élevé pour permettre le fonctionnement du dispositif. Les apprenants participants aux tests sont, par conséquent, scolarisés en classe de 4ème ou au-delà. Des élèves scolarisés en classe de 3ème ou de 2nde ont été choisis, d'une part au regard de la dimension ludique du jeu sérieux, avec une quête pour délivrer un personnage, et d'autre part en raison des références dans le jeu à l'architecture romane ou gothique, qui est étudiée à ce niveau de la scolarité, en France et en Allemagne (Schlemminger/Collas 2016).

D'après les attentes institutionnelles, les élèves participant au recueil de données ont un niveau de compétences en langue cible situé entre le niveau A2 et B1 du Cadre Européen de référence pour les langues (Conseil de l'Europe, 2001). Le niveau A2 (utilisateur élémentaire) du CECRL correspond à des compétences langagières basiques permettant à l'apprenant de

> [...] comprendre des phrases isolées et des expressions fréquemment utilisées en relation avec des domaines immédiats de priorité (par exemple, informations personnelles et familiales simples, achats, environnement proche, travail). [Il] peut communiquer lors de tâches simples et habituelles ne demandant qu'un échange d'informations simple et direct sur des sujets familiers et habituels. [Il] peut décrire avec des moyens simples sa formation, son environnement immédiat et évoquer des sujets qui correspondent à des besoins immédiats. (Conseil de l'Europe 2001)

Nous n'excluons pas du dispositif les élèves dont les compétences se situent en deçà ou au-delà de ce niveau, prenant en compte leur niveau de compétence pour la constitution de groupes comparables lors de chaque recueil de données. La méthodologie mise en place pour le recueil R_1 intègre un test de compétence en langue cible avant l'immersion ; il a permis de constituer quatre groupes relativement homogènes. Pour les recueils R_2 et R_3, des groupes homogènes ont été constitués par les enseignants des élèves concernés, en fonction des notes des élèves pendant l'année scolaire, obtenues lors des évaluations des activités langagières de production orale et de réception de l'oral en langue cible. Cette répartition a été effectuée sous notre contrôle. Le tableau 8 montre la répartition des sujets participant aux recueils de données.

Tableau 8 : Public R_1, R_2, R_3.

Recueil	*Type d'établissement scolaire* *Niveau institutionnel*	*n* *prévu*	*n* *réel*[1]
R_1	Lycée Professionnel, France Seconde professionnelle « commerce »	60	53
R_2	Lycée d'enseignement général et technologique, France Seconde générale et technologique	52	46
R_3	*Integrierte Gesamtschule* (équivalent du collège français), Allemagne *8. Klasse* (équivalent de la classe de 4ème en France)	16	15

8.1.3 Dispositifs techniques de réalité virtuelle

À chaque recueil de données, la configuration des dispositifs techniques utilisés pour générer l'environnement dans l'environnement virtuel varie, d'une part en fonction de l'avancée du projet EVEIL-3D et d'autre part, en fonction des variables à isoler pour la vérification de nos hypothèses de recherche.

1 Suite à des absences des participants.

Dispositif technique du premier recueil (R_1)

Lors du premier recueil de données (R_1), les quatre dispositifs de réalité virtuelle utilisés permettent d'isoler les variables indépendantes de nos hypothèses H_1 et H_2 : l'immersion et l'interaction.

Pour faire varier le niveau d'immersion visuelle, l'image est visible soit sur un téléviseur à image 2D non stéréoscopique (immersion faible), placé à 150 centimètres de l'utilisateur, soit avec un visiocasque diffusant une image 3D stéréoscopique (immersion forte). Pour faire varier le niveau d'interaction, le sujet sélectionne les objets et les positions dans l'environnement virtuel soit en appuyant sur le bouton d'une télécommande (interaction faible), soit en tenant dans sa main un capteur représenté par un rayon dans l'environnement virtuel (immersion forte). Dans le deuxième cas, pour sélectionner les objets et leur emplacement dans l'environnement virtuel, le sujet déplace le capteur par des mouvements de bras et par des déplacements d'environ un mètre vers l'avant ou l'arrière, lui permettant, par exemple, de rapprocher l'objet de l'étagère ou de la table dans l'environnement virtuel. Le tableau 9 synthétise les configurations du dispositif utilisées par les quatre groupes de sujets lors du recueil R_1.

Tableau 9 : Dispositif technique du premier recueil (R_1).

R_1 – dispositif 1	
Immersion faible	*Interaction faible*
Téléviseur à écran 2D	Boutons à presser

R_1 – dispositif 2	
Immersion forte	*Interaction forte*
Visiocasque 3D	Capture des mouvements

R_1 – dispositif 3	
Immersion faible	*Interaction forte*
Téléviseur à écran 2D	Capture des mouvements

R_1 – dispositif 4	
Immersion forte	*Interaction faible*
Visiocasque 3D	Boutons à presser

Dispositif technique du deuxième recueil (R_2)

Le dispositif technique de réalité virtuelle utilisé lors du deuxième recueil de données (R_2) permet d'isoler la variable indépendante 'immersion' de notre hypothèse H_2. Pour faire varier le niveau d'immersion visuelle, l'image est visible soit sur un téléviseur à image 3D stéréoscopique (immersion faible) placé à 150 centimètres de l'utilisateur (immersion faible), soit en 3D stéréoscopique sur une plateforme immersive munie d'un écran de 361 cm de diagonale, placé à environ 100 centimètres de l'utilisateur (immersion forte). Le dispositif de réalité virtuelle doit générer un sentiment de présence chez les utilisateurs et nous permettre d'isoler également la variable indépendante « présence » de nos hypothèses H_4 et H_5.

Au regard du nombre de sujets participant à ce test (n = 52), nous décidons de ne pas démultiplier les configurations du dispositif technique afin d'obtenir un nombre de sujets par groupe égal à 25, effectif nécessaire à l'analyse qualitative menée avec les données issues de ce recueil. Le recueil R_2 n'a par conséquent pas été utilisé pour isoler la variable « interaction » de nos hypothèses de recherche. Le tableau 10 synthétise les configurations du dispositif utilisées par les deux groupes de sujets lors du recueil R_2.

Tableau 10 : Dispositif technique du deuxième recueil (R_2).

R_2 – dispositif 1	
Immersion faible	*Interaction*
Téléviseur à écran 3D	Capture des mouvements

R_2 – dispositif 2	
Immersion forte	*Interaction*
Plateforme immersive	Capture des mouvements

Dispositif technique du troisième recueil (R_3)

Le dispositif technique de réalité virtuelle utilisé lors du troisième recueil de données (R_3) est testé auprès de 16 participants. Cet effectif est imposé par des contraintes liées au projet EVEIL-3, notamment le lieu du test et l'effectif d'apprenants du français dans l'établissement scolaire concerné. Par conséquent, nous utilisons un dispositif technique nous permettant de faire varier de manière plus significative la variable indépendante « présence » de nos hypothèses H_4 et H_5. Nous utilisons pour cela deux configurations du dispositif technique. Pour le dispositif le plus susceptible de provoquer un sentiment de présence (immersion forte, interaction forte), l'image est visible en 3D stéréoscopique sur un téléviseur placé à 100 centimètres de l'utilisateur, et les déplacements dans l'environnement virtuel s'effectuent avec la capture des mouvements. Pour le dispositif le moins immersif (immersion faible, interaction faible), l'image est visible en 2D sur un écran d'ordinateur de 48,3 centimètres de diagonale, et les déplacements dans l'environnement virtuel s'effectuent à l'aide des touches du clavier d'ordinateur et d'une souris. Le tableau 11 synthétise les configurations du dispositif utilisées par les deux groupes de sujets lors du recueil R_3.

Tableau 11 : Dispositif technique du troisième recueil (R_3).

R_3 – dispositif 1	
Immersion forte	*Interaction forte*
Téléviseur à écran 3D	Capture des mouvements

R_3 – dispositif 2	
Immersion faible	*Interaction faible*
Écran ordinateur 2D	Touches du clavier

8.1.4 Outils de recueil des données

Les outils utilisés pour la constitution de notre corpus permettent d'abord de recueillir des informations sur la prédisposition des apprenants à utiliser un environnement de réalité virtuelle, avant de fournir des données sur l'immersion elle-même et la manière dont elle a été vécue par l'apprenant.

Questionnaire de prédisposition à la présence

Utilisé lors du premier recueil de données (R_1), notre questionnaire de prédisposition à la présence (*cf.* annexe 4) fournit des données sur la propension d'un sujet à se sentir présent dans l'environnement virtuel. Suivant Heers (2005 : 230), les énoncés du questionnaires renvoient à des indicateurs sur les habitudes du sujet relatives au visionnage de films ou de séries télévisées, à sa pratique des jeux vidéo, et à sa lecture de bandes-dessinées ou de roman. Les questions interrogent à la fois la fréquentation de ces médias par le sujet interrogé, sa préférence pour les supports à diffusion tridimensionnelle (pour les films et séries) et son implication cognitive et émotionnelle dans l'intrigue fictionnelle.

La prédisposition à la présence est également dépendante de la disposition du participant au moment de l'immersion dans l'environnement virtuel, en fonction de son état de forme générale ou de son attrait pour les nouvelles technologies, pour sa formation, pour la langue cible, etc. Pour obtenir ces informations, le questionnaire de prédisposition à la présence est complété par des données recueillies immédiatement après l'immersion : ces données sont constituées des réponses aux items 13 à 17 du questionnaire de présence (*cf.* annexe 6). Les sujets ne disposant pas de numéro d'anonymat au moment où le questionnaire leur est soumis, indiquent leur identité sur le questionnaire ; celle-ci est ensuite remplacée par leur numéro d'anonymat lors du traitement des données.

Test de compréhension orale

Dans le cadre du premier recueil de données (R_1), qui correspond à la partie quantitative de notre analyse, nous développons un outil pour relever des données sur la compréhension d'énoncés oraux en langue cible. Le test de compréhension de l'oral (*cf.* annexe 5) a exposé les apprenants à 17 énoncés en allemand. Chaque énoncé indique un objet à ranger et son emplacement de destination, dans l'espace de vente. Sur sa fiche papier, à l'écoute de chaque énoncé, l'apprenant doit écrire en allemand l'objet entendu, puis sa signification en français, avant d'indiquer la position de l'objet en inscrivant le numéro de l'énoncé sur un schéma. Le mot en allemand renseigne sur la discrimination auditive de l'apprenant, le mot en français indique sa compréhension du mot entendu, et le numéro sur le schéma indique sa compréhension de l'indication spatiale dans l'énoncé. Le tableau 12 présente un extrait des énoncés du test de compréhension de l'oral.

Tableau 12 : Énoncés du test de compréhension de l'oral (extrait).

n° item	*Énoncé enregistré (objet)*	*Énoncé enregistré (indication spatiale)*
	(Traduction en français)	*(Traduction en français)*
3	*Stell bitte die rote Lampe*	*oben links hin.*
	(Place la lampe rouge)	(en haut à gauche.)
4	Das Glas	kommt auf das mittlere Regal, in die Mitte des Regals.
	(Le verre)	(va sur l'étagère du milieu, au centre.)
5	Stell bitte die blaue Lampe	auf das obere Regal, in die Mitte.
	(Place la lampe bleue)	(sur l'étagère du haut, au milieu.)

Les trois versions du test, soumis aux sujets avant l'immersion (T_2), immédiatement après l'immersion (T_3), puis deux semaines après l'immersion (T_5), sont légèrement différentes afin d'éviter un biais dû à la mémorisation des énoncés qu'aurait pu entraîner la répétition d'un test identique. Le lexique utilisé dans les énoncés est identique dans les trois tests mais les combinaisons des objets et des indications spatiales sont différentes, modifiant le sens des énoncés.

Questionnaire de retour d'expérience

Lors du premier recueil de données (R_1), nous soumettons aux participants un questionnaire de retour d'expérience (*cf.* annexe 7). Le premier item[2] demande au participant de porter une appréciation argumentée sur le scénario, les appareils utilisés et le niveau de difficulté des consignes. L'item appelle à une réponse ouverte et invite le participant à rédiger sa réponse. Le second item[3] interroge l'apprenant sur son envie d'utiliser le dispositif en classe. La réponse attendue est également ouverte.

Observation de l'immersion

L'observation de l'immersion dans l'environnement virtuel lors des recueils R_2 et R_3, par l'observation directe et l'enregistrement vidéo, poursuit un double objectif :

- fournir des données participant à notre compréhension des interactions orales pendant l'immersion,
- constituer un corpus pour l'analyse de l'implication corporelle pendant l'immersion dans l'environnement virtuel.

Nous empruntons des éléments méthodologiques aux sciences sociales, à l'observation sociologique directe au sens du sociologue français Peretz (2004 : 14) : « être le témoin des comportements sociaux d'individus ou de groupes dans les lieux mêmes de leurs activités ou de leurs résidences sans en modifier le déroulement ordinaire », essentiellement concernant la position de l'observateur. Dans notre dispositif d'observation, l'observateur est situé en dehors du champ de vision du sujet observé, mais dans la même pièce. L'observateur est présent à quelques mètres, afin de pouvoir observer, dans la pénombre

2 Item : « Pour chaque thème ci-dessous, indiquez dans les colonnes correspondantes ce que vous avez aimé et ce que vous n'avez pas aimé. Expliquez pourquoi. Merci. »

3 Item : « Aimeriez-vous utiliser du matériel de réalité virtuelle en classe, pourquoi ? À quelles conditions ? »

nécessaire à l'utilisation de l'environnement virtuel, les mouvements des apprenants et entendre leurs réactions verbales. Cette proximité de l'observateur influence nécessairement le déroulement de l'expérience en réalité virtuelle. Même limitées, des interactions entre le sujet observé et l'observateur sont inévitables et ont des effets sur les données recueillies (Arborio/P. Fournier 2010 : 87).

Conscient de cette influence inévitable de l'observateur, nous donnons à l'observateur la tâche d'accueillir le sujet observé, de l'équiper avec le matériel du dispositif de réalité virtuelle et de guider l'apprenant dans la prise en main du dispositif. Cette phase de mise en confiance permet d'éviter les effets négatifs chez l'apprenant dus à la présence d'un observateur inconnu (inhibition, angoisse, etc.). Le dispositif technique et didactique du jeu sérieux *Architecte 2015* étant à l'état de prototype au moment du relevé des données, l'observateur a également pour consigne d'aider le sujet observé en cas de difficultés. Les aides techniques et linguistiques sont cependant notées par l'observateur sur la grille d'observation.

Notre système d'observation est celui de l'observation par catégories. Suivant Martin et Wawrinowski (2003 : 60), sociologues allemands, nous catégorisons à partir de notre cadre théorique les données observables, pour construire une grille d'observation. Les catégories ne se recoupent pas. Contrairement aux préconisations de Martin et Wawrinowski, nous intégrons une catégorie « divers » pour permettre à l'observateur de consigner sur la grille un élément observé non prévu. Notre grille d'observation comporte ainsi des catégories nécessaires à l'analyse ultérieure de la présence du sujet observé dans l'environnement virtuel : son implication corporelle, ses réactions verbales et non verbales. Les catégories portant sur les interventions ou perturbations extérieures à l'environnement virtuel peuvent soutenir l'analyse et servent également au développement du jeu sérieux dans le cadre du projet EVEIL-3D. Le tableau 13 liste les catégories de notre grille d'observation.

Tableau 13 : Catégories de la grille d'observation directe retenue.

Catégorie	*Sous-catégorie*
Implication corporelle : gestes/mouvements/déplacements	1. mains, bras
	2. pieds
	3. tête
Réactions verbales et non verbales	4. immédiatement avant le début du jeu ou pendant la prise en main
	5. pendant l'immersion
Interventions extérieures : observateurs, technicien, etc.	6. aide technique
	7. aide linguistique
	8. aide scénaristique
Prise en main du dispositif technique	9. sélection, déplacement objets, etc. (niveau de difficulté)
Divers	10. perturbations extérieures, etc.

Les observations sont réalisées pendant les relevés R_2 et R_3. Deux dispositifs de réalité virtuelle sont utilisés simultanément en raison des contraintes organisationnelles. Quatre observateurs mènent les observations lors du relevé R_2 et deux observateurs lors du relevé R_3, dont nous-même. Tous sont membres de l'équipe du projet EVEIL-3D.

Pour garantir une uniformité dans le relevé des observations, chaque observateur participe à une réunion d'informations que nous animons immédiatement avant le début des observations ; il reçoit également la grille d'observation présentée ci-dessus et des consignes écrites (*cf.* annexe 8) relatives au positionnement de l'observateur, à son placement dans la pièce et à l'utilisation de la grille. Afin de garantir la validité des observations relevées, les passages dans l'environnement virtuel font l'objet d'un enregistrement vidéo. Une comparaison d'un échantillon des grilles complétées avec les vidéos correspondantes doit permettre de valider le relevé de chaque observateur et éventuellement de le compléter pour uniformiser les relevés.

Afin de constituer le corpus des interactions verbales dans l'environnement virtuel, les passages dans le dispositif de réalité virtuelle font l'objet d'un enregistrement par une caméra vidéo sur pied, reliée à un micro multidirectionnel. La caméra est positionnée en dehors du champ de vision du sujet observé, derrière celui-ci. Les pistes audio des enregistrements numériques constituent les données pour cette partie de notre corpus.

Questionnaire de présence

Lors du premier recueil (R_1), les données sur le sentiment de présence des apprenants dans l'environnement virtuel sont recueillies à l'aide d'un questionnaire de présence (*cf.* figure 25[4] et annexe 6).

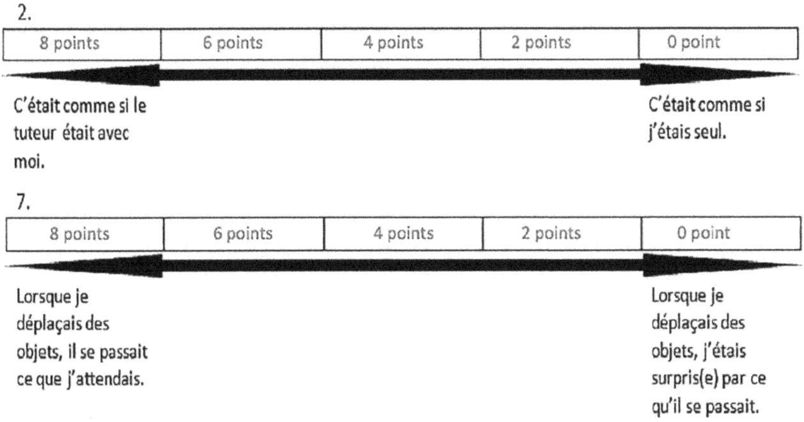

Figure 25 : Questionnaire de présence (extrait).

Le questionnaire soumis aux apprenants à l'issue de l'immersion dans l'environnement virtuel est constitué de 13 items[5] interrogeant les quatre composantes de la présence (présence de soi, sociale, spatiale et d'action). Cinq items sur la prédisposition à la présence complètent le questionnaire de présence, comme indiqué précédemment. Chaque item propose une échelle sémantique différentielle ; en cochant une des cases de l'échelle, l'apprenant indique son degré d'approbation pour les affirmations proposées. L'échelle s'inspire de l'échelle du psychologue américain Osgood (Osgood/Suci/Tannenbaum 1957) ; notre échelle sémantique différentielle utilise cependant des énoncés verbaux et non des adjectifs. Le recours à des énoncés verbaux limite un biais reconnu dans l'utilisation de ce type

4 La répartition des points n'est pas visible par l'élève soumis au questionnaire.

5 Dans le questionnaire soumis aux apprenants, deux items portent le numéro 9, en raison d'une faute de frappe. Nous numérotons ici le premier item concerné 9.1 et le deuxième 9.2.

d'échelle : l'utilisation d'adjectifs trop généraux dont l'interprétation diffère fortement selon les sujets questionnés (Méry 2008). Ce type d'échelle nous semble adapté aux apprenants questionnés. Contrairement à une échelle de Likert qui interroge à chaque item le degré d'approbation du sujet relatif à une affirmation, l'échelle d'Osgood guide le sujet dans son introspection, à l'aide du choix entre deux situations concrètes.

La construction du contenu de notre questionnaire suit les principes de réalisation d'un questionnaire des psychologues canadiens Sabourin, Valois et Lussier (2005). À partir de la théorie de la présence présentée dans notre cadre théorique (*cf.* chapitre 5) , nous identifions ainsi des indicateurs, signes observables témoignant du phénomène de présence : l'« indicateur n'est pas le concept, mais un moyen de le représenter et de le mesurer » (Sabourin *et al.* 2005 : 281).

Chaque item du questionnaire se rapporte à une dimension homogène de la présence, que nous avons précédemment appelée 'composante de la présence'. La formulation des items du questionnaire respecte les préconisations du sociologue allemand Konrad (2006) : utilisation d'un vocabulaire adapté aux apprenants, phrases courtes (moins de 20 mots), éviction des concepts abstraits, affirmation neutre non suggestive (dans notre cas, non méliorative ou péjorative), absence de double négation, etc.

La rédaction de chaque item de notre questionnaire nécessite l'identification du concept à interroger (composante de la présence), d'un indicateur de ce concept et d'une affirmation contextualisant l'indicateur dans l'environnement de réalité virtuelle proposé. Les indicateurs de notre questionnaire sont issus des questionnaires de présence présentés par Baren et IJsselsteijn (2004). Nous détaillons ci-dessous les choix ayant présidé à la rédaction des items de notre questionnaire.

Pour interroger la présence d'action, nous retenons les indicateurs suivants :

– 'Percevoir une modification de l'environnement virtuel suite à une action'. Cet indicateur est utilisé dans le questionnaire de Witmer et Singer (1998, items 2 et 25) et Baños *et al.* (2000, items 21 et 54). Nous le reprenons avec l'item 7 de notre questionnaire : « Lorsque je déplaçais des objets, il se passait ce que j'attendais / Lorsque je déplaçais des objets, j'étais surpris(e) par ce qui se passait ».

- 'Être spectateur (passif) / être participant (actif)'. Cet indicateur est utilisé dans le questionnaire de Baños *et al.* (2000, items n°19 et 20). Nous le reprenons avec l'item 12 de notre questionnaire : « J'étais actif / J'étais spectateur ».

Pour interroger la présence de soi, nous retenons les indicateurs suivants :

- 'Avoir des sensations physiques liées à l'environnement virtuel'. Cet indicateur est utilisé dans le questionnaire de Baños *et al.* (2000, items 74 et 75). Nous le reprenons avec l'item 4 de notre questionnaire : « J'ai fait attention à ne pas heurter les meubles du magasin / Je me suis déplacé(e) sans faire attention aux meubles du magasin ».
- 'Avoir un contrôle naturel des actions'. Cet indicateur est utilisé dans le questionnaire de Gerhard/Moore/Hobbs (2001, item 3) et de Witmer/Singer (1998, item 7). Nous le reprenons avec l'item 5 de notre questionnaire : « Mes mouvements pour déplacer les objets m'ont semblé faciles / L'utilisation des manettes pour déplacer les objets m'a semblé difficile », et l'item 6 de notre questionnaire : « Pour délacer les objets, j'ai eu l'impression de les manipuler avec mes mains / Pour déplacer les objets, j'ai eu l'impression de les transporter avec une manette ».

Pour interroger la présence sociale, nous retenons les indicateurs suivants :

- 'Sentir une autre personne dans la pièce virtuelle'. Cet indicateur est utilisé dans le questionnaire de Nichols/Haldane/Wilson (2000, item 2), Bailenson *et al.* (2001, item 1) et Basdogan *et al.* (2000, item 16). Nous le reprenons avec l'item 2 de notre questionnaire : « C'était comme si le tuteur était avec moi / C'était comme si j'étais seul ».
- 'Avoir l'impression qu'une autre personne de l'environnement virtuel me regarde'. Cet indicateur est utilisé dans le questionnaire de Bailenson *et al.* (2001, item 2). Nous le reprenons avec l'item 3 de notre questionnaire : « C'était comme si le tuteur du magasin me regardait / C'était comme si personne ne faisait attention à moi ».
- 'Avoir l'impression qu'une autre personne de l'environnement virtuel me regarde'. Cet indicateur est utilisé dans le questionnaire de

Bailenson *et al.* (2001, item 2). Nous le reprenons avec l'item 3 de notre questionnaire : « C'était comme si le tuteur du magasin me regardait / C'était comme si personne ne faisait attention à moi ».

- 'Travailler pour une autre personne / pour l'ordinateur'. Cet indicateur est utilisé dans le questionnaire de Bailenson *et al.* (2001, item 3). Nous le reprenons avec l'item 8 de notre questionnaire : « C'était comme si je travaillais comme vendeur/vendeuse stagiaire / C'était comme si je faisais un exercice » et l'item 9.1 de notre questionnaire : « J'ai rangé les objets pour le tuteur du magasin / J'ai rangé les objets pour réussir la simulation ».
- 'Avoir l'impression que le personnage virtuel réagit en fonction de moi ou mes actions'. Cet indicateur est utilisé dans le questionnaire de Biocca/Harms/Gregg (2001, item 4). Nous le reprenons avec l'item 9.2 de notre questionnaire : « J'ai reçu des consignes en fonction de ce que je faisais / J'ai reçu des consignes sans rapport avec ce que je faisais ».

Pour interroger la présence spatiale, nous retenons les indicateurs suivants :

- 'Visiter un lieu / regarder une image'. Cet indicateur est utilisé dans le questionnaire de T. Schubert/Friedmann/Regenbrecht (2001, item 13), de Baños/Botella/Garcia-Palacios *et al.* (2000, item 17) et Slater/Usoh/Steed (1994, item 3). Nous le reprenons avec l'item 1 de notre questionnaire : « C'était comme si j'étais dans le magasin / C'était comme si j'avais vu des images d'un magasin sans me sentir à l'intérieur ».
- 'Recevoir des stimuli nets'. Cet indicateur est utilisé dans le questionnaire de Baños *et al.* (2000, items 1 et 4). Nous le reprenons avec l'item 10 de notre questionnaire : « La voix du tuteur était nette, facile à comprendre / La voix du tuteur n'était pas claire, pas facile à entendre » et l'item 11 de notre questionnaire : « Les objets et les meubles étaient nets, faciles à voir / Les objets et les meubles n'étaient pas nets, pas faciles à voir ».

Les commentaires rédigés par les apprenants en réponse au questionnaire de retour d'expérience (*cf.* annexe 7) confirment la subjectivité de l'expérience en réalité virtuelle et le besoin d'un outil permettant d'appréhender cette subjectivité. Pour les recueils R_2 et R_3, nous menons une étude qualitative de contenu d'entretien.

L'entretien doit être réalisé juste après le passage dans l'environnement virtuel, pour recueillir les réactions immédiates du sujet interrogé ; il ne peut, par conséquent, pas être mené après des réponses à un questionnaire de présence. De la même manière, les réponses à un questionnaire de présence soumis après un entretien seraient influencées par celui-ci. Il n'est donc pas judicieux de soumettre les participants à la fois à un questionnaire et à un entretien. Pour les recueils R_2 et R_3, le questionnaire de présence est ainsi remplacé par un entretien semi-guidé avec les apprenants, immédiatement après l'immersion dans l'environnement virtuel.

Entretien

Comme l'entretien constitue un fait de parole, il est un instrument privilégié d'exploration du vécu permettant d'accéder à l'expérience personnelle. Au fil de l'entretien, l'interviewé construit à travers son discours l'objectivation de son expérience ; il transforme son expérience cognitive, en passant du registre procédural (faire) au registre déclaratif (Blanchet/Chardenet 2011). Avec l'entretien, ce n'est pas directement l'action que le chercheur recueille, mais le ressenti du sujet pendant son action. La situation même de l'entretien et la relation interviewé – interviewer engendre une distorsion subjective entre le vécu et le récit de l'expérience rapportée a postériori par l'interviewé. Conscient de cette distorsion, le chercheur utilisera l'entretien comme outil pour recueillir un discours sur une expérience, sur des impressions ou des sensations (Moser 1995). De ce point de vue, l'entretien constitue un outil pertinent pour recueillir un discours des apprenants porteur des traces de la présence en tant qu'expérience subjective de la réalité virtuelle.

L'objectif principal de notre entretien est de recueillir le discours des apprenants sur leur expérience dans l'environnement virtuel. Il constitue un 'entretien d'évaluation', au sens de Guittet (2013) : l'exploration d'une situation permettant d'évaluer et de comparer le discours des participants. Nous déterminons une durée de 25 minutes maximum par entretien. La structure de l'entretien fait varier le degré de guidage, avec une partie non structurée ouvrant un espace de conversation et d'autres parties structurées. Ces dernières, conçues à partir de notre cadre théorique et de notre connaissance de l'environnement virtuel proposé, doivent permettre de recueillir des éléments du discours contribuant à la vérification de nos hypothèses de recherche.

Les discours recueillis lors des entretiens doivent permettre, d'une part, d'appréhender le sentiment de présence des apprenants dans l'environnement virtuel et, d'autre part, de recueillir leur opinion sur le scénario du jeu *Architect 2015*. Le premier objectif s'inscrit pleinement dans notre travail de recherche, le second est utilisé par L. Schmoll, dans le cadre de sa recherche doctorale sur la scénarisation d'un jeu sérieux (L. Schmoll 2016).

H. Mayer (2008), sociologue allemand, préconise, pour l'écriture d'un guide d'entretien, de lister les thèmes à aborder et d'éviter les listes de questions ; ceci afin de laisser au sujet interviewé un espace de parole lui permettant de construire son propre discours. J.-C. Kaufmann (2007), sociologue français, préfère, dans le guide d'entretien, une liste de questions concrètes, puisqu'elles « fournissent des outils plus affûtés » dont l'interviewer disposera en adaptant à l'interviewé le cadre de son entretien. Tout en gardant une approche thématique dans notre guide d'entretien, en veillant à ne pas substituer l'entretien à un questionnaire oral, nous y intégrons volontairement une liste de questions (*cf.* annexe 9).

Notre dispositif de recueil nécessite l'intervention de différents interviewers : quatre lors du deuxième recueil, deux lors du troisième. Face à cette multiplicité des interviewers, qui reçoivent les mêmes consignes orales et écrites, notre liste de questions constitue un outil participant à l'harmonisation des entretiens, même si chaque interviewer reste libre (sauf pour la deuxième partie de l'entretien) de reformuler les questions et de les poser dans l'ordre de son choix.

Suivant J.-C. Kaufmann (2007), l'entretien est introduit soit par une question qui a pour fonction de briser la glace en étant très générale ou au contraire par une question portant directement sur le thème central de l'entretien pour recueillir un premier discours de l'interviewé non influencé par les questions de l'interviewer. Avec notre première question « Comment c'était ? » et la consigne donnée à l'interviewer de laisser le sujet s'exprimer pour recueillir ses impressions, nous optons pour le second type de question introductive : notre but est ici de ne pas influencer le discours de l'apprenant avec des questions orientées vers le dispositif technique, la présence ou le scénario. Le guide d'entretien propose cependant à l'interviewer des thèmes pour la discussion qui suit la première réponse de l'apprenant : ressenti, manipulation, graphismes, voix, expérience préalable, difficulté, aides, apprentissage, etc.

La deuxième partie de l'entretien (entretien semi guidé – A. Présence) devrait conduire le sujet à produire un discours permettant d'identifier les traces de présence, de manière différenciée selon les composantes de la présence. Comme avec le questionnaire de présence, nous n'introduisons pas directement la notion de présence dans les questions (consigne à l'interviewer de ne pas dire le titre « présence »), mais interrogeons l'apprenant sur des éléments concrets de son expérience :

- La question 1 : « Si on avait pu enregistrer tes pensées pendant la simulation, qu'est-ce tu aurais dit (deux ou trois [pensées]) ? » est particulièrement ouverte pour amener le sujet à verbaliser ses pensées pendant l'expérience.
- La question 2 : « Où est-ce que s'est déroulée la simulation ? » doit permettre de recueillir un discours comportant des traces de la présence spatiale, selon que l'apprenant indiquera un lieu de l'environnement virtuel ou de la réalité écologique.
- La questions 3 « Qui était dans la simulation ? » et la question 7 « Qui est-ce qui te parlait ? » servent notre étude de la présence sociale avec, dans les réponses attendues des références aux personnages virtuels ou aux chercheurs présents dans la pièce.
- Les questions 4 « Qu'est-ce que tu as fait pendant la simulation ? », 6 « Qu'as-tu fait avec les pierres qui étaient au sol ? C'était difficile ou facile ? » et 8 « Pourquoi la voix était là ? », en référence à la présence d'action, permettent à l'apprenant de s'exprimer sur ce qu'il a fait symboliquement dans l'environnement et sur l'utilisation du dispositif technique.
- La question 5 : « Comment est-ce que tu t'es déplacé dans la crypte ? » porte sur la présence de soi, avec des indications sur le degré de symbolisme que l'apprenant donne à sa personne pendant l'expérience dans l'environnement virtuel.

Pour cette partie de l'entretien, l'interviewer a pour consigne de poser obligatoirement les questions et d'en respecter l'ordre. La formulation des questions évite ainsi d'influencer les traces de présence dans le discours de l'interviewé.

La troisième partie de l'entretien (entretien semi guidé – B. jeu sérieux / scénario) ne porte pas spécifiquement sur la présence. L'interviewé y est interrogé, d'une part, sur sa perception de la dimension ludique ou instructive du jeu sérieux, et d'autre part, sur sa pratique des jeux vidéo. Cette partie de l'entretien présente des questions plus ouvertes et nécessite un dialogue moins guidé par l'interviewer. Afin de préserver la comparabilité des entretiens, nécessaire à notre recherche sur la présence, nous relevons les marques de présence uniquement dans la première et la deuxième partie de l'entretien, ainsi que dans la phase de conclusion de l'entretien. La troisième partie est analysée par L. Schmoll (2016), dans le cadre de sa recherche doctorale sur la scénarisation d'un jeu sérieux.

D'après Reinders (2012), chercheur allemand en sciences de l'éducation, l'entretien peut se terminer en plaçant l'apprenant dans la position d'expert de son entretien, en lui demandant de proposer lui-même des thèmes de discussion complémentaires, non prévus dans le guide d'entretien et encore non abordés pendant l'entretien. Nous lui demandons ainsi à la fin de l'entretien ce qu'il souhaite ajouter comme commentaire sur son expérience dans le dispositif de réalité virtuelle.

Les entretiens se déroulent individuellement dans une pièce spécifique, le sujet interviewé étant assis à une table en face de l'interviewer, sans autre personne dans la pièce. Au regard du nombre d'apprenants interrogés et de la disponibilité des participants et des intervenants, cinq interviewers mènent les entretiens lors du relevé R_2 et deux interviewers lors du relevé R_3, dont nous-même, tous membres de l'équipe du projet EVEIL-3D. Afin de garantir une uniformité dans la manière de mener l'entretien, chaque interviewer participe à une réunion d'information que nous animons immédiatement avant le début des entretiens ; il reçoit également le guide d'entretien présenté ci-dessus et des consignes écrites (*cf.* annexe 9) relatives à la structure de l'entretien, au positionnement de l'interviewer et listant précisément les tâches à accomplir. Les entretiens font l'objet d'un enregistrement audio avec un dictaphone numérique posé sur la table et visible par l'interviewé.

8.2 Traitement des données

Les réponses des apprenants aux questionnaires ou aux tests de compréhension ainsi que l'enregistrement audio et vidéo des passages dans l'environnement virtuel constituent les données primaires de notre corpus. Le traitement des données recueillies avec, d'une part, la correction et l'évaluation des tests de compréhension ou l'attribution d'un score aux questionnaires et, d'autre part la transcription des enregistrements, constitue la préparation des données pour notre analyse quantitative et qualitative du corpus.

8.2.1 Préparation des données pour l'étude préliminaire

La préparation de ces données consiste d'abord à chiffrer les réponses des apprenants aux tests de compréhension de l'oral et au questionnaire de présence soumis aux participants dans le cadre du premier recueil de données (R_1).

Questionnaire de prédisposition à la présence

Pour la première partie du questionnaire de prédisposition à la présence (*cf.* annexe 4), nous affectons aux réponses des scores de 0 à 6 (*cf.* tableau 14). Notons qu'à l'item 19, la valeur des réponses est inversée car l'item affirme l'absence de prédisposition à la présence.

Tableau 14 : Barème du questionnaire de prédisposition à la présence.

Niveau de l'échelle de réponse	*Points*
Pas du tout d'accord	0
Pas trop d'accord	2
Plutôt d'accord	4
Tout à fait d'accord	6

Pour la deuxième partie du questionnaire de prédisposition à la présence (*cf.* annexe 6, items 13 à 17), nous affectons les scores suivants aux réponses : 0 point à la case tout à droite, puis 2 points de plus à chaque case vers la gauche, soit les scores 8, 6, 4, 2, 0. La somme des scores obtenus aux deux parties du questionnaire de prédisposition à la présence constitue le score du sujet interrogé, avec une valeur maximum de 154 points.

Questionnaire de présence (cf. annexe 6, items 1 à 12) :

Nous affectons les scores suivants aux réponses du questionnaire de présence : 0 point à la case tout à droite, puis 2 points de plus à chaque case vers la gauche, soit les scores 8, 6, 4, 2, 0. La somme des scores obtenus aux deux parties du questionnaire de présence constitue le score du sujet interrogé, avec une valeur maximum de 96 points.

Test de compréhension de l'oral :

Nous attribuons 1 point aux réponses correctes au test de compréhension de l'oral, et 0 point aux réponses fausses. Pour les réponses indiquées dans la colonne « objet compris EN ALLEMAND », nous prenons comme critère de réussite la correspondance phonétique avec l'énoncé en allemand. Pour les réponses indiquées dans la colonne « objet EN FRANCAIS », nous évaluons comme réponse correcte les synonymes des mots indiqués dans la grille de correction. La somme des scores obtenus aux parties « discrimination en allemand » (20 points maximum), « signification en français » (20 points maximum) et « indication spatiale » (31 points maximum) constitue le score du sujet interrogé au test de compréhension de l'oral, avec une valeur maximum de 72 points.

Nous saisissons les données dans une feuille de calcul (*cf.* annexe 10) réalisée avec le logiciel Excel (Microsoft Corporation 2010a). Cette feuille de calcul permet une analyse ultérieure des données avec un logiciel d'analyse statistique.

8.2.2 Préparation des données des deuxième et troisième recueils

Les grilles d'observation complétées, les enregistrements vidéo des passages dans l'environnement virtuel et les enregistrements audio des entretiens post-immersion constituent les données de notre analyse qualitative. La préparation de ces données consiste à transcrire les enregistrements audio et vidéo.

Pour l'étude des interactions en langue cible pendant l'immersion, nous constituons un sous-corpus avec les transcriptions des interactions orales de notre deuxième et troisième relevés de données, recueillies dans les dispositifs R_2 D_2 (plateforme immersive) et R_3 D_1 (téléviseurs 3D avec capture de mouvements), les plus immersifs de nos deux recueils. Notre analyse compréhensive étant de type qualitatif, nous réduisons volontairement le nombre de sujets étudiés en nous limitant ainsi à un dispositif pour chaque langue cible étudiée. Cette configuration permet une analyse détaillée des interactions et limite ainsi les biais dus à des conditions d'expérimentation différentes.

Les enregistrements audio et vidéo constituent des données primaires devant être complétées par des données secondaires, que constituent leur transcription (Dister/Simon 2007). La fluidité et la fugacité de la parole, même fixée sur support numérique, rendent difficile l'analyse du chercheur.

> On ne peut pas étudier l'oral par l'oral, en se fiant à la mémoire qu'on en garde. On ne peut pas, sans le secours de la représentation visuelle, parcourir l'oral en tous sens et en comparer les morceaux. (Blanche-Benveniste 1997 : 24)

L'exercice de transcription constitue nécessairement une transposition subjective de la parole. Blanche-Benveniste et Jeanjean (1987), linguistes français, soulignent le tiraillement du transcripteur dû au paradoxe de la transcription de la langue orale : garder dans la représentation écrite les caractéristiques de l'oralité, mais produire un écrit lisible donc basé sur les habitudes de la langue écrite. Pour dépasser ce paradoxe, nous élaborons notre système de transcription à partir des critères établis par le linguiste allemand Deppermann (2008) :

- le code de transcription doit être facile à apprendre et à mettre en œuvre (praticabilité),
- la transcription doit être facilement accessible au lecteur (lisibilité),
- la transcription doit rendre compte des phénomènes à analyser (pertinence),
- la transcription doit rendre compte des phénomènes caractéristiques de la parole transcrite (fidélité),
- la transcription doit comporter le moins d'interprétation possible de la part du transcripteur (objectivité).

À partir de ces critères, nous entendons également la préconisation de Beaud et Weber (2003) estimant inutile la transcription phonétique qui rend non seulement la transcription difficile à lire mais qui se révèle très chronophage pour le transcripteur, parfois au détriment de l'analyse des données.

Dittmar (2004) recense les conventions de transcription les plus utilisées en Europe en sciences humaines et sociales. Cette présentation nous guide dans nos choix de transcription des interactions verbales dans le dispositif d'une part et des entretiens post-immersion d'autre part.

Pour la transcription des entretiens, notre transcription doit rendre compte en premier lieu du contenu sémantique de la discussion entre le participant et l'interviewer, à l'aide d'une lecture aisée de l'interaction. Nous écartons ainsi les conventions de transcription de type HIAT (*Halb-Interpretative ArbeitsTranskription*) ou DIDA (*DIskurs-DAten-bank*), basées sur l'écriture en partition. La transcription en colonnes ne nous parait pas non plus pertinente, car elle rend surtout compte de l'asymétrie entre les prises de parole des locuteurs et rend difficile la lecture de la co-construction du discours, notamment par les chevauchements. Nous préférons la structure séquentielle au sens de Selting *et al.* (1998) qui rend compte graphiquement de la succession des tours de parole, où chaque nouvelle intervention d'un locuteur (sauf les chevauchements courts) est marquée par un retour à la ligne.

Les conventions de transcription rendant compte, comme DT (*Diskurstranskription*) des intonations ou comme CHAT (*Codes for Human Analysis of Transcripts*), à la fois du verbal, paraverbal, non verbal et des commentaires sur l'interaction, ne sont pas appropriées pour notre transcription des entretiens, puisqu'elles surchargent le lecteur en informations non nécessaires à l'analyse ultérieure. La convention de transcription GAT (*Gesprächsanalytisches Transkriptionssystem*) est indiquée pour étudier des conversations ou entretiens sans analyse des variations morphosyntaxiques ou phonétiques. Cette convention rend compte du déroulement séquentiel de la conversation, et d'éléments paraverbaux tels que les pauses ou les rires. Elle utilise l'orthographe standard et les signes de ponctuation usuels pour marquer la prosodie. Ces caractéristiques répondent à nos besoins de transcription. Nous choisissons cependant de nous écarter de cette convention sur quelques points. Nous prenons ainsi le tour de parole comme unité de référence pour le comptage et non la ligne, chaque tour de parole étant constitué d'une sollicitation et de la réponse correspondante. Afin de faciliter l'accès au contenu sémantique dans la transcription, nous conservons graphiquement l'unité de sens des énoncés en ne les interrompant pas par des retours à la ligne, comme le fait la convention GAT lorsque la prosodie le justifie. Pour la transcription des entretiens post-immersion, nous adoptons par conséquent la convention de transcription suivante :

Notre en-tête de chaque transcription, comporte les informations suivantes :

- nom du projet
- identification du test
- date d'enregistrement
- objet de l'enregistrement
- identifiant du participant
- Identification du fichier audio
- nom du transcripteur et nom du relecteur
- date de la transcription
- durée de l'enregistrement

Le tableau 15 regroupe nos codes de transcription :

Tableau 15 : Conventions de transcription des entretiens.

Code	*Signification*
1 / 2 / etc.	Numéro du tour de parole
E :	Élève
I :	Interviewer
(inc.)	Incompréhensible pour le transcripteur
(xxx)	Production para verbale
italique :	Énoncé en langue étrangère
(.)	Pause
.	Prosodie descendante
[entre]	Chevauchement
?	Prosodie montante
*	Écart à la norme linguistique orale

Pour la transcription des interactions verbales dans l'environnement, notre choix d'une convention de transcription se base sur les mêmes références théoriques. Contrairement à la transcription des entretiens, la transcription des interactions verbales doit principalement rendre compte de phénomènes langagiers. Dans un souci de cohérence de notre corpus, nous conservons la convention de transcription utilisée pour les entretiens, en la modifiant comme suit : nous numérotons les tours de paroles à chaque nouvelle intervention du participant ou de l'environnement virtuel, nous horodatons les tours de paroles, nous rendons compte du verbal et du non verbal.

Le tableau 16 regroupe nos codes de transcription :

Tableau 16 : Conventions de transcription des interactions verbales.

Code	*Signification*
1 / 2 / etc.	Numéro du tour de parole
E	Élève
I	Intervenant (observateur ou opérateur technique)
OE	Observateur enseignant
PNJ	Personnage non joueur (Céline Steinbach)
Gras	Tour de parole de l'élève ou indication concernant l'élève
Italique	Énoncé en langue étrangère (autre que le français)
souligné	Énoncé en français, langue cible
*	Écart à la norme linguistique orale
inc.	Incompréhensible pour le transcripteur
…	Pause dans le discours
[entre]	Action non verbale
(entre)	Commentaire du transcripteur
<MM :SS>	Horodatage dans la vidéo (minutes : secondes)

La transcription est réalisée à l'aide du logiciel de transcription F5 (Dr. dresing & pehl GmbH 2008) pour Mac OS (Apple 1984) et F4 (Dr. dresing & pehl GmbH 2008), son équivalent pour ordinateur utilisant le système d'exploitation Windows (Microsoft Corporation 1985). Ce logiciel facilite la saisie avec une interface unique pour la manipulation de l'enregistrement audio et pour la saisie. Un système de raccourcis clavier facilite la saisie. Le texte saisi est enregistré au format « Rich Text Format » (.rtf).

Afin de faciliter la manipulation ultérieure et la lecture de la transcription finale, nous transférons le texte saisi dans un document réalisé avec le logiciel de traitement de texte Word (Microsoft Corporation

2010b). Nous utilisons un tableau non visible pour la mise en page et les indications de comptage des tours de parole. Au regard de la quantité importante des données à transcrire, nous effectuons le travail de transcription en équipe, avec l'aide de Laurence Schmoll (doctorante membre du projet EVEIL-3D, exploitant partiellement le même corpus), de Léa Mincato, Anna Linder et Nathalie Graf, étudiantes employées par le département de français de l'École Supérieure de Pédagogie de Karlsruhe. En accord avec l'argumentation de Cappeau (2011 : 87) qui dénonce la division des tâches de transcription et d'analyse des corpus, nous transcrivons nous-même une partie du corpus et adoptons une procédure de transcription, relecture et validation de chaque transcription. Par la coordination de l'équipe de transcription, nous veillons à harmoniser les pratiques à partir de notre convention de transcription. L'exemple 1 illustre la convention de transcription retenue.

41. **E : *Ich kann *dich helfen. <15:37>***
42. PNJ : *Was liegt auf dem Boden?* (répétition) <15:43>
43. **E : *Ich kann* euh… <15:49>**
44. I : (inc.) ta phrase. (remarque linguistique) <15:54>
45. **(E ne fait rien) <16:14>**
46. PNJ : *Schau auf den Boden, was siehst du?* (répétition) <16:16>
47. **E : *Ja, ich schaue* euh **sich… <16:21>***
48. **E : (inc.) (E semble signaler en français son incompréhension) <16:23>**
49. PNJ : *Was liegt auf dem Boden?* (débit lent) <16:25>
50. **(E ne fait rien) <16:29>**
51. PNJ : *Ach ja, genau, ich sehe es! Das sind Steine! Schau! Drei Säulen sind kaputt. <16:40>*
52. **E : *Ja, ich schaue *that. <16:43>***
53. PNJ : *Nur eine einzige Säule trägt noch das Gewölbe, das ist zu schwer! Wenn das Gewölbe einstürzt, wird die Krypta zerstört! Schnell, die Säulen müssen repariert werden! Wie viele Steine siehst du? <16:55>*
54. **E : *Ja, ich *kenn *reparen.* <17:03>**

Exemple 1 : Illustration de la convention de transcription retenue / Benoît (Entretiens R_2 ; D02_0502).

8.3 Analyse des données

Notre analyse des données se déroule en deux temps. Nous menons, dans un premier temps, une analyse statistique des données récoltées lors du premier recueil (R_1), empruntant ainsi les méthodes quantitatives habituellement appliquées pour les études sur la présence en réalité virtuelle. Nous présentons ci-dessous comment nous appliquons une analyse de fréquence pour vérifier la validité des données, déterminons notre niveau de significativité, formulons ensuite nos hypothèses nulles et leur hypothèse alternative, avant de mener des comparaisons de moyennes entre échantillons indépendants puis des calculs de corrélation entre les variables de nos hypothèses.

Dans un second temps, nous menons une analyse qualitative de contenu des données récoltées lors des deuxième et troisième recueils (R_2 et R_3). Avec l'analyse de contenu des entretiens post-immersion et des interactions verbales dans le dispositif, nous mettons en œuvre une méthodologie d'analyse très peu appliquée dans la recherche en réalité virtuelle, devant nous permettre d'accéder plus en profondeur à la subjectivité de l'expérience en réalité virtuelle et à son influence sur la réalisation d'activités langagières en langue cible. Nous présentons ci-dessous comment, pour cette analyse qualitative, nous soumettons les entretiens à une analyse de contenu évaluative par catégorisation et structuration du contenu relatif au sentiment de présence. Nous établissons ainsi des 'profils de présence' des apprenants. Nous analysons ensuite les correspondances entre des profils de présence typiques et les caractéristiques des interactions verbales en langue cible des apprenants concernés.

Pour analyser les interactions en langue cible pendant les recueils R_2 et R_3, nous avons recours à la fois aux entretiens et aux observations. Les notes d'observation ne constituent cependant pas des données assez précises pour analyser les interactions dans leur dimension verbale et non verbale. Nous privilégions ainsi l'utilisation des transcriptions rendant à la fois compte du verbal et du non verbal pendant l'immersion en réalité virtuelle. Les notes d'observation sont utilisées pour confirmer les résultats portant sur l'engagement corporel pendant l'interaction en langue cible.

8.3.1 Analyse statistique

Les données collectées pendant le premier recueil de données (R_1) sont utilisées pour une étude quantitative. Elles servent à vérifier :

- l'influence de l'immersion et de l'interaction sur la présence (H_1 et H_2),
- l'influence de la prédisposition à la présence sur le sentiment de présence (H_3),
- l'influence de la présence sur la compréhension de l'oral ($H_{5.1}$).

Nous empruntons pour cela des outils et des méthodes issus du domaine de la statistique descriptive. Dans une démarche d'exploration, il s'agit ainsi de mettre en lumière des corrélations entre des variables extraites des données recueillies (Burkschat/Cramer/Kamps 2012 : 6). Celle-ci est menée avec le logiciel SPSS Statistics (IBM Corporation 2011).

Notre méthode d'analyse comporte une première étape de vérification de la validité des données par une analyse de fréquence. Cette analyse n'examine pas le rapport entre deux variables mais n'analyse qu'une variable au sein d'un groupe donné (Raithel 2008). Le tableau 17 présente les résultats d'analyse de fréquence pour les variables qualitatives nominales « groupe », « degré d'immersion », « degré d'interaction ».

Tableau 17 : Analyses de fréquence – R_1.

Groupe				
	fréquence	*%*	*% valide*	*% cummulé*
Groupe A, immersion faible / interaction faible	15	25,0	25,0	25,0
Groupe B, immersion forte / interaction forte	15	25,0	25,0	50,0
Groupe C, immersion forte / interaction faible	15	25,0	25,0	75,0
Groupe D, immersion faible / interaction forte	15	25,0	25,0	100,0
Total	60	100,0	100,0	

Degré d'immersion				
	fréquence	*%*	*% valide*	*% cummulé*
immersion faible	26	43,3	43,3	43,3
immersion forte	26	43,3	43,3	86,7
Non exposé	8	13,3	13,3	100,0
Total	60	100,0	100,0	
Degré d'interaction				
	fréquence	*%*	*% valide*	*% cummulé*
interaction faible	26	43,3	43,3	43,3
interaction forte	26	43,3	43,3	86,7
Non exposé	8	13,3	13,3	100,0
Total	60	100,0	100,0	

Dans les trois tableaux, chaque ligne renvoie à une modalité de la variable analysée (immersion faible ou forte, interaction faible ou forte). La première colonne (fréquence) indique la fréquence de la modalité en valeur absolue ; les deuxième (%) et troisième colonnes (% valide) indiquent la fréquence de la modalité en valeur relative, la valeur de la troisième colonne excluant les valeurs manquantes ; la dernière colonne (% cumulé) indique les valeurs cumulées entre les différentes modalités (Bühl 2010). Pour notre vérification de la validité des données, les résultats de l'analyse de la variable « groupe » montrent une répartition égale des effectifs de chaque groupe de participants exposés aux différentes combinaisons de niveaux d'immersion et d'intégration. Les résultats de l'analyse des variables « degré d'immersion » d'une part et « degré d'interaction » d'autre part montrent que 8 participants sur un effectif total de 60 n'ont pas été exposés au dispositif de réalité virtuelle (les élèves étaient absents le jour du test). L'effectif des participants exposés aux différentes modalités d'immersion et d'interaction est cependant égal, avec 26 participants par modalité. Notre vérification de la validité des données nous permet par conséquent de confirmer l'homogénéité des groupes et la comparabilité numérique des échantillons de la population étudiée dans le cadre de notre analyse statistique.

8.3.2 Analyse de contenu

Notre analyse de contenu doit nous permettre de vérifier qualitativement, premièrement, l'influence de l'immersion et de l'interaction sur la présence (H_1 et H_2), deuxièmement l'hétérogénéité des niveaux de présence de soi, de présence sociale, de présence spatiale et de présence d'action chez un même apprenant (H_4), et troisièmement l'influence de la présence sur l'interaction verbale en langue cible ($H_{5.2}$). Nous présentons ci-dessous comment, à partir d'une analyse de contenu des entretiens complétée par nos observations directes pendant le passage dans le dispositif de réalité virtuelle, nous établissons des 'profils de présence' des apprenants. Ces profils sont ensuite comparés au degré d'immersion et d'interaction auquel les apprenants ont été soumis lors de leur passage dans l'environnement virtuel. L'analyse qualitative doit enfin examiner la cohérence de la situation de communication en langue cible, et vérifier l'influence positive du sentiment de présence sur l'interaction orale en langue cible.

Établir des profils de présence

À partir de notre corpus de transcriptions des entretiens menés immédiatement après le passage dans l'environnement virtuel (R_2/T_2 et R_2/T_2), nous menons une analyse qualitative de contenu pour établir des profils de présence. Notre analyse doit extraire du discours des apprenants les manifestations de leur éventuel sentiment de présence dans le dispositif. Pour réaliser ces profils de présence, nous procédons à une analyse de contenu qualitative évaluative (Kuckartz 2012), également nommée structuration par échelle (*skalierende Strukturierung*) par Mayring (2015). Cette méthodologie d'analyse qualitative de contenu se déroule comme suit (Kuckartz 2012) :

- détermination des catégories, partir de l'hypothèse de recherche et du cadre théorique choisi,
- identification et codage des passages du corpus correspondant aux catégories,
- détermination des modalités de chaque catégorie, classement des passages codés, si nécessaire, modification de la définition des catégories et des modalités,
- codage de l'ensemble du corpus,

- comptage des passages classés dans les catégories, analyse des résultats puis interprétation.

Notre processus de catégorisation sémantique, consistant à classer des éléments du corpus par différentiation puis regroupement d'après des critères sémantiques préalablement définis, est au centre de notre méthodologie d'analyse qualitative. Berelson souligne la place capitale de cette opération : « L'analyse de contenu tient ou s'écroule en fonction de ses catégories » (Berelson 1952 : 147).

Pour construire notre système de catégories, nous veillons au respect des critères de qualité présentés par Bardin (1989) :

- l'exclusion mutuelle : chaque élément ne peut être affecté à plus d'une seule catégorie,
- l'homogénéité : un même principe d'organisation gouverne une catégorie,
- la pertinence : les catégories sont adaptées au matériel d'analyse et appartient au cadre théorique retenu. Le système de catégories doit refléter les questions de recherche,
- l'objectivité et la fidélité : un même corpus codé par différents analystes utilisant le système de catégories doit donner lieu au même résultat ; la définition des catégories doit permettre l'objectivité du codage,
- la productivité : le système de catégories doit apporter des résultats riches au regard des hypothèses de recherche.

En suivant cette démarche de qualité, nous déterminons les catégories et les modalités de celles-ci à partir de notre cadre théorique sur la présence (*cf.* chapitre 5). Le tableau 18 présente le système de catégorisation retenu.

Tableau 18 : Système de catégories du codage des entretiens.

Catégorie	*Modalités*	*Définition*
Présence sociale	Présence	Les références à un agent extérieur renvoient à un personnage appartenant à l'univers virtuel de la simulation.
	Carence de présence	Les références à un agent extérieur renvoient à une personne appartenant à la réalité écologique ou renvoient au dispositif technique.
Présence spatiale	Présence	L'expérience est localisée dans un espace appartenant à l'univers virtuel de la simulation.
	Carence de présence	L'expérience est localisée dans un espace appartenant à la réalité écologique.
Présence d'action	Présence	Les actions présentées comme réalisées sont celles susceptibles d'être réalisées dans l'univers virtuel de la simulation.
	Carence de présence	Les actions présentées comme réalisées sont celles susceptibles d'être réalisées dans la réalité écologique.
Présence de soi	Présence	Les références à sa personne renvoient au rôle de son personnage dans l'univers virtuel.
	Carence de présence	Les références à sa personne renvoient au rôle d'élève participant à une simulation.

Le terme carence est choisi parce qu'il désigne l'insuffisance, sans nécessairement signifier une absence totale. Parler de carence, c'est également observer la réalité virtuelle par une de ses fonctions, celle de créer de la présence chez l'utilisateur. Ainsi, l'absence de sentiment de présence est considérée comme un manque par rapport à l'expérience subjective prévue par les concepteurs du dispositif de réalité virtuelle étudié.

Afin de garantir la validité des catégories, nous faisons coder quatre entretiens par un tiers, membre de l'équipe EVEIL-3D. Cette démarche nous conduit à préciser la définition de chaque catégorie et de chaque modalité (3ème colonne du tableau 18).

Pour effectuer les opérations de codage du corpus, de comptage des passages codés dans chaque catégorie et pour chaque modalité, nous avons recours au logiciel MAXQDA (Verbi GmbH 2012). S'il est certain que la tâche d'interprétation des données incombe au chercheur, les logiciels peuvent soutenir les opérations de codage et de traitement des données, accélérant, par exemple, la vitesse de comptage et de traitement du codage (Wanlin 2007). Avec MAXQDA, nous codons le corpus d'après le système de catégories présenté, en surlignant le passage du corpus identifié afin d'attribuer le passage surligné à une catégorie. Nous visualisons ainsi aisément les codes appliqués au texte. Cette opération ou la recherche de passages déjà codés peut être facilitée par une recherche automatique par mot-clé (Kuckartz 2010). La figure 26 montre l'interface de codage dans MAXQDA.

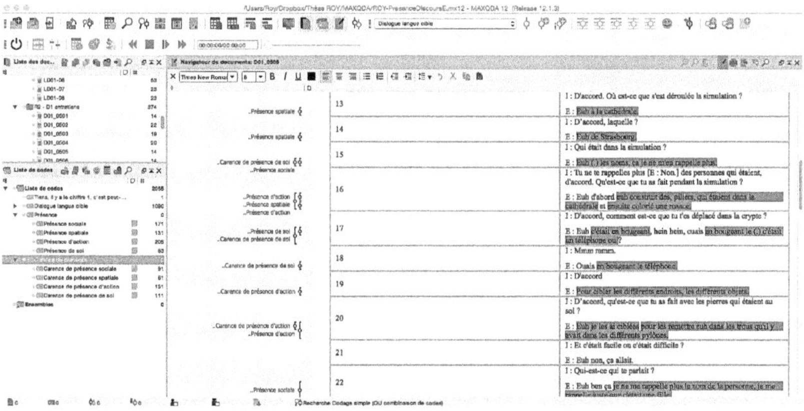

Figure 26 : Interface de codage dans MAXQDA.

Une fois le codage effectué, nous obtenons, à l'aide des outils de visualisation de MAXQDA (*cf.* figure 27), un tableau à double entrée pour visualiser la récurrence des codes pour l'ensemble des apprenants ayant participé à l'entretien post-immersion.

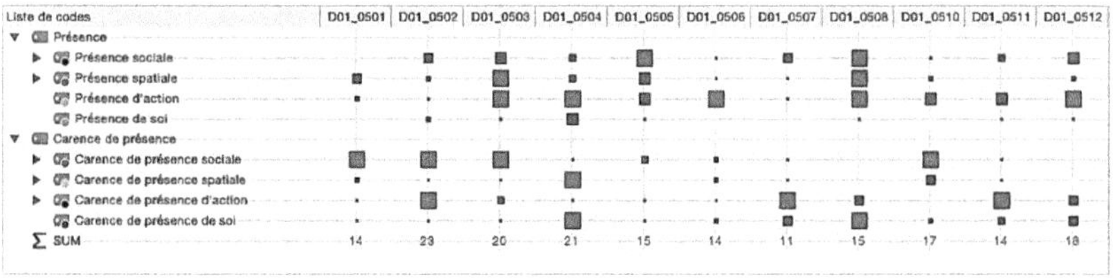

Figure 27 : Tableau à double entrée de visualisation des données avec MAXQDA.

Ce tableau nous permet d'abord d'identifier les apprenants ayant développé un sentiment de présence plus ou moins fort pendant leur immersion dans l'environnement virtuel. La lecture des profils de présence permet également de vérifier si les niveaux de présence de soi, de présence sociale, de présence spatiale et de présence d'action sont hétérogènes chez un même apprenant.

Profils de présence et variables indépendantes

Pour vérifier nos hypothèses de recherche, nous mettons ensuite en relation les profils de présence obtenus et les variables indépendantes de nos hypothèses de recherche : l'immersion (H_1) et l'interaction (H_2). Nous vérifions dans les deux cas si les profils témoignant d'un niveau de présence plus élevé correspondent aux apprenants soumis à un degré d'immersion ou d'interaction plus élevé.

Pour cela, nous utilisons le logiciel MAXQDA. Nous attribuons à chaque entretien du recueil R_2 la variable « immersion », à laquelle nous appliquons la modalité « faible » pour les entretiens du dispositif 1 et la modalité « forte » pour les entretiens du dispositif 2. Nous faisons de même pour l'interaction : nous attribuons à chaque entretien du recueil R_3 la variable « interaction », à laquelle nous appliquons la modalité « forte » pour les entretiens du dispositif 1, et la modalité « faible » pour les entretiens du dispositif 2. Un tableau croisé permet ensuite de mettre en relation, d'une part, le nombre de marques de présence et de carence de présence dans les entretiens, et d'autre part, les modalités des variables choisies, l'immersion faible ou forte, l'interaction faible ou forte.

Interaction en langue cible : cohérence et présence

Pour analyser la cohérence des interactions en langue cible (Q) et vérifier l'influence de la présence sur l'interaction orale en langue cible ($H_{5.2}$), nous identifions d'abord, dans le sous-corpus, l'ensemble des phénomènes retenus dans notre cadre théorique pour caractériser la communication en langue cible (*cf.* chapitre 3), tout en adoptant une approche inductive par un codage in-vivo des phénomènes éventuellement non identifiés dans notre cadre théorique. Le tableau 19 présente les catégories principales retenues (les sous-catégories sont présentées avec l'analyse des résultats). Celles-ci ne s'excluent pas les unes des autres.

Tableau 19 : Système de catégories des interactions en langue cible.

Catégorie	*Sous-catégorie 1*
Production en langue cible	Mot
	Phrase
	Acte de parole réussi
	Acte de parole manqué
Rupture de la situation de communication	Problème de compréhension
	Problème de compréhension ou d'expression
Stratégies d'usage de la langue	Réduction
	Réalisation
Interactivité	Réalisation
	Compensation
Mouvements	Réalisation
	Compensation
Intervention de l'enseignant	Facilitation
	Intrusion

Pour chaque catégorie, nous identifions les phénomènes rencontrés dans le corpus afin de les regrouper en types et d'interpréter leur utilisation pendant l'interaction en langue cible. Pour mettre en relation les profils de présence des élèves ayant un profil de présence marquée et les phénomènes identifiés dans les interactions, nous utilisons le logiciel MAXQDA. Nous attribuons aux interactions des élèves caractéristiques la variable « profil de présence », à laquelle nous appliquons les modalités correspondant aux types de profil identifiés dans les entretiens des mêmes élèves : « social », « voyageur », « actant », « solitaire », « sédentaire », « impuissant », » distant » (*cf.* chapitre 5). Un tableau croisé permet ensuite de mettre en relation, d'une part, le profil de présence des élèves, et d'autre part, la fréquence des phénomènes identifiés pendant l'interaction verbale.

8.3.3 Démarche d'analyse

Pour interpréter nos résultats quantitatifs et qualitatifs, nous suivons la démarche de Wolcott (1994) : description, analyse et interprétation.

La première phase est la description. Dans cette phase de description, il s'agit de rendre compte des données telles qu'elles ont été recueillies, en les traitant comme des faits, les laissant ainsi parler d'elles-mêmes. Pour notre étude, nous illustrons cette description par des extraits de transcription, de notes d'observation ou par des extraits des tableaux de MAXQDA.

> On way of doing something with data in rendering an account is to stay close to the data as originally recorded. [...] The strategy of this approach is to treat descriptive data as fact. The underlying assumption, or hope, is that the data 'speak for themselves'. (Wolcott 1994 : 10)

La deuxième phase est l'analyse. Dans cette deuxième phase, il s'agit de questionner les données afin d'identifier des phénomènes caractéristiques et les relations qu'ils entretiennent.

> A second way of organizing and reporting data, one that typically builds upon the first, is to expand and extend beyond a purely descriptive account with an analysis that proceeds in some careful, systematic way to identify key factors and relationships among them. (Wolcott 1994 : 10).

La troisième phase est l'interprétation. Dans cette dernière phase, il s'agit de donner un sens à l'analyse des données, par une approche compréhensive des résultats, en les contextualisant.

> A third way, calling for interpretation, may follow from the second or spring directly from the first. [...] The goal is to make sense of what goes on, to reach out for understanding or explanation beyond the limits of what can be explained with the degree of certainty usually associated with analysis. (Wolcott 1994 : 10–11)

L'application systématique de cette démarche en trois temps participe à la qualité scientifique des résultats de notre étude, puisqu'elle permet une objectivation de notre analyse.

Résumé conclusif

La présentation de la méthodologie de recherche adoptée a mis en exergue le caractère exploratoire de notre étude et l'ancrage de notre méthodologie dans le cadre théorique de notre travail. Elle a également souligné le choix d'une triangulation des données et des méthodes d'analyse.

Notre terrain de recherche contribue au caractère exploratoire de notre étude. Recueillir des données sur l'utilisation de la réalité virtuelle comme dispositif d'apprentissage des langues testé en milieu scolaire, c'est s'intéresser à un phénomène inconnu qui nécessite une première approche scientifique. Notre recherche exploratoire nous conduit ainsi à « produire des connaissances sur des phénomènes inconnus » et à « choisir les méthodes de collecte des données les plus appropriées pour documenter les aspects de cette réalité » (Trudel 2007 : 39). L'ancrage théorique de notre méthodologie permet d'abord de constituer des outils cohérents de recueil de données : les questionnaires de présence et le guide d'entretien sont ainsi fondés sur l'étude de la présence et de son émergence, ainsi que sur des outils déjà utilisés pour appréhender la présence. L'ancrage théorique de la méthodologie permet également d'analyser l'inconnu : la catégorisation des phénomènes étudiés s'appuie sur des concepts scientifiques établis, notamment ceux de la présence en réalité virtuelle, de la communication en langue cible et des stratégies d'usage de la langue.

Notre méthodologie de recherche se caractérise également par une triangulation des données et des méthodes. En utilisant des données issues de trois recueils, nous diversifions les contextes de relevés de données, tout en gardant la cohérence apportée par un même projet de développement (EVEIL-3D). En étudiant des phénomènes dans deux langues cibles nous élargissons notre objet de recherche pour examiner des phénomènes différents ou communs aux deux langues. Enfin, la triangulation est également celle de notre méthode d'analyse des données. L'analyse de contenu des deuxième et troisième recueils complète les résultats de l'étude statistique du premier recueil. L'analyse de contenu repose elle-même sur une méthode mixte, avec une analyse quantitative de la fréquence des phénomènes mis en lumière par l'analyse qualitative. Cette triangulation de données et de méthodes participe à l'étude d'une réalité inconnue, qui doit être approchée avec une rigueur et une ouverture scientifiques idoines.

9. Étude préliminaire : les influences technologiques et humaines sur la présence, les effets de la présence sur la compréhension de l'oral

Le présent chapitre est consacré à l'étude préliminaire de notre recherche. Nous y étudions d'abord dans quelle mesure l'immersion sensorielle et l'implication corporelle influencent le sentiment de présence des apprenants dans l'environnement virtuel proposé. L'analyse porte ensuite sur l'influence de la prédisposition à la présence sur l'émergence effective de la présence. Enfin, nous nous intéressons à l'utilisation de la réalité virtuelle pour entraîner la compréhension de l'oral en langue cible. Quelques éléments de ces résultats ont été présentés dans Roy (2014) et Roy et Schlemminger (2014).

Pour cette analyse, les données sont issues des réponses au questionnaire de présence du premier recueil de données ($R_1\_T_4$). Nous rappelons que ce recueil de données a été effectué auprès d'élèves français apprenant l'allemand dans le cadre d'une formation professionnelle dans le domaine du commerce. Ils ont été soumis à un dispositif de réalité virtuelle les plaçant comme vendeur stagiaire dans un espace de vente virtuel qu'ils devaient aménager en fonction des consignes entendues, données par un tuteur de stage virtuel.

La validité statistique de ces données a été vérifiée dans notre chapitre méthodologique (chapitre 8.3.1). L'analyse des données est statistique. Elle expose, d'une part, la corrélation entre le niveau d'immersion et le niveau de présence et, d'autre part, la corrélation entre le niveau d'interaction et le niveau de présence. Les données sont soumises à des tests permettant d'écarter l'hypothèse nulle (H_0) pour chacune de nos hypothèses de recherche faisant l'objet d'une analyse statistique. L'hypothèse nulle stipule toujours que, concernant la relation entre les variables étudiées, il n'existe pas de différence entre les échantillons, à part des différences dues au hasard de l'échantillonnage (Kähler 2011 : 253). L'hypothèse H_0 est rejetée si la différence observée entre les échantillons a un niveau significatif, dans ce cas, l'hypothèse alternative H_1 est validée.

La significativité statistique d'un résultat indique son degré de fiabilité : plus le niveau de significativité « p » est élevé, plus le résultat du test peut être considéré comme dû à une coïncidence. La relation observée entre les variables étudiées est alors statistiquement non représentative de la population étudiée (Kähler 2011). Nous fixons le niveau de significativité de nos tests statistiques au niveau usuel de $p = 0{,}05$. Suivant le sociologue allemand Raithel (2008), nous adoptons les niveaux de significativité suivants (*cf.* tableau 20), habituellement utilisés pour les analyses statistiques :

Tableau 20 : Valeurs de significativité d'après Raithel (2008 : 124).

Valeur de significativité	*Signification*
$p > 0.05$	Non significatif
$p \leq 0.05$	Faiblement significatif
$p \leq 0.01$	Significatif
$p \leq 0.001$	Hautement significatif

Notons qu'il est d'usage de considérer un résultat comme indiquant une tendance significative avec une valeur de significativité située entre 5 et 10 % ($0.05 < p < 0.10$).

9.1 Influence de l'immersion sur le niveau de présence

Réaliser l'analyse statistique de l'influence du niveau d'immersion visuelle sur le niveau de présence nécessite de formuler les hypothèses nulles correspondant à notre hypothèse de recherche H_1 (« Dans un dispositif d'apprentissage des langues médiatisé par les technologies numériques, l'immersion sensorielle renforce le sentiment de présence chez l'apprenant. »).

Nos tests statistiques vérifient ainsi les hypothèses suivantes, appliquées dans un dispositif d'apprentissage des langues médiatisé par les technologies numériques :

H_0 : L'immersion sensorielle ne renforce pas nécessairement le sentiment de présence chez l'apprenant.
H_1 : L'immersion sensorielle renforce le sentiment de présence chez l'apprenant.

Pour la vérification de ces hypothèses, nous procédons à un test de Student (t-test), comparant chacun des deux échantillons indépendants. La comparaison de moyennes utilisée par le t-test s'applique ici puisque nous mesurons un caractère quantitatif (le niveau de présence) sur des groupes différents, soumis à différents degrés d'immersion. Le t-test 1 mesure l'influence de l'immersion sur le sentiment de présence (*cf.* hypothèse H_1). Il pose la question de la différence des moyennes observées dans chacun des groupes et de sa significativité d'un point de vue statistique (Bühl 2010). Notre t-test mesure par conséquent le caractère significatif des différences de niveau de présence, entre les groupes soumis aux modalités « forte » et « faible » de la variable indépendante « degré d'immersion ».

Le score moyen obtenu au questionnaire de présence ($R_1\_T_4$) par les élèves soumis aux dispositifs 1 et 3, tous les deux à immersion visuelle faible (téléviseur à image non stéréoscopique) est comparé au score moyen obtenu par les élèves soumis aux dispositifs 2 et 4, tous les deux à immersion visuelle forte (visiocasque à image stéréoscopique). Les résultats du t-test (*cf.* tableau 21) indiquent une moyenne de 55,50/104 chez les élèves soumis à l'immersion faible et une moyenne de 57,31/104 chez les élèves soumis à l'immersion forte. Le résultat du test indique une valeur de 0,569 pour la significativité.

Tableau 21 : t-test immersion et présence.

Immersion		*n*	*Moyenne (sur 104)*	*Erreur standard de la moyenne*	*Valeur T*	*Significativité*
Présence	faible	26	55,50	2,301	-0,574	,569
	forte	26	57,31	2,151		

Le degré moyen de présence est donc légèrement supérieur chez les élèves soumis, dans notre dispositif de réalité virtuelle, à une immersion plus forte. Notre comparaison des moyennes ne permet cependant pas d'obtenir un résultat statistiquement significatif, notamment en raison de l'effectif restreint de la cohorte. Tout en soulignant que la supériorité du sentiment de présence chez les élèves soumis aux dispositifs à immersion forte ne peut pas nécessairement être attribuée à la variation du degré d'immersion, nous observons que pour notre dispositif, l'immersion visuelle aurait influencé plutôt positivement le sentiment de présence des apprenants.

9.2 Influence de l'interaction sur le niveau de présence

Pour réaliser notre analyse statistique sur l'influence du niveau d'interaction gestuelle sur le niveau de présence, nous formulons les hypothèses nulles correspondantes à notre hypothèse de recherche H_2. Nos tests statistiques vérifient ainsi les hypothèses suivantes, appliquées dans un dispositif d'apprentissage des langues médiatisé par les technologies numériques :

H_0 : L'interaction gestuelle ne renforce pas nécessairement le sentiment de présence chez l'apprenant
H_1 : L'interaction gestuelle renforce le sentiment de présence chez l'apprenant

Pour la vérification de ces hypothèses, nous procédons également à un test de Student (t-test), comparant chacun deux échantillons indépendants. Le t-test 2 mesure par conséquent le caractère significatif des différences de niveau de présence entre les groupes soumis aux modalités « forte » et « faible » de la variable indépendante « degré d'interaction ».

Le score moyen obtenu au questionnaire de présence ($R_1\_T_4$) par les élèves soumis aux dispositifs 1 et 4, à interaction faible (bouton à presser) est comparé au score moyen obtenu par les élèves soumis aux dispositifs 2 et 3, à interaction forte (capture de mouvements). Les résultats du t-test (*cf.* tableau 22) indiquent une moyenne de 59,12/104 chez les élèves soumis à l'interaction faible et une moyenne de 53,69/104 chez les élèves soumis à l'interaction forte. Le résultat du test (*cf.* tableau 22) indique une valeur de 0,083 pour la significativité.

Tableau 22 : t-test interaction et présence.

	Interaction	*n*	*Moyenne (sur 104)*	*Erreur standard de la moyenne*	*Valeur T*	*Significativité*
Présence	Faible	26	59,12	1,957	1,769	0,083
	Forte	26	53,69	2,360		

Le degré moyen de présence est donc inférieur chez les élèves soumis, dans notre dispositif de réalité virtuelle, à une interaction plus forte. La significativité du test ($p < 0,10$) permet de considérer ce résultat comme une tendance statistiquement significative. Nous constatons par conséquent une influence négative de l'interaction gestuelle avec notre dispositif de réalité virtuelle sur le sentiment de présence des apprenants.

Le constat d'une influence négative de l'interaction gestuelle sur la présence ne corrobore pas notre hypothèse de recherche H_2 « Dans un dispositif d'apprentissage des langues médiatisé par les technologies numériques, l'interaction gestuelle renforce le sentiment de présence chez l'apprenant. ». Une analyse des réponses des élèves au questionnaire de retour d'expérience doit permettre d'expliquer pourquoi, dans notre environnement de réalité virtuelle, les dispositifs visant une plus grande implication gestuelle des utilisateurs ont engendré, en moyenne, un sentiment de présence plus faible. Nous rappelons que les élèves ont été invités, à l'issue du recueil de données, à exprimer leur avis argumenté sur le scénario, sur les appareils utilisés et le niveau de difficulté des consignes en langue cible. Les réponses ouvertes étaient à donner par écrit.

Le corpus de réponses à la première partie du questionnaire de retour d'expérience a été codé d'après les parties du tableau à compléter dans le questionnaire (*cf.* tableau 23) :

Tableau 23 : Système de catégories du codage des entretiens.

Catégorie	*Sous-catégorie*	*Modalités*	*Définition*
Scénario	Aucune	Positive	Le scénario est l'objet d'une appréciation positive
	Aucune	Négative	Le scénario est l'objet d'une appréciation négative
Dispositif technique	Dispositif de visualisation	Positive	Le rendu visuel ou les appareils utilisés pour la visualisation sont l'objet d'une appréciation positive
		Négative	Le rendu visuel ou les appareils utilisés pour la visualisation sont l'objet d'une appréciation négative
	Dispositif d'interaction	Positive	L'interaction avec l'environnement virtuel ou les appareils utilisés pour l'interaction sont l'objet d'une appréciation positive
		Négative	L'interaction avec l'environnement virtuel ou les appareils utilisés pour l'interaction sont l'objet d'une appréciation négative
Niveau de difficulté des consignes	Aucune	Positive	Les consignes sont considérées comme compréhensibles
	Aucune	Négative	Les consignes sont considérées comme difficiles à comprendre

La figure 28 synthétise les réponses au questionnaire, avec 163 segments codés dans le corpus de réponses au questionnaire de retour d'expérience, dont 89 chez les élèves soumis aux dispositifs proposant une interaction faible et 74 chez les élèves soumis aux dispositifs proposant une interaction forte. Cette figure montre la fréquence de chaque catégorie dans les réponses des élèves soumis, d'une part, à l'interaction forte et, d'autre part, à l'interaction faible. Les élèves soumis à l'immersion forte ont, par exemple, porté quatre appréciations négatives sur le scénario, contre 12 chez les élèves soumis à l'immersion faible.

Liste de codes	Interaction forte	Interaction faible
▼ Appréciation négative		
Scénario	4	12
▼ Dispositif technique	2	1
Dispositif de visualisation	14	11
Dispositif d'interaction	10	2
Niveau de difficulté consignes	15	12
▼ Appréciation positive		
Scénario	12	8
▼ Dispositif technique	9	6
Dispositif d'interaction	3	5
Dispositif de visualisation	8	7
Niveau de difficulté consignes	12	10

Figure 28 : Retours d'expérience R1.

Nous constatons une fréquence relativement identique, entre les deux groupes, d'appréciations positives sur le niveau de difficulté des consignes (12 énoncés chez les élèves soumis à l'interaction forte contre 10 chez les élèves soumis à l'interaction faible), sur le scénario (12 contre 8) et sur le dispositif de visualisation (8 contre 7). Nous constatons le même équilibre concernant les appréciations négatives sur le niveau de difficulté des consignes (15 contre 12) et sur le dispositif de visualisation (14 contre 11).

Les écarts de fréquence des énoncés sont plus grands, entre les deux mêmes groupes, concernant les appréciations négatives sur le scénario (4 contre 12). Nous identifions par ailleurs presque deux fois plus d'appréciations négatives sur le dispositif technique chez les élèves soumis à l'interaction forte (26 pour les élèves soumis à l'interaction forte contre 14 chez ceux soumis à l'interaction faible). Parmi ces appréciations négatives sur le dispositif technique utilisé, les appréciations négatives sur le dispositif d'interaction sont bien plus fréquentes chez les élèves soumis à l'interaction forte (10 contre 2). Les élèves soumis à l'interaction forte portent ainsi des appréciations négatives sur le déplacement des objets dans l'environnement virtuel, sur l'utilisation de la manette et sur le dispositif d'interaction en général (*cf.* exemple 2) :

« C'était difficile de bouger les objets avec la manette. » 45[1]
« C'était difficile de déplacer les objets. » 28 et 44
« C'était plutôt compliqué à gérer. » 213
« J'avais du mal à utiliser la télécommande. » 23
« Je n'aime pas utiliser la manette, car je n'ai pas l'habitude. » 210
« [...] la télécommande ne réagissait pas bien. » 214
« Les objets étaient difficiles à déplacer. » 43
« Parfois ça ne marchait pas bien. » 27
« Pas facile de manier les objets avec une télécommande wii, il fallait faire doucement et il y avait de nombreux bugs. Il y a encore des choses à améliorer. » 42

Exemple 2 : Appréciations négatives sur le dispositif d'interaction (Retours d'expérience R1).

Par conséquent, le dispositif technique d'interaction de notre expérimentation a réduit le développement du sentiment de présence chez les élèves. Ce résultat met en exergue l'importance d'un dispositif d'interaction simple à manipuler, adapté aux utilisateurs de l'environnement de réalité virtuelle. Notons qu'une phase de prise en main du dispositif par l'utilisateur, avec par exemple une phase d'apprentissage préparant l'apprenant à chaque action dans le scénario, est susceptible de faciliter la manipulation du dispositif d'interaction et ainsi d'éviter une influence négative de l'interaction gestuelle sur le sentiment de présence. Cette phase de prise en main doit alors ne présenter aucune autre difficulté cognitive que celle de la manipulation du dispositif et doit se dérouler dans la langue de scolarisation de l'élève (L. Schmoll/Roy 2014).

9.3 Influence de la prédisposition à la présence sur le niveau de présence

La phase de prise en main du dispositif technique de réalité virtuelle est essentielle pour réduire les biais dans l'émergence du sentiment de

1 Les numéros renvoient à l'identifiant de l'élève.

présence. Elle est également nécessaire afin de rendre l'émergence du sentiment de présence moins dépendante de la prédisposition à la présence (Heers 2005), donc de l'expérience antérieure qu'a l'utilisateur de la technologie utilisée dans l'environnement virtuel, ou plus généralement de son expérience des jeux vidéo ou des scénarii fictionnels.

Pour réaliser notre analyse statistique sur l'influence de la prédisposition à la présence sur le niveau de présence, nous formulons les hypothèses nulles correspondantes à notre hypothèse de recherche H_3 (« Dans un dispositif d'apprentissage des langues médiatisé par les technologies numériques, le sentiment de présence de l'apprenant est influencé par sa prédisposition à la présence. »).

Nos tests statistiques vérifient ainsi les hypothèses suivantes, appliquée dans un dispositif d'apprentissage des langues médiatisé par les technologies numériques :

H_0 : La prédisposition à la présence ne renforce pas nécessairement le niveau de présence de l'apprenant.
H_1 : La prédisposition à la présence renforce le niveau de présence de l'apprenant.

Pour la vérification de ces hypothèses, nous effectuons des calculs de corrélation entre le niveau de prédisposition à la présence et le niveau de présence. Le coefficient de corrélation de Pearson (r) exprime l'intensité de liaison entre deux variables ; plus r est proche de 1 ou -1, plus la corrélation entre les variables est forte (Bühl 2010). Les valeurs intermédiaires, présentées dans le tableau 24, nous renseignent sur le degré de dépendance entre les variables.

Le coefficient r est à interpréter en fonction de la valeur de p dans les résultats des calculs de corrélation, afin d'examiner la significativité statistique de la corrélation observée.

Tableau 24 : Interprétation du coefficient de corrélation d'après Bühl (2010).

Valeur de r	*Interprétation*
$r < -0.9$	Corrélation très forte
$-0.9 < r < 0.7$	Corrélation forte
$-0.7 < r < -0.5$	Corrélation moyenne
$-0.5 < r < -0.2$	Corrélation faible

Valeur de r	*Interprétation*
$-0.2 < r < 0$	Corrélation très faible
$r = 0$	Corrélation inexistante
$0 < r < 0.2$	Corrélation très faible
$0.2 < r < 0.5$	Corrélation faible
$0.5 < r < 0.7$	Corrélation moyenne
$0.7 < r < 0.9$	Corrélation forte
$0.9 < r$	Corrélation très forte

La valeur du coefficient de corrélation de Pearson (*r*) entre le niveau de prédisposition à la présence et le niveau de présence lors du recueil de donnée R_1 est de 0,387 (*cf.* tableau 25). Le résultat du test indique une valeur de 0,005 pour la significativité.

Tableau 25 : Corrélation prédisposition présence*présence.

		Prédisposition à la présence (T_1)
Présence (T_4)	Corrélation d'après Pearson (*r*)[2]	0,387
(n=52)	p	.005

Ce résultat montre une corrélation positive entre, d'une part, le score obtenu par les élèves au questionnaire de prédisposition à la présence (R_1/T_1) avant le passage dans l'environnement virtuel et, d'autre part, le score au questionnaire de présence (R_1/T_4). Ainsi, pour notre dispositif, la prédisposition à la présence influence l'émergence du sentiment de présence. Ce constat est surtout intéressant parce qu'il est valable indépendamment du niveau d'immersion ou d'interaction. Dans le dispositif de notre premier recueil de données, en plus de l'influence de l'interaction gestuelle que nous avons étudiée ci-dessus, la prédisposition à la présence est donc également à considérer comme un facteur clé dans l'émergence du sentiment de présence dans la réalité virtuelle.

2 Pour rappel, la corrélation (p) est significative à un niveau égal ou inférieur à 0,05.

9.4 Compréhension de l'oral en langue cible

Pour le premier recueil de données, les élèves apprenant l'allemand utilisent un espace de vente virtuel qu'ils aménagent en fonction de consignes données oralement en langue cible par un tuteur virtuel (*cf.* chapitre 7.3.1). Nous rappelons que les 60 élèves sont soumis à trois tests de compréhension orale de l'allemand, deux semaines avant l'immersion (T_2), immédiatement après l'immersion (T_3) et deux semaines après l'immersion (T_4). Juste après l'immersion, ils complètent un questionnaire de présence (T_3) (*cf.* chapitre 8.1.1). Les données recueillies dans le cadre de ce recueil ont été validées pour une analyse statistique significative (*cf.* chapitre 8.2.1).

Les résultats aux tests de compréhension du premier recueil de données permettent la vérification de notre hypothèse $H_{5.1}$, postulant du fait que, dans un dispositif d'apprentissage des langues médiatisé par les technologies numériques, le sentiment de présence influence la compréhension d'énoncés oraux en langue cible. Avec ce recueil de données, nous nous intéressons à l'influence de la présence sur la compréhension de l'oral, non pas pendant, mais après l'expérience en réalité virtuelle. Nous postulons donc que la présence pendant la situation d'apprentissage en réalité virtuelle, aurait une influence positive sur la compétence de compréhension en langue cible, lorsque le même lexique est utilisé dans une situation ultérieure. Les résultats de ce sous-chapitre ont été présentés dans Roy (2014).

Pour réaliser notre analyse statistique sur l'influence de la présence sur les résultats des élèves aux tests de compréhension de l'oral, nous formulons les hypothèses nulles correspondant à notre hypothèse de recherche $H_{5.1}$. Nos tests statistiques vérifient ainsi les hypothèses suivantes, appliquées dans un dispositif d'apprentissage des langues médiatisé par les technologies numériques :

H_0 : La présence en réalité virtuelle n'influence pas nécessairement positivement la compréhension d'énoncés oraux en langue cible.
H_1 : La présence en réalité virtuelle influence positivement la compréhension d'énoncés oraux en langue cible.

Pour la vérification de ces hypothèses, nous effectuons des calculs de corrélation entre le niveau de présence et le taux de réussite aux tests de compréhension de l'oral. Le coefficient de corrélation de Pearson (*r*) exprime l'intensité de liaison entre deux variables. Nous utilisons le même tableau d'interprétation des valeurs de *r* que pour l'étude statistique sur la prédisposition à la présence (*cf.* chapitre 9.3). Le coefficient *r* est à interpréter en fonction de la valeur de *p* dans les résultats des calculs de corrélation, afin d'examiner la significativité statistique de la corrélation observée.

Le tableau 26 indique le coefficient de corrélation de Pearson (*r*) entre le score obtenu par les apprenants au questionnaire de présence (T_4) et leur score aux tests de compréhension de l'oral et de discrimination auditive immédiatement après l'immersion (T_3) et deux semaines après l'immersion (T_5). Les résultats détaillent les résultats pour les deux parties du test de compréhension, la compréhension du sens des énoncés et la discrimination auditive de ces énoncés.

Tableau 26 : Corrélation présence*compréhension de l'oral (R_1).

		Test compréhension sens des énoncés (T_3)	*Test compréhension discrimination des sons (T_3)*	*Test compréhension sens des énoncés (T_5)*	*Test compréhension discrimination des sons (T_5)*
Présence (T_4)	Corrélation d'après Pearson (*r*)[3]	0,272*	0,305**	0,365***	0,410**
	p	p < .10	p < .05	p < .01	p < .05

(n=52)

Les résultats de ce calcul du coefficient de corrélation sont statistiquement significatifs. Ils indiquent :

- une corrélation de 0,254 entre le score au test de compréhension T2 et le score au test de présence,
- une corrélation de 0,272 entre le score au test de présence et le score au test de compréhension T3,
- une corrélation de 0,305 entre le score au test de présence et le score à la partie discrimination auditive du test T3,

3 Pour rappel, la corrélation (p) est significative à un niveau égal ou inférieur à 0,05.

- une corrélation de 0,365 entre le score au test de présence et le score au test de compréhension T5,
- une corrélation de 0,410 entre le score au test de présence et le score à la partie discrimination auditive du test T5.

Bien que faible, nous constatons donc une corrélation entre la présence et la réussite aux tests T_3 et T_5 de compréhension de l'oral post-immersion. Cette corrélation est plus marquée lors des tests réalisés deux semaines après l'immersion dans l'environnement virtuel (T_5).

Comme le souligne Roussel (2014 : en ligne), chercheuse française en sciences du langage et didactique des langues, « une partie de la compréhension de l'oral échappe à la mesure ». Pour l'auteur, il est difficile de dépasser le simple contrôle du résultat de la compréhension ou l'observation de la mise en œuvre de stratégies de compréhension. Le processus cognitif de compréhension, en lui-même, reste difficilement observable. L'interprétation de la corrélation que nous avons établie entre la présence et la compréhension en langue cible ne permet donc pas d'identifier, de manière certaine, le processus cognitif qui conduit à une influence positive de la présence sur la compréhension de l'oral post-immersion.

En convoquant les travaux des linguistes canadiens Vandergrift et Tafaghodtari (2010), Roussel (2014 : en ligne) met en exergue le rôle de la mémoire dans le processus de compréhension. Pour l'auteur, comprendre, c'est

> [é]tablir la cohérence d'un message, c'est établir des relations entre les informations successives, mais également, par ce qu'on appelle les inférences, établir des liens entre les concepts du discours et ceux qui sont stockés dans notre mémoire.

Ainsi, la mémoire joue-t-elle un rôle dans la première phase de la compréhension, celle où l'auditeur discrimine les sons et compare la chaîne phonique aux données phonologiques qu'il a en mémoire. Dans une seconde phase de la compréhension, la mémoire intervient lorsque l'auditeur confronte ses connaissances, stockées dans la mémoire à long terme, pour construire le sens des énoncés qu'il a entendus. Roussel (2014) souligne également que la contextualisation de la tâche d'écoute aide l'apprenant à accéder au sens des énoncés en langues cible.

Nous interprétons, par conséquent, la corrélation entre la présence et une meilleure compréhension de l'oral en langue cible comme un indice montrant les effets de la contextualisation induite par la présence.

Avec le sentiment de présence, l'élève immergé dans l'environnement de réalité virtuelle appréhende mieux la tâche d'apprentissage car elle est plus contextualisée. Selon le scénario proposé dans l'environnement virtuel, l'expérience d'apprentissage sera contextualisée au niveau social et spatial, avec un sentiment, pour l'apprenant, d'avoir agi dans la scène virtuelle. Cette contextualisation liée à la présence participerait à la mémorisation des informations reçues pendant la tâche d'écoute. C'est en ce sens que la présence influencerait positivement la compétence de compréhension de l'oral en langue cible.

Résumé conclusif

L'analyse quantitative du corpus constitué à partir du premier recueil de données apporte, par conséquent, quelques éléments pour corroborer ou infirmer nos hypothèses de recherche.

Dans le dispositif de réalité virtuelle du premier recueil de données, l'immersion sensorielle, ici l'immersion visuelle, tend à renforcer le sentiment de présence chez l'apprenant. Ceci corroborerait notre hypothèse H_1. Les résultats n'étant pas statistiquement significatifs en raison de l'effectif réduit de notre cohorte, ce constat est à confirmer ou à infirmer dans nos analyses ultérieures. L'analyse de l'influence de l'interaction sur le sentiment de présence montre une influence négative de l'interaction gestuelle sur la présence dans l'environnement virtuel. Notre hypothèse H_2 est ainsi infirmée. Notre analyse du corpus de retour d'expérience apporte un élément d'explication de ce résultat, en montrant l'influence négative de la difficulté de manipulation du dispositif d'interaction avec l'environnement virtuel, éprouvée par les apprenants. Nous avons identifié une corrélation positive entre la prédisposition à la présence et l'émergence du sentiment de présence dans l'environnement virtuel de notre premier recueil de données. Ce résultat corrobore notre hypothèse H_3, puisque l'expérience en réalité virtuelle est influencée par l'expérience que les utilisateurs ont des scenarii fictionnels et de la technologie immersive. Enfin, nous avons constaté que la contextualisation liée à la présence influencerait positivement la compétence de compréhension de l'oral en langue cible après l'immersion, lorsque les énoncés écoutés ont un lien direct avec le contexte de l'expérience en réalité virtuelle. Ces premiers résultats corroborent notre hypothèse $H_{5.1}$.

Ces différents résultats tendent vers un même constat, celui de la place centrale de l'utilisateur dans l'expérience en réalité virtuelle. L'analyse qualitative de contenu des entretiens doit permettre d'accéder à cette subjectivité de l'expérience, en relevant des marques discursives de présence dans le corpus d'entretiens.

10. Le discours post-immersion, marqueur de présence

Suivant les sociolinguistes français Blanchet et Chardenet (2011), nous utilisons l'entretien comme révélateur de l'expérience subjective. Cet outil de recueil du discours permettrait ainsi d'appréhender le sentiment de présence de l'apprenant dans l'environnement virtuel. Le présent chapitre examine dans quelle mesure la présence dans un environnement de réalité virtuelle se manifeste à travers le discours produit lors d'un entretien post-immersion.

Nous étudions, pour cela, les marques de présence relatives aux composantes de la présence délimitées dans notre cadre théorique (*cf.* chapitre 5.1) : la présence sociale, la présence spatiale, la présence d'action et la présence de soi. Pour chaque composante de la présence, nous utilisons deux catégories : la présence et la carence de présence. Conformément à notre positionnement théorique (*cf.* chapitre 6), la présence émerge par un processus d'abord inconscient puis conscient. Si l'utilisateur de l'environnement virtuel accepte de se prendre au jeu de la réalité virtuelle, la présence existe de manière plus ou moins forte. L'analyse de la présence doit ainsi considérer ce sentiment comme existant ou inexistant. Il n'y aurait donc pas de présence « positive » et « négative ». Ces deux modalités ont été choisies dans notre cadre méthodologique, pour être appliquées à chaque composante de la présence (*cf.* chapitre 8.3.2). Pour chaque composante, nous présentons donc dans ce chapitre les marques de présence et les marques de carence de la présence.

10.1 Marques de présence sociale dans le discours post-immersion

Une analyse qualitative de notre corpus d'entretiens montre comment la présence sociale se manifeste dans le discours post-immersion. Pour cette analyse, nous nous référons à la théorie de Lee (2004), désignant la présence sociale comme l'accession, par l'utilisateur d'un environnement virtuel, à une forme d'intelligence présente uniquement dans cet environnement virtuel. L'absence de référence théorique sur les marques discursives de la présence sociale nous conduit à mener un codage in-vivo du corpus. D'après Strauss (1991), le codage in-vivo permet d'accéder directement au message du locuteur, en relevant dans le discours, sans classification prédéfinie, les énoncés constituant eux-mêmes une catégorie. Les questions 3 « Qui était dans la simulation ? » et 7 « Qui est-ce qui te parlait ? », du guide d'entretien (*cf.* annexe 9), sont susceptibles de constituer des éléments déclencheurs d'énoncés nous renseignant sur la présence sociale.

10.1.1 Marques de la présence sociale

Nous relevons, dans 45 entretiens du recueil 2, 121 marques de présence sociale, renvoyant au personnage de l'environnement virtuel (Céline Steinbach). Nous identifions 66 marques de présence sociale dans 15 entretiens du recueil 3. Les mots utilisés font référence d'une manière plus ou moins précise au personnage virtuel, aussi bien dans les entretiens en français qu'en allemand. La nature grammaticale des mots agissant comme marque de la présence sociale est révélatrice de cette variation dans la référence au personnage virtuel. Nous présentons les marques de présence sociale récurrentes dans notre corpus d'entretiens[1], afin de mettre en relation les outils linguistiques utilisés pour désigner le personnage virtuel et le degré de présence qu'ils induisent dans le contexte de notre entretien post-immersion.

Être avec un personnage identifié

Les références les plus précises au personnage virtuel sont l'utilisation d'un prénom féminin ou d'un nom et l'évocation d'un personnage germanophone (*cf.* exemple 3).

1 Pour rappel, les entretiens ont eu lieu en langue maternelle. Les exemples en français sont issus des entretiens avec les élèves scolarisés en France, qui apprennent l'allemand. Les exemples en allemand sont issus des entretiens avec les élèves scolarisés en Allemagne, qui apprennent le français.

Segment du corpus	*Transcription*	*Tour*
Euh une dame allemande	D01_0503_Ent	18
une fille imaginaire allemande	D01_0608_Ent	28
Une personne en allemand, une voix de femme, je pense.	D02_0501_Ent	21
une allemande plutôt	D02_0605_Ent	17

Exemple 3 : Présence sociale, référence à un personnage féminin germanophone (Entretiens R_2).

Lorsque le personnage virtuel est incarné par un prénom, il est sexué et ressenti comme un acteur de l'univers virtuel. L'association du personnage à une origine géographique, en lien avec la langue qu'il parle, lui donne des caractéristiques d'un individu. La mention d'un prénom et d'une appartenance géographique constitue ainsi des marques de présence fortes.

Notons que les élèves scolarisés en Allemagne, qui ont joué en français, ne font jamais explicitement référence à un personnage francophone pour désigner le personnage non joueur de l'environnement virtuel. Ils désignent le personnage par son prénom (*cf.* exemple 4).

Segment	*Transcription*	*Tour*
ich hab ja auch einmal die Céline gefragt	LD01-03_Ent	4
Céline Steinbach	LD01-04_Ent	16
(.) Ja die Celine Steinbach da wahrscheinlich.	LD02-05_Ent	19
Diese Celine Steinbach	LD02-06_Ent	8

Exemple 4 : Présence sociale, « Céline Steinbach » (Entretiens R_3).

Dans le corpus des entretiens enregistrés en Allemagne, 7 élèves font précéder le prénom « Céline » de l'article défini « *die* ». L'utilisation d'un article défini devant un nom commun est usuelle dans le sud de l'Allemagne. Elle ne doit, par conséquent, pas être interprétée comme une mise en exergue du personnage non joueur ou comme une trace de présence plus marquée. L'utilisation de l'adjectif démonstratif « *Diese* » (2 fois) souligne, par contre, l'appréhension du personnage non joueur comme un personnage connu de l'élève.

Être avec un personnage sexué

Les apprenants français interrogés font référence au personnage virtuel par l'emploi des noms communs « dame » (19 occurrences), « femme » (9 occurrences) et « fille » (10 occurrences), pour désigner une personne de sexe féminin présente dans l'environnement virtuel (*cf.* exemple 5). Ce nom commun est le plus souvent précédé de l'article indéfini féminin singulier « une » (28 fois). Il est parfois précédé de l'article défini féminin « la » (10 fois).

Segment du corpus	*Transcription*	*Tour*
une madame	D01_0601_Ent	19
genre une dame qui parlait en allemand	D02_0604_Ent	18
Une dame, je sais pas qui c'était (rire) mais il y avait une dame qui me parlait	D02_0608_Ent	19
la dame racontait	D01_0604_Ent	5
comme si la dame elle parlait dans sa barbe	D01_0605_Ent	6

Exemple 5 : « dame » comme marque de présence sociale (Entretiens R_2).

Les élèves allemands n'utilisent pas « *Dame* » mais « *Frau* » (9 occurrences) pour désigner le personnage non joueur (*cf.* exemple 6). Plus qu'en français, « *Dame* » désigne, en allemand contemporain, une femme cultivée et particulièrement bien éduquée. Dans le cadre des entretiens, l'utilisation de « *Frau* » est ainsi à considérer comme l'équivalent des noms communs français « dame » et « femme ».

Segment	*Transcription*	*Tour*
bloß die Frau, die *hat wie ein Dinosaurier gelaufen	LD01-03_Ent	18
Die Frau irgendwie	LD02-02_Ent	8
die Frau ist gesprungen	LD01-03_Ent	32
*Ne Frau	LD01-02_Ent	27

Exemple 6 : « *Frau* » comme marque de présence sociale (Entretiens R_3).

Ces références, en français et en allemand, témoignent de l'appréhension d'un individu dans l'environnement virtuel. Même s'il n'est pas nommé, le personnage existe dans l'univers de référence des utilisateurs sous forme sexuée. Ceci renforce la présence du personnage dans l'environnement virtuel, puisque ces marques lui donnent des caractéristiques humaines. Avec l'utilisation de l'article défini, le personnage de l'univers virtuel est désigné de manière plus précise, ce qui semble témoigner d'une présence sociale accrue.

Être avec une personne ou un personnage indéterminé

Pour indiquer avec qui ils étaient, les élèves évoquent, plus généralement, une personne ou un personnage, avec 18 occurrences chez les élèves français et 5 chez les élèves allemands. (*cf.* exemple 7 et exemple 8).

Segment	*Transcription*	*Tour*
(.) de la personne qui dictait	D01_0503_Ent	5
C'est comme si la personne, elle était autour de soi	D02_0503_Ent	6
y avait cette, cette personne-là qui me disait quoi faire	D02_0607_Ent	9

Exemple 7 : « personne » comme marque de présence sociale (Entretiens R_2).

Segment	*Transcription*	*Tour*
also die andere Person, [I : Mhm, Céline] von der ich nicht weiß wer das ist	LD01-04_Ent	16
der Charakter, wo rumgelaufen ist	LD01-01_Ent	9

Exemple 8 : « *Person* » comme marque de présence sociale (Entretiens R_3).

La référence au personnage virtuel n'est ici pas sexuée, mais renvoie bien à une forme d'intelligence dans l'environnement virtuel. Ces énoncés constituent donc des marques de présence positive.

Être avec une voix

Chez les élèves français, cette référence asexuée renvoie également à une « voix », avec 12 occurrences (*cf.* exemple 9).

Segment	*Transcription*	*Tour*
Je sais pas, c'était la voix qui représentait les consignes du jeu, je pense	D01_0510_Ent	26
[I : Ouais.] et la voix	D01_0512_Ent	12
avec euh avec la voix-off (rire) si je peux dire ça	D01_0513_Ent	10

Segment	*Transcription*	*Tour*
La voix, elle m'a aidé surtout	D02_0506_Ent	23
la voix qui (rire) ben (.)	D02_0507_Ent	41

Exemple 9 : « voix » comme marque de présence sociale (Entretiens R_2).

La version du jeu utilisée par les élèves allemands intègre la visualisation du personnage non joueur, représenté par un avatar. La présence du personnage à l'écran explique que les élèves allemands ne fassent pas explicitement référence à une voix. Avec les références à une personne ou à une voix, la présence sociale demeure, mais elle est moindre, puisque le personnage virtuel n'est pas pleinement ressenti.

Utiliser des pronoms personnels cohérents

Enfin, à 20 reprises, le pronom personnel sujet féminin singulier « elle » désigne le personnage de l'environnement virtuel. L'utilisation du pronom personnel sujet neutre singulier « on » (7 occurrences) témoigne d'une présence sociale mais à un niveau moindre puisque, là encore, le personnage n'est appréhendé ni dans une dimension sexuée ni dans une dimension personnelle.

Certaines marques discursives permettent ainsi d'identifier une présence de l'utilisateur dans l'environnement virtuel : nommer le personnage par son nom ou son origine géographique, le désigner, par l'utilisation d'un nom commun ou d'un pronom, comme une personne sexuée ou dans une moindre mesure, faire référence à sa voix.

10.1.2 Marques de carence de présence sociale

D'autres marques discursives nous permettent d'identifier une carence de présence sociale de l'utilisateur dans l'environnement virtuel. Avec ces marques, les élèves témoignent ne pas avoir rencontré de personnage dans l'environnement virtuel, ou avoir eu l'impression d'être avec des personnes de la réalité écologique. Nous en relevons 87 dans 33 entretiens de notre corpus R_2 et 7 dans 3 entretiens de corpus R_3.

Être seul dans l'environnement virtuel

Certaines de ces marques témoignent d'une absence partielle ou totale d'appréhension du personnage virtuel. Répondant à la question « Qui était dans la simulation ? » l'interviewé n'identifie parfois pas d'autre personne dans l'environnement virtuel que lui-même, 30 fois dans le corpus R_2, jamais dans le corpus R_3. (*cf.* exemple 10).

Segment du corpus	*Transcription*	*Tour*
Euh moi, ben c'était moi, normalement	D01_0502_Ent	23
Euh moi (rire)	D01_0504_Ent	13
ben y avait moi, et euh voilà	D01_0606_Ent	27
mais après des personnages, non, y en a pas.	D02_0501_Ent	14

Exemple 10 : Carence de présence sociale :
pas d'identification du personnage (Entretiens R_2).

Dans ce cas, l'appréhension du personnage virtuel est nulle, témoignant que l'utilisateur n'a pas accédé à la forme d'intelligence virtuelle qui lui était proposée dans le scénario du jeu sérieux. La présence sociale est donc inexistante.

Être avec les personnes de la réalité écologique

D'autres marques discursives indiquent la présence, dans l'environnement de référence pendant l'expérience, de personnes faisant partie de la réalité écologique (*cf.* exemple 11 et exemple 12), 30 fois dans le corpus R_2 et 6 fois dans le corpus R_3.

Segment du corpus	*Transcription*	*Tour*
on me le repassait	D01_0501_Ent	6
je demandais les mots à la dame	D01_0605_Ent	17
celle qui était sur l'ordinateur et qui validait les trucs	D01_0605_Ent	20
la dame qui était à côté de moi qui l'a aussi dit	D01_0605_Ent	28

Exemple 11 : Carence de présence sociale :
référence à des personnes de la réalité écologique (Entretiens R_2).

Segment du corpus	*Transcription*	*Tour*
Und dann hat die Frau K gesagt: „Ja, folg ihr, folg ihr!“	LD01-07_Ent	12
die Frau die am Computer saß	LD01-03_Ent	34

Exemple 12 : Carence de présence sociale : référence à des personnes de la réalité écologique (Entretiens R_3).

D'un point de vue formel, ces marques sont parfois identiques à celles indiquant une présence : « dame », « madame », « elle ». Le contexte discursif de leur utilisation nous permet cependant de les identifier comme des références aux personnes présentes dans la pièce lors de l'immersion, observatrices de l'expérience ou opérateurs techniques. Cette référence à des personnes de la réalité écologique se manifeste dans le discours également par l'utilisation des pronoms personnels « on » et « ils » qui ne renvoient pas de manière cohérente au personnage du jeu sérieux. Ces marques discursives témoignent ainsi de la sortie de l'utilisateur de l'environnement proposé, au moins dans la dimension sociale de l'expérience en réalité virtuelle. Elles constituent des marques de carence de présence sociale dans le discours post-immersion.

Être avec le dispositif technique

Enfin, lorsque l'interviewé indique avec qui il était dans l'environnement virtuel ou avec qui il échangeait verbalement, on observe une référence au dispositif technique de réalité virtuelle, 9 fois dans le corpus R_2 (*cf.* exemple 13).

Segment du corpus	*Transcription*	*Tour*
c'était un synthétiseur ?	D02_0508_Ent	35
(rire) Euh ouais ben c'était, c'était l'ordinateur.	D02_0513_Ent	30
on peut parler avec le logiciel	D02_0602_Ent	4
Un enregistrement,	D02_0604_Ent	18
Sur une piste audio qui était faite comme ça	D02_0612_Ent	17

Exemple 13 : Carence de présence sociale : substitution du dispositif technique au personnage (Entretiens R_2).

Ces marques discursives témoignent d'une rupture de l'illusion de non médiatisation qui caractérise la présence en réalité virtuelle. Cette rupture a lieu dans la dimension sociale de l'expérience et constitue également une marque de carence de présence sociale.

Par conséquent, le discours des apprenants, lors de nos entretiens post-immersion, comporte bien des marques d'une appréhension plus ou moins forte du personnage de l'environnement virtuel ou des références à des personnes extérieures à l'environnement virtuel. Ces marques discursives témoignent, dans le premier cas, de différents degrés de présence sociale, ou dans le second cas, de la rupture de la présence sociale en réalité virtuelle.

10.1.3 Accumulation de marques de présence sociale

Après avoir identifié les manifestations de la présence sociale dans le discours, nous analysons leur relation au sein d'un même entretien, en nous appuyant sur quelques cas typiques.

Appréhension précise du personnage

Guillaume[2], apprenant interrogé dans le cadre d'un entretien post-immersion lors de notre relevé de données R_2, est questionné sur la présence d'un personnage dans l'environnement virtuel (*cf.* exemple 14)[3].

Tour	*Discours*
14	I : D'accord. Et qui était dans la simulation ? E : **La fille**.
25	I : La fille, quelqu'un d'autre ? E : J'sais pas j'ai juste entendu « **Céline** » *je crois **elle** s'appelait.
31	I : Et c'est dû à quoi (inc.) ? E : J'sais pas c'était pas vraiment bien expliqué, après je sais pas si **elle** expliquait **en allemand** ou pas, j'ai pas tout compris mais (.) quand on, juste avec la vue on comprenait pas trop ce qu'il fallait faire.
37	I : D'accord, O. K. Et qui est-ce qui te parlait alors ? E : Céline.

2 Les prénoms sont fictifs afin de garantir l'anonyma des données. Les prénoms fictifs ont été attribués afin d'indiquer le sexe des participants (*cf.* annexe 11).

3 Les surlignages dans les exemples ont été ajoutés à la transcription originale afin de mettre en relief les passages analysés.

Tour	*Discours*
38	I : Céline. Et c'est qui ? E : Ben je sais pas, **la fille de** (.) je sais pas (.), **celle qui fait la voix**, j'en sais rien, la **voix *off*.**

Exemple 14 : Présence sociale : appréhension précise / Guillaume (Entretiens R_2 ; D01_0611).

Au tour de parole 14, avec « fille », Guillaume identifie immédiatement le personnage de manière sexuée, en précisant de manière implicite le jeune âge du personnage. Il produit ensuite différents types de marques de présence sociale : « fille », le prénom féminin « Céline », le pronom personnel féminin singulier, l'utilisation éventuelle de la langue allemande par le personnage. L'accumulation de ces marques de présence sociale dessine le personnage virtuel dans le discours de Guillaume. Même si le personnage reste énigmatique (tour 38), celui-ci est bien appréhendé par Guillaume pendant l'expérience en réalité virtuelle. Nous pouvons ainsi interpréter l'accumulation de différentes marques de présence comme révélatrice d'un fort degré de présence sociale. Cette interprétation est confirmée par l'absence de marque de carence de présence sociale dans le discours de Guillaume.

Appréhension progressive du personnage

Jana, interrogée lors de notre relevé de données R_3, utilise une accumulation semblable des marques de présence sociale, en identifiant d'abord le virus, par la forme qu'il prend dans la simulation (*Maske*). L'identification du personnage non joueur de Céline Steinbach se fait à l'aide de différentes marques de présence sociale (*cf.* exemple 15).

Tour	*Discours*
9	I : Und wer war in dieser Simulation? S : **Die Maske** und **der Charakter**, wo rumgelaufen ist.
14	I : Ahja mhm. Wer hat mit dir gesprochen? S : **Der Charakter**. Also **das Mädchen**. [I : Mhm.] Oder **die Frau.** [I : Mhm]

Tour	*Discours*
15	I : Und warum war diese Stimme da? S : Ähm. **Die** hat mir gesagt, wo ich hin muss.

Exemple 15 : Présence sociale : appréhension progressive / Jana (Entretiens R_3 ; LD01-01).

Les différentes marques de présence sociale témoignent des caractéristiques de la présence ressentie par l'élève. Elle fait d'abord référence à un personnage (*der Charakter*), puis à un personnage féminin de son âge (*das Mädchen*), puis à un personnage féminin plus âgé (*die Frau*). Par une accumulation progressive des marques de présence sociale, le discours de l'élève témoigne donc d'une présence sociale renvoyant à une appréhension de plus en plus précise du personnage non joueur.

Marques de présence dispersées

L'entretien de Maurice illustre une articulation récurrente, dans les entretiens, entre deux types de marques de présence sociale (*cf.* exemple 16).

Tour	*Discours*
18	E : Mmm. Euh (.) (rire) j'aurais, j'aurais dit euh enfin punaise, enfin « *j'comprends pas **la voix** pourquoi **elle**, pourquoi j'entends pas, pourquoi **elle** utilise pas d'autres mots et… » [I : Mmm], ç'aurait pu être ça (.). La plupart du temps c'était ça que je me demandais euh c'était uniquement par rapport à ce que j'entendais, le visuel y avait pas de problème c'était plutôt par rapport à ce que j'entendais. Des fois **elle** posait des questions [I : Mmmm], « mais qu'est-ce que c'est que ce mot » et ensuite, parfois je me rappelais, parfois pas. Ensuite je devais changer ma réponse, poser euh, demander qu'est-ce que, qu'est-ce que [I : Mmm] veut dire ce mot, plutôt que de dire je ne sais, je ne comprends pas.
21	I : Pas besoin d'aller dans le fond du détail hein (rire) c'est suffisant. Euh mmm et donc qui était dans la simulation ? E : (.) Euh **la personne qui parlait** ?
23	E : *Fin je, qui était dans la simulation, moi déjà [I : Mmm]. Euh ensuite euh *p'têt **la personne qui (.) qui me parlait**, qui me donnait euh, qui me parlait de la crypte euh, comment réparer euh, déplacer les pierres [I : Mmm] un truc comme ça.

Tour	*Discours*
24	I : Et euh qu'est-ce que tu as fait pendant cette simulation ? E : Ben euh j'ai dû euh (.) parler et répondre à la, à **la personne qui me, qui me racontait** euh l'histoire de la crypte et qui me disait euh, qui me demandait euh, qui me posait des questions. J'avais à, à re, à déplacer des objets grâce à un *Smartphone* qu'on nous a donné et aussi changer les couleurs de, d'une rosace, de la rosace de la cathédrale.
28	I : D'accord. Euh non je vais pas, je vais pas te parler de ça (rire), y a le questionnaire. Euh, qu'est-ce que tu as fait avec les pierres qui étaient au sol dans la crypte ? E : Euh (.) Ben, euh, à propos du (.) euh de la projection à quelque moment elle a *bugué* en quelque sorte, on a dû recommencer et donc j'avais déjà vu les pierres [I : D'accord] un moment avant même qu'**elle** me pose les questions à propos des pierres j'essayais déjà de les viser et de les déplacer.

Exemple 16 : Présence sociale, dispersion / Maurice (Entretiens R_2 ; D02_0514).

On observe, dans les réponses de Maurice, la combinaison de la référence à une « personne » non identifiée (tours 21, 23, 24) et de l'utilisation du pronom personnel féminin singulier (trois fois au tour 18, une fois au tour 28). L'association de ces deux marques de présence sociale, que nous retrouvons dans d'autres entretiens, suffit à signaler une présence sociale positive. Même si le personnage virtuel n'est pas clairement identifié, il est bien présent dans l'environnement de référence de l'apprenant.

Présence et carence de présence

Comme le montre l'entretien de Romain, des marques de présence sociale et de carence de présence ne s'excluent pas mutuellement (*cf.* exemple 17).

Tour	*Discours*
12	I : Ouais O. K., et qui était dans la dans la simulation ? E : **Ben moi.**
13	I : C'est tout ? E : Euh **oui**.

Tour	Discours
24	I : D'accord. Et qui est-ce qui te parlait ? E : **Une dame**.

Exemple 17 : Marques de présence et de carence de présence sociale / Romain (Entretiens R_2 ; D01_0609).

Romain n'identifie pas d'autre personne que lui dans la simulation (tour 12), même après une relance de l'interviewer (tour 12). Lorsque la question porte plus spécifiquement sur l'échange verbal entre le personnage virtuel et l'élève, Romain témoigne d'une appréhension du personnage, qu'il identifie comme « une dame » (tour 24). Nous retrouvons dans la plupart des entretiens du recueil R_2 (32/46) à la fois des marques de présence sociale et de carence de présence sociale, à des degrés différents. Cette dualité témoigne de la complexité de la présence sociale : le personnage virtuel peut être entièrement appréhendé ou seulement par une de ses composantes, comme sa voix.

Le recueil du discours de l'apprenant lors d'un entretien post-immersion permet par conséquent d'appréhender la complexité de la présence sociale. L'accumulation de différentes marques est parfois révélatrice d'une présence sociale forte, surtout lorsque ces marques ne sont pas accompagnées de marque de carence de présence sociale. L'accumulation peut également permettre de reconstruire, par le discours, l'appréhension du personnage non joueur pendant la simulation, avec une accumulation progressive de ses caractéristiques, comme avec Jana. Enfin, l'accumulation de marque de présence sociale et de carence de présence sociale témoigne de la complexité de l'expérience et de l'appréhension plus ou moins partielle des personnages non joueurs.

10.2 Marques de présence spatiale dans le discours post-immersion

Suivant Lee (2004) et Bouvier (2009), nous avons défini la présence spatiale comme la perception des objets virtuels comme des objets constituant l'environnement de la simulation. L'environnement ne doit pas nécessairement être identifié comme un lieu spécifique, par exemple celui du scénario de la simulation. Il doit par contre être distinct de l'environnement de la réalité écologique, où se situe le dispositif de réalité virtuelle et où évolue physiquement l'utilisateur. L'analyse qualitative du corpus d'entretiens, toujours à partir d'un codage in-vivo, doit mettre en lumière comment la présence spatiale se manifeste dans le discours post-immersion. La question 2 : « Où est-ce que s'est déroulée la simulation ? » du guide d'entretien (*cf.* annexe 9) est susceptible de déclencher des marques du discours nous renseignant sur la présence spatiale. Le terme simulation est volontairement neutre, puisqu'il désigne l'utilisation du dispositif technique et l'environnement virtuel. Les interviewers ont parfois reformulé la question, en employant également des termes neutres, comme « jeu » par exemple. L'interviewer a parfois demandé à l'élève de localiser le « monde virtuel ». La réponse n'a dans ce cas pas été codée comme marque de présence, puisque les termes utilisés orientaient la réponse uniquement vers une marque de présence positive, avec la localisation de la simulation, *a priori*, dans un environnement virtuel.

10.2.1 Marques de présence spatiale

Nous relevons, dans 44 entretiens du recueil R_2, 103 marques de présence spatiale positive, renvoyant à une localisation de la simulation dans un environnement virtuel. Nous identifions 28 marques de présence sociale dans 14 entretiens du recueil R_3. Les élèves utilisent des termes localisant la simulation dans un environnement différent de l'environnement de la réalité écologie. Selon les termes utilisés, l'environnement est localisé d'une manière plus ou moins précise.

Être dans un lieu virtuel similaire à celui du scénario

Timo et Linda localisent la simulation dans un lieu clos, en parlant respectivement d'une cave et d'un temple (*cf.* exemple 18 et exemple 19).

Tour	*Discours*
8	I : Und was war das für, also was du da gesehen hast was war das für dich? Wo warst du? S : **Wie so ein Tempel**, fand ich. [I : Ahja, mhm.] Ja, als ob man da gefangen wäre, also *des, *die war, oder der war da ja eigentlich auch gefangen. [I : Mhm.] Und ja. [I : Mhm.]

Exemple 18 : Présence spatiale, « *Tempel* » / Timo (Entretiens R_3 ; LD01-02).

Tour	*Discours*
31	I : Mhm. Okay.Ähm äh ; für dich. Wo hat das Spiel stattgefunden? S : Also mir kam das *nich' vor, wie die Kathedrale, sondern irgendwie als wär' ich einfach **in so 'nem eingeschlossenen Keller** irgendwie [I : Ahja.] **ohne Fenster** [I : Mhm.] und **ohne alles** [I : Mhm.] Oder waren da Fenster? Bin mir nicht sicher. [I : Ist egal.]

Exemple 19 : Présence spatiale, « *Keller* » / Linda (Entretiens R_3 ; LD01-06).

Dans les deux cas, le lieu désigné ne correspond pas au lieu du scénario de jeu. La présence spatiale est cependant existante puisque les élèves désignent un lieu virtuel. On la constate également lorsque l'élève ne peut nommer le lieu mais le localise à un autre endroit que celui de la réalité écologique.

Être dans le lieu virtuel du scénario

La plupart des marques de présence spatiale témoignent d'une localisation de la simulation dans une église ou une cathédrale (53 fois dans le recueil R_2 et 14 fois dans le recueil R_3). Une indication géographique ou temporelle précise parfois la localisation (*cf.* exemple 20 et exemple 21).

Segment du corpus	*Transcription*	*Tour*
Also in der Kirche.	LD01-01_Ent	8
in (.) ähm 'ner Kathedrale	LD02-04_Ent	7
In der Kathedrale in Straßburg	LD01-08_Ent	19

Exemple 20 : Présence spatiale, « *Kathédrale* » (Entretiens R_3).

Segment du corpus	*Transcription*	*Tour*
dans une cathédrale	D01_0610_Ent	8
C'était la cathédrale de Strasbourg	D01_0609_Ent	12
dans une cathédrale, au moyen âge	D01_0501_Ent	10

Exemple 21 : Présence spatiale, « Cathédrale » (Entretiens R_2).

Être à un endroit précis du lieu virtuel

La localisation peut être plus précise, lorsqu'elle porte sur une partie de la cathédrale (*cf.* exemple 22).

Segment du corpus	*Transcription*	*Tour*
c'était dans la crypte	D02_0606_Ent	7
dans (.) dans la crypte [I : Mmm.] ou devant la rosace	D01_0609_Ent	10

Exemple 22 : Présence spatiale, lieu précis dans la cathédrale (Entretiens R_2).

Tenir un métadiscours positif sur l'immersion

Enfin, le discours des élèves comporte des marques de présence spatiale autres que celles de la localisation du lieu de la simulation, 6 fois dans le recueil R_2 et 2 fois dans le recueil R_3 (*cf.* exemple 23).

Tour	*Discours*
8	S : Irgendwie; das hat sich so angefühlt, als wär ich da so halb *rich' also **so echt** da drin […].

Exemple 23 : Présence spatiale, métadiscours / Linda (Entretiens R_3 ; LD01-06).

Les marques de présence spatiale se manifestent alors dans un métadiscours sur l'immersion dans le dispositif de réalité virtuelle.

Le métadiscours sur l'immersion en réalité virtuelle contient également des appréciations positives sur la qualité des graphismes et leur réalisme (*cf.* exemple 24).

Segment du corpus	*Transcription*	*Tour*
la 3D c'est, ça rendait bien	D01_0611_Ent	3

Segment du corpus	*Transcription*	*Tour*
Les graphismes, euh tout ça c'était, vachement bien réalisé	D01_0506_Ent	3
les images étaient belle	D01_0501_Ent	7

Exemple 24 : Présence spatiale, graphismes (Entretiens R_2).

La qualité des graphismes participe à la présence spatiale. Une appréciation positive de la visualisation de l'environnement constitue, ainsi, une marque de présence spatiale positive.

La présence spatiale se manifeste par conséquent dans le discours post-immersion avec l'identification d'un lieu autre que l'environnement de la réalité écologique. L'appréhension de ce lieu peut être plus ou moins précise, lorsque les élèves évoquent, par exemple, un lieu inconnu, une église, la cathédrale de Strasbourg ou la crypte de la cathédrale. La désignation d'un lieu précis, qu'il corresponde ou non au lieu du scénario, constitue une marque de présence spatiale forte. Lorsque le lieu est inconnu ou lorsqu'il ne peut être caractérisé avec précision, la présence spatiale est plus faible, bien que positive.

10.2.2 Marques de carence de présence spatiale

Nous identifions, dans 28 entretiens du recueil R_2, 54 marques de carence de présence spatiale, renvoyant à une localisation de la simulation dans un environnement virtuel. Nous relevons 5 marques de carence de présence spatiale dans 7 entretiens du recueil 3. Les marques de carence de présence spatiale sont de deux types : d'une part, la localisation de la simulation dans l'environnement de la réalité écologique, et d'autre part, un métadiscours témoignant d'une difficulté à voir les objets constituant l'environnement virtuel.

Être dans la réalité écologique

Dans 11 entretiens du recueil R_2, la simulation est localisée dans la réalité écologique (*cf.* exemple 25).

Segment du corpus	*Transcription*	*Tour*
Dans la salle d'à côté (rire)	D01_0511_Ent	16
dans une pièce, je crois que c'était la pièce de S.I. ouais	D01_0605_Ent	33
Euh (.) dans la salle euh (.) avec le rétroprojecteur	D02_0612_Ent	7

Exemple 25 : Carence de présence spatiale, réalité écologique (Entretiens R_2).

Pour nommer l'environnement appartenant à la réalité écologique, les élèves localisent la salle au sein de l'établissement scolaire, ils la désignent par son nom, en nommant la classe qui occupe habituellement la salle (« S.I »[4]), ou encore en la caractérisant par son équipement en matériel informatique. Dans tous les cas, les énoncés du discours constituent des marques d'une forte carence de présence spatiale, puisque spontanément, l'expérience en réalité virtuelle n'est pas localisée sur le lieu du scénario mais dans la réalité écologique.

Avoir des difficultés de visualisation

Au cours des entretiens, des élèves témoignent d'une difficulté à visualiser les objets virtuels ou portent une appréciation négative sur la qualité des graphismes, 36 fois dans 19 entretiens du recueil R_2 et 5 fois dans 4 entretiens du recueil R_3 (*cf.* exemple 26 et exemple 27).

Segment du corpus	*Transcription*	*Tour*
les graphismes euh parfois étaient pas très beau	D02_0514_Ent	4
c'était pas très clair où on visait	D02_0512_Ent	4
la 3D qu'on voyait euh, on la ressentait pas tant que ça.	D02_0512_Ent	1

Exemple 26 : Carence de présence spatiale, graphismes (Entretiens R_2).

Segment du corpus	*Transcription*	*Tour*
Und dann konnte man das manchmal nicht so gut erkennen.	LD01-07_Ent	7

4 Les élèves suivant la filière de formation en sciences de l'ingénieur.

Segment du corpus	*Transcription*	*Tour*
Mal hab ich nichts gesehen wegen dem Fernseher irgendwie.	LD01-04_Ent	13

Exemple 27 : Carence de présence spatiale, graphismes (Entretiens R_3).

Le problème de visualisation des objets de l'environnement virtuel et le sentiment de non réalisme des graphismes participent à une appréhension moindre de l'environnement virtuel comme environnement visuel de référence. Le métadiscours des élèves sur les graphismes, lorsqu'il exprime une appréciation négative, constitue ainsi une marque de carence de présence spatiale.

La carence de présence spatiale se manifeste par conséquent, d'une part, par une localisation de la simulation dans la réalité écologique, et d'autre part, par un métadiscours sur la qualité de l'immersion mettant en exergue des difficultés à visualiser les objets de l'environnement virtuel.

10.3 Marques de présence d'action dans le discours post-immersion

Suivant Bouvier (2009), nous avons défini la présence d'action comme la conscience de l'utilisateur de pouvoir effectivement agir sur l'environnement virtuel. Les actions de l'utilisateur doivent provoquer une actualisation logique de l'environnement virtuel. Les questions 4 « Qu'est-ce que tu as fait pendant la simulation ? » et 6 « Qu'as-tu fait avec les pierres qui étaient au sol ? C'était difficile ou facile ? » du guide d'entretien (*cf.* annexe 9) sont susceptibles de déclencher des énoncés révélateurs de présence d'action dans le discours. Un codage in-vivo des énoncés nommant les actions accomplies pendant la simulation doit permettre de différencier les actions accomplies dans le scénario de l'environnement virtuel des actions menées sur le dispositif de réalité virtuelle lui-même.

10.3.1 Marques de présence d'action

Nous relevons, dans 45 entretiens du recueil R_2, 164 marques de présence d'action et 41 marques de présence d'action dans les 13 entretiens du recueil R_3. Avec ces marques de présence, les élèves nomment différents types d'actions renvoyant à des actions du scénario.

Réaliser la tâche globale

Lorsque les élèves expliquent ce qu'ils ont fait dans la simulation, certains indiquent qu'ils ont reconstruit la cathédrale ou sauvé le père de Céline Steinbach (*cf.* exemple 28 et exemple 29).

Segment du corpus	*Transcription*	*Tour*
On a reconstruit la cathédrale	D01_0505_Ent	16
j'ai reconstruit la cathédrale	D01_0612_Ent	23

Exemple 28 : Présence d'action, tâche globale (Entretiens R_2).

Segment du corpus	*Transcription*	*Tour*
ihr helfen sollen, ihren Vater da rauszubekommen	LD02-06_Ent	11
um die Kathedrale wieder (.) zu reparieren	LD02-02_Ent	10

Exemple 29 : Présence d'action, tâche globale (Entretiens R_3).

Les élèves se réfèrent ainsi à la tâche globale du scénario de jeu. L'action est envisagée d'une manière globale, mais les énoncés décrivent bien des actions dans le jeu et non l'action de jouer au jeu. Les énoncés constituent par conséquent des marques de présence d'action positive.

Réaliser les tâches intermédiaires

Les élèves nomment également la reconstruction des colonnes de la crypte et la coloration de la rosace de la cathédrale (*cf.* exemple 30).

Segment du corpus	*Transcription*	*Tour*
j'ai dû réparer des des pieds de la la cathédrale	D01_0513_Ent	11

Segment du corpus	*Transcription*	*Tour*
j'ai colorié la rosace	D01_0601_Ent	20

Exemple 30 : Présence d'action, tâche intermédiaire (Entretiens R_2).

Ils se réfèrent ainsi aux tâches intermédiaires de chaque scène du scénario du jeu sérieux. Ces marques de présence d'action montrent que les actions accomplies pendant la simulation, à l'aide du dispositif de réalité virtuelle, ont constitué, pour les élèves, une tâche cohérente dans le scénario de jeu.

Agir sur les objets virtuels

Pour indiquer ce qu'ils ont fait pendant la simulation, certains élèves disent avoir cherché et déplacé des pierres (*cf.* exemple 31).

Segment du corpus	*Transcription*	*Tour*
die Steine zu suchen und einzusetzen	LD02-06_Ent	4
Ich *hab' die Steine einfach gesammelt und eingesetzt, ja.	LD02-08_Ent	9

Exemple 31 : Présence d'action, action sur les objets (Entretiens R_3).

Les élèves nomment donc des actions sur les objets composant l'environnement virtuel. Les termes utilisés renvoient à des actions que l'on aurait sur les mêmes objets non virtuels dans la réalité écologique, par exemple, 'déplacer' une pierre. Ils constituent ainsi des marques de présence d'action.

Tenir un métadiscours positif sur l'interaction

Enfin, les entretiens sont ponctués de remarques sur la qualité de l'expérience dans l'environnement virtuel. Ces remarques sont souvent formulées au début de l'entretien, en réponse à la question 1 « Alors, comment c'était ? » (*cf.* exemple 32).

Segment du corpus	*Transcription*	*Tour*
on pouvait faire euh à peu près tout ce qu'on voulait, tout ce qui était possible de faire.	D01_0506_Ent	4
Je veux dire interagir avec euh des choses réelles	D01_0601_Ent	7

Segment du corpus	*Transcription*	*Tour*
voilà c'est instinctif je moi moi j'ai pas mal accroché	D01_0513_Ent	2

Exemple 32 : Présence d'action, discours sur l'interaction (Entretiens R_2).

Ce métadiscours porte ainsi sur l'interaction entre l'utilisateur et l'environnement virtuel. Les actions sur les objets de l'environnement virtuel sont considérées par les élèves comme cohérentes, parce qu'elles sont fluides, instinctives et effectuées librement. Ce métadiscours positif sur l'interaction constitue ainsi des marques de présence d'action.

Les marques de présence d'action sont par conséquent de deux types. Elles sont constituées, d'une part, des énoncés sur les actions réalisées dans le scénario de jeu, et d'autre part, d'un métadiscours positif sur l'interaction entre l'utilisateur et l'environnement virtuel. Les marques de présence d'action portant sur des actions réalisées dans le scénario portent le plus souvent sur les tâches intermédiaires du scénario de jeu, mais renvoient également à un niveau micro, avec des actions précises sur les objets de l'environnement, ou à un niveau macro, avec la tâche globale du scénario de jeu.

10.3.2 Marques de carence de présence d'action

Nous relevons, dans 39 entretiens du recueil R_2, 107 marques de carence de présence d'action, renvoyant à des actions dans le dispositif, dans la réalité écologique. Nous identifions 24 marques de carence de présence d'action dans 11 entretiens du recueil R_3. Avec ces marques de carence, les élèves nomment différents types d'actions renvoyant à des actions effectuées dans la réalité écologique, ils soulignent aussi des problèmes de réalisation des actions pendant la simulation.

Agir sur le dispositif

Lorsqu'ils expliquent les actions réalisées, les élèves indiquent, par exemple, qu'ils ont cliqué avec la souris ou appuyé sur des boutons (*cf.* exemple 33).

Segment du corpus	*Transcription*	*Tour*
Und die Steine hab ich dann mit dem gelben Knopf aufgesammelt, [I : Mhm.] und eingesetzt.	LD01-05_Ent	31
mit der Maus auf der falschen Seite geklickt	LD02-03_Ent	5
Ich bin drauf gegangen mit der Maus, hab dann geklickt, Linksklick	LD02-08_Ent	12

Exemple 33 : Carence de présence d'action, action sur le dispositif (Entretiens R_3).

Les énoncés renvoient à des actions sur le dispositif de réalité virtuelle. Ces actions ne sont, par conséquent, pas réalisées dans l'environnement virtuel mais dans la réalité écologique. Le discours témoigne alors que l'impression de non médiatisation est absente, au moins partiellement. En occultant les actions réalisées dans le scénario, ces énoncés constituent des marques de carence de présence d'action.

Être passif

Des élèves interviewés dans le cadre du recueil R_2 mettent en avant qu'ils ont écouté la voix et regardé des images (*cf.* exemple 34).

Segment du corpus	*Transcription*	*Tour*
j'ai répondu à des questions	D01_0501_Ent	13
j'ai dû écouter, j'ai dû répondre	D01_0511_Ent	23
Ça faisait penser un peu comme au cinéma	D02_0503_Ent	1

Exemple 34 : Carence de présence d'action, passivité (Entretiens R_2).

Avec ces énoncés, les élèves témoignent d'une certaine passivité quant aux actions entreprises dans l'environnement virtuel. D'après ces énoncés, les élèves n'agissent pas mais se concentrent sur l'interaction verbale. Ils sont parfois spectateurs et non acteurs du jeu sérieux, « comme au cinéma ». Ces énoncés constituent par conséquent des marques de carence de présence d'action.

Tenir un métadiscours négatif sur l'interaction

Enfin, les élèves soulignent des difficultés d'utilisation du dispositif d'environnement virtuel ou des réactions peu crédibles de l'environnement virtuel (*cf.* exemple 35).

Segment du corpus	*Transcription*	*Tour*
da hab ich versucht hochzugehen, das ging dann aber irgendwie *net.	LD01-02_Ent	29
es hat nicht so funktioniert mit dem Stein nehmen.	LD01-07_Ent	17

Exemple 35 : Carence de présence d'action, discours sur l'interaction (Entretiens R_3).

Ce métadiscours négatif sur l'interaction renvoie à une rupture des affordances de l'environnement virtuel. Les élèves souhaitent réaliser une action mais sont dans l'incapacité de l'achever, en raison d'une manipulation difficile des périphériques d'interaction. Lorsque les graphismes invitent les élèves à effectuer une action, celle-ci n'est parfois pas réalisable car non prévue dans l'environnement virtuel, par exemple monter un escalier visible à l'écran. Ces énoncés montrent que l'environnement virtuel est peu crédible et constituent ainsi des marques de carence de présence d'action.

Par conséquent, les marques de carence de présence d'action sont de trois types. Premièrement, les actions figurant dans le discours des élèves sont des actions sur le dispositif au lieu d'être des actions dans le scénario de l'environnement virtuel. Deuxièmement, le discours des élèves témoigne d'une certaines passivité ou d'une absence d'action dans l'environnement virtuel. Troisièmement, le métadiscours des élèves sur la simulation met en lumière le manque de crédibilité de l'interaction, avec des réactions incohérentes de l'environnement virtuel.

10.4 Marques de présence de soi dans le discours post-immersion

Suivant Lee (2004), nous avons défini la présence de soi comme la représentation de soi par l'utilisateur dans le monde virtuel. Avec Biocca

(1997), nous avons établi un lien entre la présence de soi et une certaine construction identitaire induisant la perception de son corps et de son état émotionnel. À partir d'un codage in-vivo, les marques de présence de soi dans le discours doivent donc montrer dans quelle mesure l'élève joue son rôle dans l'environnement virtuel ou s'il reste davantage conscient de son corps et de ses émotions dans la réalité écologique. La question 3 : « Qui était dans la simulation ? » doit permettre de savoir si l'élève pense avoir fait parti du jeu. Les réponses à la question 5 : « Comment est-ce que tu t'es déplacé dans la crypte ? » du guide d'entretien (*cf.* annexe 9) doivent donner des indications sur le degré de symbolisme que l'apprenant donne à sa personne pendant l'expérience dans l'environnement virtuel. Elles sont donc susceptibles de déclencher des marques du discours révélatrices de présence de soi.

10.4.1 Marques de présence de soi

Nous relevons, dans 32 entretiens du recueil R_2, 51 marques de présence de soi et 12 marques de présence d'action dans 8 entretiens du recueil R_3. Avec ces marques de présence, les élèves disent avoir fait partie du scénario du jeu sérieux.

Être acteur de la simulation

Lorsque les élèves indiquent qui était dans la simulation, ils se citent, soit seul, soit avec les personnages non joueurs (*cf.* exemple 36).

Segment du corpus	*Transcription*	*Tour*
Euh moi, ben c'était moi, normalement	D01_0502_Ent	23
il y avait moi,	D02_0506_Ent	15

Exemple 36 : Présence de soi, acteur de la simulation (Entretiens R_2).

La visualisation du jeu se déroule à la première personne : l'élève n'est pas représenté à l'écran par un avatar mais voit l'environnement de son point de vue subjectif. L'appréhension du « moi » comme acteur de la simulation nécessite, par conséquent, une représentation imaginaire de soi comme partie intégrante de la scène jouée. En ce sens, ces énoncés constituent des marques de présence de soi positive.

Se déplacer avec son corps

Pour renseigner l'interviewer sur la façon dont ils se sont déplacés dans l'environnement virtuel, les élèves indiquent qu'ils courent ou marchent (*cf.* exemple 37).

Segment du corpus	*Transcription*	*Tour*
Ich bin rumgelaufen	LD01-01_Ent	10
Ja also ich *denk' mal zu Fuß.	LD02-06_Ent	12

Exemple 37 : Présence de soi, déplacements naturels (Entretiens R_3).

Les élèves décrivent ainsi des déplacements avec leur corps, semblables à ceux habituellement effectués dans la réalité écologique. Les énoncés montrent donc que les élèves ont appréhendé les changements de point de vue dans les scènes de l'environnement virtuel comme leurs propres déplacements. Ces énoncés sont par conséquent à identifier comme des marques de présence d'action positive.

Ressentir des émotions liées au scénario

Certains élèves indiquent, dans l'entretien, qu'ils ont été impressionnés par l'environnement virtuel ou qu'ils ont eu des moments de peur (*cf.* exemple 38 et exemple 39).

Segment du corpus	*Transcription*	*Tour*
ça semblait assez (.) impressionnant	D02_0505_Ent	33

Exemple 38 : Présence de soi, émotions (Entretiens R_2).

Segment du corpus	*Transcription*	*Tour*
Ich war da voll erschrocken [I : Mhm.]	LD01-07_Ent	11

Exemple 39 : Présence de soi, émotions (Entretiens R_3).

Lorsqu'elles sont générées par l'environnement virtuel, les émotions participent à la construction identitaire du joueur dans le scénario de jeu et constituent ainsi des marques de présence de soi positive.

Tenir un métadiscours positif sur le sentiment d'immersion

Enfin, les élèves témoignent s'être sentis à l'intérieur de l'environnement virtuel (*cf.* exemple 40).

Segment du corpus	*Transcription*	*Tour*
on a l'impression d'être dans la peau d'un personnage	D01_0502_Ent	1
je me suis senti dedans.	D02_0507_Ent	28
comme si j'étais à l'intérieur	D02_0604_Ent	9

Exemple 40 : Présence de soi, discours positif sur l'impression d'immersion (Entretiens R_2).

Ils produisent ainsi un métadiscours positif sur le sentiment d'immersion. Les énoncés renvoient directement à l'impression « d'être là », dans l'environnement virtuel, à la base du concept de présence. Ils constituent donc des marques de présence de soi positive.

Par conséquent, les marques de présence de soi sont constituées d'énoncés témoignant que l'élève s'est senti faire partie du jeu et qu'il a eu l'impression de se déplacer naturellement dans le jeu, en étant peu conscient de l'utilisation du dispositif.

10.4.2 Marques de carence de présence de soi

Nous relevons, dans 46 entretiens du recueil R_2, 89 marques de carence de présence de soi et 23 marques de carence de présence de soi dans 12 entretiens du recueil R_3. Avec ces marques de carence de présence, les élèves témoignent du fait qu'ils ne sont pas sentis impliqués personnellement dans le scénario de jeu.

Être spectateur de la simulation

Lorsqu'ils indiquent qui se trouvait dans la simulation, les élèves ne nomment que la voix ou les personnages non joueurs (*cf.* exemple 41).

Segment du corpus	*Transcription*	*Tour*
Die ähm Céline Steinbach und der Virus	LD02-01_Ent	5

Segment du corpus	*Transcription*	*Tour*
Äh, Céline Steinbach. Und dann noch der Virus.	LD02-03_Ent	8

Exemple 41 : Carence de présence de soi, spectateur de la simulation (Entretiens R_3).

Ils ne se désignent pas comme personne présente dans la scène du jeu. L'appréhension de leur personne en tant qu'acteur de la simulation est donc inexistante, comme s'ils avaient été spectateurs de la simulation. Ces énoncés sont donc des marques de carence de présence de soi.

Se déplacer avec le dispositif d'interaction

Lorsque l'interviewer leur demande comment ils se sont déplacés dans la scène virtuelle, certains élèves indiquent qu'ils ont utilisé le clavier ou la manette de jeu (*cf.* exemple 42).

Segment du corpus	*Transcription*	*Tour*
en curseur	D01_0601_Ent	21
et avec le *Smartphone,* je tournais	D02_0610_Ent	18

Exemple 42 : Carence de présence de soi, utilisation du dispositif d'interaction (Entretiens R_2).

Pour décrire leurs déplacements, les élèves évoquent l'utilisation du dispositif d'interaction et non des mouvements qui correspondraient à des déplacements naturels. Les énoncés, portant sur les déplacements, témoignent d'une faible impression de non médiatisation pendant l'expérience en réalité virtuelle. Ils constituent donc des marques de carence de présence de soi.

Faire des déplacements incohérents

La version du jeu utilisée pour le recueil R_2 ne permettait pas au joueur de se déplacer librement dans la scène. Les seuls déplacements possibles étaient directement liés à des déplacements corporels au sein du dispositif, pour changer de point de vue (se baisser, faire des pas à droite ou à gauche). Il résulte de cette configuration que beaucoup d'élèves indiquent ne pas s'être déplacés pendant la simulation ou que leurs déplacements se sont faits automatiquement (*cf.* exemple 43).

Segment du corpus	*Transcription*	*Tour*
ben je me suis pas vraiment déplacé, j'étais resté statique	D01_0504_Ent	15
on se déplaçait pas trop, c'était surtout le, la cathédrale qui bougeait	D01_0604_Ent	28
les déplacements, ils se faisaient automatiquement en fait.	D01_0503_Ent	19

Exemple 43 : Carence de présence de soi, déplacements absents ou automatiques (Entretiens R_2).

Cette absence de déplacement n'est pas cohérente avec le scénario qui invite le joueur à ramasser des pierres dans la crypte de la cathédrale. Les énoncés témoignent d'un certain manque de crédibilité de l'environnement virtuel, puisque la simulation ne donne pas au joueur la possibilité de simuler des déplacements qui participeraient à l'appréhension du « moi » comme acteur dans l'environnement virtuel. Ces énoncés constituent ainsi des marques de carence de présence de soi.

Ressentir des émotions liées au dispositif d'expérimentation

Des élèves expliquent qu'ils ont eu peur de ne pas réussir l'expérience ou qu'ils se sentaient gênés vis à vis des personnes présentes dans la salle (*cf.* exemple 44).

Segment du corpus	*Transcription*	*Tour*
j'avais l'air d'un plouc [I : (rire).] de devant toutes ces personnes	D01_0502_Ent	16
je stressais complètement parce que j'avais peur de de complètement rater, quand le monsieur *il m'expliquait	D02_0608_Ent	6

Exemple 44 : Carence de présence de soi, émotions (Entretiens R_2).

Ces énoncés témoignent de la conscience de l'élève d'être au sein d'un dispositif d'expérimentation et non dans l'environnement virtuel. Le discours des élèves montre que cette conscience de la réalité écologique est accrue par la présence de personnes dans la salle. L'élève ne s'appréhende donc pas pleinement comme faisant partie de la simulation et produit pendant l'entretien des marques de carence de présence de soi.

Par conséquent, la carence de présence de soi se manifeste dans le discours post-immersion, lorsque l'élève ne s'appréhende pas en tant qu'acteur du scénario. Les références, dans le discours, au dispositif technique ou à la condition d'expérimentation témoignent de la rupture de l'impression de non médiatisation et de la conscience de l'élève de sa place au sein de l'expérimentation technique. Elles constituent ainsi des marques de carence de présence de soi.

Résumé conclusif

L'étude des entretiens post-immersion des élèves ayant participé à une expérience en réalité virtuelle a montré que le discours est porteur de marques de présence. Le tableau 27 synthétise la classification pour laquelle nous avons opté.

Tableau 27 : Marques de présence dans le discours post-immersion.

	Marques de présence dans le discours post-immersion	
	Présence	*Carence de présence*
Présence sociale	Avoir été… – avec un personnage identifié, – avec un personnage sexué – avec une personne ou un personnage indéterminé, – avec une voix. Utiliser les pronoms personnels de manière cohérente par rapport au personnage non joueur.	Avoir été… – seul dans l'environnement virtuel avec les personnes de la réalité écologique, – avec le dispositif technique.
Présence spatiale	Avoir été… – dans le lieu virtuel similaire, – dans le lieu virtuel, – à un endroit précis du lieu virtuel. Tenir un métadiscours positif sur l'immersion.	Avoir été dans la réalité écologique. Avoir eu des difficultés de visualisation.

	Marques de présence dans le discours post-immersion	
	Présence	*Carence de présence*
Présence d'action	Avoir réalisé… – la tâche globale, – les tâches intermédiaires. Avoir agi sur les objets virtuels. Tenir un métadiscours positif sur l'interaction.	Avoir agi sur le dispositif. Avoir été passif. Tenir un métadiscours négatif sur l'interaction.
Présence de soi	Avoir été acteur de la simulation. S'être déplacé avec son corps. Avoir ressenti des émotions liées au scénario. Tenir un métadiscours positif sur le sentiment d'immersion.	Avoir été spectateur de la simulation. S'être déplacé avec le dispositif d'interaction. Ne pas avoir fait de déplacements cohérents. Avoir ressenti des émotions liées au dispositif d'expérimentation.

Nous avons d'abord constaté la diversité des marques de présence. L'appréhension des personnages non joueurs, des lieux, des actions réalisées dans l'environnement ou de sa propre participation à l'expérience, semble être plus ou moins précise, selon les termes utilisés dans le compte-rendu d'expérience.

Nous avons introduit dans cette classification le concept « carence de présence ». Le discours permet de recueillir des marques de présence des élèves dans la réalité virtuelle, mais il est également le témoin de l'absence, plus ou moins forte, du sentiment de présence en réalité virtuelle. Pour chaque composante de la présence, cette carence de présence se manifeste dans le discours par des énoncés témoignant d'une conscience plus ou moins marquée de la réalité écologique : l'utilisateur de l'environnement virtuel aura, par exemple, conscience des personnes dans la salle, de la salle en elle-même, ou encore qu'il est en train de manipuler le dispositif d'environnement virtuel.

Le discours post-immersion comporte donc des marques de présence que nous avons classifiées. L'étude de ces marques, dans les entretiens des élèves ayant été immergés dans différents dispositifs de réalité virtuelle, doit permettre de compléter notre analyse de l'influence de l'immersion et de l'interaction sur la présence.

11. L'influence de l'immersion et de l'interaction sur la présence, appréhendée à travers le discours

Notre étude statistique (*cf.* chapitre 9), menée à partir du premier recueil de données, a montré que l'immersion visuelle aurait tendance à renforcer le sentiment de présence chez l'utilisateur d'un environnement de réalité virtuelle. L'analyse a mis en lumière une influence négative de l'interaction sur le sentiment de présence, dans le cas du dispositif utilisé. En montrant l'influence de la prédisposition à la présence et de l'appropriation du dispositif technique par l'utilisateur, l'étude statistique a mis en exergue la place centrale de l'utilisateur dans le dispositif de réalité virtuelle, et par conséquent, la forte subjectivité de l'expérience en réalité virtuelle.

L'analyse des marques de présence dans les entretiens post-immersion a montré que le discours des élèves interrogés pour le recueil R_2 et R_3 est porteur de marques de présence. Par ces marques, les élèves témoignent de leur présence dans l'environnement virtuel, mais également de la carence de présence pendant l'immersion. La classification employée a permis de relever les marques dans le discours pour les quatre composantes de la présence. Dans ce chapitre, afin de compléter les premiers résultats de notre étude statistique, nous utilisons ces marques de présence dans le discours, pour mener une analyse mixte, quantitative et qualitative. Cette analyse abordera, dans un premier temps, l'influence de l'immersion sur la présence, et dans un second temps, l'influence de l'interaction sur la présence.

11.1 La présence favorisée par l'immersion

Pour notre deuxième recueil de données, les élèves utilisent la première version du jeu sérieux *Architecte 2015* (*cf.* chapitre 7.3.2). Avec cette version du jeu, ils reconstruisent d'abord la crypte de la cathédrale de Strasbourg, avant de coloriser la rosace du monument. Ils communiquent par vidéo avec Céline Steinbach, le personnage non joueur. Nous rappelons que les 50 élèves sont répartis sur deux dispositifs d'immersion. Avec le premier, ils visualisent l'environnement virtuel sur un téléviseur 3D (immersion faible), et avec le second, ils visualisent l'environnement sur une plateforme immersive (immersion forte) (*cf.* chapitre 8.1.3). Les deux dispositifs permettent donc de faire varier, pour le même jeu, la variable 'immersion', et d'analyser les différences de discours dans les deux groupes d'élèves. Chaque élève n'utilise qu'un seul dispositif.

Avec le logiciel d'analyse qualitative MAXQDA (Verbi GmbH 2012), nous analysons les marques de présence recueillies dans les entretiens du deuxième recueil. Un tableau croisé met en relation les marques de présence relevées dans les entretiens avec la variable « immersion », à laquelle nous appliquons la modalité « faible » pour le dispositif 1, et la modalité « forte » pour le dispositif 2 (cf annexe 12).

758 marques de présence et de carence de présence ont été relevées dans les entretiens du recueil R_2. Deux entretiens de plus ont été menés dans le groupe du dispositif 2, mais la différence du nombre d'énoncés codés, entre le groupe du dispositif 1 et celui du dispositif 2, n'est que de 10 énoncés. Sur le total des énoncés codés dans les données du recueil R_2, 49,34 % des énoncés se trouvent dans les entretiens du groupe 1, et 50,66 % dans les entretiens du groupe 2 (*cf.* tableau 28).

Tableau 28 : immersion*présence dans le discours – validité des données.

	R_2 groupe 1 immersion faible	*R_2 groupe 2 immersion forte*	*n*
Total des marques de présence et de carence de présence	49,34 %	50,66 %	758
Entretiens	47,83 %	52,17 %	46

Cette répartition des énoncés codés permet une comparaison significative du nombre de marques de présence pour chaque composante de la présence.

11.1.1 Influence positive sur la présence globale

Dans le recueil R_2, sur l'ensemble des marques de présence, 52,96 % de ces marques ont été formulées par des élèves immergés dans le dispositif où l'immersion visuelle était la plus forte. Sur l'ensemble des marques de carence de présence, 52,24 % de ces marques ont été formulées par des élèves immergés dans le dispositif où l'immersion visuelle était la plus faible (*cf.* tableau 29).

Tableau 29 : immersion*présence dans le discours – Présence et carence de présence.

	R_2 groupe 1 immersion faible	*R_2 groupe 2 immersion forte*	*n*
Marques de présence	47,04 %	52,96 %	423
Marques de carence de présence	52,24 %	47,76 %	335

Les marques relevées dans le discours post-immersion témoignent ainsi d'une présence globale plus forte dans le dispositif où l'immersion visuelle était plus importante.

Sur l'ensemble des marques de présence sociale relevées, 51,43 % ont été formulées par les élèves immergés dans le dispositif où l'immersion était la plus forte. Ces mêmes élèves ont formulé 50,49 % des marques de présence spatiale, 51,22 % des marques de présence d'action et 66,67 % des marques de présence de soi (*cf.* tableau 30).

Tableau 30 : immersion*présence dans le discours – quatre composantes.

	R_2 groupe 1 immersion faible	*R_2 groupe 2 immersion forte*	*n*
Présence sociale	48,57 %	51,43 %	105
Présence spatiale	49,51 %	50,49 %	103
Présence d'action	48,78 %	51,22 %	164
Présence de soi	33,33 %	66,67 %	51

Les marques de présence dans le discours montrent ainsi que si la présence globale est plus forte dans le dispositif plus immersif, la répartition des marques dans les quatre composantes de la présence est équilibrée. Pour chacune de ces composantes, la présence est plus forte dans le dispositif où l'immersion était la plus forte.

Dans le cas du dispositif étudié, l'immersion visuelle influence donc positivement la présence dans l'environnement de réalité virtuelle. Cette influence positive existe à la fois sur la présence sociale, la présence spatiale, la présence d'action et la présence de soi. Notons que dans le cas de la présence sociale, spatiale et d'action, l'influence positive du facteur immersion existe mais semble être faible.

11.1.2 Influence positive sur la présence de soi et la présence sociale

Pour deux des quatre composantes de la présence, la comparaison des marques de carence de présence permet d'affirmer une influence plus forte de l'immersion visuelle sur le sentiment de présence.

Influence sur la présence de soi

Avec 33,33 % des marques de carence de présence de soi formulées par les élèves immergés dans le dispositif avec l'immersion la plus faible, contre 66,67 % de ces marques formulées par les élèves immergés dans le dispositif avec l'immersion plus forte, la différence entre les deux groupes est plus importante que pour les autres composantes de la présence. Sur l'ensemble des marques de carence de présence, 50,56 % ont été formulées par les élèves immergés dans le dispositif avec l'immersion la plus faible (*cf.* tableau 31).

Tableau 31 : immersion*présence dans le discours – présence de soi.

	R_2 *groupe 1 immersion faible*	R_2 *groupe 2 immersion forte*	*n*
Présence de soi	33,33 %	66,67 %	51
Carence de présence de soi	50,56 %	49,44 %	89

Le constat d'une proportion plus importante de marques de présence de soi chez les élèves soumis à l'immersion plus forte est donc complété par celui d'une proportion moins importante de marques de carence de présence de soi chez les mêmes élèves.

Dans le cas du dispositif étudié, l'immersion visuelle influence donc positivement la présence dans l'environnement de réalité virtuelle. Concernant la présence de soi, le facteur immersion du dispositif de réalité virtuelle semble avoir une influence positive plus importante que pour la présence spatiale ou la présence d'action.

L'analyse du discours apporte quelques explications sur cette influence positive. Deux types de marques de présence sont ainsi identifiés uniquement dans les entretiens des élèves ayant utilisé la plateforme immersive, où l'immersion était la plus forte.

Éric exprime des émotions positives relatives à l'immersion visuelle du dispositif. Son témoignage souligne d'abord qu'il n'est pas habitué à utiliser la plateforme immersive et qu'il a été impressionné par la visualisation de l'environnement virtuel. Il considère que son expérience n'est pas surréaliste mais « extraordinaire » (*cf.* exemple 45).

Tour	*Discours*
13	I : D'accord. Je vais enchaîner sur une petite série de questions. Rien de bien méchant [E : (rire)]. Euh si ben (.) on avait pu enregistrer tes pensées [E : mmm ?], euh (.) qu'est-ce qu'on aurait pu en, en ressortir euh, par exemple, sur deux-trois exemples ? E : Euh, que c'était, enfin **c'était assez extraordinaire**, on va dire. Enfin c'était **bizarre de voir ça** au début et après, ça semblait **assez (.) impressionnant.**
14	I : Mmm ? C'était un peu surréaliste aussi ou ? E : Non, c'est juste, je pense que, enfin quand je regardais, il y a plusieurs infos qui disaient que la 3D c'était pas mal et tout ça, mais c'est vraiment (rire), **c'est un truc extraordinaire quand même**, faut (.) à croire euh…

Exemple 45 : Que d'émotions ! / Éric (Entretiens R_2 ; D02_0505).

Plus que la visualisation stéréoscopique, qui était également utilisée avec un téléviseur dans le dispositif 1, c'est l'immersion forte générée par la plateforme immersive qui semble favoriser des émotions positives et la présence de soi.

Seuls les élèves qui ont utilisé le dispositif le plus immersif indiquent qu'ils ont réellement utilisé leur corps pour se déplacer dans l'environnement virtuel. Urien (D02_0610, tour 18) dit ainsi qu'il a fait des « pas sur le côté ». Daniel explique qu'il a changé de point de vue visuel « juste en tournant […] un petit peu la tête » (D02_0504, tour 23). Raymond indique qu'il a « réellement » utilisé sont corps (*cf.* exemple 46).

Tour	*Discours*
10	I : Mmm. Et comment est-ce que tu t'es déplacé dans la crypte ? E : En (.) en fait je me suis pas, **je me suis juste baissé, en me baissant réellement, et euh je me suis relevé,** je me suis pas beaucoup déplacé.

Exemple 46 : Je me suis baissé réellement / Raymond (Entretiens R_2 ; D02_0606).

Le dispositif avec l'immersion la plus forte a donc été générateur d'une appréhension plus forte de leur corps par les élèves. Cette appréhension du corps, qui participe à la présence de soi, semble surtout avoir été déclenchée par la visualisation à l'échelle 1/1, possible avec l'utilisation d'une plateforme immersive. Notre analyse traite ici du sentiment de présence et donc de l'appréhension subjective de l'expérience en réalité virtuelle. L'implication corporelle effective dans le dispositif est traitée de manière plus détaillée dans le chapitre 13.4.

Influence sur la présence sociale

Avec 48,57 % des marques de présence sociale formulées par les élèves immergés dans le dispositif avec l'immersion la plus faible, contre 51,43 % de ces marques formulées par les élèves immergés dans le dispositif avec l'immersion plus forte, la différence entre les deux groupes reste faible. Sur l'ensemble des marques de carence de présence, 60 % ont été formulées par les élèves immergés dans le dispositif avec l'immersion la plus faible (*cf.* tableau 32).

Tableau 32 : immersion*présence dans le discours – présence sociale.

	R_2 groupe 1 immersion faible	*R_2 groupe 2 immersion forte*	*n*
Présence sociale	48,57 %	51,43 %	105
Carence de présence sociale	60 %	40 %	85

Nous constatons donc une proportion moins importante de marques de carence de présence sociale chez les élèves immergés dans le dispositif où l'immersion était la plus forte. Dans le cas de notre dispositif, l'immersion visuelle semble donc avoir une influence positive marquée sur le sentiment de présence sociale. Une analyse des marques de présence sociale doit permettre de mieux comprendre cette influence.

Le personnage non joueur de Céline Steinbach est considéré comme un « narrateur » uniquement dans les entretiens avec les élèves ayant utilisé le dispositif avec l'immersion la plus faible (*cf.* exemple 47).

Tour	*Discours*
11	I : D'accord. Est-ce qu'il y avait des personnages dans la simulation ? E : Euh non il y avait juste le *na **narrateur apparemment.**

Exemple 47 : Le narrateur / Thomas (Entretiens R_2 ; D01_0501).

Lorsque l'interviewer demande à Thomas s'il y avait des personnages dans le jeu, l'élève répond par la négative. Il n'identifie qu'un narrateur, qu'il ne considère pas comme un personnage de la simulation.

Enfin, les références aux intervenants sont plus récurrentes dans le discours des élèves soumis au dispositif à l'immersion la plus faible. Le discours de Tom montre, par exemple, qu'il n'a pas vécu l'expérience dans le dispositif avec le personnage de Céline Steinbach, mais avec les intervenants présents dans la salle (*cf.* exemple 48).

Tour	*Discours*
16	I : La moitié, d'accord, et l'autre moitié qu'est-ce qui se passait quand tu comprenais pas ? E : Ben en fait, c'était *s c'était souvent que j'avais juste des, y avait juste des mots que je comprenais pas quoi euh.
17	I : Et du coup, qu'est-ce qui s'est passé ? E : Donc ben **je demandais les mots à la dame**, et elle me les disait et après je comprenais le sens de la question.
20	I : C'est-à-dire, celles, celles qui étaient autour, autour de toi, c'est ça ? E : **Celle, celle qui était sur l'ordinateur et qui validait les trucs.**

Exemple 48 : La dame à l'ordinateur / Tom (Entretiens R_2 ; D01_0605).

Ce discours éclaire donc le constat déjà établi de la relation positive, dans notre dispositif, entre l'immersion plus forte et une présence sociale plus marquée. La vidéo de l'immersion de Tom montre que les intervenants n'interviennent pas spontanément pour parler à l'élève. Elle montre qu'ils sont, par contre, plus proches de l'élève et surtout qu'ils sont partiellement placés dans son champ de vision. Ce placement contribue à rendre l'élève plus conscient de la réalité écologique et donc à diminuer sa présence dans la réalité virtuelle. Cette situation est cependant directement liée au caractère moins immersif du dispositif, puisque, avec une distance équivalente entre l'utilisateur et l'écran, le téléviseur occulte moins la réalité écologique dans le champ visuel de l'utilisateur.

La comparaison des marques de présence relevées dans les entretiens de notre deuxième recueil de données a montré, par conséquent, l'influence positive du facteur immersion sur la présence. L'analyse du discours a permis de mettre en exergue une présence de soi plus marquée dans le dispositif où l'immersion était la plus forte, avec davantage d'émotions liées à l'environnement virtuel et surtout une appréhension du corps plus marquée. Enfin, l'immersion semble influencer positivement la présence sociale, en favorisant la perception exclusive du personnage de l'environnement virtuel, et non des personnes de la réalité écologique, et surtout, l'appréhension de ce personnage comme acteur dans l'environnement virtuel.

11.2 L'interaction, un frein pour la présence

Pour notre troisième recueil de données, les élèves utilisent la deuxième version du jeu sérieux *Architecte 2015* (*cf.* chapitre 7.3.2). Cette version du jeu contient une scène unique, avec la reconstruction de la crypte de la cathédrale de Strasbourg. L'état du développement de la seconde scène, avec la colorisation de la rosace, ne permet pas de la proposer aux élèves à ce moment du projet EVEIL-3D. Contrairement à la version du recueil précédent, le personnage non joueur de Céline Steinbach est représenté à l'écran par un avatar et il se trouve avec l'élève dans la scène (*cf.* chapitre 7.3.2) Nous rappelons que les 16 élèves sont répartis sur deux dispositifs d'immersion. Avec le premier, ils visualisent l'environnement virtuel sur un téléviseur 3D (immersion forte) et interagissent avec un système de capture des mouvements (interaction forte), et avec le second, les élèves visualisent l'environnement sur un écran d'ordinateur de 48,3 centimètres de diagonale (immersion faible) et interagissent avec le clavier (interaction faible) (*cf.* chapitre 8.1.3).

Les deux dispositifs permettent donc de faire varier ensemble, pour le même jeu, les variables 'immersion' et 'interaction'. Nous analysons ainsi l'influence de la combinaison de ces deux variables sur les marques de présence dans le discours au sein des deux groupes d'élèves.

Toujours avec le logiciel MAXQDA (Verbi GmbH 2012), nous analysons les marques de présence recueillies dans les entretiens du troisième recueil. Un tableau croisé permet de mettre en relation les marques de présence relevées dans les entretiens avec la combinaison des variables immersion et interaction, à laquelle nous appliquons la modalité « forte » pour le dispositif 1, et la modalité « faible » pour le dispositif 2 (*cf.* annexe 13).

206 marques de présence et de carence de présence ont été relevées dans les entretiens du recueil R_3. Un entretien de plus a été mené dans le groupe du dispositif 1, mais la différence du nombre d'énoncés codés, entre le groupe du dispositif 1 et celui du dispositif 2, n'est que de 12 énoncés. Sur le total des énoncés codés dans les données du recueil R_3, 52,91 % des énoncés se trouvent dans les entretiens du groupe 1, et 52,91 % dans les entretiens du groupe 2 (*cf.* tableau 33).

Tableau 33 : (immersion+interaction)*présence dans le discours – validité des données.

	R_3 groupe 1 immersion + interaction fortes	*R_3 groupe 2 immersion + interaction faibles*	*n*
Total des marques de présence et de carence de présence	52,91 %	47,09 %	206
Entretiens	53,33 %	46,67 %	16

Cette répartition des énoncés codés permet une comparaison significative du nombre de marques de présence. Notons cependant que le nombre de marques dans certaines sous-catégories correspondant aux composantes de la présence est très faible. Nous avons, par exemple, identifié 12 marques de présence de soi, 6 de carence de présence sociale ou 7 de carence de présence spatiale (*cf.* tableau A de l' annexe 13). Dans ce cas, il ne peut donc être mené d'analyse statistique pertinente sur le nombre de marques par rapport à l'ensemble des marques de la même catégorie. Avec 109 marques relevées dans le groupe 1 et 97 dans le groupe 2, l'analyse peut être menée sur le nombre de marques par rapport à l'ensemble des marques du même groupe.

11.2.1 Une influence négative sur la présence d'action

Dans le recueil R_3, sur l'ensemble des marques de présence, 52,96 % de ces marques ont été formulées par des élèves immergés dans le dispositif où l'immersion et l'interaction visuelle étaient les plus faibles. Sur l'ensemble des marques de carence de présence, 67,80 % de ces marques ont été formulées par des élèves immergés dans le dispositif où l'immersion et l'interaction étaient les plus fortes (*cf.* tableau 34).

Tableau 34 : (immersion+interaction)*présence – présence et carence de présence.

	R_3 groupe 1 immersion + interaction fortes	*R_3 groupe 2 immersion + interaction faibles*	*n*
Marques de présence	46,94 %	52,96 %	147
Marques de carence de présence	67,80 %	32,20 %	59

Les marques relevées dans le discours post-immersion témoignent ainsi d'une présence globale plus faible dans le dispositif où l'immersion visuelle et l'interaction gestuelle étaient plus importantes. Dans le cas de notre dispositif, la combinaison d'une immersion et d'une interaction plus forte n'a pas influencé positivement le sentiment global de présence.

Sur l'ensemble des marques de présence sociale relevées, 51,52 % ont été formulées par les élèves immergés dans le dispositif où l'immersion et l'interaction étaient les plus fortes. Ces mêmes élèves ont formulé 60,71 % des marques de présence spatiale et 24,39 % des marques de présence d'action (*cf.* tableau 35).

Tableau 35 : (immersion+interaction)*présence dans le discours – Quatre composantes.

	R_3 *groupe 1 immersion + interaction fortes*	R_3 *groupe 2 immersion + interaction faibles*	*n*
Présence sociale	51,52 %	48,48 %	66
Présence spatiale	60,71 %	39,29 %	28
Présence d'action	24,39 %	75,61 %	41

Les marques de présence dans le discours montrent ainsi que si la présence globale est plus faible dans le dispositif proposant une immersion et une interaction plus fortes, la répartition des marques dans les quatre composantes de la présence n'est pas équilibrée. L'influence de la combinaison de l'immersion et de l'interaction serait en fait positive sur la présence sociale et la présence spatiale. Les chiffres en valeur absolue concernant la présence de soi vont dans le même sens (*cf.* tableau A de l'annexe 1). Ce serait exclusivement sur la présence d'action que l'immersion et l'interaction n'auraient pas d'influence positive.

Bien que le relevé des marques de carence de présence ne soit pas statistiquement significatif, en raison du nombre total de marques, il montre également plus de marques de carence de présence, là où l'immersion et l'interaction étaient les plus fortes (16 marques de carence de présence d'action dans le groupe à immersion et interaction fortes, contre 8 marques dans le groupe à immersion et interaction faibles).

Sur l'ensemble des marques de présence et de carence de présence formulées par les élèves de chaque groupe, les marques de présence d'action représentent 9,17 % des marques dans le groupe où l'immersion et l'interaction étaient les plus fortes, contre 31,96 % dans l'autre groupe. Les marques de carence de présence représentent 14,68 % des marques dans le groupe à immersion et interaction fortes, contre 8,25 % dans le groupe à immersion et interaction faibles (*cf.* tableau 36).

Tableau 36 : (immersion+interaction)*présence – profil par groupe.

	R_3 groupe 1 immersion + interaction fortes	*R_3 groupe 2 immersion + interaction faibles*
Présence	63,30 %	80,41 %
Présence sociale	31,19 %	32,99 %
Présence spatiale	15,60 %	11,34 %
Présence d'action	9,17 %	31,96 %
Présence de soi	7,34 %	4,12 %
Carence de présence	36,70 %	19,59 %
Carence de présence sociale	5,50 %	0,00 %
Carence de présence spatiale	5,50 %	1,03 %
Carence de présence d'action	14,68 %	8,25 %
Carence de présence de soi	11,01 %	10,31 %
SUM	100,00 %	100,00 %
n (marques)	109	97

Cette répartition confirme que les élèves soumis à une combinaison d'immersion et d'interaction plus fortes expriment moins de marques de présence d'action et plus de marques de carence d'action que les autres élèves, par rapport à l'ensemble des marques que comporte leur discours. Ce constat confirme notre interprétation d'une influence négative, pour notre dispositif, de l'immersion et de l'interaction sur la présence d'action. Une étude du discours est susceptible d'apporter quelques pistes pour comprendre cette influence négative.

11.2.2 Une liberté d'action finalement non crédible

Les marques de présence d'action sont de nature différente dans les discours post-immersion des deux groupes d'élèves. On remarque qu'elle porte sur le déplacement de l'objet dans le groupe à immersion et interaction faibles et plus sur le déplacement du joueur dans le groupe à immersion et interaction fortes.

Comme dans le discours de Rafael (*cf.* exemple 49), la plupart des marques de présence d'action chez les élèves immergés dans le dispositiftif à immersion et interaction plus faibles portent sur le déplacement des objets. Pour nommer le déplacement des objets dans l'environnement virtuel, les élèves utilisent alors des métaphores cohérentes avec les mêmes actions qui auraient lieu dans la réalité écologique.

Tour	*Discours*
9	I : Und was hast du da so gemacht in der Krypta? S : Ich *hab' die **Steine einfach gesammelt und eingesetzt**, ja. [I : Mhm.]

Exemple 49 : Immersion & interaction – déplacer les objets / Rafael (Entretiens R_3 ; LD02-08).

Dans les entretiens des élèves soumis à l'immersion et à l'interaction fortes, les marques de présence d'action portent moins sur le déplacement des objets mais concernent les mouvements du joueur. Comme dans le discours de Thomas (*cf.* exemple 50), ces marques témoignent du sentiment de liberté de mouvements dans la scène.

Tour	*Discours*
4	I : Gut o. k. Das heißt also, ob Céline da ist oder nicht, ist egal. S : **Ja bei manchen, aber da konnte ich ja auch selbst den Weg finden. [I : Ja. Mhm.] Und den bin ich auch gegangen,** [I : Ne. Ist o. k.] aber ich hab ja auch einmal die Céline gefragt, zweimal, aber da hat sie mir irgendwie keine Antwort gegeben. [I : Aha.]
16	I : Und was ist für dich der Unterschied zwischen 3D im Kino und jetzt hier? S : **Hier kann man halt selbst entscheiden wo man hingeht,** [I : Mhm.] **selbst alles steuern.** [I : Mhm mhm.]

Exemple 50 : Être libre / Thomas (Entretiens R_3 ; LD01-05).

La combinaison de l'immersion et de l'interaction fortes semble ainsi favoriser des marques de présence d'action témoignant d'une appréhension de plus d'affordances concernant les déplacements dans l'environnement.

La perception des affordances de l'environnement virtuel participe au processus d'émergence de la présence, selon le modèle que nous avons retenu dans le chapitre 6.1. C'est ensuite, par les interactions avec l'environnement virtuel, que l'utilisateur teste ces affordances et confirme la crédibilité de l'environnement virtuel. Dans le discours des élèves soumis à l'immersion et à l'interaction faibles, les marques de carence de présence sont largement constituées d'appréciations négatives sur le dispositif d'interaction avec l'environnement virtuel. Nous en relevons 13 contre 3 chez les élèves soumis à l'immersion et à l'interaction faibles.

Comme dans le discours de Felix (*cf.* exemple 51), les marques de carence de présence d'action révèlent d'abord des difficultés d'utilisation de la manette de jeu.

Tour	*Discours*
6	I : Was war, du sagtest gerade es war lustig. [S : Ja.] Was war da äh, was war da lustig dran? S : Ähm, also des so. Das man das so sieht und das es ähm, dass es **manchmal nicht funktioniert hat, dass der Knüppel dann abgeflogen ist** [I : Mhm.] oder so. Ja.

Exemple 51 : Difficulté à utiliser la manette / Felix (Entretiens R_3 ; LD01-07).

Ces difficultés d'interaction portent également, comme le montre Linda au début de son entretien (*cf.* exemple 52), sur le dispositif d'interaction en général. Les élèves soumis au dispositif d'immersion et d'interaction fortes soulignent ainsi des problèmes de déplacement des objets dans l'environnement virtuel.

Tour	*Discours*
1	I : Gut, jetzt läuft die Aufnahme. Die erste Frage: Wie war's? Das Spiel? S : Also ich fand's ganz gut. Ähm (.) Ich fand's nur ab und zu ein bisschen verwirrend, weil **manchmal konnt' ich die Steine *nich richtig aufheben** [I : Mhm.] und irgendwie **der gelbe Punkt, das *musst ich immer ganz nah dran *gehen, dass überhaupt ging.**

Exemple 52 : Difficulté à déplacer les objets / Linda (Entretiens R_3 ; LD01-06).

Avec ces marques de carence de présence d'action, les élèves témoignent d'une difficulté à interagir avec l'environnement virtuel. Ce problème d'interaction peut émerger suite à un problème technique dans le dispositif de réalité virtuel ou suite à une mauvaise prise en main du dispositif d'interaction par l'utilisateur. Dans les deux cas, les affordances repérées par l'élève ne sont pas assumées par l'environnement virtuel. Ce phénomène nuit à la crédibilité de l'environnement et participe à une diminution de l'impression de non médiatisation de l'expérience en réalité virtuelle. Il engendre ainsi une rupture du processus d'émergence de la présence, visible par des marques de carence de présence dans le discours post-immersion.

La comparaison des marques de présence relevées dans les entretiens de notre troisième recueil de données a montré, par conséquent, que la combinaison de l'immersion et de l'interaction semble avoir influencé positivement la présence sociale, la présence spatiale et la présence de soi. Les marques de présence d'action et de carence de présence d'action ont montré une influence négative de la combinaison des facteurs immersion et interaction sur cette composante de la présence. D'après notre analyse du discours post-immersion des élèves, une interaction plus forte a permis aux élèves d'identifier davantage d'affordances dans l'environnement virtuel. Des difficultés d'interaction avec l'environnement virtuel ont cependant contribué à une influence négative du dispositif sur la présence d'action.

Résumé conclusif

Dans le dispositif du deuxième recueil de données, l'immersion visuelle renforce le sentiment de présence. D'après les marques de présence et de carence de présence dans le discours post-immersion des élèves, l'influence de l'immersion est positive sur toutes les composantes de la présence. Elle est davantage marquée sur la présence sociale et la présence de soi. Ces résultats confirment ceux de l'étude statistique réalisée sur le premier recueil de données qui montraient que l'immersion tendait à renforcer le sentiment de présence chez l'apprenant utilisateur d'un environnement de réalité virtuelle. Par conséquent, ces résultats corroborent notre hypothèse H_1, postulant que, dans un dispositif d'apprentissage des langues médiatisé par les technologies numériques, l'immersion sensorielle renforce le sentiment de présence chez l'apprenant. L'analyse du discours post-immersion a montré que l'immersion visuelle influence positivement la présence lorsqu'elle favorise une appréhension par l'élève de son corps et qu'elle lui permet d'appréhender le personnage virtuel de manière exclusive, sans appréhender, pendant l'expérience, d'autres personnes de la réalité écologique.

Dans le dispositif du troisième recueil de données, la combinaison de l'immersion visuelle et de l'interaction gestuelle renforce le sentiment de présence sociale, de présence spatiale et de présence de soi. L'influence de l'immersion et de l'interaction sur la présence d'action est cependant négative. D'après notre analyse des marques de présence et de carence de présence d'action dans le discours, l'interaction semble avoir influencé négativement la présence d'action. Ces résultats ne permettent de corroborer que partiellement notre hypothèse H_2, postulant que, dans un dispositif d'apprentissage des langues médiatisé par les technologies numériques, l'interaction gestuelle renforce le sentiment de présence chez l'apprenant. Comme pendant le premier recueil de données, les élèves témoignent de leurs difficultés à interagir avec l'environnement virtuel. Le discours post-immersion des élèves ayant participé au troisième relevé de données, a permis de mieux comprendre l'influence négative des difficultés d'interaction. Avec une interaction gestuelle plus forte, les difficultés de manipulation interviennent alors que l'élève a justement appréhendé davantage d'affordances de l'environnement virtuel. Le processus d'émergence de la présence débute mais ne peut être mené à son terme, au moment où l'élève doit juger, par l'interaction, de la crédibilité de l'environnement virtuel.

12. À chacun son profil de présence en réalité virtuelle

L'analyse du discours post-immersion des élèves a montré de quelle manière le discours constitue un marqueur de présence en réalité virtuelle. À partir des marques de présence, nous avons déjà mis en lumière l'influence de l'immersion et de l'interaction sur le sentiment de présence. Pour cela, notre analyse a porté sur des groupes d'élève soumis au même dispositif d'immersion. Puisque l'expérience en réalité virtuelle est intrinsèquement subjective (*cf.* Slater/Usoh 1993 ; Bouvier 2009), notre recherche doit également étudier le ressenti individuel de la présence. Notre démarche n'est ici pas statistique mais compréhensive. En analysant la répartition des marques de présence par élève, nous souhaitons établir des profils types de présence. L'analyse du discours post-immersion doit montrer de quelle manière les élèves ont été présents pendant l'immersion, en mettant en exergue une présence sociale, spatiale, d'action ou de soi plus ou moins marquée.

L'examen des profils de présence nous permettra de vérifier notre hypothèse de recherche H_4, postulant que, dans un dispositif d'apprentissage des langues médiatisé par les technologies numériques, les niveaux de présence de soi, de présence sociale, spatiale et d'action sont hétérogènes chez un même apprenant. La constitution de profils de présence des élèves constituera également un apport à notre analyse ultérieure de la réalisation d'activités langagières de communication en réalité virtuelle.

Pour établir le profil de présence des élèves, nous aborderons d'abord les profils des élèves chez lesquels une composante de la présence (*cf.* Lee 2004 ; Bouvier 2009) est particulièrement marquée, avant de présenter les élèves ayant un profil montrant une carence de présence. À partir des caractéristiques de chaque profil de présence, nous identifierons le profil des élèves de notre sous-corpus.

12.1 Élèves témoignant de leur présence en réalité virtuelle

À partir du tableau de répartition des marques de présence par élève (*cf.* annexe 14) et à l'aide d'une matrice permettant de visualiser cette répartition (*cf.* annexe 15), nous établissons quatre profils types de présence chez les élèves ayant participés aux deuxième et troisième recueils de données : l'élève social, le voyageur, l'acteur et le joueur.

12.1.1 L'élève social

Afin d'établir le profil d'un élève social, quatre témoignages d'élèves sont analysés, ceux de Guillaume, Christian, Maurice et Jana. La figure 29 montre la répartition des marques de présence dans le discours post-immersion de ces élèves.

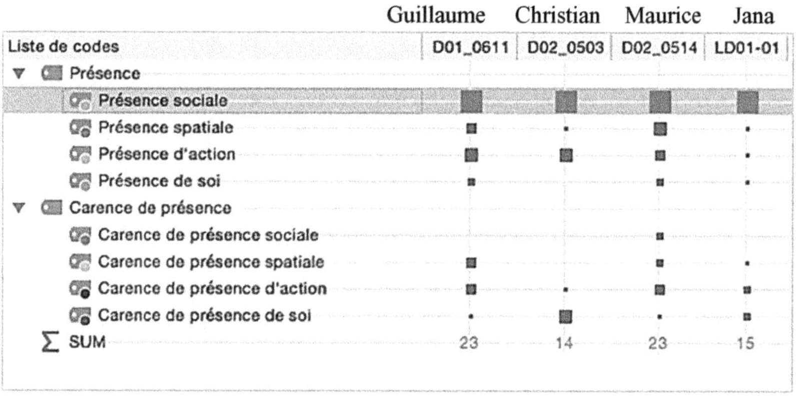

Figure 29 : Profils de présence – élève social.

Sur l'ensemble des marques de présence et de carence de présence de leur discours, chacun de ces élèves a émis, pendant son entretien, plus de marques de présence sociale que pour les autres composantes de la présence. Pour Guillaume, Christian et Jana, l'absence de marque de carence de présence sociale renforce la présence sociale exprimée dans le discours. Notons que les élèves expriment globalement plus de marques de présence que de marques de carence de présence, ce qui témoigne d'une présence globale relativement forte dans l'environnement de réalité virtuelle. Dans leur discours post-immersion, les élèves à la présence sociale marquée relatent des rencontres. Ces rencontres semblent avoir influencé leur expérience dans l'environnement virtuel.

Rencontrer une autre langue

Pendant l'entretien, Guillaume témoigne de la rencontre d'un personnage qu'il identifie par plusieurs de ses caractéristiques, un jeune personnage féminin, dont il lui semble connaître le prénom (*cf.* exemple 53). Le contour du personnage est ainsi appréhendé par Guillaume.

Tour	*Discours*
14	I : D'accord. Et qui était dans la simulation ? **E : La fille.**
15	I : **La fille**, quelqu'un d'autre ? E : J'sais pas j'ai juste entendu « **Céline** » ***je crois elle s'appelait.**
31	I : Et c'est dû à quoi (inc.) ? E : J'sais pas c'était **pas vraiment bien expliqué**, après je sais **pas si elle expliquait en allemand ou pas, j'ai pas tout compris mais (.)** quand on, juste avec la vue on comprenait pas trop ce qu'il fallait faire.
33	I : Donc, donc tu sais pas trop c'était un problème technique, de, l'objet à transporter ou si tu n'avais pas tout à fait bien compris la consigne, c'est ça ? E : Ben je sais pas soit elle l'a (.) ben comment dire, **elle l'a expliqué peut-être en allemand ça j'ai pas compris mais si on a, si on, si on comprend pas l'allemand, c'est dur à comprendre au début.**

Exemple 53 : Que dit-elle ? / Guillaume (Entretiens R_2 ; D01_0611).

L'entretien montre que la rencontre de Guillaume avec le personnage du scénario est surtout une rencontre linguistique. L'élève rapporte essentiellement ses difficultés à comprendre ce que lui disait le personnage non joueur du jeu. Cette difficulté de communication constitue une manière de vivre la présence sociale. Le personnage a un message à transmettre au joueur et constitue ainsi une forme d'intelligence que l'élève rencontre, nécessaire à la présence sociale.

Rencontrer des personnages agissants

Comme Guillaume, Maurice témoigne, au tour de parole 13, de sa rencontre avec le personnage du jeu, en évoquant d'abord l'obstacle de la langue (*cf.* exemple 54).

Tour	*Discours*
13	I : Que ce soit visuel ou [E : oui] sonore hein E : Oui. **Qu'elle change les réponses en prenant d'autres mots euh** [I : Mmm] plutôt que de les répéter parce que en général c'est (.)
21	I : Pas besoin d'aller dans le fond du détail hein (rire) c'est suffisant. Euh mmm et donc qui était dans la simulation ? E : (.) Euh la personne qui parlait ?
23	E : *Fin je, qui était dans la simulation, moi déjà [I : Mmm]. Euh ensuite euh *p'têt **la personne qui (.) qui me parlait**, qui me donnait euh, qui me parlait de la crypte euh, comment réparer euh, déplacer les pierres [I : Mmm] un truc comme ça.
32	I : D'accord. Euh mmm, euh concernant la voix, qui te parlait ? E : **Ah ça, je, j'ai pas pu euh tirer d'information**

Exemple 54 : Elle parle ! / Maurice (Entretiens R_2 ; D02_0514).

Pour Maurice, le personnage de Céline est surtout une locutrice non identifiée. Au tour de parole 32, l'élève souligne ainsi que le personnage lui reste inconnu. L'élève appréhende Céline Steinbach par son action dans le jeu : parler.

Chez Jana, la présence sociale est plus marquée par rapport aux autres élèves. Cette présence est surtout plus forte que celle des autres composantes de la présence. Le discours de Jana montre qu'elle a appréhendé les deux personnages non joueurs présents dans la version du jeu utilisée : le masque et une jeune femme (*cf.* exemple 55).

Tour	*Discours*
7	[…] S : Ja. Also ich hab gedacht, was ähm ob ich jetzt da hin muss, wo der Strahl hinzeigt, oder nicht. [I : Mhm.] Und dann (.) ob ich so also **da war *so'n die Maske wo der rumgelaufen ist** hat [I : Mhm.] ein Teil runtergeworfen von einer Säule. [I : Mhm.] Jetzt hab ich gedacht, ich muss die aufheben aber ich wusste nicht wie. [I : Mhm.] Und ja. [I : Mhm]
9	I : Und wer war in dieser Simulation? S : Die Maske und **der Charakter, wo rumgelaufen ist.**

Tour	*Discours*
14	I : Ahja mhm. Wer hat mit dir gesprochen? S : **Der Charakter.** Also das **Mädchen.** [I : Mhm.] Oder die **Frau.** [I : Mhm]

Exemple 55 : Ils marchent ! / Jana (Entretiens R_3 ; LD01-01).

Aux tours de parole 7 et 9, Jana montre, comme Maurice, que l'action accomplie par les personnages dans le jeu constitue une caractéristique par laquelle l'élève appréhende le personnage virtuel.

Rencontre d'un personnage tout proche

Christian témoigne également d'une rencontre avec une femme inconnue, dont il a oublié le nom (tours 15 et 24, entretien D02_0503). Le récit de son expérience sociale avec le personnage s'enrichit lorsqu'il appréhende explicitement le personnage par sa localisation dans l'espace (*cf.* exemple 56).

Tour	*Discours*
6	I : D'accord. On va juste faire une petite pause. Voilà on reprend après une petite pause (rire). Et par rapport à la voix, tu as eu un ressenti spécifique ou quelque chose à dire ? E : C'est comme si la personne, elle **était autour de soi** mais heu **qu'on la voyait pas.** Heu (.) **on l'entend mais on sait pas trop où elle est.** Comme si c'était **dans notre tête en fait.**

Exemple 56 : Où est-elle ? / Christian (Entretiens R_2 ; D02_0503).

Même si la personne rencontrée dans la réalité virtuelle ne peut être appréhendée visuellement, elle semble accompagner l'élève, être à proximité de lui. En évoquant la présence du personnage dans sa tête, Christian souligne la forte présence sociale qu'il a ressentie pendant l'expérience.

Par conséquent, la présence sociale dans l'environnement virtuel se manifeste par le témoignage d'une rencontre. La personne ou le personnage rencontré n'est pas nécessairement identifié clairement par l'élève. Il peut cependant être efficacement appréhendé par la langue qu'il parle, par les actions qu'il entreprend dans la réalité virtuelle, et éventuellement par sa localisation dans l'environnement. Ces caractéristiques rendent ainsi plus accessible la métaphore de l'intelligence en réalité virtuelle. À partir de ces caractéristiques des profils de présence sociale, nous identifions, dans notre sous-corpus, des « élèves sociaux » (*cf.* figure 30).

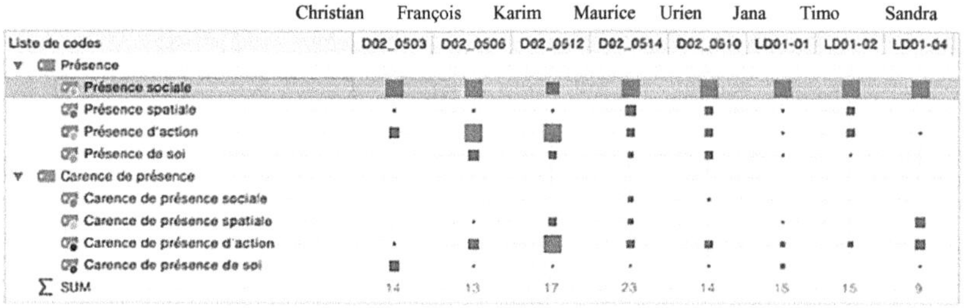

Figure 30 : Élèves sociaux du sous-corpus.

Christian, Maurice, Urien, Jana, Timo et Sandra ont un profil avec une présence sociale particulièrement marquée. François et Karim ont un profil avec une présence sociale un peu plus marquée que les autres composantes de la présence.

12.1.2 L'élève voyageur

Afin d'établir le profil d'un élève voyageur, trois témoignages d'élèves sont analysés, ceux de Philippe, Sébastien et Linda. La figure 31 montre la répartition des marques de présence dans le discours post-immersion de ces élèves.

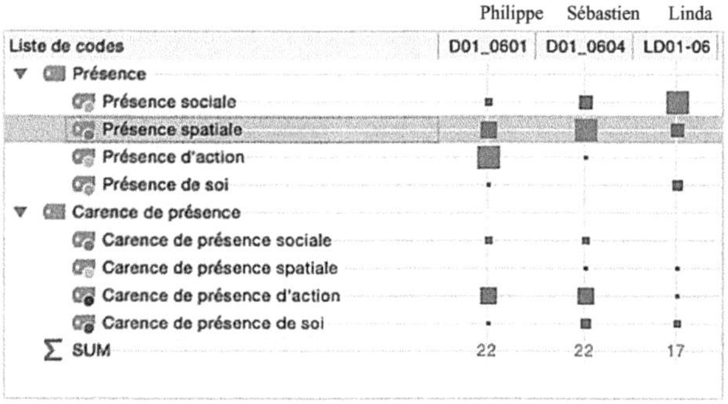

Figure 31 : Profils de présence - élève voyageur.

La répartition des marques de présence est plus hétérogène que pour les élèves ayant illustré les profils de présence sociale. Sur l'ensemble des marques de présence et de carence de présence de son discours, Sébastien a émis plus de marques de présence spatiale. Chez Philippe, les marques de présence spatiale ne sont pas les plus nombreuses, mais il n'émet aucune marque de carence de présence spatiale, ce qui renforce cette composante de la présence. Pour Linda, la présence spatiale est la deuxième composante de la présence la plus marquée dans son discours, après la présence sociale. À travers le discours de ces élèves à la présence spatiale particulièrement marquée, des témoignages sont apportés sur la manière dont ils ont appréhendé les lieux de l'action.

Vivre une expérience localement ancrée

Philippe ponctue son discours de références à la localisation de l'action dans la cathédrale virtuelle. Il localise précisément la scène sous le monument (*cf.* exemple 57).

Tour	*Discours*
7	I : Et quand tu dis « le concept était sympa » euh, qu'est-ce que tu veux dire par là, que ? E : Je veux dire interagir avec euh des choses réelles déjà, **comme la cathédrale**, **être à l'intérieur de la chose** et puis **voir en 3D,** je trouve ça cool oui.
17	I : D'accord. Où s'est déroulée la simulation ? E : Euh **dans la cathédrale**, **dans les catacombes**.
20	I : Mmm. Euh qu'est-ce que tu as fait pendant la simulation ? E : Alors j'ai réparé des piliers avec des morceaux, de piliers, et j'ai colorié la rosace **de la cathédrale**.

Exemple 57 : À l'intérieur de la cathédrale / Philippe (Entretiens R_2 ; D01_0601).

Ces références au lieu de l'action sont complétées par une appréciation positive de l'expérience de visualisation tridimensionnelle. Philippe rapporte que l'image stéréoscopique, notamment, lui a permis de se sentir transporté dans le lieu de l'action.

S'approprier les lieux

Pour décrire où s'est déroulé le jeu, Linda témoigne d'une représentation détaillée et individuelle du lieu de l'action en réalité virtuelle (*cf.* exemple 58).

Tour	*Discours*
31	I : Mhm. Okay. Ähm äh; für dich. Wo hat das Spiel stattgefunden? S : **Also mir kam das *nich' vor, wie die Kathedrale, sondern irgendwie als wär' ich einfach in so 'nem eingeschlossenen Keller irgendwie** [I : Ahja.] **ohne Fenster** [I : Mhm.] und **ohne alles** [I : Mhm.] **Oder waren da Fenster? Bin mir nicht sicher.** [I : Ist egal.] Und irgendwie; ich muss mich einfach vor der Maske retten [I : Mhm, mhm.] also, dass die mich nicht trifft, weil sonst bin ich einfach tot [I : Mhm, mhm.] und wenn die mich nicht trifft und die Zeit ist um, dann bin ich **befreit** [I : Mhm.] **aus dem Keller** [I : Mhm, mhm.] und **dann kann ich wieder weiterleben** so.

Exemple 58 : Enfermée ! / Linda (Entretiens R_3 ; LD01-06).

Le discours de Linda est marqué par le champ sémantique de l'enfermement. À travers son discours, l'élève prend ainsi de la distance par rapport au lieu annoncé dans le scénario du jeu, la cathédrale, pour rapporter une expérience dans un lieu clos. Son témoignage montre que la présence spatiale développée dans l'environnement a contribué à donner vie au scénario de jeu, en lui faisant ressentir les enjeux de l'action : se délivrer pour sortir.

Ressentir une impressionnante immersion

Sébastien montre une présence globalement peu marquée, mais témoigne d'une présence spatiale forte. L'unique marque de carence de présence spatiale qu'il produit porte sur la qualité de certaines textures, ressemblant à un « dessin collé » (tour 10, entretien D01_0604). Il tient néanmoins un discours essentiellement positif sur l'expérience immersive (*cf.* exemple 59).

Tour	*Discours*
2	I : Euh ben ouais, ben tout simplement, dis-moi euh, comment c'était ? Voilà et puis après on… E : Euh, j'ai trouvé ça **super immersif**. Mmm, **on sentait bien la 3D, euh la profondeur et tout ça**. Bon il y a eu quelques soucis techniques, c'est le, l'activité s'est figée plusieurs fois et euh, quand je regardais à gauche, la caméra allait vers la droite. Et euh, à part ça, c'est, c'était bien quoi, **c'est super immersif**, euh, la télécommande et tout ça, ça répondait bien, c'était assez précis, euh j'arrivais à faire un peu ce que je voulais quoi, je comprenais plus ou moins, donc euh.
23	I : Euh si on avait pu enregistrer tes pensées pendant la simulation, qu'est-ce qu'on aurait eu comme euh, qu'est-ce qu'on aurait entendu ? E : Pour la première chose, ce serait **« Waouh » parce que c'est c'était vraiment immersif, euh** (.), c'est, vraiment bien fait, bon le, l'activité était sympa, reconstruire un peu, c'était pas mal mais euh, ouais **c'était surtout très, très immersif**, [I : d'accord.] **c'est ça qui est ressorti le plus**.
24	I : Ouais première impression « Waouh » et au fur et à mesure ? E : Euh ben on s'y fait et puis euh, c'est pas qu'on passe un peu à côté mais on s'adapte et puis du coup **on est dans la 3D** et puis on (.) s'intéresse plutôt au jeu.

Exemple 59 : Immersion impressionnante ! / Sébastien (Entretiens R_2 ; D01_0604).

Avec la récurrence du mot « immersif », associé à l'adjectif « super » et aux adverbes « vraiment » ou « très », l'élève construit un discours hyperbolique sur l'immersion. Il témoigne ainsi d'une présence spatiale forte, marquée par un enthousiasme non dissimulé quant à l'impression d'immersion dans l'environnement virtuel.

Par conséquent, la présence spatiale dans l'environnement virtuel se manifeste par le témoignage d'un déplacement vers un lieu virtuel. Cette expérience du voyage est plus ou moins ancrée dans l'affectivité des élèves. Les témoignages montrent que la présence spatiale peut être d'ordre factuel, avec une localisation de l'action dans un lieu précis, ou tendre vers un ressenti individuel du lieu de l'action et de l'expérience immersive. À partir de ces caractéristiques des profils de présence spatiale, nous identifions, dans notre sous-corpus, des « élèves voyageurs » (*cf.* figure 32).

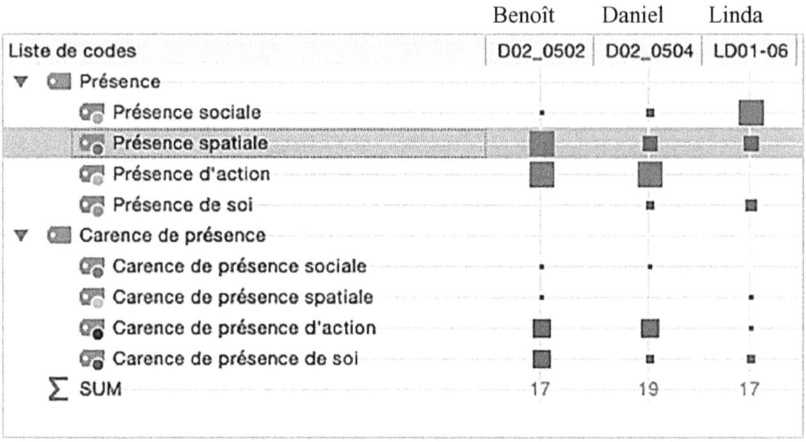

Figure 32 : Élèves voyageurs du sous-corpus.

Benoît, Daniel et Linda ont un profil avec une présence spatiale légèrement plus marquée que les autres composantes de la présence. Chez Benoît et Daniel, nous identifions bien des marques de présence d'action plus nombreuses, mais également des marques de carence de présence d'action. Les trois élèves présentent aucune ou peu de marques de carence de présence spatiale.

12.1.3 L'élève actant

Afin d'établir le profil d'un élève actant dans le scenario du jeu sérieux, trois témoignages d'élèves sont analysés, ceux de Clément, Éric et Elke. La figure 33 montre la répartition des marques de présence dans le discours post-immersion de ces élèves.

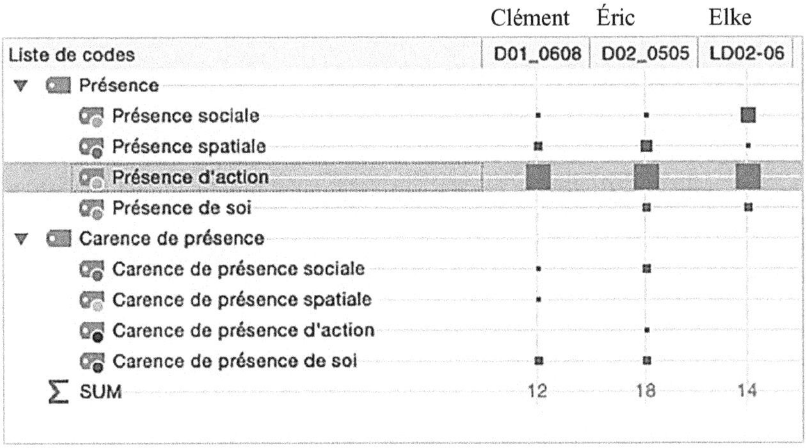

Figure 33 : Profils de présence – élève actant.

Sur l'ensemble des marques de présence et de carence de présence de leur discours, chacun de ces élèves a émis, pendant son entretien, plus de marques de présence d'action que de marques des autres composantes de la présence. Pour Clément et Elke, l'absence de marque de carence de présence d'action renforce la présence d'action exprimée dans le discours. Les trois élèves expriment globalement plus de marques de présence que de marques de carence de présence, ce qui témoigne d'une présence globale relativement forte dans l'environnement de réalité virtuelle. Le discours de ces élèves, qui ont une présence d'action particulièrement marquée, permet de comprendre comment ils se sont investis dans la tâche confiée.

Agir avec application

Comme Clément (tours 17 à 25, entretien D01_0608), Elke décrit de manière détaillée la tâche qu'elle vient d'accomplir (*cf.* exemple 60).

Tour	*Discours*
2	I : Meine erste Frage, wie war es? S : Ähm also ich *fand's eigentlich (lachen) ähm es war ganz interessant aber also ich *spiel' eigentlich nie Computerspiele. [I : Mhm.] Ich bin immer nur an meinem Handy, aber da spiel ich auch *nix. (lachen) Ähm und aber also ich fand es war eigentlich ganz interessant. **Ich *hab' alle Steine gefunden** ähm, aber ich wusste am Ende nicht was ich machen soll. Also ich *hätt' fragen können, aber ich wusste nicht was es heißt (lachen). Weil ich voll vergessen *hab' und ja.
10	I : O. k. und was hast du während der Simulation gemacht? S : **Ich hab Steine gesucht und die an passende Stellen gesetzt.**
13	I : Also ähm was hast du mit diesen Steinen gemacht? Du hast sie? S : **Ich *hab' die aufgehoben und dann ähm geguckt in welche Stelle die passen.** [I : Mhm.]
17	I : Bist du zu dem Teil mit der Mauer nicht gekommen? S : Ne. [I : O. k. dann.] **Ich hab nur so vier Steine in vier Säulen gesetzt.**

Exemple 60 : Avec application ! / Elke (Entretiens R_3 ; LD02-06).

Dès le début de l'entretien, elle souligne qu'elle a réalisé la tâche avec succès, en trouvant toutes les pierres. Elle décrit ensuite comment elle a exécuté les actions. L'explication montre que l'élève s'est approprié la tâche et qu'elle a l'impression de l'avoir effectuée avec minutie. La réalisation de cette tâche de consolidation des colonnes constitue, pour elle, l'essentiel du jeu. C'est à travers ses actions sur les objets du monde virtuel que Elke a vécu l'expérience en réalité virtuelle.

Agir avec son corps

Le discours d'Éric montre une présence globale forte, particulièrement marquée par la présence d'action. Il est un des rares élèves à parler d'investissement corporel dans l'action réalisée pendant l'immersion (*cf.* exemple 61).

Tour	*Discours*
2	I : Mmm ? Et qu'est-ce qui t'a impressionné justement dans (.) [E : mmm] dans cette notion de 3D ? E : Ben déjà qu'**on pouvait se *pa. se déplacer ou les mouvements et tout ça, si ils étaient, comme si ils étaient réels** euh [I : mmm ?] au niveau de la texture de, de l'image et tout ça, enfin, comme si c'était réel quoi en fait.
21	I : D'accord. Donc t'as pas par exemple euh bougé, marché un petit peu [E : mmm, non] pour te déplacer. O. K. Euh qu'est-ce que tu as fait avec les pierres qui étaient au sol ? E : (.) Je les ai *repris pour les remettre à leur place. **Enfin, je les ai (rire) utilisées [I : mmm] en m'aidant de la main pour *la remettre sur le, sur le (inc.) de briques.**

Exemple 61 : Avec la main / Éric (Entretiens R_2 ; D02_0505).

Au début de l'entretien, Éric émet une appréciation positive sur la possibilité de se déplacer dans l'immersion comme dans la réalité. Au tour 21, la question de l'interviewer est suggestive, en demandant à l'élève s'il a marché pour se déplacer. La réponse de l'élève ne va alors pas dans le sens de la suggestion de l'interviewer, puisqu'il dit avoir déplacé les pierres avec ses mains. Il confirme l'impression d'investissement corporel dans le jeu, évoquée au tour 2. Éric a ainsi vécu son expérience en réalité virtuelle avec une impression d'implication corporelle qui a participé à l'émergence de sa présence d'action.

Par conséquent, la présence d'action dans l'environnement virtuel se manifeste essentiellement par le témoignage de la réalisation d'une tâche (Conseil de l'Europe 2001). Cette expérience de l'agir dans l'environnement virtuel est liée à l'investissement de l'élève dans la tâche du scénario. Cet investissement peut être cognitif, avec une forte application à réaliser la tâche. Il peut également sembler être kinesthésique, avec l'impression d'une implication motrice dans la réalisation de la tâche. À partir de ces caractéristiques des profils de présence sociale, nous identifions, dans notre sous-corpus, des « élèves actants » (*cf.* figure 39).

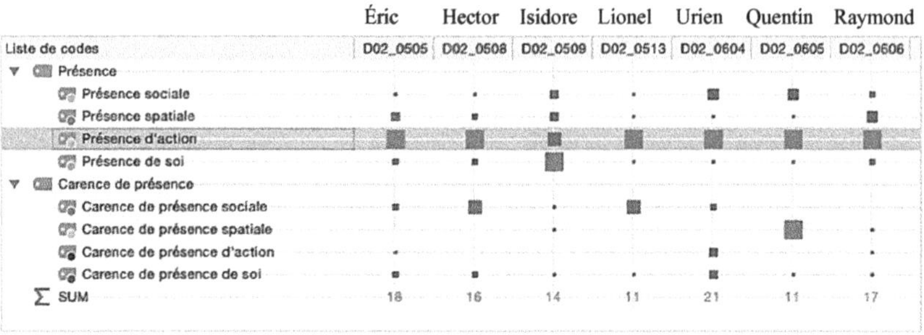

Figure 34 : Élèves actants du sous-corpus.

Éric, Isidore et Raymond montrent une présence globale particulièrement marquée et une forte présence d'action. Hector, Lionel et Quentin ont une présence globale plus faible mais celle-ci est davantage marquée par la présence d'action que par les autres composantes de la présence.

12.1.4 L'élève joueur

Pour établir le profil d'un élève joueur, se sentant personnellement impliqué dans le jeu sérieux, nous analysons le profil de Gaétan et de Linda. La figure 35 montre la répartition des marques de présence dans leur discours post-immersion.

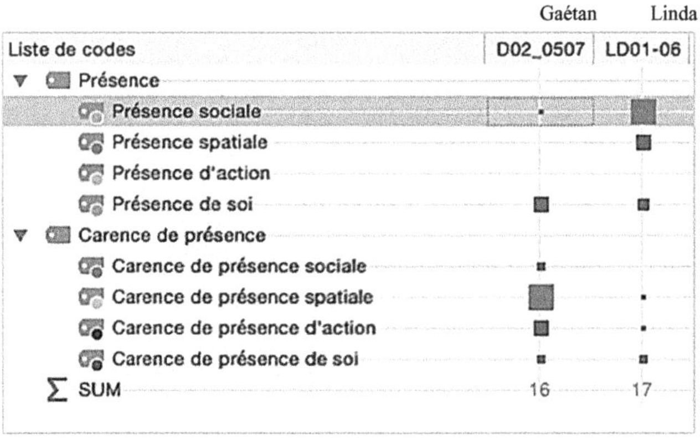

Figure 35 : Profils de présence – élève joueur.

Notons que Gaétan est globalement peu présent dans l'environnement de réalité virtuel, mais que les marques de présence émises concernent plus la présence de soi que les autres composantes de la présence. Linda ressent surtout de la présence sociale, ses marques de présence de soi illustrent cependant le lien entre les composantes de la présence. Le discours de ces élèves, qui ont une présence de soi marquée, permet de comprendre comment l'implication personnelle peut être vécue pendant l'immersion.

Être dans ce que l'on voit

Gaétan associe la localisation de l'action au ressenti de sa personne. D'après son discours, la scène n'a pas eu lieu dans un endroit spécifique, mais là où il était (*cf.* exemple 62).

Tour	*Discours*
28	I : Mmm et où s'est déroulée la simulation ? E : Là où **je me suis senti dedans.**
29	I : La question est relativement ouverte justement (rire) E : Hum ben (.) [I : Euh], tant que ça bougeait **je me sentais dedans**, après quand c'est sur place, un peu moins.
31	I : Euh, qui était dans la simulation ? E : Comment ça ?
32	I : Ben, tu peux répondre ce que tu veux (rire) E : **Moi (rire)**

Exemple 62 : Je suis dedans / Gaétan (Entretiens R_2 ; D02_0507).

L'élève indique avoir été davantage présent pendant les phases d'animation des graphismes. Il associe ainsi la présence de soi à l'immersion visuelle. L'unique question de l'entretien permettant une expression explicite de la présence de soi, était « Qui était dans la simulation ? ». Éric répond par « Moi ». Dans le reste de son discours, les marques de présence de soi sont essentiellement liées aux autres composantes de la présence.

Être ou ne pas être

Le discours de Linda montre l'imbrication que peuvent avoir la présence sociale et la présence de soi. À travers son discours, elle indique que la présence sociale a engendré des émotions et donné du sens au jeu (*cf.* exemple 63).

Tour	*Discours*
8	I : Und jetzt im Spiel? Was fühlte sich hier echter an? S : Irgendwie; **das hat sich so angefühlt, als wär ich da so halb *rich' also so echt da drin** und [I : Aha.] und irgendwie auf einmal, als die Maske da kam, **ich bin total erschrocken** [I : Lachen] weil ich, beim ersten Mal *wusst' ich gar nicht, was das überhaupt soll, ähm sein soll. [I : Aha.]
30	I : Das ist ja gut. [S : Lachen] Das is ja gut. Das wollen wir ja. Also ich mein, das ist ja, wenn du das, wenn du das so empfunden hast, [S : Und.] ist das ja sehr gut. S : Keine Ahnung, ich. Ah, **ich hab gar nicht so auf die Zeit geachtet**, so. Ich dachte „Ja" also als es rum war irgendwie, **dachte ich: „Ja, ich hab das 'ne Ewigkeit gespielt"** [I : Mhm.] (Lachen) ,weil **das war voll vertieft in das Spiel**.
31	[...]; ich muss mich einfach vor der Maske retten [I : Mhm, mhm.] also, dass die mich nicht trifft, weil **sonst bin ich einfach tot** [I : Mhm, mhm.] und wenn die mich nicht trifft und die Zeit ist um, dann **bin ich befreit** [I : Mhm.] aus dem Keller [I : Mhm, mhm.] und **dann kann ich wieder weiterleben** so.

Exemple 63 : Une question de vie ou de mort ! / Linda (Entretiens R_3 ; LD01-06).

Le personnage non joueur du virus a ainsi effrayé Linda. Il a ensuite était appréhendé comme un personnage dangereux. C'est par cette relation sociale qu'émerge, chez Linda, une présence de soi marquée. En indiquant notamment une perte de repère temporel, Linda exprime explicitement son implication dans le jeu.

La présence de soi est ainsi intrinsèquement liée à l'émergence des autres composantes de la présence. L'élève joueur est nécessairement social, voyageur ou actant.

En établissant des profils d'élèves présents dans l'environnement virtuel, nous avons, par conséquent, mis en exergue différentes manières de vivre l'implication dans la réalité virtuelle. L'expérience virtuelle peut être celle d'une rencontre, d'un voyage ou d'une action sur le déroulement du jeu. Les témoignages des élèves présents dans l'environnement virtuel ont montré l'implication des élèves dans la scène vécue. Certains élèves ont vécu l'expérience en réalité virtuelle avec moins de présence que les élèves ayant illustré nos profils de présence.

L'étude du discours post-immersion des élèves moins impliqués dans l'environnement virtuel doit compléter nos profils de présence.

À partir de ces caractéristiques des profils de présence de soi, nous identifions Isidore, dans notre sous-corpus, comme le seul élève présentant un profil de présence de soi particulièrement marqué (*cf.* figure 36).

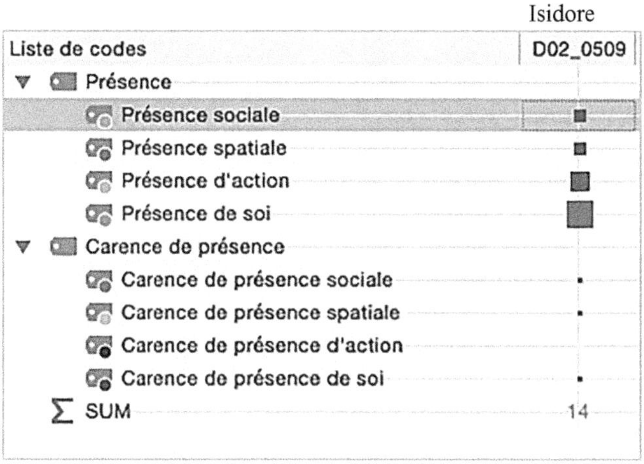

Figure 36 : Élève joueur du sous-corpus.

Il présente une forte présence globale forte, avec peu de marque de carence de présence. Sa présence d'action est également marquée.

12.2 Élèves témoignant d'une carence de présence en réalité virtuelle

À partir du tableau de répartition des marques de présence par élève (*cf.* annexe 14) et à l'aide d'une matrice permettant de visualiser cette répartition (*cf.* annexe 15), nous établissons quatre profils types de carence de présence chez les élèves ayant participé aux deuxième et troisième recueils de données : l'élève solitaire, l'élève sédentaire, l'élève impuissant et l'élève distant.

12.2.1 L'élève solitaire

Afin d'établir le profil d'un élève solitaire pendant l'expérience en réalité virtuelle, deux témoignages sont analysés, ceux de Thomas et d'Anthony. La figure 37 montre la répartition des marques de présence dans le discours de ces élèves.

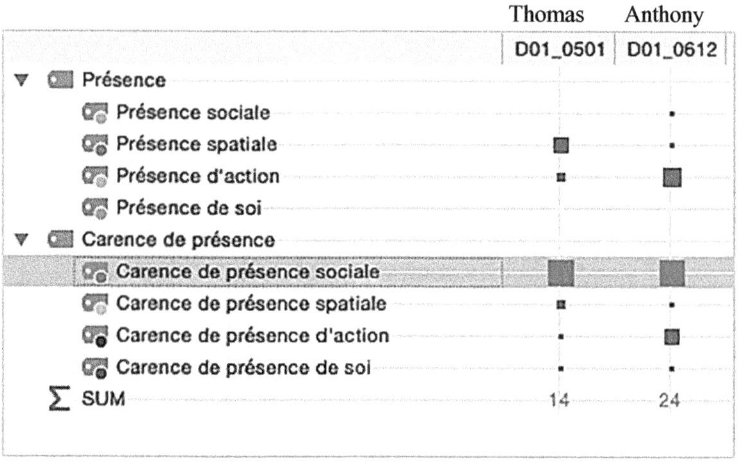

Figure 37 : Profils de présence – élève solitaire.

Sur l'ensemble des marques de présence et de carence de présence de leur discours, chacun de ces élèves a émis, pendant son entretien, plus de marques de carence de présence sociale. L'analyse du discours des deux élèves montre qu'ils ont considéré le personnage comme un narrateur, comme dans le discours de Sébastien (*cf.* exemple 64).

Tour	*Discours*
5	I : D'accord. T'as rencontré des difficultés particulières, euh ? E : J'comprenais pas toujours du premier coup c'est vrai.
6	I : Mmm. E : Mais **on le on me le repassait** et puis ça, je comprenait après.
11	I : D'accord. Est-ce qu'il y avait des personnages dans la simulation ? E : Euh **non il y avait juste le *na narrateur apparemment.**

Tour	*Discours*
18	I : O. K. Qui-est-ce qui te parlait ? E : Euh **le *narra c'est une narratrice euh j'ai pas compris qui c'était.**

Exemple 64 : L'élève solitaire – avec une bande son / Thomas (Entretiens R_2 ; D01_0501).

La carence de présence sociale de Thomas est plus marquée avec l'utilisation du pronom personnel « on ». L'élève n'appréhende pas avec précision les personnes de la réalité écologique, mais il exprime néanmoins leur intervention pendant l'immersion.

Notons que les élèves ayant explicitement exprimé l'appréhension de personnes de la réalité écologique produisent également des marques de présence sociale, comme dans le discours de Félix, notamment au tour 12 (*cf.* exemple 65).

Tour	*Discours*
12	I : Ähm, hast du auch ähm äh gesprochen mit Céline? S : Ja, ich hab nur gefragt: „Was soll ich jetzt machen?" [I : Mhm.] Und dann. Und **dann hat die Frau K gesagt:** „Ja, folg ihr, folg ihr!" [I : Mhm.] Und **dann bin ich ihr gefolgt und wir sind ewig im Kreis gerannt.**

Exemple 65 : Avec l'enseignante et le personnage / Félix (Entretiens R_3 ; LD01-07).

Sur l'ensemble des élèves, ceux qui ont appréhendé des personnes de la réalité écologique ne sont pas ceux qui expriment le moins de présence sociale. L'intervention d'une personne de la réalité écologique n'empêche donc pas systématiquement l'émergence de la présence.

Anthony explicite, dans son discours, le rôle de la voix *off*, qu'il ne considère pas, lui non plus, comme un personnage (*cf.* exemple 66).

Tour	*Discours*
4	I : D'accord. Donc plutôt extérieure ? [E : Ouais (inc.).] En fait c'était une voix d'une femme. E : On, on, on me, **on me racontait**, ouais, quelque, quelque chose, c'était **comme si, si elle était au-dessus de la scène** et elle me racontait quelque chose, elle était pas à côté de moi en train de me parler. Ouais c'était comme au-dessus il y a une (.) et elle et **elle nous parlait** [I : Au-dessus.] **de dessus.** Et elle nous **racontait la scène d'au-dessus**, elle était pas à côté de moi, ou…

Exemple 66 : Une narratrice au dessus de la scène / Anthony (Entretiens R_2 ; D01_0612).

Le scénario du jeu prévoit bien que le personnage ne soit pas « à côté » du joueur mais en communication vidéo avec lui. L'élève localise cependant la voix au dessus de la scène et souligne sa fonction de narrateur, témoignant ainsi d'une carence de présence sociale.

Les exemples des élèves à forte carence de présence sociale montrent que le manque de présence sociale est davantage dû à un effet du scénario qu'à l'intervention de personnes extérieures à l'environnement virtuel. Nous abordons plus explicitement, dans le chapitre 14, comment les interventions depuis la réalité écologique peuvent être opérées, dans le cadre d'une situation d'apprentissage. À partir de ces caractéristiques des profils présentant une carence de présence sociale, nous identifions, dans notre sous-corpus, les « élèves solitaires » (*cf.* figure 38).

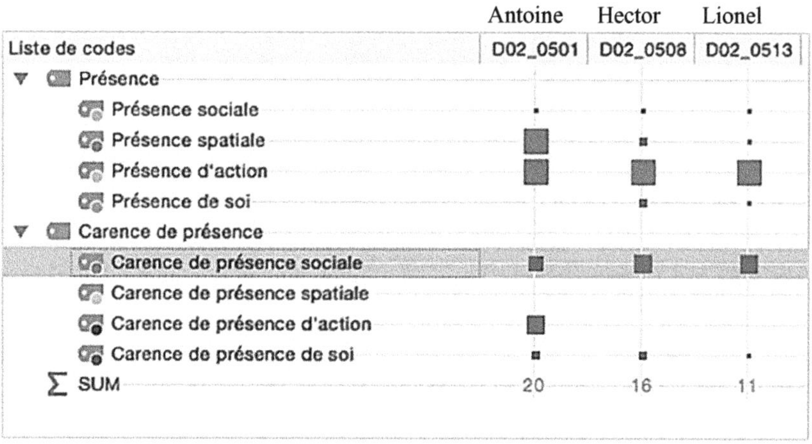

Figure 38 : Élèves solitaires du sous-corpus.

Antoine montre une carence de présence sociale marquée, puisque sa carence de présence d'action, que nous constatons également, est compensée par des marques de présence d'action. Hector et Lionel présentent, en plus de leur présence d'action marquée, une légère carence de présence sociale.

12.2.2 L'élève sédentaire

Afin d'établir le profil d'un élève sédentaire pendant l'expérience en réalité virtuelle, deux témoignages sont analysés, ceux de Gaétan et d'Olivier. La figure 39 montre la répartition des marques de présence dans le discours post-immersion de ces élèves.

Olivier Gaétan

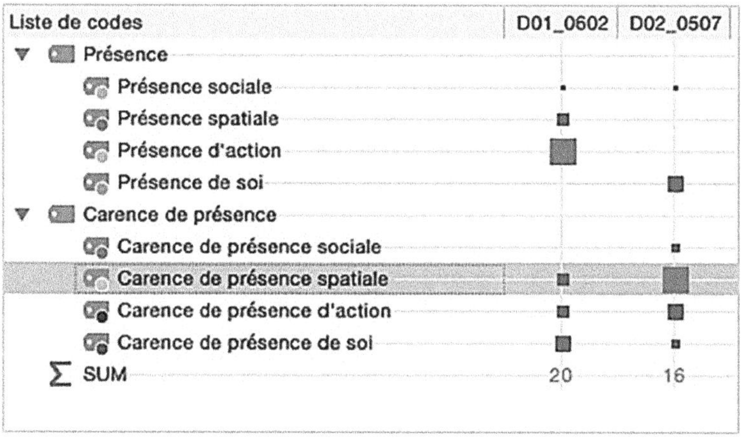

Figure 39 : Profils de présence – élève sédentaire.

Sur l'ensemble des marques de présence et de carence de présence de son discours Gaétan a émis plus de marques de carence de présence spatiale. L'élève témoigne de sa difficulté à visualiser l'environnement virtuel (*cf.* exemple 67).

Tour	*Discours*
1	[…] E : Euh c'est bien fait (.), [I : Mmm ?] mais (.) trop longtemps sur **la 3D, ça peut faire mal aux yeux.** [I : Mmm ?] On a…
2	[…] E : Vers la fin **je le sentais un petit peu, mais ça allait, c'est supportable.** [I : Mmm.] Et la qualité est à améliorer.
4	[…] E : Sur l'image que j'avais c'était à certains endroits **un peu pixélisé** comme ça.
20	[…] E : Et là, j'avais l'impression pour moi que c'était **un peu comme pixélisé**, un tout petit peu, mais ça a **pas quelque chose de très gênant, mais ça risque de fatiguer les yeux.**

Exemple 67 : Problème de visualisation / Gaétan (Entretiens R_2 ; D02_0507).

Gaétan émet une appréciation négative de la qualité des graphismes. Bien qu'il tienne un discours optimiste quant à son immersion, il témoigne, à plusieurs reprises, d'un risque de fatigue lié à la visualisation d'images stéréoscopiques. Son discours montre qu'il appréhende l'environnement virtuel à travers le filtre de la technologie d'immersion. Cette carence de présence est renforcée par le fait qu'il n'émette, dans le reste de son discours, aucune marque de présence spatiale.

Chez Olivier, la carence de présence spatiale n'est pas plus élevée que celle des autres composantes de la présence. Nous utilisons son discours pour notre analyse, car il illustre cependant la coexistence de marques de présence et de carence de présence, *a priori*, antithétiques (*cf.* exemple 68).

Tour	*Discours*
8	[...] E : Ben non, enfin j'ai pas l'habitude d'utiliser ça au quotidien, euh c'est vrai que quand on utilise ça, b**en on est un peu plongé dans, dans autre chose quoi (.) et *s il y a une immersion qui est, pas mal.**
36	I : Mmm mmm. Où est-ce que s'est déroulée la *s, la simulation ? E : **Dans la chambre 2** euh, avec euh, **avec la grande télé.**
37	I : Mmm mmm. La chambre 2, c'est-à-dire euh ? E : Euh **chez les 2 S.I.**

Exemple 68 : Dans la salle d'à côté et en immersion / Olivier (Entretiens R_2 ; D01_0602).

Olivier tient un discours sur une immersion positive. Il cite par ailleurs la cathédrale comme lieu de l'action (tours 27 et 40, entretien D01_0602). Il situe cependant la simulation dans son établissement scolaire, en précisant le lieu exact. Comme pour la présence sociale, l'appréhension de la réalité écologique n'exclut pas une présence spatiale dans l'environnement virtuel.

Les discours analysés montrent ainsi que, dans le cas du dispositif étudié, la carence de présence spatiale est davantage marquée lorsqu'elle est due à un effet du scénario ou de l'environnement virtuel, plutôt qu'à une appréhension de la réalité écologique. À partir de ces caractéristiques des profils présentant une carence de présence spatiale, nous identifions, dans notre sous-corpus, les « élèves sédentaires » (*cf.* figure 40).

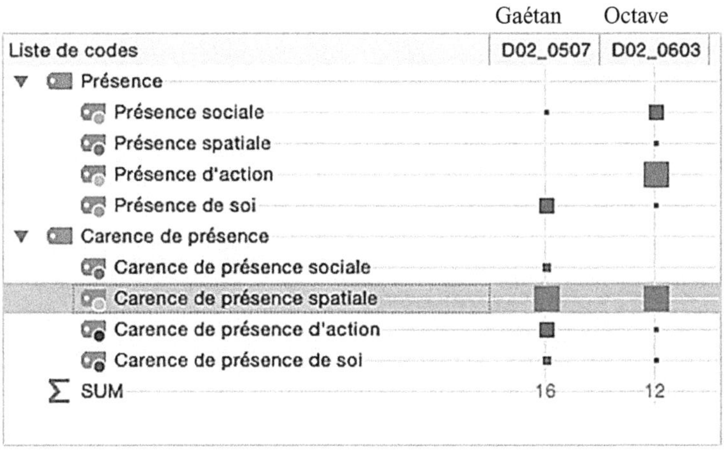

Figure 40 : Élèves sédentaires du sous-corpus.

Gaétan montre une carence de présence spatiale particulièrement marquée. Octave a un profil de présence équilibré, avec une carence de présence spatiale légèrement plus marquée.

12.2.3 L'élève impuissant

Afin d'établir le profil d'un élève montrant une carence forte de présence d'action pendant l'expérience en réalité virtuelle, deux témoignages sont analysés, ceux de Julien et de Valentin. La figure 41 montre la répartition des marques de présence dans le discours post-immersion de ces élèves.

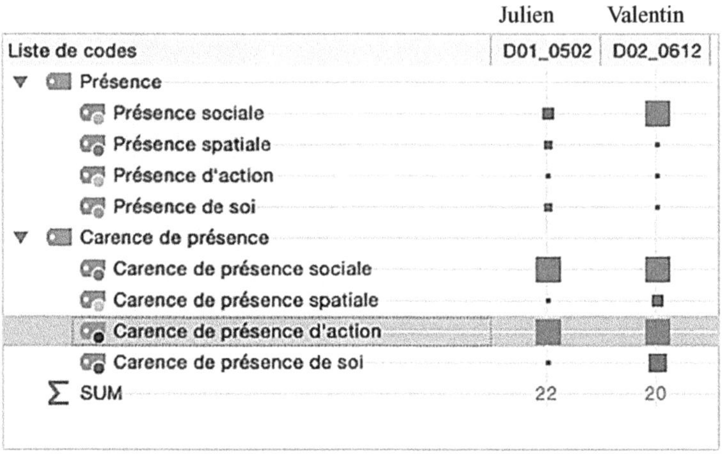

Figure 41 : Profils de présence – élève impuissant.

Sur l'ensemble des marques de présence et de carence de présence émises dans leur discours post-immersion, Julien et Valentin ont produit plus de marques témoignant d'une carence de présence d'action que pour les autres composantes de la présence. Le discours des deux élèves montre également une carence de présence sociale, mais cette dernière est compensée par des marques de présence sociale. De ce fait, les deux élèves ont une carence de présence d'action particulièrement marquée.

Le discours des deux élèves est similaire, témoignant de difficultés à utiliser le dispositif d'interaction (*cf.* exemple 69).

Tour	*Discours*
11	[…] E : Euh **de l'ordre euh de la maniabilité**, et du fait euh que des fois elle parle trop et ce qui est embêtant sinon c'est que au moment où **on a le téléphone et qu'on doit diriger les choses**, *cque quand on a appuyé, ça clique bien dessus, et donc avec ça on peut réparer la crypte, **on doit appuyer sur trois morceaux**, et ensuite on doit aller sur euh juste le pilier en haut, et **j'ai dû faire ça six fois d'affilé sur chaque truc pour que ça veuille bien y aller.**

Exemple 69 : L'élève impuissant – je clique et reclique / Julien (Entretiens R_2 ; D01_0502).

De son action dans la réalité virtuelle, Julien retient essentiellement l'impossibilité d'agir à sa guise dans l'environnement virtuel. Au tour 11, il aborde la phase d'entraînement à l'utilisation du dispositif, semble ensuite raconter son action dans le scénario (réparer la crypte) mais déplore aussitôt des problèmes techniques pour interagir avec les objets de l'environnement. Avec les verbes « diriger », « appuyer » et « cliquer », Julien tient un métadiscours sur son interaction dans le dispositif avec les périphériques informatiques. Son discours montre l'absence d'impression de non médiatisation et l'influence négative de la difficulté d'interaction sur la présence. À partir de ces caractéristiques des profils présentant une carence de présence d'action, nous identifions, dans notre sous-corpus, les « élèves impuissants » (*cf.* figure 42).

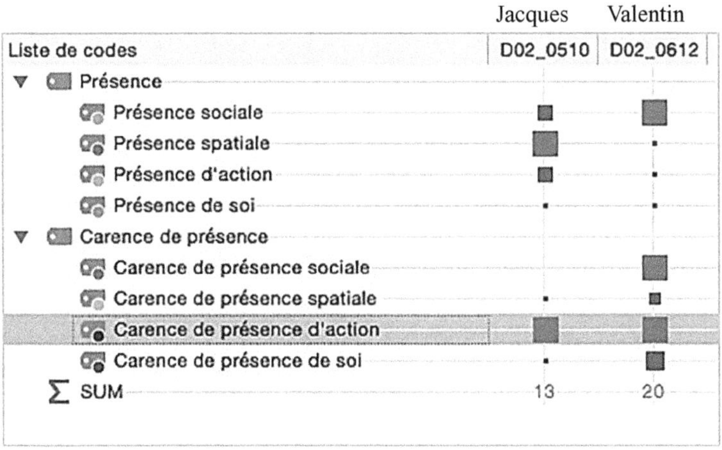

Figure 42 : Élèves impuissants du sous-corpus.

Jacques et Valentin montrent une carence de présence d'action particulièrement marquée. Chez Valentin, cette carence d'action participe à une carence de présence globale, alors que Valentin est globalement présent dans l'environnement virtuel.

12.2.4 L'élève distant

Afin d'établir le profil d'un élève à forte carence de présence de soi pendant l'expérience en réalité virtuelle, deux témoignages sont analysés, ceux de Benoît et de Jens. La figure 43 montre la répartition des marques de présence dans le discours post-immersion de ces élèves.

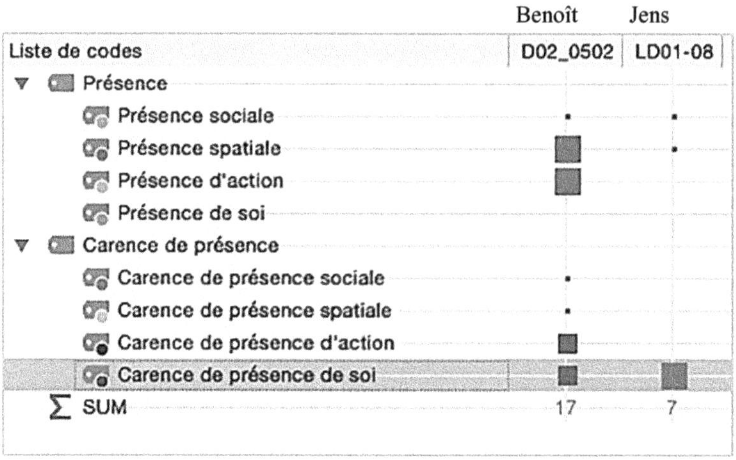

Figure 43 : Profils de présence – élève distant.

Sur l'ensemble des marques de présence et de carence de présence émises dans leur discours post-immersion, Benoît et Jens ont émis plus de marques témoignant d'une carence de présence de soi que pour les autres composantes de la présence. Les deux élèves produisent des marques de carence de présence de soi qui ne sont pas compensées par des marques de présence de soi. Comme nous l'avons déjà noté, dans le discours des élèves, la présence de soi est notamment liée à l'action dans l'environnement.

Se déplacer sans bouger

Dans le discours de Benoît, les marques de carence de présence de soi portent essentiellement sur des déplacements non cohérents avec le scénario (*cf.* exemple 70).

Tour	*Discours*
19	I : D'accord. Heu, comment est-ce que tu t'es déplacé dans la crypte ? E : (.) ben en fait, **y avait pas de déplacements** heu ? pendant que moi je le faisais, c'était heu (.), c'était simplement heu…
20	I : D'accord. E : Enfin dans la crypte, **j'étais à un point fixe** et il fallait juste heu

Exemple 70 : L'élève distant – aller chercher des pierres sans se déplacer / Benoît (Entretiens R_2 ; D02_0502).

L'élève montre ainsi qu'il a effectué la tâche de réparation de la crypte sans avoir eu l'impression de se déplacer dans l'environnement virtuel. La version du jeu utilisée pour son immersion proposait, en effet, un rayon laser comme métaphore du déplacement : c'est avec le rayon que le joueur accédait à différents endroits de la crypte, pour prendre les pierres et les déposer sur les colonnes. Benoit n'a pas appréhendé cette métaphore et ne s'est pas impliqué par des déplacements dans la scène virtuelle.

Se déplacer avec la technique

Le discours de Jens montre qu'il a bien l'impression de s'être déplacé dans la crypte. La version du jeu utilisée permettait en effet une navigation dans la scène, par un déplacement de la perspective de visualisation. Les déplacements qu'il évoque sont cependant associés au dispositif d'interaction (*cf.* exemple 71).

Tour	*Discours*
3	I : Was heißt das Laufen? S : Also so **mit dem Joystick so laufen** [I : Mhm.] und des war gut. [I : Mhm.]
24	I : Ja, o. k. Ähm äh, wie hast du dich in dieser Krypta *fortbewegt? S : **Mit dem Joystick.**

Exemple 71 : L'élève impuissant – avec le Joystick / Jens (Entretiens R_3 ; LD01-08).

Dans son discours, Jens produit des marques de carence de présence de soi en montrant qu'il a appréhendé ses déplacements dans la scène virtuelle à travers l'utilisation du dispositif d'interaction. Il témoigne de l'absence, au moins partielle, de l'impression de non médiatisation de l'expérience en réalité virtuelle.

Chez les élèves témoignant d'une carence de soi marquée, cette dernière se manifeste ainsi surtout par l'incohérence des déplacements ou par une conscience accrue de leur médiatisation pendant l'immersion. À partir de ces caractéristiques des profils présentant une carence de présence de soi, nous identifions, dans notre sous-corpus, les « élèves distants » (*cf.* figure 44).

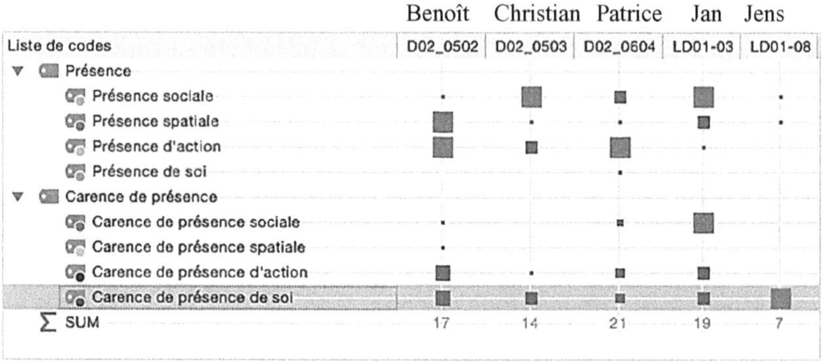

Figure 44 : Élèves distants du sous-corpus.

Benoît, Christian, Patrice, Jan et Jens montrent tous des marques de carence de présence de soi qui sont renforcées par l'absence de marque de présence de soi.

Les profils analysés chez les élèves témoignant d'une carence de présence montrent la prédominance de marques de carence de présence dues à des phénomènes internes à l'environnement virtuel. Le témoignage des élèves montre, par conséquent, la faible influence négative de la réalité écologique sur la production de marques de carence de présence dans le discours post-immersion des élèves.

Résumé conclusif

Dans ce chapitre, nous avons adopté une démarche compréhensive pour établir des profils de présence des élèves ayant participé aux recueils de données R_2 et R_3. À partir de la répartition des marques de présence et de carence de présence dans le discours post-immersion, nous avons d'abord identifié les élèves présentant un profil de présence marqué dans une des composantes de la présence. Ce constat nous permet de corroborer notre hypothèse H_4, postulant du fait que, dans un dispositif d'apprentissage des langues médiatisé par les technologies numériques, les niveaux de présence de soi, de présence sociale, de présence spatiale et de présence d'action sont hétérogènes chez un même apprenant.

Nous avons ensuite analysé comment se manifeste cette forte présence ou carence de présence dans le discours. Le tableau 37 synthétise les profils de présence établis par cette analyse.

Tableau 37 : Synthèse des profils de présence.

	Présence marquée	*Carence de présence marquée*
Présence sociale	**L'élève social…** rencontre une autre langue, rencontre des personnages agissants, rencontre un personnage tout proche.	**L'élève solitaire…** écoute un narrateur.
Présence spatiale	**L'élève voyageur…** vit une expérience localement ancrée, s'approprie les lieux, ressent une impressionnante immersion.	**L'élève sédentaire…** voit mal l'environnement.
Présence d'action	**L'élève actant…** agit avec application, agit avec son corps.	**L'élève impuissant…** essaie d'interagir sans succès.
Présence de soi	**L'élève joueur…** est dans ce qu'il voit, veut survivre.	**L'élève distant…** se déplace sans bouger, se déplace avec le dispositif d'interaction.

Les profils de présence montrent que la présence se manifeste lorsque l'élève témoigne d'une rencontre dans un lieu qu'il s'est approprié. Le personnage rencontré ne doit pas nécessairement être identifié mais doit comporter quelques caractéristiques fortes, comme la langue qu'il parle ou ce qu'il fait dans l'environnement. Le facteur immersion, visuelle mais aussi sonore, participe à l'émergence d'une présence marquée.

Une carence de présence marquée est caractéristique des élèves ayant eu des difficultés à utiliser l'environnement. Une appréciation négative de la visualisation ou de l'interaction semble particulièrement nuire à l'émergence de la présence. L'élève adopte alors une attitude passive dans l'environnement virtuel, en ayant l'impression d'assister comme spectateur à une scène de jeu. Chez ces élèves, la conscience de la médiatisation de l'expérience reste forte. Dans le cas de notre dispositif, plus que l'intrusion de la réalité écologique dans l'environnement virtuel, c'est finalement le scénario ou le dispositif qui peuvent, chez certains élèves, nuire à la présence en réalité virtuelle.

13. Interaction en langue cible en réalité virtuelle

Dans le dispositif de réalité virtuelle étudié, l'apprenant est le seul utilisateur. Susciter l'interaction orale en langue cible avec l'environnement virtuel constitue un défi technologie et didactique. Ce chapitre examine dans quelle mesure les deux versions testées du jeu sérieux *Architecte 2015* ont créé une situation d'apprentissage propice à la réalisation d'activités de communication langagière en langue cible. Pour évaluer l'interaction orale en langue cible dans le dispositif de réalité virtuelle[1], nous analysons notre sous-corpus (*cf.* chapitre 8.2.2) en nous demandant d'abord si la production des élèves a été suffisante et assez cohérente pour constituer une interaction avec les personnages non joueurs. Nous examinerons ensuite les éventuelles ruptures de communication pendant l'immersion, avant d'étudier les stratégies directes d'usage de la langue que les apprenants auraient pu utiliser pendant l'immersion. Enfin, une analyse de la dimension non verbale de l'interaction en langue cible permettra d'envisager dans quelle mesure l'interactivité et l'engagement corporel participent à l'interaction verbale.

13.1 Production orale en langue cible pendant l'immersion

Pour étudier les potentialités de l'immersion en réalité virtuelle en tant que dispositif didactique au service de l'interaction en langue cible, notre première démarche consiste à analyser les productions des élèves

1 L. Schmoll (2016b), doctorante pendant le projet EVEIL-3D, a également étudié les interactions en langue cible de notre deuxième relevé de données, en vue d'analyser la conception d'un jeu sérieux pour l'enseignement-apprentissage des langues. Puisque nous utilisons en partie le même corpus, dans une version remaniée, notre argumentation se base sur une description des mêmes interactions en allemand langue étrangère. Cette description rend en partie compte des mêmes phénomènes de communication. Elle est cependant menée individuellement et différemment, et sert surtout une argumentation différente.

en allemand et en français. Nous observons ces productions langagières pour savoir si elles participent à une interaction cohérente avec les personnages non joueurs des deux environnements virtuels étudiés. Pour cela, nous examinons d'abord les productions sous l'angle de la compétence, pour déterminer la fréquence et la correction des énoncés produits. Une analyse de la performance (Hymes 1984 ; Agostinelli 2010) des élèves doit ensuite mettre en lumière leur réussite ou leur échec dans la réalisation de leurs actes de parole pendant l'immersion. Dans chacune de ces deux approches, nous comparons les productions en langue cible aux profils de présence les plus marqués du groupe. Enfin, une présentation des caractéristiques dialogales du jeu sérieux utilisé doit permettre de contextualiser nos résultats et de mettre en exergue les éléments facilitateurs et les freins à l'interaction, internes à la situation de communication en réalité virtuelle.

13.1.1 Compétence des élèves pendant l'immersion

Pour le deuxième relevé de données, les 22 élèves sont invités à communiquer en allemand avec Céline, qui est, d'après le scénario, en communication vidéo avec eux. Le tableau 38 et le tableau 39 synthétisent la fréquence des énoncés en langue cible, produits par les élèves pendant cette immersion. Le tableau 38 présente la fréquence des mots isolés et le tableau 39 celle des phrases.

Tableau 38 : Fréquence des mots isolés en langue cible – recueil R_2.

	Fréquence			
Énoncés	*Ensemble du corpus*	*Maximum par dialogue*	*Minimum par dialogue*	*Médiane par dialogue*
Mot isolé (ou groupe nominal)	170	16	1	7,5
– correct[2]	162	14	1	7,5
– écart à la norme linguistique	8	4	0	0

2 Sans écart par rapport à la norme linguistique.

	Fréquence			
Énoncés	*Ensemble du corpus*	*Maximum par dialogue*	*Minimum par dialogue*	*Médiane par dialogue*
n (total d'énoncés : mots isolés et phrases)	253	31	5	9,5

Tableau 39 : Fréquence des phrases en langue cible – recueil R_2.

	Fréquence			
Énoncés	*Ensemble du corpus*	*Maximum par dialogue*	*Minimum par dialogue*	*Médiane par dialogue*
Phrase[3]	83	30	0	2
– correcte	48	18	0	1
– écart à la norme linguistique	35	12	0	0,5
n (total d'énoncés : mots isolés et phrases)	253	31	5	9,5

Pendant les 22 immersions dans le dispositif 2 du deuxième recueil de données, la plupart des élèves ont produit 9,5 énoncés en allemand, dont 7,5 mots isolés et 2 phrases. L'écart de fréquences des types d'énoncé est cependant important. Le tableau des données (*cf.* annexe 16) montre que Valentin produit 16 mots isolés, alors que Maurice n'en produit qu'un seul ; Maurice produit par contre 30 phrases alors que certains élèves n'en produisent pas.

Une analyse de la compétence des élèves, au sens saussurien, de la capacité de construire des énoncés grammaticalement corrects en langue cible, montre que les mots isolés produits sont généralement corrects par rapport à la norme linguistique : la plupart des élèves produisent ainsi 7,5 mots corrects sur 7,5 mots produits. La production de phrases donne également lieu à des énoncés plutôt corrects, mais rares. La plupart des élèves produisent ainsi 1 phrase correcte sur les 2 phrases prononcées pendant leur immersion. Notons que 9 élèves sur 22 ne produisent aucune phrase et ne s'expriment que par des mots isolés.

La fréquence de chaque énoncé dans l'ensemble des productions en langue cible (*cf.* annexe 16) montre la très faible variété des productions.

3 Sont identifiés comme phrase les énoncés contenant un verbe.

L'énoncé *Ja* représente près de 40 % des mots isolés. Les productions les plus fréquentes parmi les mots isolés sont les couleurs. Avec 11 occurrences, l'énoncé *Ich weiß (es) nicht* est la phrase la plus produite pendant l'immersion (*cf.* tableau 40).

Tableau 40 : Fréquence des énoncés en langue cible – recueil R_2.

Énoncés	*Fréquence dans l'ensemble du corpus*
Ja. [4]	63
Grün.	20
Blau.	17
Drei.	15
Braun.	12
Ich weiß (es) nicht.	9

À partir de cette analyse de la compétence linguistique des élèves, nous examinons la relation entre la fréquence et la qualité des énoncés produits par les élèves, et leur présence dans l'environnement virtuel. Les données (*cf.* annexe 16) montrent que Maurice, Valentin et Urien ont produit le plus d'énoncés pendant l'immersion. Maurice est un élève au profil de présence très marqué par une présence sociale. Urien est un élève avec un profil de présence marqué et équilibré dans toutes les composantes de la présence. Valentin est un élève au profil montrant globalement une carence de présence, en raison d'une carence de présence d'action et de soi. Sans valeur statistique, nous constatons que ces élèves présents dans l'environnement virtuel ont montré une compétence linguistique supérieure pendant l'immersion, en fréquence globale d'énoncés et d'énoncés corrects. Valentin montre que ce phénomène n'est pas systématique, puisqu'il produit également plus d'énoncés corrects que la plupart des élèves mais témoignent d'une forte carence de présence pendant l'immersion. Ce constat reste évidemment à corréler avec d'autres analyses, dont celle de la performance des élèves pendant l'immersion.

Pour le troisième recueil de données, les 8 élèves étaient invités à dialoguer avec Céline Steinbach sur les lieux de l'action. Le tableau 41

4 Ou accompagné d'une interjection (une fois accompagné du pronom personnel *ich* et d'une interjection).

et le tableau 42 synthétisent la fréquence des énoncés en langue cible pendant cette interaction. Le tableau 41 présente la fréquence des mots isolés et le tableau 42 celle des phrases.

Tableau 41 : Fréquence des mots isolés en langue cible – recueil R_3.

	Fréquence			
Énoncés	*Ensemble du corpus*	*Maximum par dialogue*	*Minimum par dialogue*	*Médiane par dialogue*
Mot isolé (ou groupe nominal)	5	5	0	0
– correct[5]	5	3	0	0
– écart à la norme linguistique	0	0	0	0
n (total d'énoncés : mots isolés et phrases)	33	4	0	4

Tableau 42 : Fréquence des phrases en langue cible – recueil R_3.

	Fréquence			
Énoncés	*Ensemble du corpus*	*Maximum par dialogue*	*Minimum par dialogue*	*Médiane par dialogue*
Phrase[6]	28	8	0	2,5
– correcte	24	8	0	2,5
– écart à la norme linguistique	4	2	0	0
n (total d'énoncés : mots isolés et phrases)	33	4	0	4

Pendant les 8 immersions dans le dispositif 1 du troisième recueil de données, la plupart des élèves ont produit 4 énoncés en allemand, dont aucun mot isolé et 2,5 phrases. L'écart de fréquence des types d'énoncés est important. Le tableau des données (*cf.* annexe 16) montre que Thomas produit 10 énoncés tous corrects, alors que Timo n'en produit aucun. Nous remarquons que les élèves ayant participé à ce relevé de

5 Sans écart par rapport à la norme linguistique.
6 Sont identifiés comme phrases les énoncés contenant un verbe.

données produisent plus de phrases et moins de mots isolés. Dans le chapitre 14, nous analysons les interventions de l'enseignante pendant l'immersion[7] et expliquons comment les élèves n'ont finalement pas été en mesure de communiquer de manière autonome. Ces interventions ont certainement contribué à ce que les élèves produisent essentiellement des phrases correctes.

Par conséquent, l'analyse de la compétence des élèves en langue cible a permis de mettre en relief les caractéristiques suivantes de l'interaction verbale avec le personnage non joueur :

- Les élèves ont produit davantage d'énoncés corrects que d'énoncés présentant des écarts à la norme linguistique.
- Les énoncés ont le plus souvent été constitués d'un seul mot.
- Les énoncés produits n'ont que très peu varié.
- Les élèves caractérisés par une présence plus marquée dans le dispositif en réalité virtuelle ont été ceux qui ont fait preuve d'une meilleure compétence en langue cible. Des élèves caractérisés par une carence de présence ont cependant montré une bonne compétence en langue cible.

L'analyse de la performance des élèves en langue cible doit permettre d'analyser l'utilisation efficace des énoncés produits pendant l'interaction en langue cible.

13.1.2 Performance des élèves pendant l'immersion

Puisque nous étudions l'agir en langue cible dans le dispositif de réalité virtuelle, notre analyse doit également considérer la communication en langue cible d'après le paradigme de la performance, au sens génératif. Nous considérons ainsi l'énoncé produit comme un acte de parole (*cf.* Austin 1962) et examinons sa réussite ou son échec dans le contexte de communication en langue cible. Au regard de l'intervention de l'enseignante pendant l'immersion (R_3), nous concentrons notre analyse de la performance sur les productions des élèves du deuxième recueil

7 L'enseignante des élèves assistait au test du dispositif EVEIL-3D. Son observation devait être non participante, mais l'enseignante est intervenue pendant l'immersion pour aider les élèves (*cf.* chapitre 14).

de données. Pour les classifications des énoncées en langue cible, nous identifions des cas typiques de communication pendant lesquels l'apprenant veut agir sur le personnage non joueur. Son acte de parole est alors une réussite ou un échec.

Dans un premier cas, l'élève communique avec le personnage non joueur en participant à l'interaction verbale, sans obstacle langagier (*cf.* exemple 72).

30 PNJ : *Wow, was für eine wunderbare Rosette! Wie findest du sie?* <11 : 31>
31 E : *Euh wunderbar.* <11:37>
32 PNJ : *Im Tagebuch gibt es fünf Elemente: das Wasser, die Erde, die Felder, die Bäume und den Himmel. Siehst du den gelben Kreis in der Rosette?* <12:02>
33 [E regarde à droite et à gauche et se baisse pour voir] <12:11>
34 PNJ : *Vor dir ist Gelb. Siehst du es?* <12:13>
35 E : *Ja.* <12:17>
36 PNJ : *Gut! Was ist die Farbe des Wassers?* <12:21>
37 E : *Blau.* <12:23>

Exemple 72 : Acte de parole réussi sans obstacle langagier / Hector (Immersions R_2 ; D02_0508).

Pendant l'interaction, Hector semble comprendre les questions du personnage non joueur et y répond sans utiliser de stratégie de communication visible pour l'observateur. Il réussit ses actes de langage en étant capable de transmettre son intention à Céline Steinbach. Par la réussite de ses actes de langage, il contribue à la réalisation de l'interaction.

Pour notre classification des actes de parole, réussis ou pas, nous considérons également l'utilisation efficace d'une stratégie de communication comme un acte de parole réussi (*cf.* exemple 73).

35 PNJ : *Ah! So ist es schon besser! Was ist die Farbe der Erde? Weißt du das?* <09:14>
36 E : *Können Sie noch einmal wiederholen?* <09:17>
37 PNJ : *Welche Farbe hat die Erde?* (répétition) <09:21>
38 E : *Euh… grün?* <09:28>

Exemple 73 : Acte de parole réussi – incompréhension / Gaétan (Immersions R_2 ; D02_0507).

L'échange en langue cible, entre Gaétan et le personnage non joueur, montre que l'élève réussit à agir sur Céline Steinbach en lui indiquant son incompréhension. L'acte de parole de Gaétan est ainsi réussi.

Enfin, nous considérons comme réussis les actes de parole réalisés avec des énoncés présentant un écart à la norme linguistique. Lorsque les écarts à la norme n'empêchent pas, *a priori*, l'interlocuteur d'accéder au sens du message émis, l'acte de parole est réussi. (*cf.* exemple 74).

62 PNJ : *Ah! So ist es schon besser! Was ist die Farbe der Erde? Weißt du das?* <19:18>
63 E : *Ich habe nicht *verstehen.* <19:22>

Exemple 74 : Acte de parole réussi – écart à la norme / Maurice (Immersions R_2 ; D02_0514).

Malgré l'utilisation de la forme infinitive du verbe *verstehen*, au lieu de celle du participe II, le sens du message reste clair pour l'interlocuteur, notamment par l'utilisation correcte de la négation *nicht.*

Certaines interactions témoignent de l'incapacité de l'élève à transmettre son intention et à agir sur son interlocuteur (*cf.* exemple 75).

42 PNJ : *Was liegt auf dem Boden?* (répétition) <15:43>
43 E : *Ich kann* euh… <15:49>
44 I : (inc.) ta phrase. (remarque linguistique) <15:54>
45 (E ne fait rien) <16:14>
46 PNJ : *Schau auf den Boden, was siehst du?* (répétition) <16:16>
47 E : *Ja, ich schaue* euh **sich… <16:21>*
48 E : (inc.) (E semble signaler en français son incompréhension) <16:23>

Exemple 75 : Acte de parole manqué – rupture du dialogue / Benoît (Immersions R_2 ; D02_0502).

Au tour de parole 43, Benoît répond à la question du personnage non joueur par une phrase lacunaire. L'interjection « euh » et l'absence d'un complément après le verbe de modalité *können* laissent penser que l'élève souhaite exprimer une idée mais qu'il n'est pas en mesure de le faire en langue cible. L'inactivité au tour 45 et l'appel à l'aide au tour 48 corroborent cette hypothèse et confirme l'échec de l'acte de parole au tour 43.

À partir de cette classification, nous identifions les réussites et les échecs d'actes de parole en langue cible. Le tableau 43 synthétise la fréquence des actes de parole réussis et manqués, pour l'ensemble des productions en allemand des élèves immergés dans le dispositif 2 du deuxième recueil de données.

Tableau 43 : Fréquence de réussite des actes de parole en langue cible – recueil R_2.

	Fréquence			
Acte de parole	*Ensemble du corpus*	*Maximum par dialogue*	*Minimum par dialogue*	*Médiane par dialogue*
Réussite	214	31	4	8
Échec	39	7	0	1
Total	253	31	5	9,5

Pendant les 22 immersions dans le dispositif 2 du deuxième recueil de données, la plupart des élèves produisent 9,5 actes de parole en langue cible[8], dont 8 réussis et 1 manqué. Comme pour la fréquence des énoncés corrects, l'écart de fréquence est important selon les élèves. Le tableau des données (*cf.* annexe 17) montre que Maurice produit 31 actes de parole réussis, alors qu'Octave n'en produit que quatre. Concernant les actes de parole manqués, les écarts sont moindres. Benoît est en échec après 7 actes de parole ; plusieurs élèves n'échouent à aucun acte de parole. La faible fréquence d'échecs lors d'actes de parole peut s'expliquer, au moins, par deux phénomènes internes au dialogue. Il est d'abord possible que les élèves n'aient pas pris de risque, en produisant essentiellement des actes de parole qu'ils savaient réussir. Les travaux de Wallenhorst (Geiger-Jaillet 2015) montrent que les élèves scolarisés en France, contrairement à ceux scolarisés en Allemagne, préfèrent ne pas répondre à une question lors d'un test, plutôt que de se tromper dans leur réponse. Ces élèves témoignent d'une gêne à l'oral en langue cible. Le constat précédent, d'une fréquence élevée d'énoncés à mot unique, va dans le sens de cette hypothèse. L'utilisation de stratégies d'usage de la langue appropriées peut également expliquer la faible fréquence d'échec lors des actes de parole. Nous analyserons l'utilisation des stratégies d'usage de la langue dans le chapitre 13.3.

Les données sur les actes de parole des élèves du deuxième relevé (*cf.* annexe 17) confirment la réussite de Maurice dans l'interaction en langue

8 Nous ne comptabilisons pas ici les énoncés en L1 ou en une autre langue.

cible. Il produit 31 actes réussis, avec aucun échec. Urien est également toujours parmi les élèves les plus performants. Sur l'ensemble des élèves du groupe, les élèves qui ont témoigné d'une carence de présence plus marquée n'ont pas nécessairement une performance moindre en langue cible pendant l'immersion : Gaétan réussit ses 14 actes de parole, et Nadia en réussit 8, soit autant que la plupart des élèves. Notre analyse de la compétence des élèves avait montré une forte fréquence d'énoncés corrects chez Valentin, un élève à la carence de présence particulièrement marquée. L'analyse de sa performance montre que sur 21 actes de parole réalisés, seulement 11 sont réussis. Avec 10 actes de parole manqués, alors que la plupart des élèves échouent une seule fois, Valentin réalise finalement une mauvaise performance en langue cible, pendant l'immersion en réalité virtuelle. Nous n'établissons pas de lien direct avec sa carence de présence mais notons qu'il ne réussit finalement pas aussi bien son interaction en langue cible que les autres élèves particulièrement présents dans le dispositif.

Par conséquent, les actes de parole ont été réussis lorsqu'ils ont été réalisés sans obstacle langagier pour l'élève, dans le cadre de la mise en œuvre d'une stratégie d'usage de la langue, ou avec un langage approximatif présentant des écarts à la norme linguistique. Les actes de parole ont été le plus souvent manqués lorsqu'ils ont eu lieu avec une utilisation non efficace d'une stratégie d'usage de la langue. Les actes de parole produits pendant l'immersion en réalité virtuelle ont été le plus souvent réussis. L'analyse montre une faible prise de risques lors de la production en langue cible et une réalisation plutôt efficace des stratégies d'usage de la langue. Observant que la carence de présence ne semble pas diminuer la performance des élèves, nous n'établissons pas de lien direct entre la présence en réalité virtuelle et la performance globale des élèves en langue cible.

13.1.3 Caractéristiques dialogales du jeu sérieux Architecte 2015

L'analyse de la compétence et de la performance des élèves pendant l'immersion a mis en exergue, d'une part, une production de nombreux mots isolés, ainsi que l'utilisation récurrente des mêmes énoncés dans le recueil R_2, et d'autre part, une faible production d'énoncés dans le recueil R_3. Nous relevons maintenant les caractéristiques dialogales[9]

9 Les caractéristiques dialogales sont celles du dialogue en tant qu'alternance de tours de parole. Le dialogal se distingue du dialogique, au sens Bakhtinien, qui

du scénario de jeu, en observant les dialogues tels qu'ils ont été conçus et mis en œuvre pendant l'immersion[10]. Nous aborderons d'abord les dialogues du deuxième recueil, puis ceux du premier recueil de données.

Dialogue à l'initiative du personnage non joueur

L' annexe 18 propose une représentation tabulaire des dialogues des deux scènes du jeu *Architecte 2015*, tels qu'ils ont été prévus par l'équipe du projet EVEIL-3D pour la version utilisée lors de notre relevé de données R_2. Les dialogues ont une structure linéaire de type booléenne (*cf.* Crawford 2002), utilisée pour la programmation informatique. À chaque variable du dialogue correspondent deux valeurs 'vrai' ou 'faux'. La figure 45 représente le principe de chaînage entre les actions de l'environnement virtuel et les réactions (« événement ») du joueur.

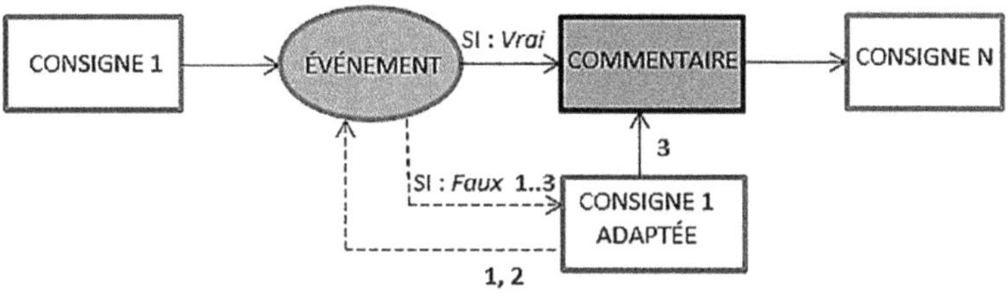

Légende :

États :		Liens :	
	Action	——>	Passage fixe d'un état à un autre
	Réussite	---->	Passage variable
	Consigne	SI	Condition
	Événement		

Figure 45 : Structure linéaire du dialogue – R_2 (L. Schmoll 2016b : 207).

traite de l'orientation de l'énoncé vers d'autres énoncés, internes ou externes à la situation de communication (*cf.* Bres 2005).

10 Nous appuyons notre analyse des caractéristiques dialogales sur les travaux de Schmoll (2016b).

Dans le scénario, après avoir constaté la présence de pierres au sol, Celine Steinbach invite le joueur à consolider les colonnes de la crypte. Le dialogue (*cf.* tableau A de l'annexe 18) est alors structuré comme suit :

Consigne 1 (état 31) : Céline Steinbach constate le problème de stabilité de l'édifice et demande au joueur de compter les pierres au sol.

↳SI : Événement 1 (état 32) : le joueur répond *drei.*

↳ ALORS : Commentaire (état 38) : Céline Steinbach conclut l'échange en annonçant la prochaine consigne.

↳SI : Événement 2 (état 32) : Le joueur dit qu'il n'a pas compris, avec l'un des mots-clés : *Was? / Ich verstehe nicht / Entschuldigung? / Wiederholen Sie bitte / Entschuldigen Sie / Wie?*

↳ALORS : Consigne 1 adaptée (état 33) : Céline reformule la question en disant lentement *Wie viele Steine siehst du auf dem Boden?*

↳SI : Événement 1 (état 32) : le joueur répond *drei.*

↳ALORS : Action 3 (état 38) : Céline Steinbach conclut l'échange en annonçant qu'elle comprend maintenant la situation.

D'après cette structure, l'environnement virtuel est toujours à l'origine des actions. Le joueur réagit aux stimuli visuels et sonores de l'environnement. La structure impacte les caractéristiques dialogales de l'interaction en langue cible. Le personnage non joueur émet deux types d'énoncés :

- Quelques énoncés constatifs contextualisent la scène par rapport au scénario (*Ach ja, ich habe gehört, die Rosette hat eine sehr symbolische Bedeutung: Sie spiegelt die Welt wieder. Jede Farbe stellt ein Naturelement dar*).
- La plupart des énoncés sont performatifs, ils invitent l'élève à produire un énoncé en langue cible (*Wie findest du sie?*) ou à réaliser une action dans le jeu (*Nimm einen Stein und setz' ihn auf eine Säule, dort, wo sie kaputt ist*).

Les énoncés performatifs invitent le joueur à interagir dans l'environnement virtuel, en le modifiant par une action sur les objets qui le composent ou par un acte de parole en langue cible, qui engendre une nouvelle action du personnage non joueur.

L'élève doit donc produire l'essentiel de ses actes de parole en réaction aux énoncés performatifs émis par le personnage non joueur. Les productions non prévues par les concepteurs ne sont d'ailleurs pas prises en compte dans le déroulement de l'interaction, car non intégrées dans la structure initiale du dialogue. L'exemple 76 liste les énoncés du personnage non joueur, dans les extraits de l'annexe 18, qui induisent une réponse en langue cible de la part de l'élève.

Scène 1 : État/Ligne 31 : *Wie viele Steine siehst du?* État/Ligne 33 : *Wie viele Steine siehst du auf dem Boden?* État/Ligne 34 : *Schau die Steine unten an, wie viele sind das?*
Scène 2 : État/Ligne 11 : *Wie findest du sie?* État/Ligne 14 : *Denkst du, dass die Rosette schön ist?* État/Ligne 22 : *Siehst du den gelben Kreis in der Rosette?* État/Ligne 24 : *Vor dir ist Gelb. Siehst du es?*

Exemple 76 : Énoncés du personnage non joueur – R_2.

Les énoncés du personnage non joueur sont essentiellement des questions fermées (État/Ligne 14) ou demandant une réponse précise et immédiate (État/Ligne 31). L'énoncé *Wie findest du sie?* (État/Ligne 31) est une question ouverte, mais elle est immédiatement précédée de *Wow, was für eine wunderbare Rosette!* Cet énoncé suggestif peut décourager l'élève dans l'expression de son avis à propos de la rosace.

L'analyse des productions en langue cible des élèves ayant participé au deuxième recueil a montré la production fréquente d'énoncés constitués d'un unique mot, souvent de *Ja*. Cette fréquence de réponses affirmatives par l'utilisation de l'adverbe *Ja* s'explique, par conséquent, prioritairement par les nombreuses questions fermées dans le dialogue. Les réponses par mot unique, souvent les couleurs, sont également induites par la formulation des questions du personnage non joueur. Le manque de variété constaté dans la production langagière des élèves est ainsi partiellement dû aux caractéristiques dialogales de l'interaction. Des réponses en un seul mot suffisaient finalement aux élèves pour réussir les actes de parole pendant l'interaction. La réussite de 8 actes de parole pour 1 échec chez la plupart des élèves va dans le sens de cette interprétation. Les productions courtes ont ainsi également participé au succès de la réalisation de l'interaction entre le personnage non joueur et l'élève. L'analyse du corpus montre cependant de nombreuses ruptures dans l'interaction. Leur analyse, dans le chapitre suivant, doit permettre d'en comprendre les causes.

Dialogue à l'initiative du joueur

Contrairement à la version 1.0 du jeu *Architecte 2015*, la version 2.0, utilisée pour le troisième recueil, donne au joueur la possibilité de se déplacer dans la crypte, à l'aide d'une manette de jeu (Smartphone). Les dialogues suivent une structure booléenne mais ne sont pas linéaires. Ils varient en fonction deux paramètres, d'une part, la localisation du joueur dans la scène, et d'autre part, les actions déjà effectuées pendant le jeu. La surface de la scène virtuelle est divisée en 14 zones (*cf.* annexe 19). Dans chaque zone, les actions du joueur dans l'environnement s'inscrivent dans un schéma dialogale spécifique à la zone. La figure 46 représente la structure en branches des dialogues.

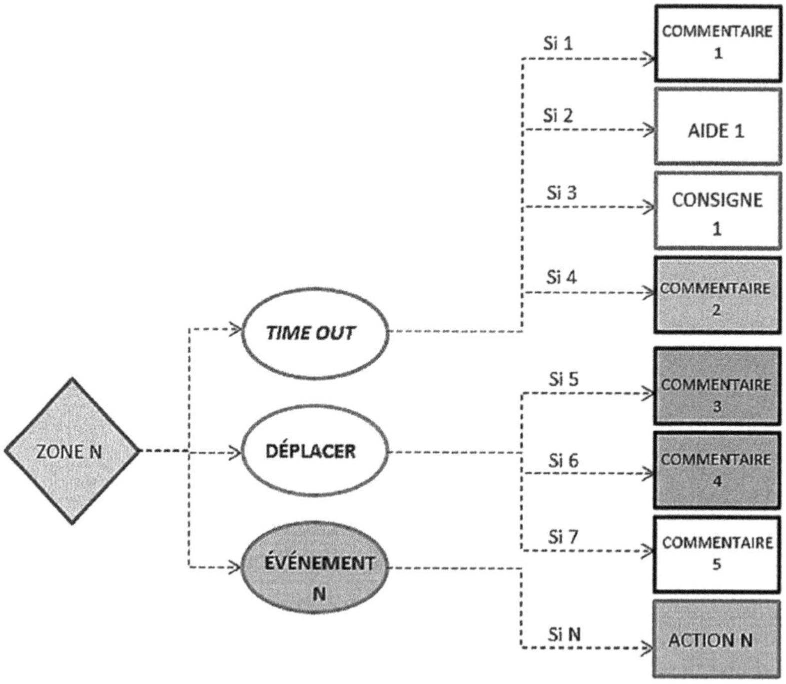

Légende :

Liens et zones :			
	Zone définie dans l'environnement		
----->	Passage variable	Si	Précondition (la condition prend également en compte ce qui s'est passé avant l'événement)
États :			
	Action / Commentaire		Événement / Time out (le sujet ne fait rien pendant 10 secondes)
	Action / Aide		Événement / Déplacer (le sujet se déplace dans l'environnement)
	Action / Consigne		Événement (le sujet effectue une action ou prend la parole dans l'environnement)
	Réussite		*Game over*

Figure 46 : Structure en branches du dialogue – R_3 (L. Schmoll 2016b : 282).

Le schéma représente la structure du dialogue dans une zone. Une action du joueur (« Événement ») déclenche une réaction de l'environnement virtuel (« Commentaire » ou « Action »). La logique de déroulement des dialogues est donc l'opposée de celle de la version précédente, puisque c'est le joueur qui décide du déroulement de l'action.

L'annexe 20 propose une représentation du dialogue en branches de la zone 4. Dans cette zone, quatre actions du joueur (« événement ») sont prévues : s'arrêter devant la colonne, désigner le trou de la colonne avec son rayon, poser la pierre sur la colonne, prendre la parole. La prise de parole du joueur peut être un commentaire ou une demande sur l'action. L'« action » de l'environnement est déclenchée en fonction des actions déjà accomplies par le joueur pendant le jeu (« précondition »). Illustrons cette structure par l'exemple d'une demande sur l'action à accomplir, énoncée dans la zone 4 de la crypte :

Événement 4 : Le joueur dit « Au secours, je ne sais pas quoi faire ! »

↳SI : précondition 9 : le joueur a déjà ramassé une pierre qui se trouve dans son inventaire.

↳ALORS : Action 106 (consigne) : Céline Steinbach dit « Il faut réparer les colonnes pour que la voûte ne tombe pas ! Regarde dans ton Smartphone. »

Zone 0 « ensemble des zones » : Deux situations déclenchent les mêmes réactions de l'environnement dans toutes les zones : l'attaque du virus et une prise de parole concernant une demande sur la tâche à accomplir, un commentaire ou une demande linguistique. Les demandes linguistiques prévues pour l'ensemble des zones doivent permettre au joueur d'obtenir une aide de Céline Steinbach en cas d'incompréhension d'un énoncé.

Pour le joueur, les énoncés prévus permettent notamment les actes de parole suivants :

- demander des informations sur la tâche à accomplir,
- demander la localisation d'un objet dans la scène,
- demander la signification d'un mot entendu.
- Les énoncés du personnage non joueur prévoient notamment les actes de parole suivants :
- constater une situation dans l'environnement,
- attirer l'attention du joueur sur un objet de l'environnement,
- inviter le joueur à accomplir une action spécifique,
- féliciter le joueur suite à une action réussie,
- prévenir le joueur d'un danger.

L'analyse des productions en langue cible des élèves ayant participés au troisième recueil a montré une fréquence très faible des actes de parole. Ces actes de parole constituent essentiellement des demandes sur l'action à accomplir. Ceci correspond à la logique des dialogues. Les réponses apportées par le personnage non joueur et ses sollicitations n'ont pas permis une réalisation réussie des dialogues du relevé R_3. Le chapitre 14 analyse cette absence de dialogue avec le personnage non joueur, en abordant le rôle de l'enseignant pendant l'immersion en réalité virtuelle.

Les productions des élèves pendant l'immersion sont ainsi cohérentes au regard des caractéristiques dialogales des scènes du jeu sérieux :

- Dans le recueil R_2, de nombreuses questions fermées, formulées par le personnage non joueur, ont entraîné une fréquence élevée de réponses affirmatives courtes.
- Dans le recueil R_2, des questions à réponse précise et immédiate ont conduit à la production d'énoncés très courts et peu variés en

langue cible. Ces énoncés suffisaient à la réalisation des actes de parole pendant l'interaction verbale avec le personnage non joueur.
- Dans le recueil R_3, l'absence de consigne précise a conduit à des demandes sur la tâche à réaliser.
- Dans le recueil R_3, l'initiative donnée à l'élève dans le déroulement du dialogue a réduit la réalisation d'actes de parole en langue cible.

Par conséquent, la production en langue cible, pendant l'interaction verbale avec le personnage non joueur, s'est déroulée avec des énoncés globalement corrects, mais peu variés et essentiellement composés d'un seul mot. En raison des caractéristiques dialogales de la scène, ces énoncés ont peu participé à la réalisation efficace d'actes de parole et ont souvent suffit aux élèves pour participer au déroulement du dialogue. La production orale effective des élèves pendant l'immersion montre une prise de risque limitée et une fréquence élevée d'actes de parole réalisés pour la mise en œuvre de stratégies d'usage de la langue. Cette production participe cependant à une interaction cohérente avec le personnage non joueur.

La relation entre la présence des élèves en réalité virtuelle et leur production en langue cible semble d'abord montrer que les élèves les plus présents ont une meilleure compétence en langue cible. La performance en langue cible pendant l'immersion ne semble cependant pas être en lien avec leur présence en réalité virtuelle.

La production en langue cible ne constitue qu'une partie de l'interaction avec le personnage non joueur. L'absence de production en langue cible, par des ruptures de la situation de communication, doit également être étudiée afin d'analyser l'interaction dans son ensemble.

13.2 Ruptures de la situation de communication

L'analyse des productions langagières des élèves immergés dans le dispositif de réalité virtuelle testé a montré une interaction verbale effective entre le personnage non joueur et l'élève. L'étude des interactions en langue cible doit également permettre de comprendre les phénomènes de rupture de la communication dans l'environnement virtuel et leur relation avec la présence des élèves en réalité virtuelle. Avec cette analyse, nous comprendrons certaines spécificités de l'interaction orale avec l'environnement virtuel. Pour cela, nous examinerons d'abord la fréquence des ruptures dans la communication. Nous aborderons ensuite les ruptures dues à l'environnement virtuel, pour enfin nous intéresser à celles pouvant être expliquées par la performance des élèves en langue cible.

13.2.1 Formes de la rupture

Nous considérons comme rupture de la communication pendant l'immersion en réalité virtuelle la situation où la tâche du scenario n'est plus réalisée et ne fait pas non plus l'objet de tentatives de réalisation. Les mouvements de l'élève dans le dispositif, son activité dans l'environnement virtuel et l'absence d'interaction orale avec le personnage non joueur créent une rupture dans la réalisation de la tâche en réalité virtuelle. À partir d'un codage in-vivo du corpus de nos deuxième et troisième recueils de données, nous avons identifié deux situations présentant des caractéristiques observables typiques d'une rupture de la communication pendant l'immersion : l'inaction prolongée et l'interactivité compensatoire.

Inaction prolongée

Au cours de son interaction avec le personnage non joueur, Éric ne réagit parfois pas aux sollicitations de Céline Steinbach (*cf.* exemple 77).

61 PNJ : *Weiter geht's! Was ist deiner Meinung nach die Farbe der Pflanzen?* <14:57>

62 (E ne fait rien) <15:02>

63 PNJ : *Welche Farbe haben die Pflanzen?* (répétition) <15:06>

64 (E ne fait rien) <15:11>

65 PNJ : *Welche Farbe haben die Pflanzen?* (débit lent) <15:16>

66 E : *Blau.* <15:19>

67 PNJ : *Nein, die Pflanzen sind nicht blau…* <15:27>

68 (E ne fait rien) <15:37>

69 PNJ : *Welche Farbe haben die Pflanzen?* (répétition) <15:41>

70 (E ne fait rien) <15:46>

71 PNJ : *Welche Farbe haben die Pflanzen?* (débit lent) <15:52>

72 (E ne fait rien) <15:56>

73 PNJ : *Ich denke, dass die Pflanzen grün sind. Gut! Nimm Grün und mal' die Rosette damit an.* <16:07>

Exemple 77 : Rupture de la communication – inaction / Éric (Immersions R_2 ; D02_0505).

L'élève ne réagit pas explicitement aux énoncés performatifs de Céline Steinbach. La lecture du corpus et la visualisation de la vidéo ne permettent pas de savoir si Éric, pendant son inactivité, adopte ou non des stratégies de réalisation de la communication, comme la récupération sémantique. Ces pauses dans la communication verbale durent de 5 secondes (tour 64) à 10 secondes (tour 68). Surtout, elles ne sont pas compensées par une stratégie de communication (*cf.* chapitre 13.3). Cette inaction pendant l'immersion constitue, par conséquent, une rupture de la situation de communication.

Interactivité compensatoire

Au tour 10 de son interaction avec Céline Steinbach, Patrice reste silencieux pendant 10 secondes suite à une question du personnage non joueur. Pendant cette durée, il bouge son rayon dans l'environnement virtuel, dans un but apparent (*cf.* exemple 78).

9 PNJ : *Geht's dir gut?* (répétition) <07:35>
10 [E bouge le rayon sans but apparent] <07:45>
11 PNJ : *Geht's dir gut?* (répétition) <07:47>

Exemple 78 : Rupture de la communication – mouvement du rayon / Patrice (Immersions R_2 ; D02_0604).

L'élève ne compense pas son absence de réponse par une stratégie de communication mais par une action dans l'environnement qui ne semble pas avoir pour but de réaliser la tâche ou poursuivre l'interaction orale. L'identification de cette marque de rupture nécessite une observation du tour de parole dans le contexte de l'interaction. Une même action dans l'environnement peut sembler être explicitement tournée vers la réalisation de la tâche, ou sembler ne pas avoir d'objectif de réalisation. Dans l'immersion du corpus R_3, le joueur peut se déplacer dans la crypte. Nous nous référerons alors au contexte pour déterminer si ce déplacement peut, par exemple, correspondre à la recherche d'un objet ou d'un chemin, ou bien s'il semble être sans objectif explicite. Nous limitons l'identification d'un déplacement comme une rupture de la communication aux situations où cette rupture est très marquée (*cf.* exemple 79).

23 PNJ : Tiens, regarde, avance vers cette colonne. On n'a pas beaucoup de temps ! <04:43> **24 [E déambule dans la scène] <05:07>**

Exemple 79 : Rupture de la communication – marche / Timo (Immersions R_3 ; LD01-02).

Par son déplacement dans l'environnement, Timo ne réagit pas à l'énoncé du personnage non joueur et rompt ainsi la communication pendant 24 secondes.

À partir de l'identification de ces deux marques de rupture de la situation de communication pendant l'immersion, nous relevons la fréquence de leur apparition dans le corpus. Le tableau 44 synthétise les résultats pour les 22 immersions du deuxième recueil.

Tableau 44 : Fréquence des ruptures de la situation de communication – recueil R_2.

	Fréquence			
Énoncés	*Ensemble du corpus*	*Maximum par dialogue*	*Minimum par dialogue*	*Médiane par dialogue*
Inaction prolongée	88	19	0	1
Interactivité compensatoire	26	12	0	0
Total	114	19	0	2

Pendant les 22 immersions dans le dispositif 2 du deuxième recueil de données, 2 ruptures de la situation de communication ont été identifiées chez la plupart des élèves. L'écart entre les fréquences minimum et maximum est important, avec 19 ruptures pendant l'immersion de Christian et aucune pendant celle de Karim (*cf.* annexe 21).

La fréquence de 2 ruptures pour la plupart des élèves montre que la situation de communication a été persistante pendant la durée de l'immersion[11]. Les élèves ont ainsi été investis dans la réalisation de la tâche, par une interaction langagière en langue cible, une action dans l'environnement et l'utilisation de stratégies d'usage de la langue. Nous

11 Nous ne comptabilisons pas les interruptions de l'immersion en raison de problèmes techniques.

ne constatons pas de lien explicite entre le nombre de ruptures de la situation de communication et le profil de présence des élèves.

Le tableau 45 synthétise les fréquences de rupture de la situation de communication pour les 8 immersions du troisième recueil.

Tableau 45 : Fréquence des ruptures de la situation de communication – recueil R_3.

	Fréquence			
Énoncés	*Ensemble du corpus*	*Maximum par dialogue*	*Minimum par dialogue*	*Médiane par dialogue*
Inaction prolongée	2	1	0	0
Interactivité compensatoire	19	10	0	0
Total	21	11	0	3

Pendant les 8 immersions dans le dispositif 1 du troisième recueil de données, 3 ruptures de la situation de communication ont été identifiées chez la plupart des élèves. Notons que 19 ruptures de la situation de communication, sur un total de 21 ruptures, ont eu lieu pendant les deux premières interactions (*cf.* annexe 21). Le corpus montre que l'enseignante des élèves a activement participé aux immersions. L'intervention de l'enseignante a contribué à rendre persistante la situation de communication. Cette intervention fait l'objet d'une analyse dans le chapitre 14.

13.2.2 Causes de la rupture

Le relevé des ruptures de la situation de communication dans les deux corpus montre que cette rupture a lieu dans deux cas : après une demande d'action ou une demande de production verbale. Sur les 130 ruptures identifiées dans le corpus, la rupture de la communication intervient six fois suite à une demande d'action formulée par Céline Steinbach, comme au tour 60 de l'interaction d'Isidore (*cf.* exemple 80).

57 PNJ : *Weiter geht's! Was ist deiner Meinung nach die Farbe der Pflanzen?* <*14:36*>

58 E : **Grüne.* <*14:41*>

59 PNJ : *Gut, nimm Grün und mal' die Rosette damit an.* <14:47>

60 (E ne fait rien) <15:02>

Exemple 80 : Rupture de la communication – pas d'action / Isidore (Immersions R_2 ; D02_0509).

Dans un tel cas, il semble que la rupture de la situation de communication soit due à un défaut de compréhension de l'énoncé du personnage non joueur. Cette interprétation repose sur l'hypothèse la plus probable mais ne peut être vérifiée de manière certaine.

124 ruptures de la situation de communication ont lieu après un énoncé de Céline Steinbach invitant l'élève à formuler une réponse orale, comme aux tours 10 et 11 de l'interaction d'Urien (*cf.* exemple 81).

7 PNJ : *Schau auf den Boden, was siehst du?* (débit lent) <06:28>

8 [E tourne la tête vers les intervenants] <06:33>

9 E : Je ne comprends pas, là. <06:37>

10 PNJ : *Was liegt auf dem Boden?* (répétition) <06:42>

11 [E déplace le rayon sans but apparent] <06:54>

12 E : Euh, vous pouvez me donner une petite idée ? [E tourne la tête vers les intervenants] <06:56>

Exemple 81 : Rupture de la communication – pas de réponse orale / Urien (Immersions R_2 ; D02_0610).

Lorsque la rupture intervient suite à une demande appelant un énoncé oral, sa cause ne peut être identifiée avec certitude. L'incompréhension du message de Céline Steinbach peut expliquer l'absence de réponse, ou l'incapacité de l'élève à formuler une réponse. L'exemple d'Urien (tour 9) montre que le contexte permet parfois d'identifier un problème de compréhension ou d'expression, étant donné qu'il exprime de lui-même son incompréhension auprès des intervenants. C'est également le cas lorsque une prise de parole des intervenants rend explicite le problème d'expression (2 fois avant une rupture), ou lorsque la question posée par le personnage non joueur appelle une réponse par *ja* ou *nein* (5 fois), réponse que les élèves peuvent assurément utiliser. Cette situation montre alors un problème de compréhension de la part des élèves.

13.2.3 Sortie de la rupture

La durée de rupture de la situation de communication est le plus souvent inférieure à 15 secondes. La structure du dialogue, utilisée pour cette version du jeu, prévoit trois actions du personnage non joueur en cas d'absence de réponse : la répétition ou la reformulation de l'énoncé, la réponse à la question posée, et plus rarement, une sollicitation différente correspondant à l'action suivante prévue dans le déroulement du dialogue.

Dans 79 cas de rupture de la situation de communication sur les 130 identifiés, Céline Steinbach répète son énoncé. Le déroulement du dialogue prévoit généralement une répétition à l'identique de l'énoncé, une répétition plus lente et une reformulation. Comme dans le cas de Daniel, une reformulation simplifiée de l'énoncé peut suffire à rétablir la communication (*cf.* exemple 82).

59 PNJ : *Ah! So ist es schon besser! Was ist die Farbe der Erde? Weißt du das?* *<12:15>*
60 (E ne fait rien) <12:21>
61 PNJ : *Welche Farbe hat die Erde?* (répétition) <12:24>
62 E : *_Br..._ euh, _Braun._ _<12:29>_

Exemple 82 : Fin de rupture de la communication – répétition / Daniel (Immersions R_2 ; D02_0504).

Dans 27 cas sur 130, le personnage non joueur donne lui-même la réponse à la question posée. Dans ce cas, Céline Steinbach annonce qu'elle voit soudainement l'objet cherché ou qu'elle suggère une idée. L'artificialité de la situation est flagrante, surtout lorsque l'énoncé suit une répétition multiple de la question, comme dans le cas extrême de Quentin (*cf.* exemple 83). En donnant la réponse (tour 62), Céline Steinbach débloque temporairement la situation de communication, puisque Quentin cherche ensuite une couleur sur son Smartphone.

56 PNJ : *Ah! So ist es schon besser! Was ist die Farbe der Erde? Weißt du das? <14:15>*
57 (E ne fait rien) <14:37>
58 PNJ : *Welche Farbe hat die Erde? (répétition) <15:02>*
59 [E regarde en dehors de l'écran et se gratte la tête] <15:05>
60 PNJ : *Welche Farbe hat die Erde? (débit lent) <15:09>*
61 (E ne fait rien) <15:19>
62 PNJ : *Ich denke, dass die Erde braun ist. Nimm Braun und mal' die Rosette damit an. <15:28>*
[63 E cherche une couleur] <15:47>

Exemple 83 : Fin de rupture de la communication – solution / Quentin (Immersions R_2 ; D02_0605).

Dans 3 cas du deuxième recueil et 21 cas du troisième recueil de données, la rupture de la situation de communication est dépassée par une nouvelle sollicitation du joueur. Dans la version du jeu utilisée dans le troisième recueil, la structure du dialogue permet une plus grande flexibilité quant aux interventions du personnage non joueur. Les nouvelles sollicitations de la part de Céline Steinbach, comme dans l'exemple 84, y sont donc plus nombreuses.

1 <04:01> PNJ : Tu as vu ça ? <04:10>
2 [E se déplace dans la scène] <04:51>
3 PNJ : Nous sommes là pour sauver mon père, il faut certainement faire quelque chose ici. <04:56>
4 [E déambule dans la scène] <05:02>
5 PNJ : Non, pas par là. Je crois que tu ne peux pas passer. <05:07>

Exemple 84 : Fin de rupture de la communication – sollicitation / Jana (Immersions R_3 ; LD01-01).

Après 31 secondes de déambulation du joueur dans la scène, Céline Steinbach rappelle à Jana sa mission (tour 3). La déambulation dure encore quelques secondes avant que Jana recherche finalement des indices sur la tâche à accomplir dans la crypte.

Si l'étude des ruptures de la situation de communication n'a pas permis de constater de lien avec la présence en réalité virtuelle, l'analyse de leur fréquence, de leurs causes et de leur dépassement a mis en relief des caractéristiques de l'interaction orale en réalité virtuelle. La rupture de la situation de communication semble être due à des causes identiques à celles pouvant être rencontrées dans la réalité écologique : un déficit de compréhension de l'oral ou de l'expression orale. La forme de la rupture est spécifique à la communication médiatisée par la réalité virtuelle, avec d'une part, l'inaction prolongée, et d'autre part, une interactivité (*cf.* Demaizière/Dubuisson 1992) compensatoire. Avec la reformulation de l'énoncé, le dépassement de la rupture peut ressembler à une solution employée en réalité écologique. Enfin, avec la réponse du personnage non joueur à sa propre réponse, l'artificialité caractérise davantage l'interaction en réalité virtuelle. Après l'étude de la production orale pendant l'immersion et celle des ruptures de la situation de communication en langue cible, l'analyse doit porter sur les stratégies employées par les élèves pour éviter les situations de rupture de la situation de communication.

13.3 Stratégies directes d'usage de la langue pendant l'immersion

Afin de savoir dans quelle mesure l'élève prend sa part dans l'immersion en tant qu'acteur de la situation de communication, nous analysons l'utilisation de stratégies d'usage de la langue pendant l'interaction avec le personnage non joueur. L'analyse du corpus doit d'abord montrer quelles stratégies sont utilisées et avec quelle efficacité dans le contexte d'une interaction orale avec un personnage virtuel. Il s'agit ensuite de savoir par qui ces stratégies sont utilisées et si leur utilisation reflète le profil de présence des élèves. Nous relevons, dans notre corpus d'interactions des recueils R_2 et R_3, 299 utilisations de stratégies d'usage de la langue. Les 30 élèves du corpus utilisent ces stratégies au moins une fois.

13.3.1 Réduction formelle

Selon la classification établie (*cf.* chapitre 3.3.2), nous distinguons d'abord les stratégies de réduction et les stratégies de réalisation (Faerch/Kasper 1983). Dans notre contexte, les stratégies de réduction fonctionnelle sont difficilement observables. Le contexte interne des interactions ne permet ainsi pas d'appréhender avec exactitude les intentions des locuteurs avant leur production langagière. Nous n'identifions pas de stratégie de réduction fonctionnelle. Un seul élève, ayant participé au relevé de données R_3, utilise, à deux reprises, une stratégie de réduction formelle. Nous avons déjà constaté (*cf.* chapitre 13.1) l'utilisation fréquente d'énoncés d'un seul mot (*ja*, *blau*, *grün*, etc.) qui ne participent pas à l'utilisation de stratégies mais constituent des réponses à des questions fermées ou appelant à une réponse immédiate. La brièveté de ces énoncés explique la quasi absence de stratégies de réduction formelle dans le deuxième recueil.

Après deux sollicitations de son enseignante (OE) (tours 7 et 9), Thomas demande de l'aide à Céline Steinbach (*cf.* exemple 85).

7 OE : *Du kannst auch die, die euh, Céline fragen.* **[E se retourne brièvement vers OE]** <07:48>
8 [E se déplace dans la scène] <07:55>
9 OE : Euh, *in Französisch,* euh, <07:57>
10 E : Aide. <07:57>
11 OE : Aide ? <08:00>
12 [E dépose une pierre sur une colonne] (La prise de cette pierre n'a pas été visible pour le transcripteur, dans la vidéo). PNJ : Ah, ce n'est pas la bonne pierre. Essaie avec une autre pierre ? <08:07>

Exemple 85 : Réduction formelle inefficace / Thomas (Immersions R_3 ; LD01-05).

Il réduit alors la structure syntaxique de son énoncé en langue cible. L'énoncé se réduit à un substantif porteur du sens du message. L'élève réalise ainsi un acte de parole réussi, puisqu'il transmet son intention au personnage non joueur.

Céline Steinbach reste silencieuse pendant presque 10 secondes après la demande de Thomas, pendant que celui-ci interagit sur les objets de l'environnement virtuel. Le personnage non joueur ne réagit ainsi pas à la stratégie mise en œuvre par l'élève. Il semble que le système de reconnaissance automatique de la parole n'ait pas traité correctement l'énoncé de l'élève. La réponse à la demande d'aide est finalement apportée par son enseignante, qui semble évaluer la stratégie de réduction fonctionnelle[12]. La suite du corpus montre que l'utilisation de

12 Nous étudions les interventions de l'enseignante, pendant l'interaction, au chapitre 14.

cette stratégie n'a pas été efficace dans le déroulement de l'interaction, contrairement au tour 29 de la même interaction (*cf.* exemple 86).

29 E : <u>Aide.</u> <09:25>
30 PNJ : Regarde, cette colonne a l'air cassée. <09:32>

Exemple 86 : Réduction formelle efficace / Thomas (Immersions R_3 ; LD01-05).

En réaction à la même stratégie, avec un énoncé identique, Céline Steinbach émet un énoncé pour attirer l'attention de Thomas sur une colonne cassée. Les tours suivants montrent que Thomas ne perçoit pas l'intention du personnage non joueur, puisqu'il ne se rapproche pas de la colonne, à côté de laquelle Céline Steinbach se trouve.

13.3.2 Compensation interne interlinguale

Lorsque l'élève ne réduit pas son objectif de communication mais compense ses déficits langagiers pour atteindre ses objectifs initiaux, il met en œuvre des stratégies de réalisation. Nous distinguons les stratégies de réalisation directes, qui sont en lien direct avec la langue, des stratégies de réalisation indirectes, qui portent sur la manière de réaliser la tâche. Dans ce chapitre, nous n'analysons que les stratégies directes, qui portent sur la communication, en elle-même, avec le personnage virtuel. Les stratégies indirectes d'usage de la langue sont analysées dans le chapitre 14, traitant de l'accompagnement de l'élève pendant l'immersion.

Parmi les stratégies de réalisation directes, nous identifions 153 stratégies de compensation. Elles représentent environ 51 % des stratégies utilisées. Nous distinguons deux catégories de stratégies de compensation : d'une part, les stratégies internes à l'interaction, qui peuvent être interlinguales ou intralinguales, et d'autre part, les stratégies externes à l'interaction qui sont, dans notre cas, uniquement des stratégies sociales.

Les stratégies de compensation interlinguales se caractérisent par l'utilisation d'une autre langue que la langue cible dans la mise en œuvre de stratégies pour atteindre ses objectifs de communication (Faerch/Kasper 1983). Elles sont utilisées 20 fois dans le corpus (19 fois dans R_2 et 1 fois dans R_3) et représentent environ 13 % des stratégies de compensation utilisées. Une caractéristique technique de l'environnement virtuel du dispositif testé est susceptible de réduire fortement l'efficacité des stratégies interlinguales : le système de reconnaissance automatique de la parole n'est pas en mesure de fonctionner à partir de deux langues à la fois. Les énoncés dans une langue autre que la langue cible ne peuvent donc être reconnus par l'environnement virtuel. Dans la configuration « magicien d'Oz » du premier recueil, l'opérateur intervenant sur le système, en remplacement de la reconnaissance automatique de la parole, accepte uniquement les énoncés qui seraient reconnus automatiquement. Les élèves n'ont pas connaissance de cette caractéristique technique, mais ont été informés que Céline Steinbach ne communique qu'en allemand (pour l'immersion en France) ou qu'en français (pour l'immersion en Allemagne). Le déroulement du dialogue montre que certaines stratégies interlangues sont finalement efficaces. Nous identifions dans le corpus trois types de stratégie de compensation interlinguale : l'alternance codique, l'emprunt lexical et le *foreignizing*[13].

Alternance codique

L'alternance codique est la stratégie de compensation interlanguale la plus fréquente, avec 13 occurrences. Comme Benoît (*cf.* exemple 87), les élèves émettent des énoncés en langue source[14] pour s'adresser au personnage non joueur (tour 8).

7 PNJ : *Schau auf den Boden, was siehst du? Was liegt auf den Boden?* (débit lent)
8 E : Je sais pas. <07:36>
9 PNJ : *Ach ja, genau, ich sehe es! Das sind Steine!* <07:40>

Exemple 87 : Alternance codique en langue source / Benoît (Immersions R_2 ; D02_0502).

La réponse de Céline Steinbach à cette stratégie (tour 9) est cohérente avec l'acte illocutoire indirect de Benoît, qui demande la réponse à la question posée par Céline au tour 7. Cette dernière voit finalement mieux la scène et apporte la réponse. L'alternance codique est efficace dans 5 cas sur les 13 utilisations identifiées dans le corpus. Cette al-

13 Appelée plus rarement « exotisation » ou « étrangéisation » (Du Toit 2014).

14 Afin de faciliter la lecture, nous utilisons « langue source » pour désigner la langue de scolarité dans les deux pays : le français pour le deuxième relevé de données et l'allemand pour le troisième relevé.

ternance codique se fait 3 fois avec une autre langue que la langue source, en anglais, comme au tour 111 de l'interaction de Patrice (*cf.* exemple 88). La proximité phonologique du mot *Green* avec l'allemand *Grün* conduit à l'acceptation de la réponse par l'environnement virtuel et rend la stratégie efficace.

111 E : *_Green._ <19:26>
112 PNJ : *Gut, nimm Grün und mal' die Rosette damit an. <19:35>*

Exemple 88 : Alternance codique en L3 / Patrice (Immersions R_2 ; D02_0604).

Emprunt lexical

Avec 9 emprunts lexicaux, dont 8 de la langue source et 1 de l'anglais, les élèves insèrent un mot d'une autre langue dans un énoncé en langue cible, comme le fait Patrice au tour 18 (*cf.* exemple 89).

15 PNJ : *Schau auf den Boden, was siehst du?* (débit lent) <06:59>
16 E : Je suis obligé de répondre en allemand ? <07:04>
17 I : Oui. Il faut appuyer pour répondre quelque chose… peu importe. <07:12>
18 E : _Die *morceau ist nicht_ euh… <07:17>

Exemple 89 : Emprunt lexical / Patrice (Immersions R_2 ; D02_0604).

L'exemple montre que Patrice essaie de formuler une phrase en allemand, mais qu'il comble un déficit lexical en substituant au mot allemand *Stück* le mot français « morceau ». Cette stratégie est certainement déclenchée par l'intervenant qui presse l'élève à répondre (tour 17). La stratégie d'emprunt lexical est mise en œuvre dans un énoncé par ailleurs incomplet et avec une certaine incohérence quant à l'utilisation de l'article défini devant morceau, qui ne correspond ni au genre de « morceau » ni à celui de *Stück*. La suite du corpus montre que cette stratégie d'emprunt lexical est inefficace.

Foreignizing

Au tour 54 de son interaction, Benoît germanise le mot français « réparer » en substituant au suffixe verbal infinitif français « -er », le suffixe verbal allemand *–en* (*cf.* exemple 90).

53 PNJ : *Nur eine einzige Säule trägt noch das Gewölbe, das ist zu schwer! Wenn das Gewölbe einstürzt, wird die Krypta zerstört! Schnell, die Säulen müssen repariert werden! Wie viele Steine siehst du?* <16:55>
54 E : *Ja, ich *kenn *reparen.* <17:03>
55 PNJ : *Wie viele Steine siehst du auf dem Boden?* (répétition) <17:06>

Exemple 90 : *Foreignizing* / Benoît (Immersions R_2 ; D02_0502).

La proximité phonétique des mots « réparer » et *reparieren* pourrait justifier de l'emploi de cette stratégie de *foreignizing*. Au tour suivant, Céline Steinbach poursuit le dialogue sans répondre à l'énoncé de Benoît. La stratégie mise en œuvre semble inefficace.

L'analyse des stratégies interlinguales dans le corpus d'interactions montre, par conséquent, que les élèves ont peu utilisé d'autres langues pour compenser leur difficulté à communiquer en langue cible. Les caractéristiques techniques du dispositif de reconnaissance de la parole (ou de sa configuration en « Magicien d'Oz ») ont contribué à rendre l'utilisation de ces stratégies peu efficace. Les stratégies intralinguales, qui utilisent uniquement la langue cible, sont susceptibles d'être mieux prises en compte par l'environnement virtuel.

13.3.3 Compensation interne intralinguale

Les stratégies de compensation intralinguales se caractérisent par l'utilisation unique de la langue source dans la mise en œuvre de stratégies pour atteindre ses objectifs de communication. Elles sont utilisées 97 fois dans le corpus (85 fois dans R_2 et 12 fois dans R_3), représentant ainsi environ 63 % des stratégies de compensation utilisées. Nous identifions cinq types de stratégies de compensation interlinguale : la coopération, le langage approximatif, la reprise, la substitution et l'interjection.

Coopération

La coopération se caractérise par une demande d'aide à son interlocuteur. Avec 41 occurrences dans le corpus d'interactions, la coopération est la stratégie intralinguale la plus utilisée pendant l'immersion. Elle représente ainsi environ 42 % des stratégies intralinguales du corpus. Comme au tour 79 de l'interaction de Maurice, les élèves formulent une question directe, adressée à Céline Steinbach, pour connaître la signification d'un mot précis (*cf.* exemple 91). Cette stratégie est identifiée trois fois dans le corpus.

78 PNJ : *Welche Farbe hat die Erde?* (débit lent) <21:01>
79 E : *Was ist die Erde? die Erde? <21:05>*
80 PNJ : *Ich denke, dass die Erde braun ist. Nimm Braun und mal' die Rosette damit an. <21:19>*

Exemple 91 : Coopération – *Was ist…?* / Maurice (Immersions R_2 ; D02_0514).

Par une stratégie de récupération, l'élève repère le mot-clé *Erde* dans la question de Céline Steinbach (tour 78) pour en demander la signification au tour suivant. Au tour 80, Céline Steinbach ne coopère pas, en donnant directement la réponse à sa propre question. Elle rend ainsi la stratégie de coopération inefficace. La structure des dialogues du deuxième recueil (*cf.* annexe 18) ne prévoit pas cette stratégie de coopération ; le personnage non joueur ne peut donc pas répondre. La version du jeu utilisée pour le troisième recueil (*cf.* chapitre 13.1.3) intègre cette possibilité. Il n'est cependant pas possible de comparer l'efficacité de cette stratégie avec celle du recueil R_2 car cette stratégie n'est pas utilisée par les élèves allemands.

Pour mettre en œuvre la stratégie de coopération, les élèves ont exprimé 28 fois leur incompréhension générale d'un énoncé produit par le personnage non joueur. Le plus fréquemment, les élèves ont demandé indirectement une aide en énonçant leur incompréhension par une variante de la phrase affirmative *Ich verstehe nicht* ou « je ne comprends pas » (16 occurrences). À 12 reprises, les élèves ont demandé à Céline Steinbach de répéter son énoncé, par une question directe, avec le pronom interrogatif *Was ?*, ou avec une variante de la phrase *Können Sie wiederholen ?*, ou encore avec « Répétez s'il vous plaît. ». Un élève met peut-être en avant un problème acoustique avec *Ich höre schlecht* (Maurice, tour 14). L'utilisation du vouvoiement n'est pas cohérente avec le scénario de jeu. Les énoncés correspondent à des énoncés stéréotypés de situations scolaires lorsque l'élève demande de l'aide à l'enseignant. Les élèves réinvestissent certainement les énoncés qu'ils sont habitués à employer en classe. Dans 18 cas, l'utilisation de cette stratégie se révèle efficace (*cf.* exemple 92).

62 PNJ : *Ah! So ist es schon besser! Was ist die Farbe der Erde? Weißt du das?* <19:18>
63 E : _Ich habe nicht *verstehen._ <19:22>
64 PNJ : *Welche Farbe hat die Erde?* (répétition) <19:26>
65 E : _Ich habe noch nicht *verstehen._ <19:34>
66 PNJ : *Welche Farbe hat die Erde?* (débit lent) <19:38>
67 E : _Die Erde *hat gelb._ <19:43>

Exemple 92 : Coopération – *Ich habe nicht verstanden* / Maurice (Immersions R_2 ; D02_0514).

L'exemple montre que Céline Steinbach réagit à la première demande de coopération en reformulant sa question avec un énoncé plus court (tour 64). La deuxième demande de coopération conduit Céline à répéter plus lentement (tour 66). Maurice est alors en mesure de mettre en œuvre une stratégie de récupération qui lui permet d'accéder, au moins partiellement, au sens de la question, à laquelle il répond au tour 67.

À 9 reprises, les élèves coopèrent de manière indirecte, en indiquant qu'ils ne connaissent pas la réponse à la question, avec une variante de l'énoncé *Ich weiß es nicht*. Comme le montre l'exemple 93, l'évitement est une stratégie de coopération.

34 PNJ : *Welche Farbe hat das Wasser?* (répétition) <12:12>
35 E : _Ich weiß nicht. <12:18>_
36 PNJ : *Welche Farbe hat das Wasser?* (débit lent) <12:25>
37 E : Euh… _Blau._ <12:27>

Exemple 93 : Coopération – *Ich weiß es nicht* / Isidore (Immersions R_2 ; D02_0509).

Nous identifions, dans le corpus, 3 évitements efficaces et 6 inefficaces. Au tour 35 de l'exemple 93, l'évitement est efficace, puisqu'il ne conduit pas à une rupture de la situation de communication, mais à une répétition plus lente de la question. L'énoncé de Céline Steinbach, au tour 36, permet à Isidore de comprendre la question, au moins partiellement.

Le langage approximatif

Nous avons déjà vu que près de la moitié des phrases en langue cible, énoncées pendant l'interaction avec Céline Steinbach, présentent un écart à la norme linguistique (*cf.* chapitre 13.1.1). L'utilisation consciente d'un langage approximatif constitue une stratégie intralinguale. Puisque cette stratégie porte sur la forme de l'énoncé, elle peut être employée en même temps que d'autres stratégies (*cf.* exemple 94).

8 E : *J'ai pas compris. [E tourne la tête vers les intervenants] <07:58>
9 I : Dans ce cas-là, dis-le, dis-le au système… que *t'as pas compris. <08:04>
10 E : Euh, *ich *verstehst nicht. <08:06>*

Exemple 94 : Langage approximatif / Samantha (Immersions R_2 ; D02_0608).

Suite à la sollicitation de l'intervenant au tour 9, Samantha fait part à Céline de son incompréhension avec un énoncé présentant un écart à la norme linguistique. L'élève substitue la terminaison *-st*, marque de la 2ème personne du singulier en allemand, à la terminaison *-e*, marque de la première personne du singulier. L'interprétation de ce phénomène comme stratégie interlinguale est cependant soumise à la subjectivité de la part du chercheur. Il est en effet difficile de savoir, pour chaque cas, si l'écart à la norme constaté est dû à une stratégie consciente de l'élève ou à un défaut de compétence langagière. Par conséquent, nous relevons le type de stratégie mais ne comptabilisons pas ses utilisations dans notre analyse de la fréquence des stratégies d'usage de la langue.

Reprise

Les stratégies de récupération mises en œuvre pendant les énoncés du personnage non joueur permettent aux élèves de repérer des mots-clés qu'ils réinvestissent, de manière observable, dans leur production, afin d'intervenir dans la situation de communication. Cette stratégie de reprise est utilisée 8 fois dans le corpus (*cf.* exemple 95) et représente ainsi moins de 10 % des stratégies intralanguales identifiées.

11 PNJ : *Schau! Drei Säulen sind kaputt.* <07:47>
12 E : Ah. <07:48>
13 PNJ : *Nur eine einzige Säule trägt noch das Gewölbe.* <07:51>
14 E : *Ach ja, *der… das ist kaputt!* <07:53>
15 PNJ : *Das ist zu schwer! Wenn das Gewölbe einstürzt, wird die Krypta zerstört!* <07:58>

Exemple 95 : Reprise / Benoît (Immersions R_2 ; D02_0502).

Au tour 14, Benoît reprend l'adjectif *kaputt* utilisé par Céline Steinbach au tour 11. Cette stratégie se révèle efficace, puisque elle lui permet de prendre part au dialogue, de manière cohérente par rapport aux répliques du personnage non joueur.

L'exemple 96 montre que le personnage non joueur ne réagit pas toujours de manière cohérente à la stratégie de reprise.

11 PNJ : *Schau auf den Boden, was siehst du?* (débit lent) <05:38> **12 E : *Das Boden. <05:41>** 13 NJ : *Was liegt auf dem Boden?* (répétition) <05:48>

Exemple 96 : Reprise / Valentin (Immersions R_2 ; D02_0612).

Après la reprise du substantif *Boden* par Valentin (tour 12), Céline ne détecte pas l'obstacle dans la situation de communication et reformule sa question avec le même mot.

Substitution

Une autre stratégie permet aux élèves de prendre part au dialogue malgré une difficulté de compréhension ou d'expression. À 30 reprises, les élèves insèrent, dans le dialogue, un énoncé sans rapport sémantique avec les énoncés qui le précèdent. Ils substituent ainsi leur énoncé à un énoncé sémantiquement cohérent. Cette stratégie représente un tiers des stratégies intralinguales identifiées. Comme dans le cas d'Octave (*cf.* exemple 97), l'adverbe *Ja* constitue l'énoncé le plus utilisé (20 fois) dans la mise en œuvre de la substitution.

38 PNJ : *Ich denke, dass Gelb die Felder darstellt. Gelb ist die Farbe des Weizens. Du musst die Rosette mit den anderen Farben anmalen: Hellblau, Dunkelblau, Grün und Braun für das Wasser, die Erde, die Bäume und den Himmel. Gut! Was ist die Farbe des Wassers?* <13:09> **39 E : *Ja.* <13:22>** 40 PNJ : *Welche Farbe hat das Wasser?* (répétition) <13:27>

Exemple 97 : Reprise / Octave (Immersions R_2 ; D02_0603).

La substitution peut être considérée comme efficace puisqu'elle permet à l'élève de prendre sa part dans l'interaction avec Céline Steinbach. Celle-ci n'adapte cependant pas son discours en fonction des substitutions, qui constituent des énoncés non prévus lors de la conception du dialogue (*cf.* annexe 18). L'incohérence de ces substitutions est plus ou moins visible selon le contexte de son utilisation dans le dialogue. Comme dans le cas de Valentin, au tour 39 (*cf.* exemple 98), l'insertion de l'énoncé substitut pourrait parfois compromettre l'objectif initial de l'interaction.

38 PNJ : *Nein, das Wasser ist nicht braun…* (erreur) <09:51> >
39 E : *Ja.* <09:57>
40 PNJ : *Welche Farbe hat das Wasser?* (répétition) <10:01>

Exemple 98 : Reprise désinvolte / Valentin (Immersions R_2 ; D02_0612).

La virtualité de Céline Steinbah en fait une interlocutrice particulièrement patiente. L'insertion de *Ja* pourrait être reçue comme un signe d'impatience ou de désinvolture de la part de l'élève. Malgré leur incohérence, ces substitutions permettent aux élèves de progresser dans la structure linéaire du dialogue. Nous les interprétons, par conséquent, comme des marques du caractère virtuel de l'interaction.

Interjection

19 fois dans le corpus, les élèves prennent part à l'interaction par des interjections qui semblent ne pas être à destination des intervenants (*cf.* exemple 99).

54 PNJ : *Ich denke, dass das Wasser blau ist.* <11:49>
55 E : Ah! (E semble indiquer qu'il a compris) <11:51>
56 PNJ : *Nimm die blaue Farbe und bemal' die Rosette damit.* <11:57>

Exemple 99 : Interjection / Daniel (Immersions R_2 ; D02_0504).

Comme dans l'exemple de Daniel, au tour 55, ces interjections s'intègrent au dialogue en lui donnant des caractéristiques d'une interaction avec un interlocuteur non virtuel. L'élève produit l'interjection bien que le personnage non joueur soit dans l'incapacité de la reconnaitre.

Par conséquent, l'analyse des stratégies intralinguales a mis en relief la richesse des outils utilisés par les élèves pour maintenir la communication en langue cible avec le personnage non joueur. Ceux-ci montrent ainsi leur implication dans l'interaction virtuelle. Lorsque les stratégies ont été prévues dans la conception du dialogue de la scène virtuelle, elles sont souvent efficaces, en déclenchant la coopération du personnage non joueur. Quand les énoncés produits pour la réalisation des stratégies sont imprévisibles ou non prévus dans la structure du dialogue, la virtualité de l'interaction influence visiblement le déroulement du dialogue. Face à des obstacles dans la communication avec le personnage virtuel, les ressources internes de cette situation ne suffisent parfois pas aux élèves pour mener à bien leur objectif de communication. Dans ce cas, ils font appel à des ressources externes à leur interaction avec Céline Steinbach.

13.3.4 Compensation externe sociale

Pour analyser avec précision les stratégies mises en œuvre pendant l'interaction virtuelle, nous choisissons de différencier les stratégies de compensation linguistique, non seulement par la langue utilisée (interlinguales/intralinguale), mais également selon les interlocuteurs sollicités. Avec les stratégies de compensation interne, l'élève ne sollicite que son interlocuteur dans l'environnement virtuel. Avec les stratégies externes, il fait appel à des ressources autres que son interaction avec le personnage non joueur. Dans notre cas, cette compensation externe a uniquement lieu par un appel à l'aide auprès des autres personnes présentes dans la salle ; elles sont donc de type social. Nous identifions 36 appels à l'aide destinés à lever un obstacle linguistique[15], représentant presque un quart des stratégies directes de compensation. Ces demandes linguistiques sont directes ou indirectes.

Appel à l'aide direct

À six reprises, les élèves interrogent les intervenants pour une aide linguistique précise. Ils demandent la signification d'un mot qu'ils ont identifiés dans les énoncés du personnage non joueur ou demandent la traduction d'un énoncé en langue cible (*cf.* exemple 100).

15 Les appels à l'aide portant sur la réalisation de la tâche sont traités avec les stratégies indirectes, au chapitre 14.

83 [E se tourne vers OE] E : *Was ist :* où est … ? (interrompu par le PNJ) <15:17>
84 PNJ : Il n'y a plus rien à faire ici. <15:20>
85 OE : Où sont les pierres <15:20>
86 E : Où sont les pierres ? <15:20>

Exemple 100 : Appel à l'aide direct efficace / Thomas (Immersions R_3 ; LD-0105).

Au tour 83, Thomas se tourne vers son enseignante pour lui demander de compléter le début d'un énoncé en français. Après la réplique de Céline Steinbach, l'enseignante accède à la demande, en formulant l'énoncé à la place de l'élève. Au tour 86, l'élève répète l'énoncé de son enseignante. Dans ce cas, l'utilisation de la stratégie d'appel à l'aide direct est efficace car elle permet à l'élève d'accomplir son objectif de communication avec le personnage virtuel.

Appel à l'aide indirect

La plupart des appels à l'aide sont formulés de manière indirecte (30 occurrences). L'élève communique explicitement aux intervenants son incompréhension (22 fois) ou une incapacité à produire l'énoncé souhaité en langue cible (7 fois). Avec une variante de « Je ne sais pas. » (2 fois), la demande peut porter sur les deux activités langagières. Les intervenants ont eu pour consigne de ne pas répondre aux sollicitations des élèves portant sur la langue. À l'exception d'une fois, les intervenants ont bien respecté cette consigne : soit ils ne répondent pas (*cf.* exemple 101), soit ils disent à l'élève qu'ils ne peuvent pas l'aider, soit ils l'invitent à demander à Céline.

7 PNJ : Schau auf den Boden, was siehst du? (débit lent) <07:48>
8 E : Qu'est-ce qu'elle a dit ? [E tourne la tête vers les intervenants]. <07:55>
9 PNJ : Was liegt auf dem Boden? (répétition) **[E tourne la tête vers un autre intervenant] <07:59>**
10 (E ne fait rien) <08:09>
E : Euh, ça veut dire quoi en français ? [E tourne la tête vers les intervenants] <08:11>
PNJ : Ach ja, genau, ich sehe es! Das sind Steine! Schau, drei Säulen sind kaputt. Nur eine einzige Säule trägt noch das Gewölbe, das ist zu schwer! Wenn das Gewölbe einstürzt, wird die Krypta zerstört! Schnell, die Säulen müssen repariert werden! Wie viele Steine siehst du? <08:39>

Exemple 101 : Appel à l'aide indirect direct inefficace / Christian (Immersions R_2 ; D02_0503).

L'appel à l'aide indirect (tour 8) de Christian se manifeste à la fois par des mouvements de tête vers les intervenants et par une demande verbale exprimant une difficulté de compréhension. L'absence de réponse des intervenants rend la stratégie inefficace.

Qu'elle passe par un appel à l'aide direct ou indirect, la stratégie de compensation externe sociale est symptomatique d'un déficit dans l'interaction avec le personnage non joueur. Il peut manquer à l'élève des stratégies de récupération pendant la réception des énoncés ou lui manquer les outils linguistiques et stratégiques pour produire en langue cible. Les exemples choisis ont montré deux comportements extrêmes suite à l'appel à l'aide : la formulation complète d'un énoncé par l'enseignante et l'absence de réponse de la part des intervenants. Dans le chapitre 14, nous abordons la question de l'autonomie de l'élève pendant l'immersion.

13.3.5 Profils de présence et fréquence d'utilisation des stratégies

L'étude des stratégies directes d'usage de la langue cible pendant l'immersion en réalité virtuelle a d'abord mis en relief la diversité des stratégies utilisées. Elle a souligné l'efficacité des stratégies et leurs limites dans le cadre d'une interaction orale avec le personnage virtuel du dispositif utilisée pour les recueils de données. Afin d'analyser la relation entre la présence et la mise en œuvre de stratégies d'usage de la langue, ce chapitre étudie la fréquence de l'utilisation des stratégies directes d'usage de la langue selon les profils de présence. Pour l'analyse de la fréquence d'utilisation des stratégies directes d'usage de la langue, nous adoptons une démarche compréhensive à partir des données quantitatives sur la fréquence des phénomènes observés dans le corpus. Étant donné la taille réduite de l'échantillon, avec 24 profils caractéristiques identifiés (*cf.* chapitre 12), notre analyse n'a pas de valeur statistique, mais propose des observations contribuant néanmoins à répondre à nos questions de recherche.

Notre catégorisation des stratégies d'usage de la langue a d'abord montré que, face à un obstacle langagier dans la communication, les élèves ont recours à des stratégies interlinguales, intralinguales ou sociales. Le tableau 46 synthétise la fréquence d'utilisation de ces stratégies pour chaque profil de présence[16].

Tableau 46 : Fréquence stratégies interlinguales, intralinguales et sociales par profil.

Profil Stratégies	*Social*	*Voyageur*	*Actant*	*Solitaire*	*Sédentaire*	*Impuissant*	*Distant*	*Total*
Interlanguales (%)	5,26	21,21	13,33	33,33	0	0	0	12,69
Intralanguales (%)	76,32	60,61	64,44	33,33	33,33	100	0	63,43
Sociales (%)	18,42	18,18	22,22	33,33	66,67	0,00	100	23,88
Total (%)	100	100	100	100	100	100	100	100
n (élèves)	8	3	8	1	1	1	2	24

Chez les huit élèves caractérisés par leur profil de présence sociale, plus de 76 % des stratégies utilisées sont des stratégies intralanguales. Cette proportion des stratégies intralangues par rapport aux autres stratégies est supérieure à celle constatée chez les élèves avec un autre profil de présence. Ce constat tendrait à montrer que l'appréhension du personnage non joueur, en tant qu'individu caractérisé par sa langue ou ses actions, conduit les élèves à interagir avec lui, de préférence, dans sa langue. Cette interprétation doit être complétée par l'analyse des catégories de stratégies interlangues utilisées.

21 % des stratégies utilisées par les trois élèves caractérisés par un profil de présence de voyageur sont des stratégies interlanguales. Cette proportion est supérieure à celle constatée chez les élèves ayant d'autres profils. Les élèves voyageurs, ne disposant pas des outils linguistiques suffisants pour communiquer en langue cible, ont davantage utilisé le français ou l'anglais pour communiquer avec Céline Steinbach. Ces élèves, qui ont davantage appréhendé l'immersion visuelle et le lieu de la scène, ont utilisé, plus que les autres, la variété de leur répertoire langagier. Une première interprétation pourrait être que ces élèves se sont sentis, en d'autres lieux, libérés des contraintes linguistiques.

16 Isidore se caractérise par son profil de présence d'action et de soi marquées. Une seule variable ayant été attribuée par profil, nous lui avons attribué la variable « actant », car sa présence de soi induit une présence d'action.

Parmi les stratégies utilisées, les huit élèves actants ont davantage utilisé la langue cible, avec environ 64 % de stratégies intralinguales. Avec plus de 22 % de stratégies sociales, ils ont quitté l'interaction avec Céline Steinbach pour une demande d'aide linguistique auprès des intervenants, plus souvent que les autres élèves ayant une présence marquée (profils « social » et « voyageur »). Il semblerait que leur investissement dans la réalisation de la tâche ait eu la priorité sur le maintien d'une interaction avec le personnage non joueur.

Nous remarquons l'équilibre entre les catégories de stratégies chez l'élève solitaire, sans pouvoir interpréter ce résultat. Avec 66 % de stratégies sociales parmi les stratégies utilisées, l'élève sédentaire, ayant moins appréhendé le lieu de la scène, a plus recours aux personnes hors de l'environnement virtuel pour une aide linguistique. L'utilisation des seules stratégies intralinguales par l'élève impuissant, dont les difficultés d'interaction ont provoqué une carence de présence, semble montrer qu'il a néanmoins joué le jeu de l'immersion, en essayant de maintenir l'interaction avec le personnage non joueur. Ces premiers résultats doivent être affinés avec l'analyse de la fréquence d'utilisation des types de stratégies interlinguales, intralinguales et sociales.

Le tableau 47 synthétise la fréquence d'utilisation des types de stratégies interlinguales, intralinguales et sociales par les élèves, selon leur profil de présence.

Tableau 47 : Fréquence des types de stratégies interlinguales par profil.

Profil *Stratégies*	*Social*	*Voyageur*	*Actant*	*Solitaire*	*Sédentaire*	*Impuissant*	*Distant*	*Total*
Foreignizing (%)	0,00	3,03	0,00	0,00	0,00	0,00	0,00	0,75
Alternance codique (%)	2,63	12,12	11,11	33,33	0,00	0,00	0,00	8,96
Emprunt (%)	2,63	6,06	2,22	0,00	0,00	0,00	0,00	2,99
Coopération (%)	47,37	3,03	24,44	0,00	0,00	0,00	0,00	22,39
Substitution (%)	13,16	18,18	28,89	16,67	33,33	50,00	0,00	21,64
Reprise (%)	0,00	15,15	4,44	0,00	0,00	50,00	0,00	5,97

Profil Stratégies	*Social*	*Voya-geur*	*Actant*	*Soli-taire*	*Séden-taire*	*Impuis-sant*	*Dis-tant*	*Total*
Interjection (%)	15,79	24,24	6,67	16,67	0,00	0,00	0,00	13,43
Appel linguistique (%)	18,42	18,18	22,22	33,33	66,67	0,00	100	23,88
Total (%)	100	100	100	100	100	100	100	100
n (élèves)	8	3	8	1	1	1	2	24

47 % des stratégies utilisées par les élèves « sociaux » sont des stratégies de coopération. Cette fréquence est au moins deux fois plus élevée que chez les élèves caractérisés par d'autres profils de présence. Nous avons déjà souligné la tendance des élèves « sociaux » à utiliser davantage la langue cible dans leur mise en œuvre de stratégies. L'utilisation plus fréquente de stratégies de coopération confirme que ces élèves ont privilégié la relation au personnage non joueur, pour dépasser les difficultés linguistiques, là où d'autres élèves ont procédé à la substitution ou la reprise.

Le tableau 46 avait montré une utilisation des stratégies intralinguales légèrement supérieure chez les élèves sociaux (76,32 %), mais avec des valeurs proches de celles constatées chez les élèves voyageurs (60,41 %) et actants (64,44 %). Les résultats présentés dans le tableau 47 permettent d'affiner ce constat. Parmi l'ensemble des types de stratégies utilisées, les élèves voyageurs n'utilisent qu'environ 3 % de stratégies de coopération et utilisent davantage la substitution et la reprise. Notre analyse des stratégies de compensation interlanguales (*cf.* chapitre 13.3.3) a montré que la substitution peut être une marque de la virtualité de l'interaction, avec une tendance à utiliser des énoncés non cohérents pour favoriser le déroulement du dialogue à structure linéaire. Bien que le phénomène soit moins marqué, nous retrouvons l'utilisation de la substitution chez les élèves actants, à hauteur d'environ 24 % des stratégies utilisées. Ces résultats confirment une coopération langagière plus importante avec le personnage non joueur, chez les élèves dont la présence sociale est plus marquée.

Nous avions relevé un équilibre entre les stratégies interlinguales, intralinguales et sociales utilisées par l'élève solitaire. Le tableau 47 montre que, parmi les stratégies interlinguales, aucune stratégie de coopération n'est utilisée. La substitution (16,67 %) et l'interjection (16,67 %) sont les seules stratégies intralinguales utilisées. Ces valeurs témoignent d'un déficit d'utilisation de la langue cible dans la mise en œuvre des stratégies. Ce déficit pourrait être dû à une appréhension moins importante du personnage non joueur, par notre élève « solitaire ». L'utilisation de l'alternance codique (33,33 %) vient cependant nuancer cette interprétation, puis que l'élève communique avec le personnage non joueur, mais dans une autre langue. Une faible compétence linguistique peut expliquer l'absence de coopération en langue cible avec Céline Steinbach.

Enfin, nous avions noté que l'élève impuissant semblait jouer le jeu de l'interaction, en utilisant uniquement des stratégies interlinguales. Nous constatons que cet élève n'utilise pas la stratégie de coopération, mais uniquement la reprise et la substitution. Ces deux stratégies ne marquent pas de manière forte l'implication dans l'interaction.

Par conséquent, l'analyse de la fréquence d'utilisation des stratégies directes d'usage de la langue a montré une relation entre les profils de présence et les stratégies utilisées, dans le cas de profils fortement caractéristiques. Les élèves sociaux semblent être, beaucoup plus que les autres, investis dans l'interaction langagière avec le personnage non joueur. Les élèves voyageurs utilisent davantage d'autres langues, mais ont une collaboration moins forte avec le personnage non joueur. Les élèves actants semblent rechercher un équilibre entre la relation au personnage non joueur et le déroulement du dialogue. L'élève sédentaire ne collabore pas avec le personnage non joueur, il utilise des stratégies favorisant l'avancée du dialogue, comme la substitution et l'appel linguistique. Enfin, l'élève impuissant, rencontrant des difficultés d'interaction dans le dispositif, n'entre pas dans une logique de compensation de ses difficultés à communiquer, mais il privilégie des réponses courtes (substitution, reprise) pour l'avancée du dialogue. La mise en œuvre de stratégies directes d'usage de la langue s'intègre ainsi dans l'interaction verbale en réalité virtuelle. Celle-ci comprend la production en langue cible, les situations de rupture, la mise en œuvre de stratégies, mais également une dimension non verbale.

13.4 Le non verbal pendant l'interaction

La réalité virtuelle se caractérise notamment par la possibilité technique qu'elle offre à l'utilisateur de s'impliquer dans l'environnement virtuel, à la fois dans la réalité virtuelle et dans la réalité écologique. L'analyse de l'interactivité et de l'engagement corporel des élèves pendant l'immersion doit éclairer la relation entre le non-verbal et l'interaction verbale pendant l'immersion.

13.4.1 Interactivité par la métaphore de l'action

L'interactivité a été définie comme l'échange bidirectionnel entre l'environnement virtuel et son utilisateur (*cf.* Demaizière/Dubuisson 1992 ; Bésile/Linard 1996). Nous avons opté pour le terme 'interaction', afin de désigner l'échange verbal entre l'utilisateur et le personnage non joueur (*cf.* chapitre 3.2.4). Toutes les actions que le joueur réalise dans l'environnement virtuel, autres que son échange verbal avec Céline Steinbach, constituent ainsi de l'interactivité. Cette interactivité doit participer à la réalisation de la tâche. Avec l'étude de sa mise en œuvre par les élèves, nous vérifierons cette utilisation du dispositif et analyserons la relation que l'interactivité entretient avec l'interaction verbale et la présence.

À partir d'un codage in-vivo du sous-corpus d'immersions dans le dispositif de réalité virtuelle, nous identifions 295 situations d'interactivité sans interaction verbale, réparties en deux types d'interactivité : l'interactivité de réalisation et l'interactivité compensatoire. Avec l'interactivité compensatoire, l'élève évite la réalisation d'un acte de parole qu'il serait susceptible de produire dans son dialogue avec le personnage non joueur. L'interactivité constitue alors une rupture dans la situation de communication. Nous avons traité ce phénomène de rupture dans le chapitre 13.2 et abordons ici l'interactivité de réalisation.

Interactivité versus interaction verbale

Sur l'ensemble des situations d'interactivité identifiées, sans interaction verbale, près de 85 % sont visiblement liées à une action volontaire dans le scénario, comme le fait Éric entre les tours 21 et 26 (*cf.* exemple 102). Nous nommons cette interactivité 'interactivité de réalisation', en référence à la catégorie 'réalisation' des stratégies d'usage de la langue.

21 PNJ : [...] *Nimm einen Stein und setz' ihn auf eine Säule, dort, wo sie kaputt ist. <09:12>*

22 [E passe son laser d'une pierre ou colonne à une autre] <09:22>

23 PNJ : *Nimm einen Stein und setz' ihn auf eine Säule.* (répétition) <09:28>

24 [E place une pierre sur une colonne] (réussite) <09:32>

25 PNJ : *Sehr gut, machen wir weiter und lass uns jetzt das Gewölbe reparieren. Nimm den zweiten Stein und setz' ihn auf eine kaputte Säule.* (pierre en surbrillance) <09:44>

26 [E place une pierre sur une colonne](réussite) <09:51>

27 PNJ : *Sehr gut, kommen wir zum Ende! Nimm den dritten Stein und setz' ihn auf die letzte kaputte Säule. <10:00>*

28 [E place une pierre sur une colonne] <10:06>

29 PNJ : *Puhh, die Kathedrale steht noch... bravo!* [...] <10:32

Exemple 102 : Interactivité de réalisation / Éric (Immersions R_2 ; D02_0505).

Au tour 22, Éric sélectionne les objets de l'environnement sans les manipuler. À partir de la répétition de la consigne par le personnage non joueur (tour 23), l'élève selectionne et déplace les objets sur les cibles prévues dans l'environnement virtuel. On remarque l'alternance des énoncés du personnage non joueur et de l'interactivité de réalisation mise en œuvre par l'élève. Sur l'ensemble des immersions en réalité virtuelle, l'interactivité est donc largement employée au service de la tâche.

Le dispositif étant un jeu sérieux utilisé pour contextualiser une situation d'interaction en langue cible, il convient d'analyser la relation que peuvent entretenir l'interactivité et l'interaction verbale. Deux cas exemples permettent d'identifier des situations propices à une interactivité de réalisation au service de l'interaction.

Pour certains élèves, l'interactivité et l'interaction verbale occupent chacune une part équilibrée dans la réalisation de la tâche en réalité virtuelle, comme dans le cas de François (*cf.* exemple 103)[17].

1 <05:38> PNJ : *Hallo, hörst du mich?* <*05:40*>

Production langue cible — 2 **E : *Ja.* <*05:43*>**

3 PNJ : *Wow, wir sind in der Krypta, unter der Kathedrale. Das ist unglaublich! Stell dir vor! Du bist jetzt im Jahr 1015! Da hat man begonnen, die Kathedrale zu erbauen! Hier in der Krypta befindet sich der erste Stein der Kathedrale! Siehst du alle diese Säulen? Sie tragen das Gewölbe der Krypta. Stimmt, das ist eine Konstruktion aus der Romanik. Aber… aber, es gibt ein Problem! Schau auf den Boden, was siehst du dort?* <06:25>

Production langue cible — 4 **E : *Es fehlen Stücke von der Saüle.* <*06:32*>**

5 PNJ : *Was liegt auf dem Boden?* (répétition) <06:38>

Production langue cible — 6 **E : *Stücken von *die Saülen, die kaputt sind.* <*06:43*>**

7 PNJ : *Schau auf den Boden, was siehst du?* (répétition) <06:52>

Stratégies communication — 8 **E : *Saüle ?* (bruits venant de l'extérieur) <07:03>**

9 PNJ : *Drei Säulen sind kaputt. Nur eine einzige Säule trägt noch das Gewölbe, das ist zu schwer! Wenn das Gewölbe einstürzt, wird die Krypta zerstört! Schnell, die Säulen müssen repariert werden! Wie viele Steine siehst du?* <*07:28*>

Production langue cible — 10 **E : *Drei.* <07:29>**

11 PNJ : *Ich verstehe jetzt, drei, für die drei kaputten Säulen. Du musst auf jede Säule wieder einen Stein setzen. Schau dir die Steine gut an, besonders ihre Form. Nimm einen Stein und setz' ihn auf eine Säule, dort, wo sie kaputt ist.* <*07:53*>

Interactivité de réalisation — 12 **[E passe son laser d'une pierre ou colonne à une autre] <*08:06*>**

13 PNJ : *Nimm einen Stein und setz' ihn auf eine Säule.* (répétition) <08:11>

Interactivité compensatoire — 14 **[E passe son laser d'une pierre ou colonne à une autre] <*08:32*>**

15 PNJ : *Nimm diesen Stein und setz' ihn auf diese Säule.* (colonne en surbrillance) (répétition) <08:39>

Interactivité de réalisation — 16 **[E place une pierre sur une colonne](réussite) <08:42>**

17 PNJ : *Sehr gut, machen wir weiter und lass uns jetzt das Gewölbe reparieren. Nimm den zweiten Stein und setz' ihn auf eine kaputte Säule.* (pierre en surbrillance) <08:54>

Interactivité de réalisation — 18 **[E place une pierre sur une colonne](réussite) <08:58>**

19 PNJ : *Sehr gut, kommen wir zum Ende! Nimm den dritten Stein und setz' ihn auf die letzte kaputte Säule.* <*09:09*>

Interactivité de réalisation — 20 **[E place une pierre sur une colonne] <09:12>**

21 PNJ : *Puhh, die Kathedrale steht noch… bravo! So ein Glück, die drei Säulen sind jetzt repariert. Das romanische Gewölbe wird von vier Säulen getragen. Und die stehen jetzt wieder! Denn jede Säule trägt ein bisschen das Gewölbe. So war das in der Romanik. Achtung, du wirst in ein neues Jahr eintreten!* <*09:37*>

Exemple 103 : Équilibre interactivité – interaction verbale / François (Immersions R_2 ; D02_0506).

Dès le début de l'immersion, François prend sa part dans le dialogue avec Céline Steinbach (tours 2 et 4). Au tour 6, la production d'une phrase complexe, sans écart à la norme linguistique, laisser penser que François possède des compétences en langue cible lui permettant de participer au dialogue avec Céline Steinbach. Dans son cas, l'interactivité et l'interaction entretiennent ensuite une relation complémentaire efficace, à la fois pour la réalisation de la tâche et pour l'utilisation de la langue cible par l'élève.

Une focalisation sur la réalisation de la tâche dans l'environnement virtuel et des compétences fragiles en langue cible peuvent conduire les

17 L'ensemble de la transcription codée est disponible à l'annexe 22.

élèves à privilégier l'interactivité à l'interaction orale avec le personnage non joueur. Timo en est un cas extrême (*cf.* exemple 104).

Annotation	Tour	Transcription
	1	<00:47> (I finit de poser les lunettes sur le visage de l'élève) PNJ : Tu as vu ça ? <00:50>
Interactivité de réalisation	2	**[E se déplace dans la scène] <00:52>**
Stratégies communication	3	**PNJ : Non pas par là. Je crois que tu ne peux pas passer. E : (inc.) (en regardant l'intervenant) <01:03>**
	4	I : *Wenn du was zu, zum Spiel oder zu Céline sagen willst, dann musst du auf den roten Knopf drucken (inc.).* <01:09>
Stratégies communication	5	***E : Kann man auch deutsche Fragen stellen? Ich wusste es nicht* (interrompu par le PNJ)** I : (inc.) <01:11>
	6	PNJ : Tu ne peux pas sortir, trouve une solution dans la crypte. <01:19>
Interactivité de réalisation	7	**[E se déplace dans la scène] <01:38>**
	8	PNJ : Attention, c'est le virus ! Cache-toi, vite ! [E évite le virus] Ouh, bien joué ! Continuons ! <01:46>
Interactivité de réalisation	9	**[E se déplace dans la scène. Essaie de monter un escalier (Échec car non prévu dans l'environnement)] <01:56>**
Interactivité de réalisation	10	**[E se déplace dans la scène. E suit le virus] <02:22>**
	11	PNJ : Nous sommes là pour sauver mon père, il faut certainement faire quelque chose ici. <02:28>
Interactivité de réalisation	12	**[E se déplace dans la scène. Essaie de monter un escalier (Échec car non prévu dans l'environnement)] <02:35>**
	13	PNJ : Non, pas par là. Je crois que tu ne peux pas passer. <02:41>
Interactivité de réalisation	14	**[E se déplace dans la scène] <02:53>**
	15	PNJ : Regarde, il y a des colonnes cassées au milieu de la crypte. <03:00>
Interactivité compensatoire	16	**[E se déplace dans la scène et vise les murs et les colonnes avec son laser] <03:27>**
Interactivité de réalisation	17	PNJ : Attention, c'est le virus ! Cache-toi, vite ! **[E est touché par le virus]** Aï aï aï, tu es blessé. La prochaine fois, pars vite. Allez, continuons ! **[E se déplace dans la scène]** <03:38>
Interactivité compensatoire	18	**[E se déplace dans la scène] <04:06>**
	19	PNJ : Attention, c'est le virus ! Cache-toi, vite ! **[E est touché par le virus]** Aï aï aï, tu es blessé. La prochaine fois, pars vite. Allez, continuons ! **[E se déplace dans la scène]** <04:20>
Interactivité de réalisation	20	**[E se déplace dans la scène. Essaie de monter un escalier (Échec car non prévu dans l'environnement)] <04:22>**
	21	PNJ : Non, pas par là, je crois que tu ne peux pas passer. Regarde bien partout dans la crypte. <04:23> <04:24>
Interactivité de réalisation	22	**[E se déplace dans la scène] <04:38>**
	23	PNJ : Tiens, regarde, avance vers cette colonne. On n'a pas beaucoup de temps ! <04:43>
Interactivité compensatoire	24	**[E se déplace dans la scène] <05:07>**
	25	PNJ : Attention, c'est le virus ! Cache-toi, vite ! **[E est touché par le virus]** Aï aï aï, tu es blessé. La prochaine fois, pars vite. Allez, continuons ! **[E se déplace dans la scène]** <05:15>
Interactivité compensatoire	26	**[E se déplace dans la scène] <05:41>**
	27	PNJ : Attention, c'est le virus ! Cache-toi, vite ! **[E évite le virus]** Ouh, bien joué ! Continuons ! <05:46>
Interactivité compensatoire	28	**[E se déplace dans la scène] <05:56>**
	29	PNJ : Attention, c'est le virus ! Cache-toi, vite ! **[E évite le virus]** Ouh, bien joué ! Continuons ! <06:01>
Interactivité de réalisation	30	**[E se déplace dans la scène] <06:23>**
	31	PNJ : Attention, c'est le virus ! Cache-toi, vite ! **[E est touché par le virus]** Aï aï aï, tu es blessé. La prochaine fois, pars vite. Allez, continuons ! **[E se déplace dans la scène]** <06:42>
	32	PNJ : Attention, c'est le virus ! Cache-toi, vite ! **[E évite le virus]** Ouh, bien joué ! Continuons ! <06:49>
Interactivité de réalisation	33	**[E se déplace dans la scène. Essaie de monter un escalier (Échec car non prévu dans l'environnement)] <07:00>**
Interactivité compensatoire	34	**[E se déplace dans la scène. Essaie de monter un escalier (Échec car non prévu dans l'environnement)] <07:13>**
Interactivité compensatoire	35	**[E se déplace dans la scène] <07:25>**
	36	(Bruit de porte dans la salle). **[E regarde brièvement vers la porte] <07:26>**
Interactivité compensatoire	37	**[E se déplace dans la scène] <07:40>**
	38	I : *(inc.) kannst mit uns sprechen, wenn du magst.* <07:37>
Stratégies communication	39	***E : Ich verstehe das nicht (interrompu par le PNJ)* <07:43>**
	40	PNJ : Avec ton Smartphone, avance, fais quelque chose, vite ! **[E regarde l'intervenant]**. <07:46>
Inactivité prolongée	41	**[E est immobile dans la scène] <07:59>**
	42	PNJ : Zut, trop tard ! (Fin de la simulation)**<08:01>**

Exemple 104 : Interactivité dominante / Timo (Immersions R_3 ; LD01-02).

La transcription de l'immersion de Timo montre l'absence de production en langue cible. L'élève prend seulement une fois la parole, en langue source (tour 5). Il semble surpris par le déroulement du dialogue en langue cible. La langue cible n'est d'abord pas un obstacle dans la réalisation de la tâche, puisque Timo se déplace activement dans la crypte pour chercher des indices sur sa mission et pour éviter le virus (tours 7 à 15). À partir du tour 16, Timo devrait demander au personnage non joueur de lui préciser sa mission. Il continue cependant sa recherche, par de l'interactivité de réalisation. L'interactivité devient progressivement compensatoire, lorsque l'élève ne réagit pas aux sollicitations de Céline Steinbach (tour 23), ni par une interactivité cohérente avec les énoncés du personnage non joueur, ni par une prise de parole. Les tours 34 à 37 montrent que l'interactivité devient uniquement compensatoire, puisque l'élève cherche à sortir de la scène virtuelle, en essayant plusieurs fois d'emprunter un escalier. L'absence de production langagière en langue cible empêche Timo de réaliser la tâche prévue dans le scénario (consolider les colonnes). Pendant sept minutes, sur une durée totale d'immersion de 8 minutes, l'interactivité, liée aux déplacements dans l'environnement virtuel, a constitué l'unique activité de l'élève. Dans son entretien post-immersion, l'élève confirme notre interprétation (*cf.* exemple 105).

Tour	*Discours*
12	I : Hast du gesprochen? **S : Ne ähm nicht wirklich.**
13	I : Ah warum? **S : Ich wusste nicht wie.** [I : Ja da hättest du sagen können „Stop“ oder.] Ja da gibt es *so'n roter Knopf aber das war irgendwie ähm, **keine Ahnung. Im Moment.**
14	I : Hast du die Céline ähm die da im Spiel war die Frau. **Hast du die verstanden?** **S : Zum Teil. Ab und zu mal *net, aber eigentlich, aber ich hab das mit der Maske nicht verstanden.** Warum die da die ganze Zeit geschwebt ist oder dann wenn die auf mich zugekommen ist. [...]
24	I : Und ähm ja, was, das wiederholt sich jetzt ein bisschen, was hast du während des Spiels gemacht? S : Ich bin sozusagen. **Ich hab erforscht,** bin **durch die ähm Säulen durchgegangen und hab überall geguckt,** da gab es ja auch so Treppen und alles [I : Ja ja] und **da hab ich versucht hochzugehen,** das ging dann aber irgendwie *net.

Exemple 105 : Je n'ai pas parlé mais j'ai cherché. / Timo (Entretiens R_3 ; LD01-02).

Timo pense avoir partiellement compris le personnage non joueur, mais n'a pas été capable de produire des actes de parole en français, langue cible. Il a été troublé par son incompréhension de la scène et de la mission à accomplir et a compensé cette situation par des déplacements afin d'inspecter les lieux de l'action. Le cas de Timo montre une possible tension entre l'interactivité et la réalisation d'actes de parole en langue cible. Un déséquilibre vers l'interactivité peut nuire à la production en langue cible pendant l'immersion en réalité virtuelle.

Interactivité et présence

Afin de compléter nos résultats sur la présence et la réalisation de la tâche en langue cible pendant l'immersion, nous étudions la relation entre les profils caractéristiques de présence et l'interactivité pendant l'immersion. Le tableau 48 synthétise la fréquence d'utilisation des types d'interactivité par les élèves du sous-corpus, selon leur profil de présence.

Tableau 48 : Présence et type d'interactivité.

Profil *Interactivité*	*Social*	*Voya-geur*	*Ac-tant*	*Soli-taire*	*Séden-taire*	*Impuis-sant*	*Dis-tant*	*Total*
de réalisa-tion	63,64	50,00	72,73	50,00	50,00	50,00	50,00	61,76
compensa-toire	36,36	50,00	27,27	50,00	50,00	50,00	50,00	38,24
SUM	100	100	100	100	100	100	100	100
n (Docu-ments)	8	3	8	1	1	1	2	24

Chez les 24 élèves ayant un profil de présence marqué dans une des composantes de la présence, l'interactivité de réalisation, sans interaction verbale, représente un peu plus de 61 % de l'interactivité totale. Nous constatons que les huit élèves « actants », caractérisés par une présence d'action plus marquée, mettent, davantage que les autres élèves, plus souvent en œuvre de l'interactivité de réalisation (72,73 %) que de l'interactivité de compensation. L'interactivité de réalisation serait ainsi plus étroitement liée à la présence d'action que l'interactivité de compensation. Le corpus d'interactions des élèves actants ne présente pas plus ou moins de déséquilibre que ceux des autres élèves, entre l'interactivité et l'interaction verbale pendant l'immersion. Chez ces élèves, l'appréhension plus marquée des possibilités d'action sur l'environnement et l'interactivité n'ont pas nui à l'interaction en langue cible. Les exemples pris pour étudier la relation entre l'interaction verbale et l'interactivité montrent que la compétence en langue cible serait davantage source d'une interactivité dominante.

13.4.2 Absence d'engagement corporel

Le dispositif de réalité virtuelle utilisé pour les recueils de données a été décrit comme une technologie permettant l'engagement corporel (*cf.* Capobianco/Veit 2016) dans la mise en œuvre de l'interactivité avec l'environnement virtuel (*cf.* chapitre 7.4). Avec un code in-vivo du sous-corpus, nous avons identifié six mouvements[18] (*cf.* exemple 106), réalisés par quatre élèves au sein du dispositif.

Segment du corpus	*Transcription*	*Tour*
[E regarde à droite et à gauche et se baisse pour voir] <12:11>	D01_0508	33
[E mouvement de tête] <09:56>	D01_0602	31
[E regarde son Smartphone mais ne fait rien] <19:01>	D01_0603	80
[E avance et recule pour changer le point de vue] <14:07>	D01_0604	60
[E regarde à droite et à gauche dans l'environnement] <14:54>	D01_0604	67
[E avance et recule pour changer le point de vue] <15:06>	D01_0604	69

Exemple 106 : Mouvements dans la réalité écologique.

Sur l'ensemble de notre sous-corpus, l'engagement corporel pour la réalisation de la tâche est ainsi presque nul. Les notes d'observation prises par les intervenants dans le cadre du projet EVEIL-3D montrent que les mouvements se limitent à des changements d'appui sur les pieds et des changements de main pour tenir le Smartphone. Parmi les six mouvements identifiés dans le sous-corpus, quatre sont des mouvements de tête et deux impliquent un mouvement de l'ensemble du corps.

Certains retours d'expérience, pendant les entretiens post-immersion, apportent quelques explications sur le très faible engagement corporel (*cf.* exemple 107).

18 Les mouvements vers les intervenants et les mouvements d'introspection ne sont pas comptabilisés ici car ils constituent des sorties de l'immersion en réalité virtuelle. Ils sont analysés au chapitre 14, comme stratégies indirectes d'usage de la langue.

Tour	*Discours*
3	I : C'était sympa ? E : Oui, c'est bien de jouer en 3D.
4	I : Ouais. E : C'est bien de, **d'utiliser les jeux avec les mains au lieu de juste les pouces [I : C'est bien (rire).] et devoir bouger.**

Exemple 107 : Jouer avec ses mains au lieu des pouces / Romain (Entretiens R_2 ; D01_0609).

Bien que Romain perçoive une affordance du dispositif, à savoir celle d'exercer une interaction par des mouvements du corps (« devoir bouger »), il souligne implicitement que son engagement corporel a finalement été limité, avec l'utilisation des mains pour l'interaction, alors qu'il a l'habitude de n'utiliser que ses pouces pour manipuler sa manette habituelle de jeu vidéo.

L'appréciation de Christian sur le dispositif d'interaction porte également sur la manette de jeu (*cf.* exemple 108).

Tour	*Discours*
22	[...] E : En fait, c'est un peu dommage que c'était avec le téléphone parce que (.) ça laissait un peu **moins de liberté de mouvements**. Ça aurait été **mieux qu'on puisse le faire avec nos propres mains par exemple.**
54	I : Et par rapport à ça, est-ce que là tu as eu des facilités, tu penses, grâce aux jeux vidéo, à prendre en main l'interaction Smartphone. E : Oui, ça allait avec le Smartphone (..). Mais je pense que ce serait **plus simple justement si on l'enlevait, qu'on puisse interagir nous-mêmes avec les mains, les jambes.**

Exemple 108 : Moins de liberté à cause du Smartphone / Christian (Entretiens R_2 ; D02_0509).

L'élève regrette l'utilisation d'une manette comme périphérique d'entrée pour l'interaction dans l'environnement virtuel. Selon lui, le Smartphone aurait réduit son engagement corporel. Deux exemples représentatifs (*cf.* annexe 23) de l'ensemble des vidéos illustrent la posture des élèves pendant l'immersion en réalité virtuelle, dans les dispositifs des recueils R_2 et R_3. Les élèves sont en position debout, les jambes serrées, les bras pliés, les coudes au niveau des hanches et les avant-bras orientés vers le ventre ; les mains tiennent le Smartphone. Dans le dispositif du recueil

R_2, plusieurs élèves tiennent leur Smartphone d'une seule main. Dans le dispositif du recueil R_3, l'utilisation d'un joystick physique et une action nécessairement prolongée sur la manette pour les déplacements dans la scène semblent avoir contribué à ce que les élèves tiennent à deux mains le périphérique d'interaction. Par conséquence, nous identifions une possible tension entre l'engagement corporel, pour lequel les élèves ont besoin d'être libre, et les déplacements dans la scène virtuelle, pour lesquels un périphérique d'interaction est nécessaire.

Nos données sur l'engagement corporel et notre positionnement épistémologique ne permettent pas d'interpréter davantage la posture des élèves. Nous constatons cependant l'absence d'investissement corporel en réalité virtuelle. Dans une perspective holistique de l'apprentissage des langues, considérant l'implication corporelle comme élément facilitateur de la mémorisation de la langue cible et comme un facteur de créativité dans l'usage de la langue, l'investissement corporel avait pourtant constitué une piste d'utilisation de la technologie de réalité virtuelle.

Résumé conclusif

L'analyse des interactions verbales de notre sous-corpus d'immersions a montré, par conséquent, une production en langue cible ayant participé à une interaction cohérente avec le personnage non joueur. Une prise de risque limitée, de la part des élèves, et des dialogues conçus comme peu ouverts, n'ont pas permis la réalisation d'une production riche en langue cible pendant le deuxième recueil de données. La structure des dialogues du recueil de données, donnant à l'élève l'initiative de l'interaction verbale, semble avoir participé à la très faible production en langue cible.

Les ruptures de la situation de communication, constatées pendant l'interaction verbale, semblent être dues à un déficit de compréhension de l'oral ou de l'expression orale, donc à des causes qui ne sont pas attribués à la médiatisation de la situation d'apprentissage par les technologies numériques. En revanche, l'inaction prolongée et l'interactivité compensatoire pendant la rupture de communication, d'une part, et l'incohérence de certaines réactions du personnage non joueur face à la rupture de communication, d'autre part, sont spécifiques à l'immersion en réalité virtuelle et contribuent à mettre en exergue l'artificialité de la situation de communication.

Les élèves caractérisés par une présence plus marquée semblent être les plus compétents en langue cible, bien qu'ils ne soient pas nécessairement les plus performants pendant l'interaction, ni ceux qui produisent le moins de ruptures de la situation de communication. C'est essentiellement dans la mise en œuvre de stratégies directes d'usage de la langue qu'une relation a pu être établie entre les profils de présence des élèves et la réalisation de l'interaction en langue cible pendant l'immersion. La situation d'interaction en réalité virtuelle a été propice à une mise en œuvre variée de ces stratégies. Selon le profil de présence, les élèves ont recherché davantage la communication avec le personnage non joueur ou l'avancée du dialogue par l'utilisation d'une communication explicitement artificielle. Les élèves à la présence sociale plus marquée utilisent des stratégies de coopération dans une proportion plus grande que les autres élèves. Les élèves actants semblent rechercher un équilibre entre le dialogue et la réalisation de la tâche, alors que les élèves caractérisés par une carence de présence utilisent des stratégies de substitution pour une avancée plus rapide dans la structure des dialogues.

La médiatisation de la situation de communication en langue cible a introduit un espace supplémentaire d'action par rapport à une situation de communication dans la réalité écologique. Pendant l'immersion en réalité virtuelle, l'action non verbale a été menée, dans l'environnement virtuel, à la fois par une interactivité de réalisation et une interactivité compensatoire. Les élèves actants ont davantage utilisé l'interactivité pour la réalisation de la tâche que pour compenser une rupture dans la situation de communication avec le personnage non joueur, sans pour autant que cette interactivité se substitue à l'interaction verbale en langue cible. Plus que le profil de présence, la compétence et la performance en langue cible semblent influencer l'utilisation de l'interactivité dans le dispositif de réalité virtuelle. Pendant les immersions, l'interactivité n'a pas été mise en œuvre par un engagement corporel dans le dispositif de réalité virtuelle. L'interaction avec le personnage non joueur n'a donc pas été propice à une dimension holistique dans la communication langagière en langue cible.

Avec l'utilisation des deux versions du jeu *Architecte 2015*, une situation d'apprentissage propice à la réalisation d'activités de communication en langue cible a pu, par conséquent, être mise en place. La production langagière a été réduite mais efficace, les stratégies d'usage de la langue ont été variées. La réalisation de l'interaction en langue cible a cependant souffert de son artificialité, avec une production en langue cible quantitativement et qualitativement réduite, avec des situations de rupture de la communication et par l'interactivité, lorsque celle-ci a été utilisée par les élèves pour éviter l'interaction verbale. Le manque d'engagement corporel a également mis en relief la virtualité des tâches à accomplir. Enfin, aussi bien dans les situations de rupture de la communication que dans la mise en œuvre de stratégies d'usage de la langue, la compétence en langue cible semble constituer une variable importante influençant la relation constatée, entre la présence en réalité virtuelle et la réalisation d'activités langagières de communication en langue cible.

La réalisation des immersions en réalité virtuelle dans des établissements scolaires donne à la situation de communication étudiée des caractéristiques spécifiques au contexte scolaire. Le rôle de l'enseignant doit être interrogé afin d'étudier s'il est susceptible de compenser l'artificialité constatée de la situation de communication et de réduire l'influence négative qu'aurait la compétence des élèves en langue cible sur la présence en réalité virtuelle.

14. Le rôle de l'enseignant dans le dispositif d'apprentissage des langues en réalité virtuelle

L'utilisation d'un dispositif de réalité virtuelle pour l'apprentissage engendre une situation *a priori* paradoxale. L'utilisateur doit vivre l'expérience en réalité virtuelle de manière à développer un sentiment de présence. Avec la présence, l'apprenant prend l'environnement virtuel comme environnement de référence pour son activité cognitive et motrice. Plus il est présent dans la réalité virtuelle, moins il a conscience des ressources à sa disposition dans la réalité écologique. L'enseignant ne pourrait alors plus assumer son rôle de personne-ressource dans l'acte d'enseignement. L'apprenant est pourtant, par définition, dans une zone proximale de développement (*cf.* Vygotski 1978), où un accompagnement de l'apprentissage est nécessaire pour le développement de ses connaissances et de ses compétences.

Pendant l'immersion en réalité virtuelle, les obstacles à la réalisation de la tâche peuvent être de nature langagière ou porter sur la manière d'effectuer la tâche. Dans le premier cas, l'élève peut mettre en œuvre des stratégies directes d'usage de la langue. Avec la compensation externe sociale, l'élève utilise des personnes extérieures à l'immersion comme ressources pour la réalisation d'activités langagières en langue cible (*cf.* 13.3.4). Lorsque les obstacles sont d'ordre métacognitif, en portant sur la réalisation de la consigne, l'élève peut mettre en œuvre des stratégies indirectes d'usage de la langue. L'enseignant constitue alors, éventuellement, une personne ressource facilitant la métacognition sur la tâche. Une analyse des stratégies indirectes d'usage de la langue, dans notre sous-corpus, doit d'abord permettre de comprendre comment l'élève fait face aux obstacles de réalisation de la tâche et à quelles ressources il fait appel pour comprendre des consignes.

Le jeu en réalité virtuelle *Architecte 2015*, utilisé pour nos deuxième et troisième recueils de données, intégrait un accompagnement de l'apprenant, portant à la fois sur l'utilisation de la langue cible et sur les actions à mener dans le cadre du scénario de jeu. L'analyse des données recueillies pendant les immersions en réalité virtuelle nous éclaire sur la manière dont l'apprenant peut être accompagné en réalité virtuelle, par l'environnement virtuel et éventuellement par l'enseignant.

Notre analyse abordera ensuite l'accompagnement par l'enseignant face aux obstacles langagiers et métacognitifs. Nous utiliserons, pour cela, le sous-corpus du recueil R_3. L'enseignante des élèves ayant participé au test y a en effet occupé une place non prévue pendant l'expérimentation. Devant, *a priori*, mener une observation non participante, celle-ci est finalement intervenue pendant le jeu, de manière très soutenue. Cette intervention fournie des données pour analyser le rôle de l'enseignant dans un dispositif d'apprentissage en réalité virtuelle.

14.1 Stratégies indirectes d'usage de la langue par les élèves

Afin de comprendre comment l'élève fait face aux obstacles de réalisation de la tâche et à quelles ressources il fait appel pour comprendre des consignes, nous analysons les stratégies indirectes d'usage de la langue (Oxford 1990), mises en œuvre pendant les immersions des recueils de données R_2 et R_3. L'analyse du corpus doit d'abord montrer quelles stratégies sont utilisées et avec quelle efficacité dans le contexte de l'interaction orale avec un personnage virtuel et de la présence d'intervenants autour de l'élève. Il s'agit ensuite de savoir par qui ces stratégies sont utilisées et si leur utilisation reflète le profil de présence des élèves. Nous relevons, dans notre corpus d'interactions des recueils R_2 et R_3, 144 utilisations de stratégies indirectes d'usage de la langue, mises en œuvre par 25 élèves. Ces stratégies sont des stratégies affectives, des stratégies métacognitives internes et des stratégies métacognitives sociales.

14.1.1 Stratégies affectives internes

Les stratégies affectives permettent à l'élève de réguler ses émotions pendant la réalisation de la tâche. Elles constituent des stratégies indirectes d'usage de la langue car elles ne portent pas directement sur la langue mais sur le processus de réalisation de la tâche (Oxford 1990).

La situation de réalisation de la tâche en réalité virtuelle nous conduit à différencier les stratégies affectives internes à l'interaction avec le personnage non joueur, des stratégies affectives sociales, impliquant des personnes extérieures à la réalité virtuelle. Dans notre corpus, nous identifions 17 utilisations de stratégies affectives internes, réparties en deux types : le soliloque et le geste d'introspection.

Soliloque

Avec le soliloque, les élèves énoncent à haute voix un monologue intérieur. Dans le cas de Jacques, le soliloque témoigne d'une réflexion sur la langue cible (*cf.* exemple 109).

11 PNJ : [...] *Aber... aber, es gibt ein Problem! Schau auf den Boden, was siehst du dort?* <06:41>
12 E : euh... c'est quoi déjà ? (E semble se parler à lui-même) <06:50>
13 PNJ : *Was liegt auf dem Boden?* (répétition) <06:52>
14 E : *Euh... *eine Schuhe.* <06:58>

Exemple 109 : Soliloque sur la langue / Jacques (Immersions R_2 ; D02_0510).

L'élève extériorise le processus de compréhension ou de production en langue cible. Il semble, soit avoir repéré un mot de l'énoncé de Céline Steinbach et se concentrer, par une réflexion à voix haute, sur la signification de ce mot, soit connaître la réponse et se concentrer sur la formulation de celle-ci en allemand, langue cible. La stratégie affective n'est que partiellement efficace : elle est le début d'un processus cognitif qui permettra à l'élève de répondre huit secondes plus tard, mais elle ne lui permet pas de répondre avant la répétition de la question par le personnage non joueur.

Dans le cas de Daniel, le soliloque sert d'auto confirmation de la réponse donnée (*cf.* exemple 110).

61 PNJ : *PNJ : Welche Farbe hat die Erde? (répétition) <12:24>*
62 E : **Br...* euh, *Braun. <12:29>*
63 E : *Yep. <12:34>
64 PNJ : *Nimm Braun und mal' damit die Rosette an. <12:36>*

Exemple 110 : Soliloque de confirmation / Daniel (Immersions R_2 ; D02_0504).

L'élève énonce en langue cible la réponse à la question de Céline Steinbach (tour 62), mais devant l'absence de réaction du personnage non joueur, il confirme sa réponse à voix basse, certainement pour se rassurer quant à la réussite de son acte de parole et poursuivre le dialogue.

Dans six cas sur les huit soliloques identifiés, la réflexion à voix haute porte sur l'interactivité et le fonctionnement du dispositif d'interaction en réalité virtuelle (*cf.* exemple 111).

45 PNJ : Attention, c'est le virus ! Cache-toi, vite ! **[E est touché par le virus]** Aï aï aï, tu es blessé. La prochaine fois, pars vite. Allez, continuons ! <05:40>
46 [E se déplace dans la scène] E : *Ah, ich kann mich nicht bücken.* (en chuchotant) <05:48>
47 [E se déplace dans la scène] [E place une pierre sur une colonne] PNJ : Ah, ce n'est pas la bonne pierre. (OE répète) Peut-être avec une autre pierre ? <06:01>

Exemple 111 : Soliloque sur l'interactivité / Félix (Immersions R_3 ; LD01-07).

Après avoir été attaqué par le virus, Felix exprime en chuchotant son impossibilité d'action sur l'environnement virtuel. Il a identifié une affordance (ramasser un objet au sol) mais ne peut réaliser l'action correspondante. Le soliloque lui permet d'extérioriser la frustration engendrée par l'impossibilité de réaliser l'action souhaitée.

Geste d'introspection

Sur les 17 utilisations de stratégies affectives identifiées, 9 sont des gestes d'introspection réalisés par seulement trois élèves. Comme dans l'exemple 112, les élèves regardent le plafond (6 occurrences) ou se grattent la tête (3 occurrences).

9 PNJ : *Wow, wir sind in der Krypta, unter der Kathedrale. Das ist unglaublich! Stell dir vor! Du bist jetzt im Jahr 1015! Da hat man begonnen, die Kathedrale zu erbauen! Hier in der Krypta befindet sich der erste Stein der Kathedrale! Siehst du alle diese Säulen? Sie tragen das Gewölbe der Krypta. Stimmt, das ist eine Konstruktion aus der Romanik. Aber... aber, es gibt ein Problem! Schau auf den Boden, was siehst du dort? <06:18>*
10 E : Euh... [Regarde vers le plafond et semble chercher une réponse] *<06:39>*
11 PNJ : *Was liegt auf dem Boden?* (répétition) <06:43>

Exemple 112 : Geste d'introspection / Quentin (Immersions R_2 ; D02_0605).

Comme dans l'exemple 112, la stratégie affective de l'élève intervient à la suite d'une réplique particulièrement longue du personnage non joueur. Durant un laps de temps d'environ trente secondes, Quentin utilise une interjection indiquant son hésitation quant à sa réponse et accompagne cette interjection d'un geste témoignant de son introspection. Son regard quitte l'instant de l'action pour permettre la recherche de l'énoncé, le temps de l'introspection. À propos de l'introspection gestuée, Duvillard (2014 : 98) différencie « le temps de la production, où l'un et l'autre doivent impérativement se projeter dans l'instant [du] temps plus 'introjectif', ce temps du retour sur soi-même, au plus profond du Moi ».

Avec l'utilisation de stratégies affectives, les élèves enrichissent le processus cognitif de réalisation de la tâche en réalité virtuelle. Par des énoncés en langue source et des gestes qui ne s'intègrent pas dans le scénario de jeu, ils donnent également à un intervenant extérieur la possibilité d'observer quelques traces de leur cheminement cognitif pendant la réalisation de la tâche. Avec les stratégies affectives sociales, la régulation de la réalisation de la tâche passe par un contact avec un intervenant.

14.1.2 Stratégies affectives sociales

Comme les stratégies affectives internes, les stratégies affectives sociales permettent à l'élève de réguler ses émotions pendant la réalisation de la tâche. Elles se différencient cependant des stratégies affectives internes, car elles induisent la sollicitation d'une personne située à l'extérieure de la situation de communication en réalité virtuelle. Nous identifions, dans notre sous-corpus, 57 utilisations de stratégies affectives sociales, qui sont verbales (13 occurrences) ou non verbales (44 occurrences).

Contact verbal

Les stratégies affectives sociales verbales interviennent le plus souvent (13 fois) après le soutien de l'intervenant, sur la langue ou la réalisation de la tâche (*cf.* exemple 113).

58 I : Faut viser au milieu. <15:33> >
59 E : D'accord <15:35>
60 [E place la couleur sur la rosace] <15:35>

Exemple 113 : Parler aux intervenants pour se rassurer / Hector (Immersions R_2 ; D02_0508).

Après avoir reçu de l'aide (tour 58), Hector confirme qu'il a bien compris la consigne de l'intervenant. La simplicité de cette consigne fait qu'elle ne nécessite pas de réponse de l'élève. Au tour 58, Hector intervient certainement davantage pour établir un contact social avec l'intervenant que pour confirmer qu'il a compris. Cette stratégie affective semble lui permettre de reprendre la réalisation de la tâche avec plus d'assurance.

Dans l'exemple 114, Daniel utilise une stratégie affective verbale pour partager, avec l'intervenant sa joie d'avoir accompli la tâche.

101 PNJ : *Die Rosette ist fertig, sie ist wunderbar!* <16:45>
102 E : Rire. (fait le signe du pouce levé en direction de l'intervenant) J'ai fini. <16:46>
103 PNJ : *Siehst du, sie stellt die Erschaffung der Welt dar. Das hast du gut gemacht! Achtung, du wirst jetzt in ein neues Jahr eintreten… <16:56>*

Exemple 114 : Partager sa joie / Daniel (Immersions R_2 ; D02_0504).

Ce contact social (tour 102) montre que les répliques du personnage non joueur, aux tours 101 et 103, ne suffisent pas pour que l'élève partage sa satisfaction avec Céline Steinbach. Le contact social avec l'intervenant est donc nécessaire ; il peut également être non verbal.

Contact non verbal

Les stratégies affectives sociales non verbales sont quatre fois plus utilisées que les stratégies affectives sociales verbales, avec 44 occurrences dans le sous-corpus. Elles prennent la forme d'un mouvement de tête bref vers les intervenants (*cf.* exemple 115).

57 PNJ : *Welche Farbe haben die Pflanzen?* (débit lent) <13:09>
58 [E tourne la tête vers les intervenants] <13:16>
59 E : *Blau. <13:17>*

Exemple 115 : Regard bref vers les intervenants / Urien (Immersions R_2 ; D02_0610).

Suite à la question de Céline Steinbach, Urien regarde brièvement les intervenants avant de répondre. Il établit ainsi un contact social court, sans appel à l'aide explicite aux intervenants, puis répond immédiatement au personnage non joueur. Ce contact social semble lui avoir permis de produire son énoncé en langue cible. Les contacts sociaux non verbaux sont le plus souvent suivis, dans le sous-corpus, soit d'un énoncé de l'élève en langue cible, soit d'une demande d'aide explicite aux intervenants, portant sur la langue ou la réalisation de la tâche.

Les stratégies affectives contribuent, par conséquent, à la réalisation de la tâche, car elles facilitent l'introspection et encouragent l'élève, par un contact social avec des personnes environnantes, à interagir en langue cible. Les stratégies indirectes d'usage de la langue peuvent être plus explicites et porter sur la consigne de réalisation de la tâche.

14.1.3 Stratégies métacognitives internes

Les stratégies métacognitives facilitent l'organisation de la réalisation de la tâche, en questionnant son objectif et son déroulement. Comme les stratégies affectives, elles constituent des stratégies indirectes d'usage de la langue car elles ne portent pas directement sur la langue mais sur le processus de réalisation de la tâche (Oxford 1990). La situation de réalisation de la tâche en réalité virtuelle nous conduit à également différencier les stratégies métacognitives internes à l'interaction avec le personnage non joueur, des stratégies sociales, faisant intervenir des ressources extérieures à la réalité virtuelle. Avec une stratégie métacognitive interne, l'élève interroge le personnage non joueur pour obtenir une consigne de réalisation de la tâche. Nous identifions 9 utilisations de stratégies métacognitives internes, mises en œuvre par quatre élèves, uniquement dans le recueil R_3.

Comme le montre le cas de Christian (*cf.* exemple 116), les élèves du troisième recueil de données ont demandé à Céline Steinbach quelle était leur mission dans la crypte de la cathédrale.

152 [E se déplace dans la scène] PNJ : Attention, c'est le virus ! Cache-toi, vite ! **[E évite le virus]** Ouh, bien joué ! Continuons ! <12:51>
153 E : Qu'est ce *que faut faire ? (en rapprochant légèrement son Smartphone de sa bouche et en regardant l'écran) <12:53>
154 [E se déplace dans la scène] <13:06>
155 OE : Mais pourquoi elle ne répond pas ? <13:08>

Exemple 116 : Stratégie métacognitive interne inefficace / Christian (Immersions R_3 ; LD01-03).

Les demandes sont énoncées en français, langue cible, dans un langage approximatif, avec des variantes de « Qu'est ce qu'il faut faire » (5 occurrences) ou de « Je ne sais pas » (3 occurrences). L'utilisation de stratégies métacognitives dans le dispositif du recueil R_3 s'explique par la structure des dialogues conçue par l'équipe du projet EVEIL-3D (*cf.* chapitre 13.1.3), caractérisée par l'absence de consigne au début de la scène. La réponse apportée par le personnage non joueur aux stratégies métacognitives internes ne contribue cependant pas toujours à rendre ces stratégies efficaces. Comme dans l'exemple de Christian, à cinq reprises, Céline Steinbach ne répond pas à la demande des élèves. Paradoxalement, c'est, à trois reprises, après des énoncés produits dans un langage sémantiquement approximatif, que le personnage non joueur apporte une réponse à la demande des élèves (*cf.* exemple 117).

22 PNJ : Avec ton Smartphone, avance, fais quelque chose, vite ! <07:01>
23 (E ne fait rien) <07:11>
E : Je ne sais pas. <07:14>
PNJ : Regarde, il y a des colonnes cassées au milieu de la crypte. <07:20>

Exemple 117 : Stratégie métacognitive interne efficace/ Jana (Immersions R_3 ; LD01-01).

Après dix secondes d'inactivité, Jana met en œuvre une stratégie métacognitive interne, en signalant à Céline Steinbach qu'elle ne sait pas quoi faire. Le personnage non joueur répond d'abord par un énoncé performatif, en demandant à l'élève de regarder dans une direction. La seconde partie de l'énoncé est constatif, il décrit l'état de la colonne. La consigne reste donc implicite et rend la stratégie métacognitive indirecte peu efficace. Lorsque le personnage non joueur ne répond pas positivement aux stratégies métacognitives internes, ou lorsque les élèves ne sont pas en mesure de formuler une demande en langue cible, ils font appel à des personnes extérieures à la réalité virtuelle, avec des stratégies métacognitives sociales.

14.1.4 Stratégies métacognitives sociales

Les stratégies métacognitives sociales facilitent l'organisation de la réalisation de la tâche, en questionnant son objectif et son déroulement. Elles se différencient cependant des stratégies internes, car elles induisent la sollicitation d'une personne située à l'extérieure de la situation de communication en réalité virtuelle. Nous identifions 61 utilisations de stratégies métacognitives sociales, qui portent soit sur la tâche dans le scénario, soit sur le déroulement de l'expérience en réalité virtuelle.

Appel à l'aide sur le scénario

Les stratégies métacognitives sociales portent notamment sur la tâche dans le scénario de jeu, à hauteur de 39 occurrences. L'élève demande alors à l'intervenant un renseignement sur une situation ou une action à réaliser dans la scène virtuelle (*cf.* exemple 118).

55 OE : Là, y a un trou. <05:09>
56 [E se déplace dans la scène] E : *Und wo sind jetzt andere Steine?* <05:15>
57 [E se déplace dans la scène] <05:20>
58 OE : *Da!* <05:20>
59 [E prend une pierre avec son laser] <05:26>

Exemple 118 : Où sont les pierres ? / Jan (Immersions R_3 ; LD01-03).

Après s'être déplacé pendant environ cinq secondes, Jan demande la localisation des pierres dans la scène. Cette demande est effectuée en langue cible, donc à son enseignante ou à l'intervenant. La stratégie est efficace, puisque l'enseignante répond cinq secondes plus tard pour indiquer l'emplacement de l'objet recherché. Nous identifions 25 utilisations efficaces de cette stratégie, contre 14 utilisations inefficaces. Son efficacité dépend de l'implication des personnes extérieures dans la simulation et de leur degré d'information sur le scénario de jeu. Les appels à l'aide sur la réalisation de la tâche peuvent également porter sur la simulation en elle-même.

Appel à l'aide sur la simulation

Les stratégies métacognitives sociales portent aussi sur la simulation, lorsque les élèves interrogent les conditions de réalisation de l'immersion en réalité virtuelle (21 occurrences). À cinq reprises, les élèves demandent la langue à utiliser pendant l'immersion, comme le fait Antoine (*cf.* exemple 119).

14 PNJ : *Schau auf den Boden, was siehst du?* (répétition) <08:23>
15 E : On peut répondre en français ou que allemand ? <08:27>
16 I : En allemand <08:28>

Exemple 119 : C'est en français ou en allemand ? / Antoine (Immersions R_2 ; D02_0501).

Antoine utilise la langue source pour demander aux intervenants s'il doit utiliser la langue source ou la langue cible pour interagir avec le personnage non joueur. Cette stratégie métacognitive est efficace, puisque l'intervenant fournit l'information demandée. Cette demande aurait pu cependant faire l'objet d'une stratégie métacognitive interne, avec une demande au personnage non joueur, par exemple sur la langue qu'il comprend. Celui-ci n'aurait cependant pas répondu explicitement, puisque cette stratégie n'est pas prévue dans la structure des dialogues (*cf.* annexe 18).

D'autres utilisations des stratégies métacognitives sociales seraient plus incohérentes avec le scénario si elles étaient réalisées comme des stratégies internes, par une coopération avec le personnage non joueur. C'est le cas des quatre demandes ou remarques sur le moment de début et de fin de la simulation (*cf.* exemple 120).

1 <00:48> **E : *Kann ich schon anfangen?* <00:50>**
2 OE : *Ja.* <00:50>
3 [E se déplace dans la scène] OE : *Du kannst* (interrompu par le PNJ) <00:56>

Exemple 120 : Je peux commencer ? / Elke (Immersions R_3 ; LD01-06).

Les sollicitations des intervenants sur le fonctionnement du dispositif d'interaction semblent également difficilement intégrables au scénario de jeu. Elles représentent cependant 12 cas sur les 21 appels à l'aide sur la simulation (*cf.* exemple 121).

54 E : *Je sais pas, ça marche pas, j'appuie dessus. <13:12>
55 I : C'est bleu ciel. <13:15>
56 [E place le bleu sur la rosace] <13:21>

Exemple 121 : Ça ne marche pas ! / Timothée (Immersions R_2 ; D02_0609).

Comme Timothée, les élèves ponctuent la simulation de sollicitations en direction des intervenants suite à des difficultés à utiliser le dispositif d'interaction. Ces difficultés sont dues, soit à des problèmes techniques effectifs, soit à une mauvaise prise en main du dispositif par l'élève. La mise en œuvre de la stratégie est le plus souvent efficace (10 cas sur 12). Dans notre cas, l'accompagnement ponctuel de l'élève dans la manipulation du dispositif d'interaction est donc nécessaire.

Par conséquent, les stratégies indirectes d'usage de la langue peuvent être sociales ou internes à la réalité virtuelle. Lorsqu'elles sont internes, elles permettent à l'élève de réguler ses émotions, par l'introspection ou l'expression verbale. Elles lui permettent aussi de s'informer auprès du personnage non joueur sur la tâche à réaliser. Avec les stratégies sociales, l'élève établit un contact social qui le rassure ou permet de partager ses émotions. Enfin, avec les stratégies sociales, l'élève s'informe à la fois sur la tâche à effectuer dans l'environnement virtuel et sur les conditions de la simulation au sein du dispositif de réalité virtuelle. Le profil de présence des élèves est susceptible de les influencer, avec une utilisation plus ou moins fréquente des stratégies indirectes internes ou externes à l'environnement virtuel.

Le tableau 49 synthétise la fréquence d'utilisation des stratégies indirectes, sociales et internes, d'usage de la langue, selon le profil de présence, chez les 24 élèves du sous-corpus caractérisés par un profil de présence marqué dans une des composantes de la présence.

Tableau 49 : Présence et stratégies indirectes d'usage de la langue.

Profil Stratégies indirectes	*Social*	*Voyageur*	*Actant*	*Solitaire*	*Sédentaire*	*Impuissant*	*Distant*	*Total*
sociales	85,71	50,00	75,00	100	100	50,00	33,33	67,86
internes	14,29	50,00	25,00	0	0	50,00	66,67	32,14
SUM	100	100	100	100	100	100	100	100
n (élèves)	8	3	8	1	1	1	2	24

Chez les 24 élèves ayant un profil de présence marqué dans une des composantes de la présence, les stratégies indirectes sociales représentent presque 67 % des stratégies indirectes utilisées. Nous constatons que les élèves « sociaux », caractérisés par une appréhension plus forte du personnage non joueur, utilisent moins que les autres (14,29 %) les stratégies internes. Leur profil aurait pu les conduire à privilégier la collaboration avec le personnage non joueur, comme ils le font pour les stratégies directes d'usage de la langue (*cf.* chapitre 13.3). D'après les valeurs du tableau, nous n'établissons ainsi pas de lien entre les profils de présence et la fréquence d'utilisation des stratégies indirectes internes ou externes. Nous constatons cependant que les élèves utilisent davantage les stratégies sociales pour faciliter la résolution de la tâche. Ils semblent ainsi ne pas considérer le personnage non joueur comme susceptible de leur venir en aide dans cette réalisation. Une préférence à utiliser la langue source pour la communication sur la réalisation de la tâche peut également expliquer l'utilisation plus fréquente de stratégies indirectes sociales. Dans les deux cas, la présence d'une personne ressource pendant l'immersion dans le dispositif étudié semble incontournable, pour éventuellement lever les obstacles langagiers, pour apporter des consignes manquantes ou des conseils de manipulation du dispositif, ou encore pour combler le manque de contact social au sein de la réalité virtuelle. Dans une situation scolaire typique, l'enseignant constitue souvent une personne ressource essentielle pendant le cours de langue, à la fois pour lever les obstacles langagiers et pour aider à la réalisation de la tâche. S'il intervient pendant l'interaction en réalité virtuelle, il doit trouver sa place, afin de laisser se dérouler la simulation, tout en apportant éventuellement de l'aide à l'élève.

14.2 Accompagnement par l'enseignant

L'étude des stratégies directes (*cf.* chapitre 13.3) et indirectes d'usage de la lange a mis en relief une utilisation variée de stratégies et une sollicitation récurrente de personnes ressources extérieures à l'environnement virtuel. Des élèves ayant peu utilisé de stratégies d'usage de la langue ont participé à l'immersion sans interagir en langue cible avec le personnage virtuel (*cf.* chapitres 13.2 et 13.3). L'analyse des interventions de l'enseignante, dans le sous-corpus R_3, doit permettre de comprendre comment l'élève peut être efficacement accompagné en réalité virtuelle. Nous identifierons d'abord les situations où l'enseignant est intrus dans l'environnement virtuel, et ensuite, celles où son accompagnement participe à la réussite de l'expérience en réalité virtuelle.

14.2.1 L'enseignant intrus dans la réalité virtuelle

Notre analyse de la présence et de l'interaction en réalité virtuelle a souligné la fragilité de cette expérience. Constituant une possible personne ressource pour faciliter la réalisation de la tâche en réalité virtuelle, l'enseignant peut cependant intervenir de manière intrusive pendant l'immersion. Par un codage in-vivo du sous-corpus d'interactions du recueil R_3, nous avons identifié 131 interventions semblant nuire à l'expérience en réalité virtuelle, réparties en quatre types : le contrôle de la compétence linguistique, l'aide linguistique prématurée, la substitution au personnage non joueur et la substitution au joueur.

Contrôle de la compétence linguistique

À deux reprises, l'enseignante de l'élève exerce un contrôle de l'expression ou de la compréhension en langue cible (*cf.* exemple 122).

12 E dépose une pierre sur une colonne] (La prise de cette pierre n'a pas été visible pour le transcripteur, dans la vidéo). PNJ : Ah, ce n'est pas la bonne pierre. Essaie avec une autre pierre ? <08:07>
13 OE : Tu as compris, (prénom de l'élève), *was sie gesagt hat?* <08:09>
14 E : <u>Euh non.</u> [E se déplace dans la scène] <08:11>

Exemple 122 : Tu as compris ? / Thomas (Immersions R_3 ; LD01-05).

Après un énoncé complexe du personnage non joueur, l'enseignante intervient immédiatement afin de s'assurer de la bonne compréhension du message de Céline Steinbach. Le tour 14 montre que l'élève n'a pas compris l'énoncé en langue cible. L'intervention de l'enseignante l'empêche cependant d'être autonome dans l'utilisation d'une stratégie d'usage de la langue. Par l'introspection, l'élève devrait, seul, se rendre compte qu'il n'a pas été en mesure de mettre en œuvre des stratégies de récupération pendant l'énoncé du personnage non joueur. Il serait alors susceptible d'utiliser une stratégie de coopération en demandant à Céline Steinbach de répéter.

Aide linguistique prématurée

L'enseignante apporte 17 fois de l'aide linguistique alors qu'elle n'a pas été sollicitée par les élèves (*cf.* exemple 123).

6 [E place une pierre sur une colonne] (la prise de la pierre n'a pas été visible par le transcripteur, sur la vidéo) PNJ : Ah, ce n'est pas la bonne pierre, peut-être avec une autre pierre. OE : *Es ist der falsche Stein.* <02:28>

Exemple 123 : Aide prématurée / Rafael (Immersions R_3 ; LD01-08).

Au tour 6 de l'interaction de Rafael, l'enseignante traduit quasiment simultanément une partie de l'énoncé du personnage non joueur. L'intrusion est ici langagière, puisqu'il est probable que l'élève prête une attention plus importante à l'énoncé de son enseignante, en langue source, qu'à celui de Céline Steinbach, en langue cible.

Substitution au personnage non joueur

L'intervention de l'enseignante prend le plus souvent la forme d'une substitution au personnage non joueur (94 occurrences). Cette intervention s'explique par certaines absences de réponse du personnage non joueur, lorsque les élèves mettent en œuvre des stratégies métacognitives internes. Dans le cas de l'exemple 124, l'enseignante devance cependant l'avertissement de Céline Steinbach lors de l'attaque du virus.

35 [E se déplace dans la scène] <03:59>
36 OE : Attention au virus ! <04:01>
37 PNJ : Attention, c'est le virus ! Cache-toi, vite ! **[E évite le virus]** Ouh, bien joué ! Continuons ! <04:09>

Exemple 124 : Substitution au personnage / Jan (Immersions R_3 ; LD01-03).

La substitution au personnage non joueur peut ainsi créer une répétition d'énoncés similaires. L'attention du joueur est encore une fois attirée vers l'enseignante et s'écarte certainement du personnage non joueur.

La substitution au personnage non joueur a également lieu lorsque l'enseignante guide l'élève dans la scène virtuelle ou lui explique sa mission, ou une tâche à réaliser dans la scène (*cf.* exemple 125).

48 OE : *Also, das sind gebrochene Säulen. Du musst die reparieren, mit den Steinen, die du schon hast, O. K.?* <03:40>
49 E : *Ach so!* <03:40>

Exemple 125 : Tu dois… / Linda (Immersions R_3 ; LD01-06).

L'enseignante intervient spontanément, en langue source, auprès de Jan, pour lui expliquer qu'il doit réparer les colonnes de la crypte. Cette intervention évite donc à l'élève de demander, en langue cible, une consigne à Céline Steinbach.

Substitution au joueur

À 18 reprises, l'enseignante verbalise ses réactions suite aux répliques du personnage non joueur et montre ainsi qu'elle réagit comme une joueuse (*cf.* exemple 126).

29 **E : Aide. <09:25>**
30 PNJ : Regarde, cette colonne a l'air cassée. <09:32>
31 OE : Oui mais laquelle ? <09:32>
32 PNJ : Attention, c'est le virus ! Cache-toi, vite ! **[E évite le virus]** Ouh, bien joué ! Continuons ! <09:37>
33 OE : Demande encore : aide. <09:40>
34 [E regarde brièvement OE] OE : *Sie sollte dir mal zeigen, wo die Löcher sind.* <09:45>

Exemple 126 : À la place du joueur / Thomas (Immersions R_3 ; LD01-05).

L'exemple de Thomas montre que l'enseignante se substitue à l'élève, en réagissant comme si elle participait elle-même au jeu. Elle demande d'abord une précision sur la localisation de l'objet à trouver (tour 31), commande à l'élève de demander de l'aide à Céline Steinbach (tour 33) et anticipe les réactions du personnage non joueur (tour 34). Cette implication neutralise les initiatives du joueur dans le jeu, aussi bien dans la production d'actes de parole en langue cible que dans la réalisation de la tâche par l'interactivité de réalisation.

Par conséquent, les interventions de l'enseignante peuvent être considérées comme des intrusions dans le jeu, lorsqu'elles introduisent une dimension scolaire dans l'action, avec le contrôle de la compétence en langue cible, lorsqu'elles empêchent l'élève de mettre en œuvre, de manière autonome, des stratégies d'usage de la langue, ou lorsque le joueur n'est plus décisionnaire de ses actions dans la scène virtuelle. D'autres types d'interventions, de la part de l'enseignante, participent à un accompagnement efficace de l'élève.

14.2.2 L'enseignant facilitateur dans la réalité virtuelle

Par un accompagnement réfléchi, l'enseignant pourrait être une personne ressource pendant l'expérience en réalité virtuelle, en facilitant l'interactivité et l'usage de la langue. Par un codage in-vivo du sous-corpus des interactions du recueil R_3, nous avons identifié 73 interventions semblant faciliter l'expérience en réalité virtuelle, réparties en quatre types : le déclenchement de stratégies d'usage de la langue, la compensation des défaillances du personnage non joueur, l'aide à la manipulation et le contact social.

Déclenchement de stratégies

La plupart des interventions facilitatrices de l'enseignante invitent les élèves à la mise en œuvre de stratégies d'usage de la langue (*cf.* exemple 127).

28 OE : *Du kannst zurückkommen, oder (inc.)* <02:21>
29 [E reste immobile dans la scène, devant Céline] <02:31>
30 [E se déplace dans la scène] <02:37>
31 O.K. *Frag sie nochmal.* <02:37>
32 E : Qu'est-ce qu'il faut faire ? <02:40>

Exemple 127 : Tu peux demander ! / Elke (Immersions R_3 ; LD01-06).

Voyant l'élève s'immobiliser dix secondes puis reprendre ses déplacements, l'enseignante intervient pour suggérer à Elke de demander de l'aide à Céline Steinbach. L'élève a déjà demandé deux fois de l'aide au personnage non joueur (aux tours 10 et 18 de l'interaction) et connaît donc le fonctionnement du dispositif. Elle n'a cependant pas eu de réponse de Céline Steinbach et n'emploie donc plus l'appel à l'aide en direction du personnage non joueur. L'utilisation de l'impératif rend l'intervention de l'enseignante particulièrement suggestive et conduit l'élève à mettre en œuvre une stratégie métacognitive interne.

Compensation des défaillances du personnage non joueur

Dans le cas de notre dispositif, le personnage non joueur présente de nombreuses défaillances dans le dialogue avec l'élève. L'absence de réponse de Céline Steinbach met régulièrement en échec les stratégies d'usage de la langue mises en œuvre par les élèves, qu'elles soient directes en portant sur la langue (*cf.* chapitre 13.3) ou indirecte en concernant directement la réalisation de la tâche (*cf.* chapitre 14.1). L'enseignante intervient 7 fois directement pour compenser les défaillances du personnage non joueur (*cf.* exemple 128).

42 [E appuie sur le bouton et regarde son Smartphone, puis l'écran] E : Où est *le pierre ? <05:05>
43 PNJ : Une pierre, un petit morceau de la colonne. <05:06>
44 [E se déplace dans la scène] OE : *Sie sagt (inc.). Also ich helfe dir.* (guide l'élève vers la pierre, en français. **E ne trouve pas la pierre.**) <05:46>

Exemple 128 : Je vais t'aider / Rafael (Immersions R_3 ; LD01-08).

Par un acte de parole en langue cible, au tour 42, Rafael demande à Céline Steinbach où se trouve l'objet recherché. Le personnage non joueur interprète, en raison de la structure des dialogues, la demande comme une stratégie de coopération portant sur la signification du substantif « pierre ». Le système de reconnaissance de la parole ayant identifié le mot « pierre » dans l'énoncé de Rafael, le système de gestion du dialogue déclenche l'énoncé expliquant ce terme. Céline Steinbach répond alors par une périphrase nominative pour que l'élève accède au sens du mot. Au tour 44, l'enseignante intervient pour expliquer l'erreur du personnage non joueur et explique elle-même où se trouve la pierre. Elle compense ainsi la réponse incohérente du personnage non joueur.

Aide à la manipulation

Notre analyse de l'influence de l'interaction sur la présence (*cf.* chapitres 11.2 et 12.2) a montré l'impact négatif, sur l'expérience en réalité virtuelle, que peut avoir une interactivité difficile, qu'elle soit due à des problèmes techniques ou à une mauvaise prise en main du dispositif d'interaction par l'élève. L'enseignant pourrait être une personne ressource facilitatrice de l'utilisation des périphériques d'interaction. Nous identifions, dans notre sous-corpus R_3, dix interventions de l'enseignante directement liées à la manipulation du dispositif d'interaction. À chaque fois, l'enseignante donne des conseils d'utilisation du Smartphone. À six reprises, elle rappelle aux élèves qu'ils doivent appuyer sur le bouton rouge pour parler à Céline Steinbach (*cf.* exemple 129).

16 E : Répétez, s'il vous plaît. <08:12>
17 OE : *Du musst auf den roten Knopf drucken, wenn du fragst.* <08:18>
18 [E appuie sur le bouton] E : Répétez, s'il vous plaît. <08:19>

Exemple 129 : Il faut appuyer sur le bouton / Thomas (Immersions R_3 ; LD01-05).

Au tour 16, Thomas produit un acte de parole en langue cible, mais celui-ci ne peut être identifié par le système de reconnaissance automatique de la parole, puisque l'élève n'a pas activé le microphone. Dans ce cas, sans intervention de l'enseignante, le dialogue ne peut avoir lieu avec le personnage non joueur. L'intervention de l'enseignante a permis une seconde production de l'acte de parole inital (souligné dans l'exemple).

Contact social

L'étude des stratégies affectives sociales a montré le besoin qu'ont les élèves d'établir un contact social autre que celui qu'ils pourraient avoir avec le personnage non joueur (*cf.* chapitre 14.1.2). L'enseignant peut contribuer à un contact social facilitateur de la réalisation de la tâche en réalité virtuelle. Nous identifions, dans le sous-corpus R_3, 22 interventions de l'enseignante qui renforcent le contact social avec l'élève.

Il apparaît une fois dans le corpus que le contact social prend la forme d'un rire, par lequel l'élève et l'enseignante partagent explicitement la même émotion. À neuf reprises, l'enseignante renforce son contact avec l'élève en l'appelant par son prénom (*cf.* exemple 130).

44 PNJ : Attention, c'est le virus ! Cache-toi, vite ! **[E évite le virus]** Ouh, bien joué ! Continuons ! <10:49> 45 OE : (Prénom de l'élève), *manchmal sagt sie nichts, aber die geht, wo die Löcher sind.* <11:03>

Exemple 130 : Thomas, … ! / Thomas (Immersions R_3 ; LD01-05).

Au tour 45, l'enseignante intervient de manière intrusive dans l'immersion, en commentant la réalisation de la tâche, alors que l'élève peut constater seul ce que l'enseignante lui dit. Avec l'apposition du prénom de l'élève au début de son acte de parole, l'enseignante attire son attention et marque surtout sa complicité avec l'élève. Elle compense ainsi une éventuelle solitude que l'élève pourrait ressentir aux côtés du personnage non joueur.

Enfin, le contact social peut prendre la forme d'encouragements en direction de l'élève. Le sous-corpus R_3 montre que Céline Steinbach encourage très rarement le joueur. Par exemple, la pose d'une pierre est suivie de la réplique « Ah, ce n'est pas la bonne pierre, peut-être avec une autre pierre » en cas de placement sur une mauvaise colonne ou de « Tiens, il y a le chiffre 1, c'est peut-être important », en cas de réussite. L'enseignante compense donc ce manque d'encouragements pendant l'immersion. Ses interventions portent une fois sur la production en langue cible « *Das kannst du !* » (LD01-03, tour 90) et dix fois sur l'action du joueur dans la scène (*cf.* exemple 131).

137 [E passe à coté d'une colonne cassée] PNJ : Il faut réparer cette colonne avec ta pierre, vite ! <12:01>
138 **[E vise la colonne cassée avec son laser]** OE : Oui, très bien. <12:01>

Exemple 131 : Oui, très bien ! / Jan (Immersions R_3 ; LD01-03).

Au tour 138, l'enseignante encourage Jan pour une action simple dans l'environnement virtuel (sélectionner une cible pour y déposer un objet). Le contexte de l'ensemble de l'immersion de Jan montre que l'élève a des difficultés à s'orienter dans la scène et à positionner les pierres. Contrairement au personnage non joueur, l'enseignante reconnaît le succès de la manipulation simple de l'objet par Jan. Elle l'encourage alors pour l'aider à poursuivre son action dans l'environnement virtuel.

Par conséquent, dans le dispositif étudié, l'enseignante est parfois intruse dans l'environnement virtuel, lorsqu'elle empêche la mise en œuvre de stratégies d'usage de la langue ou de réalisation de la tâche, mais elle joue également un rôle de facilitateur de l'expérience en réalité virtuelle. Elle accompagne les élèves peu autonomes dans l'usage de la langue cible, en suggérant régulièrement l'utilisation de stratégies d'usage de la langue. Elle les aide également à manipuler le dispositif d'interaction. Enfin, elle compense ce que le personnage non joueur n'apporte pas. L'enseignante compense ainsi l'incohérence de certaines réponses et elle enrichit surtout l'immersion d'un contact social avec l'élève, qui semble nécessaire aux élèves pour réaliser la tâche dans l'environnement virtuel.

Résumé conclusif

L'étude des stratégies indirectes d'usage de la langue et des interventions de l'enseignante, dans le sous-corpus du troisième recueil de données, a montré que l'élève, quelque soit son profil de présence, fait d'abord appel à des ressources internes à l'immersion pour réaliser la tâche en réalité virtuelle. Il régule ses émotions et son processus cognitif par l'introspection et s'informe sur la réalisation de la tâche en sollicitant le personnage non joueur. Dans le cas du dispositif étudié, ces stratégies internes ne suffisent pas. L'élève a besoin de compléter son information sur la consigne, en s'adressant à des personnes ressources extérieures à la réalité virtuelle. Il les sollicite également sur le déroulement de l'immersion. Enfin, il a besoin d'établir un contact social avec ces personnes ressources, non virtuelles.

L'enseignant est susceptible d'être la personne ressource dont a besoin l'élève pour réaliser la tâche en réalité virtuelle. Ses interventions peuvent cependant constituer des intrusions dans la réalité virtuelle, si elles empêchent l'élève de jouer le jeu. L'enseignant ne doit pas exercer de contrôle ni se substituer inutilement aux personnages non joueurs. Il doit également laisser à l'élève l'autonomie nécessaire à la mise en œuvre de stratégies d'usage de la langue. L'accompagnement de l'élève est cependant nécessaire auprès des élèves peu autonomes dans l'utilisation des stratégies d'usage de la langue ou dans la manipulation des périphériques d'interaction du dispositif de réalité virtuelle. L'accompagnement est surtout nécessaire pour enrichir la dimension sociale de l'expérience en réalité virtuelle. Sur l'ensemble des stratégies mises en œuvre par l'élève, les appels à l'aide d'ordre linguistique nécessitant l'expertise langagière de l'enseignant représentent une faible part de l'aide demandée aux personnes ressources extérieures à la réalité virtuelle. Puisque l'accompagnement de l'élève pendant l'immersion est essentiellement tourné vers la coaction dans le jeu et le contact social, il pourrait être réalisé par un autre élève. Une expérience en binôme pourrait ainsi constituer un levier pour une expérience réussie en langue cible dans l'environnement de réalité virtuelle.

15. Bilan de la recherche empirique

Le rapprochement en 2010 d'ingénieurs et de scientifiques de la Région Trinationale Métropolitaine du Rhin Supérieur, issus du domaine des sciences du langage et de la réalité virtuelle, a fait émerger un questionnement scientifique sur l'utilisation de la technologie de réalité virtuelle pour l'apprentissage des langues étrangères. Dans ce contexte pluridisciplinaire, notre recherche est exploratoire, parce qu'elle porte sur un objet inconnu : l'utilisation de la réalité virtuelle pour contextualiser la situation d'apprentissage de la langue cible en milieu scolaire. Pour comprendre dans quelle mesure l'environnement virtuel et la communication avec un personnage virtuel peuvent constituer une situation propice à l'usage de la langue cible pour la réalisation d'une tâche, nous avons d'abord analysé l'influence des facteurs techniques de l'immersion et de l'interaction, dans le dispositif de réalité virtuelle, sur le sentiment de présence que l'élève peut développer dans la réalité virtuelle. Pour cela, nous avons choisi d'appréhender la présence par une analyse de contenu d'entretiens, afin d'accéder à la subjectivité de l'expérience en réalité virtuelle. Nous avons également étudié les caractéristiques verbales et non verbales de l'interaction en langue cible, en observant les liens qu'elles entretiennent avec la présence en réalité virtuelle. Enfin, nous avons étudié comment l'accompagnement de l'apprenant dans l'environnement virtuel pouvait être facilitateur de l'expérience en réalité virtuelle.

Tout en s'inscrivant dans un contexte précis, notre travail exploratoire a permis une première connaissance scientifique de l'utilisation de la réalité virtuelle pour l'apprentissage des langues étrangères par des adolescents apprenant le français et l'allemand. Dans ce chapitre nous rendons d'abord compte des résultats de notre recherche empirique, en abordant les réponses données à nos questions de recherche, ainsi que les résultats de la vérification de nos hypothèses de recherche. Ensuite, dans une démarche réflexive sur notre méthodologie de recherche, nous traiterons des apports et des limites de l'analyse de contenu d'entretiens pour appréhender la présence en réalité virtuelle. Enfin, nous ferons état des questions de recherches qui ont émergé par notre travail et qui pourraient faire l'objet de recherches ultérieures.

15.1 La réalité virtuelle, une contextualisation complexe de la situation d'apprentissage

Notre recherche empirique a fourni des résultats permettant de mieux comprendre dans quelle mesure la réalisation d'une tâche en réalité virtuelle peut constituer une situation cohérente d'interaction en langue cible. Ces résultats portent d'abord sur les facteurs technologiques du dispositif de réalité virtuelle. Ils permettent ensuite de caractériser la situation de communication avec un personnage virtuel et de comprendre comment la présence peut contribuer à contextualiser cette situation d'apprentissage. Enfin, les résultats de l'étude empirique mettent en lumière les relations réciproques entre l'interaction en langue cible, l'interactivité, l'engagement corporel et la présence.

15.1.1 Défi d'un dispositif de réalité virtuelle adapté à un public hétérogène

À partir de notre cadre théorique sur la réalité virtuelle (*cf.* chapitre 4) et sur la présence (*cf.* chapitre 5), nous avons d'abord postulé d'une influence positive des facteurs technologiques sur le sentiment de présence en réalité virtuelle. Selon nos hypothèses H_1 et H_2, l'immersion sensorielle, d'une part, et l'interaction gestuelle, d'autre part, renforceraient la présence en réalité virtuelle. L'analyse statistique menée dans le cadre de notre étude préliminaire et l'analyse des entretiens post-immersion des deuxième et troisième recueils de données ont permis de vérifier ces hypothèses. Les résultats sont concordants.

Immersion visuelle

Dans le cas de notre dispositif de réalité virtuelle, l'immersion visuelle renforce la présence en réalité virtuelle. L'immersion visuelle semble surtout renforcer la présence de soi et la présence sociale (*cf.* chapitre 11.1). L'utilisation d'une plateforme immersive, permettant une visualisation à l'échelle 1/1, semble avoir largement contribué à ce que les élèves se sentent faire partie de l'environnement virtuel et à ce qu'ils aient moins conscience des personnes de la réalité écologique présentes autour d'eux. Ces résultats corroborent notre hypothèse H_1.

Interaction gestuelle

Les résultats de notre étude préliminaire montrent une influence négative du degré d'interaction sur la présence en réalité virtuelle. Ce constat est contraire à la logique théorique d'une corrélation positive entre le degré d'interaction et le niveau de présence. Nos résultats empiriques ne remettent cependant pas en cause les théories sur la présence. En effet, les retours d'expérience lors de notre étude préliminaire et les entretiens post-immersion de nos recueils R_2 et R_3 soulignent des difficultés importantes de manipulation des périphériques d'interaction. En référence au processus d'émergence de la présence que nous avons retenu (*cf.* chapitre 6.1), nous interprétons la carence de présence d'action, chez les élèves soumis aux dispositifs d'interaction plus forte, comme une perte de crédibilité de l'environnement due à une rupture des affordances appréhendées par les élèves. Ceux-ci ont perçu des actions à réaliser dans l'environnement virtuel qu'ils n'ont finalement pu mener à terme. Ces résultats infirment notre hypothèse H_2. Ils mettent en exergue la difficulté de proposer un dispositif de réalité virtuelle adapté à un nombre élevé d'utilisateurs. Nous avons testé notre dispositif auprès de 114 élèves. Les questionnaires de prédisposition à la présence (R_1) et les entretiens post-immersion ont montré l'hétérogénéité de l'expérience des élèves concernant la fréquentation des jeux vidéo et celle concernant les dispositifs d'interaction comme ceux des consoles de jeu. Cette hétérogénéité semblant caractéristique du contexte scolaire, un des défis de l'utilisation de la réalité virtuelle pour des situations d'apprentissage en milieu scolaire est celui de l'adaptation du dispositif d'immersion et d'interaction à la diversité du public d'apprenants. Les choix techniques et économiques du projet EVEIL-3D ont permis de dépasser les obstacles concernant l'immersion visuelle mais pas ceux liés à la manipulation du dispositif d'interaction. Une prise en main aisée du dispositif d'interaction semble pourtant cruciale pour permettre aux élèves de développer une présence en réalité virtuelle.

Prédisposition à la présence

Les résultats de notre analyse statistique, réalisée à partir du premier recueil de données, ont montré une corrélation, certes faible mais existante, entre la prédisposition à la présence et la présence. Ces résultats corroborent notre hypothèse H_3 ; ils montrent surtout que le degré de familiarité de l'élève avec la technologie de réalité virtuelle et sa fréquentation des environnements fictionnels, tels que les films, les livres ou les jeux vidéo, ont une influence sur l'expérience en réalité virtuelle. Dans ce contexte, l'adaptation du dispositif à un public d'apprenants hétérogène semble d'autant plus importante, mais également particulièrement difficile, puisque la prédisposition à la présence provient de facteurs multiples. Le défi serait alors de proposer un dispositif de réalité virtuelle générateur de présence chez tous les élèves, indépendamment de leur expérience de la technologie ou des univers fictionnels. Ainsi, la réalité virtuelle permettrait à tous les élèves de changer efficacement d'environnement de référence pour leur activité sensorimotrice et de vivre une situation d'apprentissage avec un degré de contextualisation similaire.

15.1.2 Communication réelle avec un personnage virtuel

La communication en langue cible avec un personnage virtuel est un élément central du dispositif de réalité virtuelle testé, car celui-ci a pour objectif de proposer aux apprenants des situations authentiques de communication en langue cible (*cf.* chapitre 1.1). Afin de savoir dans quelle mesure la réalisation d'une tâche en réalité virtuelle peut constituer une situation propice à l'interaction en langue cible (question de recherche Q), nous avons d'abord analysé la production en langue cible par les apprenants, puis leur utilisation des stratégies d'usage de la langue.

Interaction minimale en langue cible

Afin de répondre à notre question de recherche Q_1, interrogeant la capacité de la situation de communication en réalité virtuelle à susciter une production en langue cible par l'apprenant, nous avons analysé la production en langue cible (*cf.* chapitre 13.1) et les ruptures de la situation de communication pendant l'interaction (*cf.* chapitre 13.2). Les résultats montrent que la communication en langue cible avec le personnage non joueur constitue une interaction verbale cohérente, bien que peu variée et parfois artificielle. La production en langue cible dans le dispositif de réalité virtuelle s'est déroulée avec des énoncés globalement corrects, mais peu variés et syntaxiquement très simples. La réponse *Ja* est dominante chez les élèves scolarisés en France. L'étude des caractéristiques dialogales du dispositif utilisé a montré que cette simplicité de la production langagière est en partie due au jeu sérieux utilisé. Une prise de risque limitée explique également la simplicité de la production orale en langue cible.

Plus que la production en langue cible, les ruptures de la situation de communication, dues à un déficit de compréhension de l'oral ou de l'expression orale, sont caractéristiques d'une situation d'usage de la langue cible en réalité virtuelle. Elles sont marquées par une inaction prolongée ou une interactivité compensatoire. Avec l'inaction prolongée, l'apprenant ne met en jeu aucune stratégie directe d'usage de la langue alors qu'il n'est pas en mesure de contribuer au déroulement de l'interaction avec le personnage non joueur. Avec l'interactivité compensatoire, l'apprenant interagit avec l'environnement virtuel sans visiblement vouloir réaliser la tâche qu'il a à accomplir. Cette interactivité compensatoire se substitue à la réalisation d'un acte de parole en langue cible. Cette inaction prolongée et cette interactivité compensatoire marquent la virtualité de l'interaction dans le dispositif de réalité virtuelle, puisque le personnage non-joueur ne compense pas immédiatement la rupture de la situation de communication, ou la compense de manière artificielle, par exemple en répondant à ses propres questions.

Stratégies d'usage de la langue internes à la réalité virtuelle

Pour répondre à notre question de recherche Q_2, interrogeant l'utilisation de stratégies d'usage de la langue dans la situation de communication en réalité virtuelle, nous avons analysé les stratégies directes et indirectes d'usage de la langue. Les premières sont en lien direct avec la langue, les secondes portent sur la manière de réaliser la tâche.

La mise en œuvre de stratégies internes à la situation de communication contribue à un usage autonome du dispositif de réalité virtuelle. L'analyse des stratégies a d'abord montré la variété des stratégies mises en œuvre par les apprenants dans l'environnement virtuel. Ces stratégies sont du même type que les stratégies utilisées dans la réalité écologique, déjà identifiées par d'autres études (*cf.* chapitre 3.3). Elles prennent la forme, d'une part, de compensations interlinguales, avec l'usage de l'alternance codique, de l'emprunt lexical et du *foreignizing*, et d'autre part, de compensations intralinguales, avec l'usage de la coopération, du langage approximatif, de la reprise, de la substitution et de l'interjection. La diversité des stratégies utilisées témoigne de l'implication des apprenants dans la situation de communication en réalité virtuelle.

Cette implication est également visible par l'utilisation de stratégies indirectes d'usage de la langue. Avec le soliloque ou le geste d'introspection, l'apprenant utilise des stratégies affectives internes qui lui permettent de réguler le processus cognitif de réalisation de la tâche en réalité virtuelle. En interrogeant le personnage non joueur pour obtenir des précisions sur la consigne de réalisation de la tâche, l'apprenant met en œuvre une stratégie métacognitive interne. Ces stratégies indirectes internes à la situation de communication contribuent à la réalisation de la tâche en utilisant les ressources internes à l'environnement virtuel.

Lorsqu'elles ont été prévues par les concepteurs de l'environnement virtuel, ces stratégies sont le plus souvent efficaces, puisqu'elles suscitent la coopération du personnage non joueur. Lorsque les stratégies n'ont pas été prévues à la conception des dialogues, la virtualité de la communication est flagrante. Le personnage non joueur met en échec la stratégie mise en œuvre par l'apprenant. Dans ce cas, les stratégies internes à la situation de communication ne suffisent pas ; l'apprenant a alors recours à des ressources externes.

Besoin de ressources extérieures à la réalité virtuelle

Pour répondre à notre question de recherche Q_3, interrogeant l'accompagnement de l'apprenant dans la situation de communication en réalité virtuelle, nous avons analysé les stratégies directes et indirectes d'usage de la langue faisant intervenir des ressources externes à la réalité virtuelle. Les apprenants font appel aux personnes extérieures à la réalité virtuelle dans deux cas : d'une part, lorsque le personnage virtuel ne répond pas aux stratégies d'usage de la langue utilisées par l'élève, d'autre part, lorsque l'élève n'utilise pas de stratégies internes et passe directement par une stratégie externe pour éviter une rupture de la situation de communication avec le personnage non joueur.

Les stratégies sociales d'usage de la langue peuvent porter directement sur l'usage de la langue, avec des stratégies de compensation externe sociale. L'appel à l'aide, aux personnes de la réalité écologique, prend la forme d'une question directe sur un obstacle linguistique précis ou d'un appel à l'aide indirect, par lequel l'apprenant indique son incompréhension de manière plus générale. Ces stratégies de compensation externe sociale interviennent en cas de déficit dans l'interaction avec le personnage virtuel. Les ressources internes à l'environnement virtuel ne suffisent pas à accompagner l'apprenant dans la réalisation de la tâche en langue cible.

L'utilisation de stratégies sociales ne compense pas uniquement les déficits de l'environnement virtuel en termes d'accompagnement linguistique. Les stratégies affectives sociales sont mises en œuvre par un bref contact verbal ou non verbal avec des personnes de la réalité écologique. Elles permettent à l'apprenant de réguler ses émotions pendant la réalisation de la tâche et participent à une dimension plus sociale de l'expérience en réalité virtuelle. Avec les stratégies métacognitives sociales, l'apprenant sollicite une personne de la réalité écologique pour obtenir des informations sur la consigne de réalisation de la tâche. Pour se renseigner sur la tâche, les apprenants sollicitent davantage des personnes extérieures à la réalité virtuelle que le personnage virtuel. Cette sollicitation de personnes de la réalité écologique est due soit à une préférence à utiliser la langue source, soit à un manque d'appréhension du personnage non joueur comme un accompagnateur dans la réalisation de la tâche.

Pour un accompagnement par la coaction

Une fois les besoins en ressources externes identifiés, la réponse à notre question de recherche Q_3 a nécessité l'identification des caractéristiques d'un accompagnement adapté de l'apprenant dans sa réalisation de la tâche en réalité virtuelle.

L'accompagnement par un personnage extérieur à la réalité virtuelle peut constituer une intrusion dans l'environnement virtuel, lorsque la personne ressource contrôle la compétence linguistique de l'apprenant, lorsqu'elle apporte de l'aide linguistique avant d'être sollicitée par l'élève, ou lorsqu'elle se substitue au personnage non joueur ou même au joueur, en l'empêchant d'être décisionnaire de la réalisation de sa tâche. En revanche, un accompagnement peut faciliter l'expérience en réalité virtuelle, lorsque la personne ressource invite les élèves peu autonomes dans l'utilisation de la langue cible à mettre en œuvre des stratégies d'usage de la langue. La personne ressource est également susceptible de compenser les défaillances du personnage non joueur, lorsque celui-ci ne répond pas aux sollicitations de l'élève. Une aide à la manipulation du dispositif d'interaction facilite également la réalisation de la tâche en réalité virtuelle par les élèves rencontrant des difficultés dans la prise en main du dispositif. Enfin, la personne ressource contribue à un enrichissement de l'expérience en réalité virtuelle par un contact social, par des encouragements ou en partageant les succès ou défaites lors de la réalisation de la tâche en réalité virtuelle.

Ayant étudié le rôle de l'enseignant en tant que personne ressource, nous avons conclu de la nécessité d'une coaction dans l'environnement virtuel. La personne ressource, qui peut être l'enseignant mais également un autre élève, est ainsi partenaire de l'élève dans la réalisation de la tâche. La technologie de réalité virtuelle utilisée pour notre recherche limite la coaction, puisque le dispositif adapte l'environnement virtuel aux informations (position, mouvements, etc.) d'un seul utilisateur. Un second utilisateur peut cependant recevoir des stimuli visuels (visualisation tridimensionnelle) cohérents de l'environnement virtuel s'il reste à proximité de l'utilisateur principal. Un scénario de jeu intégrant cette contrainte pourrait favoriser la coaction dans la réalité virtuelle.

Par conséquent, la communication avec un personnage virtuel a bien donné lieu à une interaction en langue cible. L'utilisation de stratégies d'usage de la langue cible montre l'implication et une certaine autonomie des apprenants dans l'environnement virtuel. Dans le cas du dispositif étudié, les ressources internes à la situation de communication n'ont pas suffi à la réalisation de la tâche en langue cible. Un accompagnement extérieur a été nécessaire pour de l'aide linguistique, mais surtout pour un accompagnement métacognitif de l'apprenant. Une coaction dans la réalité virtuelle nous semble constituer un moyen d'accompagner l'apprenant en préservant la logique scénaristique de l'immersion ainsi que sa présence en réalité virtuelle.

15.1.3 Présence pour contextualiser la situation d'apprentissage

Notre cadre théorique sur la situation de communication en langue cible a souligné le rôle de la tâche comme élément structurant de la situation d'apprentissage, susceptible de donner du sens à la communication (*cf.* chapitre 3.2). Notre étude empirique a montré dans quelle mesure la réalité virtuelle peut contribuer à contextualiser la situation d'apprentissage en langue cible.

Présence et mémorisation, pour la compréhension de l'oral

Notre analyse statistique des données issues du premier recueil a abordé l'influence de la présence sur la compréhension de l'oral en langue cible après l'immersion en réalité virtuelle. Nous avons constaté une corrélation entre la présence en réalité virtuelle et la compréhension de l'oral en langue cible post-immersion. Cette corrélation est plus marquée lorsque la compréhension de l'oral est plus éloignée, dans le temps, de l'immersion en réalité virtuelle. Ces résultats corroborent notre hypothèse $H_{5.1}$, postulant l'influence de la présence sur la compréhension d'énoncés oraux en langue cible. À partir des travaux de Roussel (2014) sur la mémorisation et la contextualisation de la situation d'apprentissage, nous avons déduit l'influence positive de la présence sur la contextualisation de la tâche d'apprentissage en réalité virtuelle. Cette influence de la présence participe à la mémorisation des énoncés oraux en langue cible et facilite la compréhension de l'oral, lorsque celle-ci porte sur des énoncés utilisés dans la situation d'apprentissage en langue cible.

Contextualisation différente selon les profils de présence

L'analyse de contenu des entretiens post-immersion a mis en exergue la subjectivité de l'expérience en réalité virtuelle. Une même tâche, à réaliser dans un même environnement virtuel, peut être appréhendée différemment selon les composantes de la présence ressenties par les apprenants. Certains apprenants, que nous avons appelés « élèves sociaux », vivent l'expérience en réalité virtuelle comme une rencontre. Ils n'identifient pas nécessairement le personnage virtuel de manière claire, mais témoignent avoir rencontré une autre langue, un personnage agissant dans la scène virtuelle ou un personnage proche d'eux. D'autres apprenants, au profil d'élèves « voyageurs », vivent l'immersion comme un déplacement vers un lieu virtuel. Ils localisent ce lieu de manière précise, se l'approprient en interprétant ses caractéristiques ou en gardent un souvenir marqué par une immersion particulièrement impressionnante. Certains apprenants, les élèves « actants », appréhendent l'expérience en réalité virtuelle par leur action dans l'environnement virtuel. Ils témoignent d'une grande application dans leur réalisation de la tâche, ou de l'impression d'une implication kinesthésique dans leur réalisation de la tâche en réalité virtuelle.

La contextualisation de la situation d'apprentissage peut également varier selon la carence de présence ressentie par l'apprenant. Certains apprenants, les élèves « solitaires », ne ressentent pas de contact social avec le personnage non joueur, mais le considèrent comme un narrateur situé en dehors de l'expérience en réalité virtuelle. D'autres apprenants, les élèves « sédentaires », sont gênés par la visualisation stéréoscopique et ne vivent pas le déplacement dans un lieu virtuel. Pour certains élèves, les élèves « impuissants », le dispositif d'interaction empêche l'impression de non médiatisation nécessaire à l'émergence de la présence.

L'établissement de profils de présence a permis de constater que les niveaux de présence de soi, de présence sociale, de présence spatiale et de présence d'action peuvent être hétérogènes chez un même apprenant. Ce résultat corrobore notre hypothèse H_4 ; il met surtout en lumière la difficulté de prévoir la contextualisation de la situation d'apprentissage qu'apporte la réalité virtuelle. Avec l'utilisation d'une langue cible pour réaliser une tâche dans l'environnement virtuel, une constellation d'influences réciproques, propres à chaque apprenant, renforce la subjectivité de l'expérience en réalité virtuelle.

15.1.4 Relations réciproques de l'agir en langue cible en réalité virtuelle

À partir des profils de présence des apprenants, notre caractérisation de la situation d'apprentissage de la langue cible en réalité virtuelle a intégré une analyse de la relation entre les profils de présence les plus caractéristiques et les phénomènes observés pendant la réalisation de la tâche en langue cible, comme la production langagière, l'utilisation de stratégies d'usage de la langue, l'interactivité ou l'engagement corporel. Cette analyse a servi à la vérification de notre hypothèse H_5, postulant l'influence de la présence sur la réalisation d'activités langagières de communication en langue cible. Notre étude empirique a montré une réalisation différente de la tâche en langue cible suivant les profils de présence des élèves.

Relation entre profils de présence et communication en langue cible

Les élèves à la présence sociale marquée ont tendance à coopérer davantage avec le personnage non joueur. Les élèves à la présence spatiale plus marquée semblent moins collaborer avec le personnage virtuel. Les élèves à la présence d'action plus forte ont tendance à accorder autant d'importance à l'interaction verbale qu'à leurs actions dans l'environnement virtuel. Enfin, les élèves témoignant d'une carence de présence spatiale ou d'action semblent contourner la collaboration avec le personnage non joueur pour privilégier l'avancée du dialogue avec celui-ci, par des stratégies reposant sur les défaillances ou la virtualité de l'interaction en langue cible. Ainsi, la contextualisation apportée par la présence, essentiellement par la présence sociale, favoriserait la réalisation d'activités langagières en langue cible.

Système complexe d'influences réciproques

Notre étude empirique a cependant également montré que la relation entre la présence et la réalisation ne peut être décrite uniquement en traitant de l'influence de la présence sur la réalisation d'activités de communication langagière en langue cible. Nous avons ainsi identifié des influences réciproques et des tensions entre trois activités pendant l'expérience en réalité virtuelle : l'interaction en langue cible, l'interactivité et l'engagement corporel. La présence en réalité virtuelle semble à la fois influencer ces trois activités et constituer une résultante de ces mêmes activités. La figure 47 synthétise les relations réciproques constatées pendant la réalisation de la tâche en langue cible dans la réalité virtuelle.

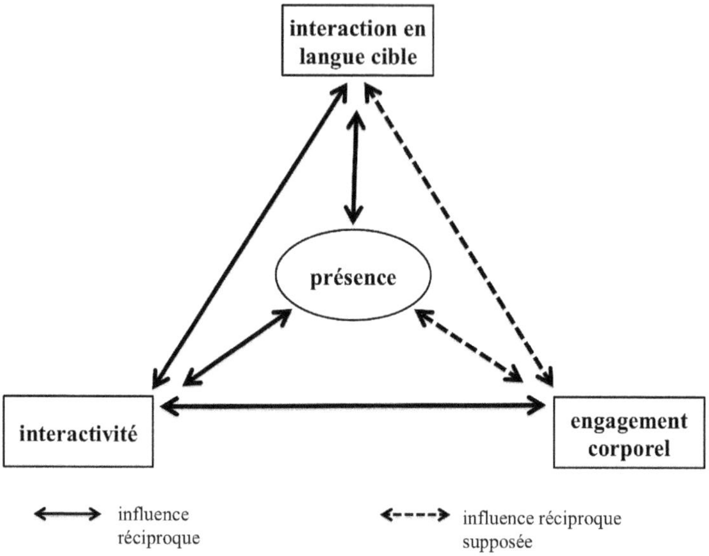

Figure 47 : Relations réciproques de l'agir en langue cible en réalité virtuelle.

À propos de la relation entre la présence et l'utilisation de la langue cible, nous avons constaté que les apprenants les plus présents en réalité virtuelle sont ceux qui témoignent d'une meilleure compétence en langue cible. Ce constat est celui d'une relation réciproque entre la compétence en langue cible et la présence, puisque les données ne nous permettent pas d'affirmer que la présence génère une meilleure compétence en langue cible pendant l'expérience en réalité virtuelle.

Répondant à notre question de recherche Q_4, interrogeant l'implication non verbale pendant l'immersion, nous avons identifié deux niveaux d'action non verbale pendant l'immersion : l'interactivité et l'engagement corporel (*cf.* chapitre 13.4). L'interactivité est dite 'de réalisation' lorsqu'elle participe à la réalisation de la tâche en réalité virtuelle. Elle est 'compensatoire' lorsqu'elle est utilisée par l'apprenant pour éviter l'interaction en langue cible. L'engagement corporel implique des mouvements de l'apprenant dans la réalité écologique, participant à son action dans l'environnement virtuel.

Concernant la relation entre l'interaction verbale et l'interactivité, nous avons montré que ces deux activités entretiennent une relation complémentaire chez des apprenants témoignant d'une bonne compétence et d'une bonne performance en langue cible. Chez d'autres apprenants, nous avons constaté une tension entre l'interactivité et l'interaction en langue cible, lorsque l'interactivité, compensatoire ou de réalisation de la tâche, nuit à la réalisation de l'interaction en langue cible.

À propos de la relation entre l'interactivité et l'engagement corporel, nous avons identifié une tension possible entre ces deux activités pendant l'expérience en réalité virtuelle. L'utilisation des périphériques nécessaires à des déplacements dans la réalité virtuelle semble nuire à la liberté de mouvements nécessaire à l'engagement corporel. Étant donné cette absence d'engagement corporel au sein du dispositif étudié, nos données ne nous permettent pas d'analyser la relation entre, d'une part l'interaction en langue cible et l'engagement corporel, et d'autre part, l'engagement corporel et la présence en réalité virtuelle. Selon notre cadre théorique (*cf.* chapitre 3.4.2), nous ne pouvons que supposer une relation entre ces phénomènes.

Par conséquent, notre étude empirique a démontré que la réalisation d'une tâche en réalité virtuelle peut constituer une situation cohérente d'interaction en langue cible. En faisant émerger un sentiment de présence dans l'environnement virtuel, la technologie de réalité virtuelle propose un outil de contextualisation de la situation d'apprentissage, favorable à l'apprentissage de la langue cible et à son utilisation comme outil de communication. La communication avec un personnage virtuel déclenche, chez l'apprenant, une production en langue cible et l'utilisation de stratégies d'usage de la langue. La contextualisation par la présence en réalité virtuelle est cependant fortement subjective. Le dispositif de réalité virtuelle entraîne, lui-même, une appréhension différente de l'immersion et de l'interaction selon les apprenants. La présence en réalité virtuelle constitue à la fois un facteur influençant la réalisation de la tâche en réalité virtuelle et un phénomène influencé par cette dernière. Les influences entre l'interaction en langue cible, l'interactivité et l'engagement corporel sont réciproques et participent à faire de l'expérience en réalité virtuelle une situation d'apprentissage cohérente.

15.2 Apports et limites de l'analyse de contenu d'entretien pour appréhender la présence

Notre méthodologie de recherche sur la présence en réalité virtuelle se distingue de celle des études habituellement menées en sciences de l'informatique (*cf.* chapitre 6.2). Dans le cadre de nos deuxième et troisième recueils de données, nous avons délaissé le questionnaire de présence et choisi d'appréhender la présence par l'entretien. Notre choix a été d'utiliser la parole de l'apprenant comme instrument d'exploration du vécu (*cf.* chapitre 8.1.4). L'analyse du contenu des entretiens a ensuite été menée par une indentification et une classification des marques de présence dans le discours. Les résultats de notre recherche empirique témoignent de la validité de cette approche, tout en mettant en lumière quelques limites à cette méthodologie.

15.2.1 Apports de l'analyse de contenu d'entretien

Les entretiens post-immersion ont permis aux apprenants de rendre compte de leur expérience en réalité virtuelle de manière individuelle. Les discours recueillis sont des témoignages d'expérience et portent des marques de la subjectivité de la situation d'apprentissage vécue dans le dispositif de réalité virtuelle (*cf.* exemple 132).

Tour	*Discours*
1	I : Alors comment c'était, cette expérience ? E : Ben c'était pas mal c'était **enrichissant** parce que (.) *ct non au départ j'vais pas dire que c'était enrichissant, même si ça l'a été, c'est au départ c'était surtout, assez **amusant**, parce que, on a l'impression d'être dans la peau d'un personnage, c'qui est vraiment **très fun**, et c'qui permet de **passer un bon moment** tout en (.) parlant en allemand, ce qui était assez **facile** pour euh c'qu'on nous demandait quoi, c'était **pas trop dur**, ce ça allait encore. Et c'était **enrichissant** parce que, à travers le jeu vidéo entre guillemets, on apprend à parler une langue, sous divers aspects, genre de réparer une cathédrale, ou apparence ce que c'est les cinq éléments, ce genre de choses avec euh les rosaces, c'qui était **vraiment bien** j'ai trouvé.

Exemple 132 : La subjectivité de l'expérience dans les entretiens / Julien (Entretiens R_2 ; D01_0502).

Dès le début de son entretien, Julien exprime la complexité de son appréciation sur l'expérience en réalité virtuelle. Cette appréciation est positive, mais est nuancée au cours du tour de parole. L'élève associe du plaisir à son expérience en réalité virtuelle, mais également un enrichissement par une situation qu'il considère être une situation d'apprentissage.

L'entretien post-immersion permet surtout de recueillir un témoignage détaillé de l'expérience en réalité virtuelle, puisque le discours est susceptible de rendre compte, au moins partiellement, de la vision subjective qu'a eu l'apprenant, de l'environnement virtuel (*cf.* exemple 133).

Tour	*Discours*
12	I : D'accord. Qui était dans la simulation ? E : (.) Alors là, **bonne question, ben je suppose moi,** [I : Ouais.] et **la voix.**
19	I : Qui est-ce qui te parlait ? E : Je *sup alors, **je suppose que c'est Céline,** vu qu'on avait reçu un e-mail et que sur la feuille c'était fallait contacter Céline, **je suppose que c'est elle**, après j'ai pas, **je peux pas, c'est une voix féminine en tout cas.**

Exemple 133 : La reconstruction de l'expérience par le discours / Julian (Entretiens R_2 ; D01_0512).

Au fil de son discours, Julian reconstruit son expérience en réalité virtuelle. Il s'identifie d'abord comme faisant partie de l'environnement virtuel, avant de nommer une voix. Six tours de parole plus tard, le discours montre que l'apprenant a bien identifié la voix comme celle de Céline, mais que cette identification reste une supposition. À travers le discours, des marques de présence sociale émergent en nuançant les caractéristiques de la présence ressentie par l'apprenant.

Notre choix d'un entretien guidé par des questions directives susceptibles de déclencher des marques de présence ou de carence de présence (*cf.* chapitre 8.1.4) s'est révélé pertinent, puisqu'il a permis de comparer les fréquences des marques de présence entre les différents entretiens. Puisqu'elle est moins guidée et donne plus de place à une construction du discours par l'interviewer et l'interviewé, la troisième partie de l'entretien, aurait constitué un biais dans notre comparaison des profils de présence, bien quelle reste pertinente pour l'étude des représentations des apprenants sur le scénario de jeu.

Notre méthodologie d'appréhension de la présence a ainsi permis de recueillir l'appréciation subjective de l'expérience en réalité virtuelle, qui caractérise la présence et influence la réalisation d'une tâche en langue cible. L'analyse de contenu d'entretiens présente cependant des limites inhérentes à sa mise en œuvre.

15.2.2 Limites de l'analyse de contenu d'entretien

Une limite de notre méthodologie d'appréhension de la présence est liée au traitement des données permettant l'analyse de contenu ultérieure. Cette analyse de contenu nécessite d'utiliser les données primaires (enregistrement audio) pour constituer un corpus de données secondaires, avec les transcriptions des entretiens (*cf.* chapitre 8.2.2). Cette étape de la recherche empirique est particulièrement chronophage. Cette caractéristique peut constituer un frein à l'analyse de données issues d'un recueil auprès d'un public plus nombreux.

Les logiciels d'aide à l'analyse de contenu facilitent l'utilisation d'une méthode mixte d'analyse de données. Le logiciel MAXQDA (Verbi GmbH 2012) nous a ainsi permis de mener une étude de la fréquence des phénomènes identifiés dans le discours, en croisant avec des variables affectées aux entretiens des différents apprenants, selon leur profil de présence. L'analyse de contenu d'entretiens, avec ce logiciel, ne semble cependant pas appropriée à une étude statistiquement valide sur les corrélations entre les phénomènes observés. L'analyse de contenu peut ainsi servir une recherche compréhensive, en complément d'une analyse statistique de données. Comme nous l'avons souligné dans notre méthodologie de recherche, une utilisation additive du questionnaire de présence et de l'entretien post-immersion suite à une expérience en réalité virtuelle auprès des mêmes participants nous semble cependant constituer un biais dans l'appréhension de la présence. Le recueil avec le premier outil serait ainsi susceptible d'influencer le recueil effectué avec le second outil. Le chercheur serait ainsi obligé d'opter pour une méthodologie plus descriptive ou plus compréhensive des phénomènes observés.

15.3 Questions de recherche en suspens

Notre recherche empirique a montré une relation entre la présence sociale et la coopération avec le personnage virtuel. L'apprenant communique avec le personnage non joueur en mettant notamment en œuvre des stratégies d'usage de la langue. L'étude des interactions en langue cible a cependant montré que le personnage non joueur ne coopère pas toujours efficacement avec l'apprenant. Les réponses incohérentes du personnage virtuel ou l'absence de réponse de sa part peuvent donner à l'interaction virtuelle un caractère artificiel. Dans notre étude du non verbal pendant la réalisation de la tâche en langue cible, les gestes et les mimiques n'ont volontairement pas été analysés, puisque la technologie utilisée ne permettait pas la reconnaissance de ces éléments de la communication. Une recherche ultérieure pourrait s'intéresser à l'utilisation des agents conversationnels animés (*cf.* chapitre 3.2.4) dans le cadre d'une situation d'apprentissage d'une langue cible. Les travaux actuels sur le développement des agents conversationnels animés abordent la détection et la génération d'émotions, de sentiments et d'attitudes sociales, par le verbal et le non verbal (Langlet 2015). Les agents conversationnels animés, dotés d'une intelligence artificielle, seraient ainsi susceptibles de contribuer à la présence sociale pendant une interaction en réalité virtuelle et pourraient ainsi conduire l'apprenant à participer à une interaction en langue cible plus cohérente que celle étudiée avec le dispositif du projet EVEIL-3D.

Notre étude empirique a montré la difficulté de concilier la contextualisation d'une tâche en langue cible, par un environnement entièrement numérique, et l'accompagnement de l'apprenant, aussi bien pour une aide à la réalisation de la tâche que pour générer un contact social le soutenant dans cette tâche. Avec la réalité virtuelle, le risque est d'isoler l'apprenant non autonome dans l'environnement virtuel, sans lui apporter l'étayage nécessaire à son implication dans la réalité virtuelle et à la réalisation de la tâche en langue cible. Cette difficulté nous conduit à nous intéresser à un autre point du continuum réalité-virtualité de Milgram et Kishimo (1994) : la réalité augmentée (*cf.* chapitre 4). Selon H. Kaufmann (2003), chercheur autrichien en sciences de l'informatique, la réalité augmentée permet une interactivité collaborative pour la réalisation d'une tâche. Avec un travail de recherche sur l'apprentissage de la géométrie dans l'espace, H. Kaufmann invite des apprenants à collaborer dans la réalité écologique enrichie des objets virtuels. L'auteur constate une collaboration effective entre apprenants, par une communication naturelle, verbale et gestuelle. Il rapporte que ce contact social avec d'autres apprenants contribue à rassurer les apprenants qui développeraient un sentiment d'insécurité en réalité virtuelle, lié à leur isolement dans l'environnement entièrement numérique. Ainsi, la réalité alternée pourrait contribuer à mettre en œuvre des situations d'apprentissage à la fois enrichies par le virtuel et préservant un contact social nécessaire entre individus partageant une même situation d'apprentissage. E. Sanchez (2016), chercheur français en sciences de l'éducation, considère qu'observer les autres joueurs d'un jeu sérieux contribue à l'apprentissage. Selon l'auteur, apprendre en regardant les autres jouer fait partie des utilisations possibles d'un jeu sérieux pour enseigner. Cette approche va dans le sens d'une implication de plusieurs apprenants dans le même environnement enrichie par la réalité augmentée.

Résumé conclusif

En référence à notre citation de Condorcet (*cf.* chapitre 1), il nous semble que notre recherche empirique a permis de sortir de la passion pour gagner la raison scientifique à propos de l'utilisation de la réalité virtuelle pour les langues. Notre étude a d'abord mis en exergue les apports de la réalité virtuelle pour contextualiser la situation d'apprentissage en langue cible. La présence en réalité virtuelle contribue ainsi à susciter, chez certains apprenants, l'utilisation de la langue cible pour communiquer avec le personnage virtuel et réaliser des tâches dans l'environnement numérique. Notre étude a cependant montré la difficulté de proposer un environnement virtuel assez social pour, non seulement, susciter l'interaction verbale et non verbale, mais également pour accompagner efficacement l'apprenant dans la réalisation de sa tâche. L'hétérogénéité du public scolaire, les limites technologiques et la complexité des influences réciproques entre l'interaction verbale, l'interactivité, l'engagement corporel et la présence rendent l'expérience en réalité virtuelle difficilement prévisible. Les résultats de notre étude exploratoire ont mis en lumière la manière dont les apprenants peuvent ressentir un sentiment de présence en réalité virtuelle, et quelle relation la présence entretient avec la communication en langue cible dans un environnement de réalité virtuelle. Cette contribution apporte ainsi des éléments susceptibles de participer au développement de l'utilisation de la réalité virtuelle ou de la réalité augmentée comme dispositif d'apprentissage des langues médiatisé par les technologies numériques.

Index des notions

S

T

V

W

Index des auteurs

E

F

G

H

I

J

K

L

M

N

O

P

Q

R

S

T

U

V

W

Bibliographie

3D-Festival BEYOND. 2016. *3D-Symposium BEYOND 2016*. Site internet de la manifestation. <http://beyond-festival.com> (consulté le 13.07.16).

Aden, Joëlle. 2013. Apprendre les langues par corps. In : Fertat, Omar / Abdelkader, Yamma / Bazile, Sandrine. *Pour un théâtre-monde. Plurilinguisme, interculturalité, transmission*. Bordeaux, France : Presses universitaires de Bordeaux, 109–123.

Agostinelli, Serge. 2010. Entre structure et action : la compétence communicative des TIC. *Questions Vives*, *7*(14), 161–174. DOI : <10.4000/questionsvives.691>.

Alvarez, Julian. 2007. *Du jeu vidéo au serious game. Approches culturelle, pragmatique et formelle*. Thèse de doctorat en science de la communication et de l'information. Universités Toulouse I et Toulouse II, Toulouse, France. Non publié. Disponible sur : <http://ja.games.free.fr/These_SeriousGames/TheseSeriousGames.pdf> (consulté le 02.08.16).

Apple. 1984. *Mac OS*. Cupertino, US-CA.

Arborio, Anne-Marie / Fournier, Pierre. 2010. *L'observation directe* (3ème édition). Paris, France : Armand Colin. 1ère édition 1999.

Austin, John L. 1962. *How to Do Things with Words*. New York, US-NY : Oxford University Press.

Baccino, Thierry / Bellino, Catherine / Colombi, Teresa. 2005. *Mesure de l'utilisabilité des interfaces*. Paris, France : Hermès Lavoisier.

Bach, Gerhard / Timm, Johannes-Peter. 2003. *Englischunterricht* (3ème édition). Tübingen, Allemagne [etc.] : Francke. 1ère édition 1989.

Bailenson, Jeremy N. / Blascovich, Jim / Beall, Andrew C. / Loomis, Jack M. 2001. Equilibrium Theory Revisited: Mutual Gaze and Personal Space in Virtual Environments. *Presence*, *10*(6), 583–598. DOI : <10.1162/105474601753272844>.

Baños, Rosa M / Botella, Cristina / Garcia-Palacios, Azucena / Villa, Helena / Perpiña, Conxa / Alcañiz, Mariano. 2000. Presence and Reality Judgment in Virtual Environments: A Unitary

Construct? *CyberPsychology & Behavior*, *3*(3), 327–335. DOI : <10.1089/10949310050078760>.
Bardin, Laurence. 1989. *L'analyse de contenu* (5ème édition). Paris, France : Presses universitaires de France. 1ère édition 1999.
Baren, Joy / IJsselsteijn, Wijnand. 2004. *Measuring Presence: A Guide to Current Measurement Approaches*. Livrable n°5 du projet OmniPres project IST-2001-39237. Eindhoven, Pays-Bas. Disponible sur : <http://www8.informatik.umu.se/~jwworth/PresenceMeasurement.pdf> (consulté le 02.08.16).
Basdogan, Cagatay / Ho, Chih-Hao / Srinivasan, Mandayam A. / Slater, Mel. 2000. An Experimental Study on the Role of Touch in Shared Virtual Environments. *ACM Transactions on Computer-Human Interaction (TOCHI)*, *7*(4), 443–460. DOI : <10.1145/365058.365082>.
Beacco, Jean-Claude. 2008. Tâches ou compétences ? *Le Français dans Le Monde*, n° 357, 33–35.
Beacco, Jean-Claude. 2010. Tâches, compétences de communication et compétences formelles. *Synergie Brésil*, n° spécial 1, 97–105. Disponible sur : <http://gerflint.fr/Base/BresilSPECIAL1/beacco.pdf> (consulté le 02.08.16).
Beardsmore, Baetens. 1999. Consolidating experience in plurilingual education. In : Marsh, David / Marsland, Bruce. *CLIL Initiatives for the Millennium*. Jyväskylä, Finlande : Continuing Education Centre, University of Jyväskylä, 24–30.
Beaud, Stéphane / Weber, Florence. 2003. *Guide de l'enquête de terrain : produire et analyser des données ethnographiques* (3ème édition). Paris, France : La Découverte. 1ère édition 1997.
Bell, Mark W. 2008. Toward a Definition of "Virtual Worlds". *Journal For Virtual Worlds Research*, *1*(1) [En ligne]. Disponible sur : <https://journals.tdl.org/jvwr/index.php/jvwr/article/view/283> (consulté le 02.08.16).
Bérard, Évelyne. 1991. *L'approche communicative : théorie et pratiques*. Paris, France : Clé international.
Berelson, Bernard. 1952. *Content analysis in communication research*. Glencoe, US-IL : Free Press.
Bergmann, Jonathan / Sams, Aaron. 2012. *Flip Your Classroom: Reach Every Student in Every Class Every Day*. Arlington, US-VA : International Society for Technology in Education.

Bertin, Jean-Claude. 2015. Modélisation en apprentissage des langues médiatisé : quelle utilité ? *Alsic. Apprentissage des Langues et Systèmes d'Information et de Communication*, *18*(2) [En ligne]. DOI : <10.4000/alsic.2781>.

Bésile, Claire / Linard, Monique. 1996. Quelles nouvelles compétences des acteurs de la formation dans le contexte des « TIC ». *Éducation Permanente*, n° 127, 19–48.

Biebighäuser, Katrin. 2014. *Fremdsprachenlernen in virtuellen Welten*. Tübingen, Allemagne : Narr.

Bimmel, Peter / Rampillon, Ute. 2000. *Lernerautonomie und Lernstrategien*. Tübingen, Allemagne : Klett-Langenscheidt.

Biocca, Frank. 1997. The Cyborg's dilemma: Progressive embodiment in virtual environments. *Journal of Computer-Mediated Communication*, *3*(2) [En ligne]. DOI : <10.1111/j.1083–6101.1997.tb00070.x>.

Biocca, Frank / Harms, Chad / Gregg, Jenn. 2001. The Networked Minds Measure of Social Presence: Pilot Test of the Factor Structure and Concurrent Validity. *Proceedings of 4th International Workshop on Presence* [En ligne]. Philadelphia, US-PA. Disponible sur : <https://ispr.info/presence-conferences/previous-conferences/presence-2001> (consulté le 02.08.2016).

Biocca, Frank / Kim, Taeyong / Levy, Mark R. 1995. The vision of Virtual Reality. In : Biocca, Frank / Levy, Mark R. *Communication in the Age of Virtual Reality*. Hillsdale, US-NJ : Lawrence Erlbaum Associates, 3–14.

Blanche-Benveniste, Claire. 1997. *Approches de la langue parlée en français*. Paris, France : Ophrys.

Blanche-Benveniste, Claire / Jeanjean, Colette. 1987. *Le français parlé : transcription et édition*. Paris, France : Didier.

Blanchet, Philippe / Chardenet, Patrick (dir.). 2011. *Guide pour la recherche en didactique des langues et des cultures*. Paris, France : Éditions des archives contemporaines.

Boellstorff, Tom. 2008. *Coming of age in second life: an anthropologist explores the virtually human*. Princeton, US-NJ : Princeton University Press.

Book, Betsy. 2004. *Moving Beyond the Game: Social Virtual Worlds*. Communication présentée à : State of Play 2 Conference 2004,

New York, US-NY. Disponible sur : <http://deby.net/FILES/3d/ARTICLES/moving%20beyond%20the%20game%20-%20social%20virtual%20worlds.pdf> (consulté le 02.08.16).

Bormann, Sven. 1994. *Virtuelle Realität: Genese und Evaluation.* Bonn, Allemagne : Addison-Wesley.

Bouvier, Patrice. 2008. The Five Pillars of Presence: Guidelines to Reach Presence. *Proceedings of the 11th Annual International Workshop on Presence* [En ligne]. Padova, Italie. Disponible sur : <https://ispr.info/presence-conferences/previous-conferences/presence-2008-proceedings> (consulté le 02.08.16).

Bouvier, Patrice. 2009. *La présence en réalité virtuelle, une approche centrée utilisateur*. Thèse de doctorat en informatique. Université Paris-Est, Paris, France. Non publié. Disponible sur : <https://tel.archives-ouvertes.fr/tel-00581550/document> (consulté le 02.08.16).

Bowman, Douglas A. 1999. *Interaction Techniques for Common Tasks in Immersive Virtual Environments: Design, Evaluation, and Application.* Thèse de doctorat en informatique. Georgia Institute of Technology, Atlanta, US-GA. Non publié. Disponible sur : <http://people.cs.vt.edu/~bowman/thesis/thesis_front.pdf> (consulté le 02.08.16).

Bres, Jacques. 2005. Savoir de quoi on parle : dialogue, dialogal, dialogique ; dialogisme, polyphonie… In : Bres, Jacques / Haillet, Pierre / Mellet, Sylvie / Nølke, Henning / Rosier, Laurence (dir.). *Dialogisme et polyphonie.* Bruxelles, Belgique : De Boeck Supérieur, 47–61.

Bühl, Achim. 2010. *PASW 18: Einführung in die moderne Datenanalyse* (12ème édition). München : Pearson Studium. 1ère édition 1994.

Buisine, Stéphanie. 2005. *Conception et évaluation d'agents conversationnels multimodaux bidirectionnels.* Thèse de doctorat en psychologie cognitive et ergonomie. Non publié. Disponible sur : <http://stephanie.buisine.free.fr/publis/these-Stephanie-Buisine.pdf>.

Bulu, Saniye Tugba. 2012. Place presence, social presence, co-presence, and satisfaction in virtual worlds. *Computers & Education, 58*(1), 154–161. DOI : <10.1016/j.compedu.2011.08.024>.

Burkhardt, Jean Marie / Lourdeaux, Domitile / Mellet d'Huart, Daniel. 2006. La réalité virtuelle pour l'apprentissage humain. In : Fuchs, Philippe / Moreau, Guillaume / Arnaldi, Bruno / Guitton, Pascal / Aubert, François d' (dir.). *Le traité de la réalité virtuelle. Volume 4. Les applications de la réalité virtuelle.* Paris, France : École des Mines de Paris, 43–99.

Burkschat, Marco / Cramer, Erhard / Kamps, Udo. 2012. *Beschreibende Statistik* (2ème édition). Berlin, Allemagne [etc.] : Springer. 1ère édition 2004.

Caillois, Roger. 1967. *Les jeux et les hommes : le masque et le vertige.* Paris, France : Gallimard.

Canale, Michael / Swain, Merril. 1980. Theoretical bases of communicative approaches to second language teaching and testing. *Applied Linguistics*, *1*(1), 1–47. DOI : <10.1093/applin/I.1.1>.

Capobianco, Antonio / Veit, Manuel. 2016. Évaluation technologique du dispositif EVEIL-3D. In : Roy, Mickaël / Kusyk, Meryl / Schlemminger, Gérald / Bechmann, Dominique (ed.). *Environnements numériques et interactions en langue étrangère : du formel à l'informel, du réel à la réalité virtuelle. Fremdsprachliches Handeln in digitalen Umgebungen: vom formellen zum informellen Lernen, real und virtuell. Digital Environments and Foreign Language Interaction: Formal and Informal Learning in Real and Virtual Worlds*. Berne, Suisse : Peter Lang, 65–86.

Cappeau, Paul / Gadet, Françoise / Guerin, Emmanuelle / Paternostro, Roberto. 2011. Les incidences de quelques aspects de la transcription outillée. *Linx. Revue des linguistes de l'université Paris X Nanterre*, 85–100. DOI : <10.4000/linx.1403>.

Catroux, Michèle. 2003. La cyberenquête dans l'apprentissage de l'anglais à l'école primaire. In : Desmoulins, Cyrille / Marquet, Pascal / Bouhineau, Denis (dir.). *EIAH2003 (Environnements Informatiques pour l'Apprentissage Humain).* Actes de la conférence EIAH 2003, Paris, France : INRP, 27–30.

Chalmers, Alan F. 1987. *Qu'est-ce que la science ? : récents développements en philosophie des sciences : Popper, Kuhn, Lakatos, Feyerabend.* Paris, France : La Découverte.

Cohen, Andrew D. 1996. *Second Language Learning and Use Strategies: Clarifying the Issues*. Communication présentée à : Symposium on Strategies of Language Learning and Use, Séville, Espagne, 1994 [version révisée]. Disponible sur : <http://www.carla.umn.edu/strategies/resources/sbiclarify.pdf> (consulté le 02.08.16).

Collas, Perrine / Roy, Mickaël / Breugnot, Jacqueline / Casado, Sophie / Schlemminger, Gérald. 2014. *Architecte 2015, un jeu sérieux en réalité virtuelle pour apprendre le français. Guide pédagogique.* Karlsruhe, Allemagne : KIT. Disponible sur : <http://www.eveil-3d.eu/downloads/LehrerhandbuchEVEIL3D_FR_03.12.2014_Final.pdf> (consulté le 02.08.16).

Condorcet, Jean-Antoine-Nicolas de Caritat marquis de. 1804. *Oeuvres complètes de Condorcet*, Tome XXI. Paris, France [etc.] : Henrichs.

Conférence franco-germano-suisse du Rhin supérieur. 2012. *Rhin Supérieur Faits et Chiffres*. Kehl, Allemagne : INSEE Alsace, Statistisches Amt des Kantons Basel-Landschaft, Statistik Aargau, Statistisches Amt des Kantons Basel-Landschaft. Disponible sur : <http://www.insee.fr/fr/insee_regions/alsace/themes/autres_dossiers/rhin_superieur.pdf> (consulté le 02.08.2016).

Conseil de l'Europe. 1998. *Recommandation n° R (98) 6 du Comité des Ministres aux États membres concernant les langues vivantes*. Strasbourg, France : Conseil de l'Europe. Disponible sur : <https://rm.coe.int/CoERMPublicCommonSearchServices/DisplayDCTMContent?documentId=09000016804fda7c> (consulté le 02.08.16).

Conseil de l'Europe. Division des politiques linguistiques. 2001. *Un cadre européen commun de référence pour les langues : apprendre, enseigner, évaluer*. Paris : Didier.

Cook, Thomas D. / Campbell, D. 1979. *Quasi-experimentation: Design & Analysis issues for field settings*. Chicago, US-IL : Rand McNally.

Costa, Paulo. 2005. Compétence de communication et didactique des langues étrangères : la liaison ratée ! *Synergie Pologne*, n°1, 56–61. Disponible sur : <http://gerflint.fr/Base/Pologne1/competence.pdf> (consulté le 02.08.16).

Coste, Daniel. 1976. Décrire et enseigner une compétence de communication : remarques sur quelques solutions de continuité. *Bulletin*

CILA (Commission interuniversitaire suisse de linguistique appliquée), n° 24, 18–44.
Coste, Daniel. 1978. Lecture et compétence de communication. *Le français dans le monde*, n° 141, 25–34.
Coste, Daniel. 2010. Tâche, progression, curriculum. *Canadian Modern Language Review*, *66*(4), 499–510. DOI : <10.3138/cmlr.66.4.499>.
Coste, Daniel / Pietro, Jean-François de / Moore, Danièle. 2012. Hymes et le palimpseste de la compétence de communication : Tours, détours et retours en didactique des langues. *Langage et société*, n°139, 103–123. DOI : <10.3917/ls.139.0103>.
Coste, Daniel / Roulet, Eddy / Ferenczi, Victor / Martins-Baltar, Michael / Papo, Elinane. 1976. *Un niveau-seuil : systèmes d'apprentissage des langues vivantes par les adultes*. Paris, France : Hatier.
Crawford, Cris. 2002. *The Art of Interactive Design: A Euphonious and Illuminating Guide to Building Successful Software*. San Francisco, US-CA : No Starch Press.
Crinon, Jacques / Georget, Patrice / Legros, Denis / Mangenot, François. 2002. Introduction. In : Crinon, Jacques / Legros, Denis (dir.). *Psychologie des apprentissages et multimédia*. Paris, France : Armand Colin.
Csikszentmihalyi, Mihaly. 1975. *Beyond Boredom and Anxiety*. San Francisco, US-CA : Jossey-Bass Publishers.
Csikszentmihalyi, Mihaly. 1990. *Flow: The psychology of optimal experience*. New York : Harper Perennial.
Culioli, Antoine. 1991. *Pour une linguistique de l'énonciation. Tome 1, Opérations et représentations*. Paris, France [etc.] : Ophrys.
Curtain, Helena A. 1986. The Immersion Approach: Principle and Practice. In : *Selected Papers from the Annual Meeting of the Central States Conference on the Teaching of Foreign Languages*, Milwaukee, US-WI, 1986. Disponible sur : <http://files.eric.ed.gov/fulltext/ED267626.pdf> (consulté le 02.08.16).
Dede, Can / Salzman, Marilyn / Bowen Loftin, Richard. 1996. ScienceSpace: virtual realities for learning complex and abstract scientific concepts. *Proceedings of the 1996 Virtual Reality Annual International Symposium (VRAIS 96)*, 246–254. DOI : <10.1109/VRAIS.1996.490534>.

Delouis, Anne. 2008. Le cadre européen commun de référence pour les langues : compte rendu du débat critique dans l'espace germanophone. *Les Langues Modernes, Association des professeurs de langues vivantes (APLV)*, n° 2, 19–31. Disponible sur : <https://halshs.archives-ouvertes.fr/halshs-00690507> (consulté le 02.08.16).

Demaizière, Françoise / Dubuisson, Colette. 1992. *De l'EAO aux NTF – Utiliser l'ordinateur pour la formation*. Paris [etc.], France : Orphys.

Demaizière, Françoise / Narcy-Combes, Jean-Paul. 2007. Du positionnement épistémologique aux données de terrain. *Recherches en didactique des langues et des cultures : les cahiers de l'Acedle*, n°4, 21–35.

Deppermann, Arnulf. 2008. *Gespräche analysieren* (4ème édition). Wiesbaden, Allemagne : VS Verlag für Sozialwissenschaften. 1ère édition 1999.

Desmet, Piet. 2006. L'enseignement/apprentissage des langues à l'ère du numérique : tendances récentes et défis. *Revue française de linguistique appliquée*, *XI*(1), 119–138. Disponible sur : <http://www.cairn.info/article.php?ID_ARTICLE=RFLA_111_0119> (consulté le 02.08.16).

Dister, Anne / Simon, Anne Catherine. 2007. La transcription synchronisée des corpus oraux. Un aller-retour entre théorie, méthodologie et traitement informatisé. *Arena Romanistica 1*/2007, 54–78.

Distler, Hartwig. 2003. *Wahrnehmung in virtuellen Welten*. Thèse doctorat en sciences naturelles. Justus-Liebig-Universität Giessen, Giessen, Allemagne. Non publié Disponible sur : <http://geb.uni-giessen.de/geb/volltexte/2004/1525/pdf/DistlerHartwig-2003-05-27.pdf> (consulté le 02.08.16).

Dittmar, Norbert. 2004. *Transkription* (2ème édition) Wiesbaden : VS Verlag für Sozialwissenschaften. 1ère édition 2002.

Dr. dresing & pehl GmbH. 2008. *F5* (Version 2.0). Marburg, Allemagne.

Draper, John V. / Kaber, David B. / Usher, John M. 1998. Telepresence. *Human Factors: The Journal of the Human Factors and Ergonomics Society*, *40*(3), 354–375. DOI : <10.1518/001872098779591386>.

Du Toit, Catherine. 2014. La traduction de Bitterkomix, une trahison-loyale et constante. *French Studies in Southern Africa*, n° 44, 3–31.

Duvillard, Jean. 2014. *« L'introspection gestuée » – La place des gestes et micro-gestes professionnels dans la formation initiale et continue des métiers de l'enseignement*. Thèse de doctorat en sciences de l'éducation. Université Claude Bernard – Lyon I, Lyon, France. Non publié. Disposible sur : <https://tel.archives-ouvertes.fr/tel-01127249> (consulté le 28.08.16).

Ellis, Rod. 2003. *Task-based Language Learning and Teaching*. New York, US-NY : Oxford University Press.

Faerch, Claus / Kasper, Gabriele. 1983. Plans and strategies in foreign language communication. In : Faerch, Claus / Kasper, Gabriele (ed.). *Strategies in interlanguage communication*, 20–60. London, Royaume-Uni [etc.] : Longman.

Fischer, Hervé. 2001. *Le Choc du numérique : essai*. Montréal, Canada : VLB.

Fontaine, Gary. 1992. The Experience of a Sense of Presence in Intercultural and International Encounters. *Presence: Teleoperators & Virtual Environ.*, *1*(4), 482–490. DOI : <10.1162/pres.1992.1.4.482>.

Fournier, Léonie. 2015. *Direkte und indirekte Sprachgebrauchsstrategien am Beispiel von Grundschülern in einem deutsch-französischen Zug*. Hamburg : Dr. Kovač.

Freeman, Jonathan / Avons, Steve E. / Pearson, Don E / Ijsselsteijn, Wijnand A. 1999. Effects of Sensory Information and Prior Experience on Direct Subjective Ratings of Presence. *Presence: Teleoperators & Virtual Environments*, *8*(1), 1–13. DOI : <10.1162/105474699566017>.

Friedman, Doron / Brogni, Andrea / Guger, Christoph / Antley, Angus / Steed, Anthony / Slater, Mel. 2006. Sharing and Analyzing Data from Presence Experiments. *Presence: Teleoperators & Virtual Environments*, *15*(5), 599–610. DOI : <10.1162/pres.15.5.599>.

Fuchs, Philippe / Moreau, Guillaume / Berthoz, Alain / Vercher, Jean-Louis / Aubert, François d'. 2006. *Le traité de la réalité virtuelle. Volume 1. L'homme et l'environnement virtuel*. Paris, France : École des Mines de Paris.

Garau, Maia / Widenfeld, Hila R. / Antley, Angus / Friedman, Doron / Brogni, Andrea / Slater, Mel. 2004. Temporal and Spatial Variations in Presence: A Qualitative Analysis. *Proceedings of the 7th Annual International Workshop on Presence* [En ligne]. Valencia,

Espagne. Disponible sur : <https://ispr.info/presence-conferences/previous-conferences/presence-2004> (consulté le 02.08.16).

Geiger-Jaillet, Anemone. 2015. Compte-rendu de l'ouvrage de Wallenhorst, Nathanaël. 2013. « L'école en France et en Allemagne. Regards de lycéens, comparaison d'expériences scolaires ». Berne, Suisse : Peter Lang. *Nouveaux Cahiers d'allemand*, n° 3, 365–369.

Geiger-Jaillet, Anemone / Schlemminger, Gérald / Le Pape Racine, Christine. 2011. *Enseigner une discipline dans une autre langue : méthodologie et pratiques professionnelles*. Frankfurt am Main, Allemagne [etc.] : Peter Lang.

Genvo, Sébastien. 2012. *La théorie de la ludicisation : une approche anti-essentialiste des phénomènes ludiques*. Communication présentée à : Journée d'études « Jeu et jouabilité à l'ère numérique », Institut d'Arts et d'Archéologie, Paris. Disponible sur : <http://www.ludologique.com/publis/LudicisationDec12.pdf> (consulté le 02.08.16).

Gerhard, Michael / Moore, David J. / Hobbs, Dave J. 2001. Continuous Presence in Collaborative Virtual Environments: Towards a Hybrid Avatar-Agent Model for User Representation. In : Antonio, Angélica de / Aylett, Ruth / Ballin, Daniel. *Intelligent Virtual Agents*. Heidelberg, Allemagne [etc.] : Springer, 137–155. DOI : <10.1007/3–540-44812-8_12>.

Ghani, Jawaid A. / Deshpande, Satish P. 1994. Task characteristics and the experience of optimal flow in Human-Computer interaction. *Journal of Psychology*, *128*(4), 381–391. DOI : <10.1080/00223980.1994.9712742>.

Giessen, Hans W. 2016. Serious Games und Sprachenlernen: eine kurze Darstellung des State-of-the-Art. In : Roy, Mickaël / Kusyk, Meryl / Schlemminger, Gérald / Bechmann, Dominique (ed.). *Environnements numériques et interactions en langue étrangère : du formel à l'informel, du réel à la réalité virtuelle. Fremdsprachliches Handeln in digitalen Umgebungen: vom formellen zum informellen Lernen, real und virtuell. Digital Environments and Foreign Language Interaction: Formal and Informal Learning in Real and Virtual Worlds*. Berne, Suisse : Peter Lang, 125–135.

Gonçalves, Celso / Ney, Muriel / Balacheff, Nicolas. 2009. Les étudiants jouent mais à quel jeu jouent-ils ? In : George, Sébastien /

Sanchez, Éric (dir.). *Actes de l'atelier « Jeux Sérieux ». Conférence EIAH Environnements Informatiques pour l'Apprentissage Humain*. Le Mans, France, 11–26. Disponible sur : <http://eductice.ens-lyon.fr/EducTice/recherche/geomatique/telechargement/actesEIAH2009> (consulté le 03.08.16).

Goullier, Francis. 2005. *Les outils du conseil de l'Europe en classe de langue*. Paris, France : Didier.

Graesser, Arthur / Chipman, Patrick / Leeming, Frank / Biedenbach, Suzanne. 2009. Deep learning and emotion in serious games. In : Ritterfeld, Ute / Cody, Michael / Vorderer, Peter (ed.). *Serious Games: Mechanisms and Effects*. New York, US-NY [etc.] : Routledge.

Grosbois, Muriel. 2007. Didactique des langues et recherche expérimentale. *Recherches en didactique des langues et des cultures : les cahiers de l'Acedle*, n°4, 65–83.

Grosbois, Muriel. 2012. *Didactique des langues et technologies : de l'EAO aux réseaux sociaux*. Paris, France : Presses de l'université Paris-Sorbonne.

Guichon, Nicolas. 2012. L'apprentissage des langues médiatisé par les technologies (ALMT) – Étude d'un domaine de recherche émergent à travers les publications de la revue Alsic. *Alsic. Apprentissage des Langues et Systèmes d'Information et de Communication*, *15*(3). DOI : <10.4000/alsic.2539>.

Guittet, André. 2013. *L'entretien : techniques et pratiques*. Paris, France : Armand Colin.

Hand, Chris. 1997. A Survey of 3D Interaction Techniques. *Computer Graphics Forum*, *16*(5), 269–281. DOI: <10.1111/1467–8659.00194>.

Heers, Rainer. 2005. *„Being There": Untersuchungen zum Wissenserwerb in virtuellen Umgebungen.* Thèse de doctorat en sciences de l'information et de la communication. Eberhard-Karls-Universität Tübingen, Tübingen, Allemagne. Non publié. Disponible sur : <https://www.deutsche-digitale-bibliothek.de/binary/ALBLK7VWTJGH2FOFFQTQLEO6RZCCGKTP/full/1.pdf> (consulté le 03.08.16).

Heeter, Carrie. 1992. Being there: The Subjective Experience of Presence. *Presence: Teleoperators & Virtual Environments*, *1*(2), 262–271. DOI : <10.1162/pres.1992.1.2.262>.

Heeter, Carrie. 2003. Reflections on Real Presence by a Virtual Person. *Presence: Teleoperators & Virtual Environments, 12*(4), 335–345. DOI : <10.1162/105474603322391587>.

Heilbrun, Adam / Stacks, Barbara. 1989. Virtual Reality: An Interview with Jaron Lanier. *Whole Earth Review*, n° 64, 108–110. Disponible sur : <http://www.jaronlanier.com/jaron%20whole%20earth%20review.pdf> (consulté le 03.08.16).

Henriot, Jean. 1969. *Le jeu*. Paris, France : Presses Universitaires de France.

Huizinga, Johan. 1951. *Homo ludens : essai sur la fonction sociale du jeu*. Paris, France : Gallimard.

Hymes, Dell. 1972. On Communicative Competence. In : Pride, John B. / Holmes, Janet (ed.). *Sociolinguistics. Selected Readings*. Harmondsworth, Royaume-Uni : Penguin, 269–293.

Hymes, Dell. 1984. *Vers la compétence de communication*. Paris, France : Hatier.

IBM Corporation. 2011. *IBM SPSS®* Statistics (Version 20). Armonk, US-NY.

IJsselsteijn, Wijnand A. / Ridder, Huib de / Freeman, Jonathan / Avons, Steve E. 2000. Presence: concept, determinants and measurement. *Proceedings of the SPIE, Human Vision and Electronic Imaging*. San Joe, US-CA, vol. 3959, p. 520–529. DOI : <10.1117/12.387188>.

Insko, Brent E. 2003. Measuring Presence: Subjective, Behavioral and Physiological Methods. In : Riva, Giuseppe. / Davide, Fabrizio / IJsselsteijn, Wijnand A. *Being There: Concepts, effects and measurement of user presence in synthetic environments*. Amsterdam, Pays-Bas : IOS Press, 109–119.

INTERREG IV Rhin Supérieur / Oberrhein. 2014. *INTERREG IV Rhin Supérieur 2007–2013 à l'heure du bilan*. Strasbourg, France. Disponible sur : <http://www.interreg-rhin-sup.eu/wp-content/uploads/2015/10/Brochure-INTERREG-IV-A-lheure-du-bilan.pdf> (consulté le 03.08.16).

Isbiter, Katherine / Doyle, Patrick. 2004. The blind men and the elephant revisited. In : Ruttkay, Zsófia / Pelachaud Catherine (ed.). *From brows to trust: Evaluating Embodied Conversational Agents*. Dordrecht, Pays-Bas, 3–26.

Jacquinot, Geneviève. 1997. Nouveaux écrans du savoir ou nouveaux écrans au savoir ? In : Grinon, Jacques / Gautellier, Christian (dir.). *Apprendre avec le multimédia – Où en est-on ?* Paris, France : Retz, 157–164.

Jeanneau, Catherine / Ollivier, Christian. 2009. Eléments influençant la nature des interactions en ligne des apprenants de langues. In : Develotte, Christine / Mangenot, François / Nissen, Elke (coord.). *Actes du colloque : échanger pour apprendre en ligne (EPAL)*. Grenoble, France. Disponible à : <http://epal.u-grenoble3.fr/actes2009.htm> (consulté le 03.08.16).

Jeannot, Laurence / Chanier, Thierry. 2008. Stratégies d'un apprenant de langue dans une formation en ligne sur une plate-forme audio-synchrone. *Alsic. Apprentissage des Langues et Systèmes d'Information et de Communication, 11*(2), 39–78. DOI : <10.4000/alsic.879>.

Jex, Henry R. 1988. Measuring Mental Workload: Problems, Progress, and Promises. *Advances in Psychology*, vol. 52, 5–39. DOI : <10.1016/S0166-4115(08)62381-X>.

Johnson, Robert Keith / Swain, Merrill. 1997. Immersion education: A category within bilingual education. *Immersion Education: International Perspectives*. Cambridge, Royaume-Uni : Cambridge University Press, 1–16. DOI : <10.1017/CBO9781139524667.003>.

Juan, Salvador. 1999. *Méthodes de recherche en sciences sociohumaines : exploration critique des techniques*. Paris, France : Presses universitaires de France.

Julia, Jean-Thierry. 2003. Interactivité, modes d'emploi. *Documentaliste-Sciences de l'information, 40*(3), 204–2012. DOI : <10.3917/docsi.403.0204 >.

Kähler, Wolf-Michael. 2011. *Statistische Datenanalyse*. Wiesbaden, Allemagne : Vieweg + Teubner.

Kalawsky, Roy S. 1993. *The science of virtual reality and virtual environments*. Wokingham, Royaume-Uni [etc.] : Addison-Wesley.

Kalawsky, Roy S. 2000. *The Validity of Presence as a Reliable Human Performance Metric in Immersive Environments*. Communication présentée à : 3rd International Workshop on Presence. Delft, Pays-Bas. Disponible sur : <http://citeseerx.ist.psu.edu/viewdoc/dow

nload?doi=10.1.1.12.8095&rep=rep1&type=pdf> (consulté le 03.08.16).

Kaplan, Andreas M. / Haenlein, Michael. 2013. Mondes virtuels : retour au réalisme. *L'Expansion Management Review*, n°138, 90–102. DOI : <10.3917/emr.138.0090>.

Kaufmann, Hannes. 2003. *Collaborative Augmented Reality in Education.* Communication présentée à : Imagina 2008, Monaco.

Kaufmann, Jean-Claude. 2007. *L'entretien compréhensif* (2ème édition). Armand Colin. 1ère édition : 2004.

Klippel, Friederike. 2000. Überlegungen zum ganzheitlichen Fremdsprachenunterricht. *Fremdsprachenunterricht: fsu*, *44*(53), 242–248.

Konrad, Klaus. 2006. Die Befragung. In : Wosnitza, Marold / Jäger, Reinhold S. (ed.). *Daten erfassen, auswerten und präsentieren – aber wie?* Landau, Allemagne : Verlag Empirische Pädagogik, p. 48–74.

Krashen, Stephen D. 1984. Immersion: Why it works and what it has taught us. *Language and Society*, n° 12, 61–64.

Kuckartz, Udo. 2010. *Einführung in die computergestützte Analyse qualitativer Daten* (3ème édition). Wiesbaden, Allemagne : VS Verlag für Sozialwissenschaften. 1ère édition : 1999.

Kuckartz, Udo. 2012. *Qualitative Inhaltsanalyse.* Weinheim, Allemagne [etc.] : Beltz-Juventa.

Lacroix, Bernard. 2002. La contribution de Norbert Elias à la construction à l'analyse de la construction sociale de l'état parlementaire. *Polis*, n° spécial 9, 1–20.

Lange, Michael. 2008. Das fliegende Klassenzimmer. Bildungspotentiale von „Second Life". In : Ertelt, Jürgen / Röll, Franz J. *Web 2.0. Jugend online als pädagogische Herausforderung. Navigation durch die digitale Jugendkultur.* München, Allemagne : Kopaed, 249–265.

Langlet, Caroline. 2015. Vers un modèle de détection des affects, appréciations et jugements dans le cadre d'interactions humain-agent. Actes de la 22ème conférence sur le Traitement Automatique des Langues Naturelles. Caen, France, 25–37. Disponible sur : <https://taln2015.greyc.fr/articlesenlignetaln/> (consulté le 6.09.16).

Larrue, Florian / Sauzéon, Hélène / Aguilova, Lioubov / Lotte, Fabien / Hachet, Martin / NKaoua, Bernard. 2012. Brain Computer Interface vs Walking Interface in VR: The Impact of Motor Activity on Spatial Transfer. In : Green, Mark (dir.). *Proceedings of the 18th ACM Symposium on Virtual Reality Software and Technology*. Toronto, Canada, 113–120. New York, US-NY : ACM. DOI : <10.1145/2407336.2407359>.

Lee, Kwan M. 2004. Presence, Explicated. *Communication Theory, 14*(1), 27–50. DOI : <10.1111/j.1468–2885.2004.tb00302.x>.

Lessiter, Jane / Freeman, Jonathan / Keogh, Edmund / Davidoff, Jules. 2001. A Cross-Media Presence Questionnaire: The ITC-Sense of Presence Inventory. *Presence: Teleoperators and Virtual Environments, 10*(3), 282–297. DOI : <10.1162/105474601300343612>.

Levy, Michael. 1997. *Computer-assisted language learning: context and conceptualization*. New York, US-NY : Oxford University Press.

Linden Lab. 2003. *Second Life*. San Francisco, US-CA.

Lombard, Matthew / Ditton, Theresa. 1997. At the Heart of It All : The Concept of Presence. *Journal of Computer-Mediated Communication, 3*(2) [En ligne]. DOI : <10.1111/j.1083–6101.1997.tb00072.x>.

Luyat, Marion / Regia-Corte, Tony. 2009. Les affordances : de James Jerome Gibson aux formalisations récentes du concept. *L'Année psychologique, 109*(2), 297–332. DOI :<10.4074/S000350330900205X>.

Macaire. 2008. *De la didactique de l'allemand à une didactique du plurilinguisme : la recherche-action comme aide au changement.* Note de synthèse du dossier présenté en vue de l'obtention de l'Habilitation à Diriger des Recherches. Université de Provence, Aix-Marseille, France.

Marsh, David. 1994. *Bilingual Education & Content and Language Integrated Learning*. Communication présentée à : International Association for Cross-cultural Communication, Language Teaching in the Member States of the European Union (Lingua). Université de la Sorbonne Paris, France.

Martin, Ernst / Wawrinowski, Uwe. 2003. *Beobachtungslehre* (6ème édition). Weinheim, Allemagne [etc.] : Juventa-Verlag. 1ère édition : 1991.

Maurer, Bruno. 2011. *Enseignement des langues et construction européenne. Le plurilinguisme, nouvelle idéologie dominante.* Paris, France : Archives Contemporaines.

Mawhin, Barbara. 2010. *Environnements virtuels pour l'apprentissage dans les formations de sapeur-pompier.* Mémoire de Master en ergonomie cognitive et ingénierie linguistique. Université de Toulouse Le Mirail, Toulouse, France. Non publié.

Mayer, Horst O. 2008. *Interview und schriftliche Befragung* (4ème édition). München, Allemagne [etc.] : Oldenbourg. 1ère édition : 2002.

Mayer, Nikola. 2002. *Ganzheitlichkeit und Sprache.* Frankfurt am Main, Allemagne [etc.] : Perter Lang.

Mayring, Philipp. 2015. *Qualitative Inhaltsanalyse* (12ème édition). Weinheim, Allemagne [etc.] : Beltz. 1ère édition 1983.

Méron-Minuth, Sylvie. 2009. *Kommunikationsstrategien von Grundschülern im Französischunterricht.* Tübingen, Allemagne : Narr.

Méry, Stéphane. 2008. L'utilisation du différenciateur sémantique en sociologie pour appréhender des facteurs agissant sur le choix des pratiques sportives. *Bulletin de méthodologie sociologique.* n° 98 | 2008, 40–59. Disponible sur : <http://bms.revues.org/2033> (consulté le 03.08.16).

Messager, Pernette. 2008. *Faut-il visualiser des paysages par le Symbolisme ou le Photo-réalisme ? ou Photo-réalisme versus Non-photo-réalisme : Objectifs et usages.* Communication présentée à : Imagina 2008, Monaco.

Microsoft Corporation. 1985. *Windows.* Redmond, US-WA.

Microsoft Corporation. 2010a. *Microsoft Excel® pour Mac.* Redmond, US-WA.

Microsoft Corporation. 2010b. *Microsoft Word® pour Mac.* Redmond, US-WA.

Milgram, Paul / Kishino, Fumio. 1994. A taxonomy of mixed reality visual displays. *IEICE Transactions on Information Systems, E77-D*(12), 1–15. Disponible sur : <http://etclab.mie.utoronto.ca/people/paul_dir/IEICE94/ieice.html> (consulté le 03.08.16).

Minichiello, Federica. 2013. Le phénomène des MOOCs (Massive Open Online Courses). *Revue internationale d'éducation de Sèvres*, n°63, 12–16. DOI : <10.4000/ries.3453>.

Moirand, Sophie. 1982. *Enseigner à communiquer en langue étrangère*. Paris, France : Hachette.

Molka-Danielsen, Judith. 2009. The New Learning and Teaching Environment. In : Molka-Danielsen, Judith / Deutschmann, Mats (ed.). *Learning and teaching in the virtual world of Second Life*. Trondheim, Norvège : Tapir Academic Press, 13–25.

Molka-Danielsen, Judith / Deutschmann, Mats (ed.). *Learning and teaching in the virtual world of Second Life*. Trondheim, Norvège : Tapir Academic Press.

Moser, Heinz. 1995. *Grundlagen der Praxisforschung*. Freiburg im Breisgau : Lambertus.

Murray, Craig D. / Arnold, Paul / Thornton, Ben. 2000. Presence Accompanying Induced Hearing Loss: Implications for Immersive Virtual Environments. *Presence: Teleoperators & Virtual Environments*, *9*(2), 137–148. DOI : <10.1162/105474600566682>.

Murray, Craig D. / Fox, Jezz / Pettifer, Steve. 2007. Absorption, dissociation, locus of control and presence in virtual reality. *Computers in Human Behavior*, *23*(3), 1347–1354. DOI : <10.1016/j.chb.2004.12.010>.

Narcy-Combes, Jean-Paul. 2005. *Didactique des langues et TIC : vers une recherche-action responsable*. Gap, France : Ophrys.

Nichols, Sarah / Haldane, Clovissa / Wilson, John R. 2000. Measurement of presence and its consequences in virtual environments. *International Journal of Human-Computer Studies*, *52*(3), 471–491. DOI : <10.1006/ijhc.1999.0343>.

Nissen, Elke. 2011. Variations autour de la tâche dans l'enseignement / apprentissage des langues aujourd'hui. *Alsic. Apprentissage des Langues et Systèmes d'Information et de Communication*, vol. 14. DOI : <10.4000/alsic.2344>.

Ochs, Magalie / Ding, Yu / Fourati, Nesrine / Chollet, Mathieu / Ravenet, Brian / Pecune, Florian / Glas, Nadine / Prepin, Ken / Clavel, Chloé / Pelachaud, Catherine. 2013. *Vers des Agents Conversationnels Animés Socio-affectifs*. Actes de la 25ème conférence francophone sur l'Interaction Homme-Machine, IHM'13, Bordeaux, France. DOI : <10.1145/2534903.2534913>.

Ollivier, Christian. 2010. Impacts négatifs de la présence de l'enseignant dans les tâches. Vers une approche interactionnelle et des tâches de la vie réelle. In : Foucher, Anne-Laure / Pothier, Maguy / Rodrigues, Christine / Quanquin Véronique (dir.). *La tâche comme point focal de l'apprentissage.* Actes du 2ème colloque international Tidilem (Tice et Didactique des Langues Étrangères et Maternelles), Clermont-Ferrand, France. Disponible sur : <https://edutice.archives-ouvertes.fr/edutice-00495054/file/Ollivier.pdf> (consulté le 03.08.16).

Ollivier, Christian. 2012. Approche interactionnelle et didactique invisible – Deux concepts pour la conception et la mise en œuvre de tâches sur le web social. *Alsic. Apprentissage des Langues et Systèmes d'Information et de Communication, 15*(1). DOI : <10.4000/alsic.2402>.

Osgood, Charles E. / Suci, George J. / Tannenbaum, Percy H. 1957. *The Measurement of Meaning.* Urbana, US-IL : University of Illinois Press.

Ould Ouali, Lydia / Sabouret, Nicolas / Rich, Charles. 2016. *Un modèle pour prendre en compte les relations interpersonnelles dans les stratégies de dialogue.* Actes de la conférence Workshop Affect, Compagon Artificiel, Interaction (WACAI), Brest, France. Disponible sur : <https://perso.limsi.fr/sabouret/ps/wacai2016-lydia.pdf> (consulté le 26.08.16).

Oxford, Rebecca L. 1990. *Language Learning Strategies: What Every Teacher Should Know.* Boston, US-MA : Heinle & Heinle.

Pädagogische Hochschule Karlsruhe. 2011a. *Formulaire de demande de concours communautaire.* EVEIL 3D, version déposée (réf. : 4106). Strasbourg : Non publié.

Pädagogische Hochschule Karlsruhe. 2011b. *Annexe « lots de travail » au formulaire de demande de concours communautaire.* EVEIL 3D, version déposée (réf. : 4106). Strasbourg : Non publié.

Pädagogische Hochschule Karlsruhe. 2011c. *Antragsformular auf EU-Mittelförderung.* EVEIL 3D, eingereichte Version (Ref. : 4106). Strasbourg : Non publié.

Pädagogische Hochschule Karlsruhe. 2013. EVEIL-3D – *Environnements virtuels pour l'apprentissage – Lernen in virtuellen Welten.* Dépliant du projet. Karlsruhe : KIT. Disponible sur : <http://www.eveil-3d.eu/downloads/fly_EVEIL-3D_f.pdf> (consulté le 03.08.16).

Pädagogische Hochschule Karlsruhe. 2014. *Architecte 2015*. Ludiciel. Karlsruhe, Allemagne. Disponible sur : <http://www.eveil-3d.eu/francais/333.php> (consulté le 9.08.16).

Paquelin, Didier. 2002. Analyse d'applications multimédias pour un usage pédagogique. À la recherche de l'intentionnalité partagée. *Alsic. Apprentissage des Langues et Systèmes d'Information et de Communication*, *5*(1). DOI : < 10.4000/alsic.1917>.

Patel, Kayur / Hack-jung, Sang / Diankov, Rosen / Bajcsy, Ruzena / Bailenson, Jeremy N. 2006. The effects of fully immersive virtual reality on the learning of physical tasks. *Proceedings of the 9th annual international workshop on presence*, 87–94. Disponible sur : <https://ispr.info/presence-conferences/previous-conferences/presence-2006> (consulté le 03.08.16).

Peretz, Henri. 2004. *Les méthodes en sociologie : l'observation*. Paris, France : La Découverte.

Peterson, Mark. 2010. Computerized Games and Simulations in Computer-Assisted Language Learning: A Meta-Analysis of Research. *Simulation & Gaming*, *41*(1), 72–93. DOI : <10.1177/1046878109355684>.

Petit, Jean. 2001. *L'immersion, une révolution*. Colmar, France : J. Do Bentzinger.

Piaget, Jean. 1936. *La naissance de l'intelligence chez l'enfant*. Paris, France [etc.] : Delachaux & Niestlé.

Portine, Henri. 2008. Activités langagières, énonciation et cognition. La centration sur les apprentissages. *Recherches en didactique des langues et des cultures : les cahiers de l'Acedle*, *5*(1), 233–254.

Poteaux, Nicole. 1997. L'intégration des nouvelles technologies éducatives dans l'enseignement des langues. In : Carmen Cuéllar, María del (dir.). *Las nuevas tecnologías integradas en la programación didáctica de lenguas extranjeras*. València, Espagne : Universidad de valencia, 19–28.

Puren, Christian. 2001. La « perspective actionnelle » dans les enseignements bilingues : réflexions exploratoires. *Nouveaux Cahiers d'Allemand, revue de linguistique et de didactique*, *19*(2), 215–222.

Puren, Christian. 2006. De l'approche communicative à la perspective actionnelle. *Le français dans le monde*, n° 347, 37–40.

Puren, Christian. 2009a. Variations sur le thème de l'agir social en didactique des langues-cultures étrangères. *Français dans le monde*, n°45.

Puren, Christian. 2009b. *Nouvelle perspective actionnelle et (nouvelles) technologies éducatives : quelles convergences… et quelles divergences ?* Communication présentée à : Colloque Cyber-Langues 2009, Reims, France. Disponible sur : <http://www.cyber-langues.fr/IMG/pdf/PUREN_conference_Cyberlangues2009.pdf> (consulté le 03.08.16).

Puren, Christian. 2012. *Le passage du paradigme de la communication au paradigme de l'action, et ses implications dans la mise en œuvre pratique de la perspective actionnelle.* Communication présentée à : Didactique des langues, des cultures et des disciplines à l'université, Fès, Maroc. Disponible sur : <http://www.christianpuren.com/app/download/5694275151/PUREN_2013e_Paradigmes_action_communication_implications+%281%29.pdf?t=1366628257> (consulté le 03.08.16).

Qotb, Hani. 2015. Vers une analyse de l'apprentissage des langues en environnements virtuels immersifs. *Corela. Cognition, représentation, langage*, *13*(1) [En ligne]. DOI : <10.4000/corela.3865>.

Ragan, Eric D. 2010. The Effects of Higher Levels of Immersion on Procedure Memorization Performance and Implications for Educational Virtual Environments. *Presence: Teleoperators and Virtual Environments*, *19*(6), 527–543. DOI : <10.1162/pres_a_00016>.

Raithel, Jürgen. 2008. *Quantitative Forschung* (2ème édition). Wiesbaden, Allemagne : VS Verlag für Sozialwissenschaften. 1ère édition 2006.

Reeves, Byron. 1991. *Being there: Television as symbolic versus natural experience.* Stanford University, Institute for Communication Research. Stanford, US-CA : Non publié.

Reinders, Heinz. 2012. *Qualitative Interviews mit Jugendlichen führen* (2ème édition). München, Allemagne : Oldenbourg-Verlag. 1ère édition 2005.

Remmele, Martin / Martens, Andrea. 2016. Stereoscopic 3D visualizations as templates to pictorially represent a human organ. In : Roy, Mickaël / Kusyk, Meryl / Schlemminger, Gérald / Bechmann, Dominique (ed.). *Environnements numériques et interactions en langue étrangère : du formel à l'informel, du réel à la réalité virtuelle. Fremdsprachliches Handeln in digitalen Umgebungen: vom formellen zum informellen Lernen, real und virtuell. Digital Environments and Foreign Language Interaction: Formal and Informal Learning in Real and Virtual Worlds*. Berne, Suisse : Peter Lang, 217–233.

Rézeau, Joseph. 2001. *Médiatisation et médiation dans un environnement multimédia*. Thèse de doctorat en études anglaises : langue de spécialité – didactique des langues. Université Bordeaux 2, Bordeaux, France. Non publié. Disponible sur : <https://tel.archives-ouvertes.fr/tel-00007305> (consulté le 03.08.16).

Rheinberg, Falko / Vollmeyer, Regina / Engeser, Stefan. 2003. Die Erfassung des Flow-Erlebens. In : Stiensmeier-Pelster, Joachim / Rheinberg Falko (ed.). *Diagnostik von Motivation und* Selbstkonzept. Göttingen, Allemagne : Hogrefe, 261–279.

Rheingold, Howard. 1991. *Virtual reality*. New York, US-NY [etc.] : Summit Books.

Roussel, Stéphanie. 2014. À la recherche du sens perdu : comprendre la compréhension de l'oral en langue seconde. *La Clé des Langues* [En ligne]. Disponible sur : <http://cle.ens-lyon.fr/didactique/a-la-recherche-du-sens-perdu-comprendre-la-comprehension-de-l-oral-en-langue-seconde-242650.kjsp> (consulté le 16.08.16).

Roy, Mickaël. 2014. Sentiment de présence et réalité virtuelle pour les langues – Une étude de l'émergence de la présence et de son influence sur la compréhension de l'oral en allemand langue étrangère. *Alsic. Apprentissage des Langues et Systèmes d'Information et de Communication*, vol. 17 [En ligne]. DOI : <10.4000/alsic.2709>.

Roy, Mickaël / Schlemminger, Gérald. 2014. Immersion und Interaktion in virtuellen Realitäten: Der Faktor Präsenz zur Optimierung des geleiteten Sprachenlernens. *Zeitschrift für Interkulturellen Fremdsprachenunterricht*, *19*(2), 187–201. Disponible sur : <http://tujournals.ulb.tu-darmstadt.de/index.php/zif/article/view/39> (consulté le 03.08.16).

Sabourin, Stéphane / Valois, Pierre / Lussier, Yvan. 2005. L'utilisation des questionnaires en recherche. In : Bouchard, Stéphane / Cyr, Caroline (dir.). *Recherche psychosociale. Pour harmoniser re-*

cherche et pratique. Québec, Canada : Presses de l'Université du Québec, p. 279–320.

Sacau, Ana / Laarni, Jari / Hartmann, Tilo. 2008. Influence of individual factors on presence. *Computer in Human Behavior*, *24*(5), 2255–2273. DOI : <10.1016/j.chb.2007.11.001>.

Sanchez, Éric. 2016 (5 août). De Pokémon Go à la salle de classe, sept manières d'utiliser le jeu pour enseigner. *Le club de Mediapart, SubrepTICE* [En ligne]. Disponible sur : <https://blogs.mediapart.fr/eric-sanchez/blog/050816/de-pokemon-go-la-salle-de-classe-sept-manieres-d-utiliser-le-jeu-pour-enseigner> (consulté le 9.08.16).

Sanchez, Joe. 2009. A social history of virtual worlds. *Library Technology Reports*, *45*(2), 9–13.

Sas, Corina / O'Hare, Gregory MP. 2003. Presence Equation: An Investigation Into Cognitive Factors Underlying Presence. *Presence: Teleoperators and Virtual Environments*, *12*(5), 523–537. DOI : <10.1162/105474603322761315>.

Savignon, Sandra. 1972a. *Communicative Competence: an Experiment in Foreign Languages*. Philadelphia, US-PA : The Center for curriculum Development, 115 p.

Savignon, Sandra. 1972b. Teaching for Communicative Competence: Research Report. *Audio-Visual Language Journal*, *1972*(3), 153–162.

Schlemminger, Gérald. 2012. *EVEIL-3D : Environnement virtuels pour l'apprentissage – Lernen in virtuellen Welten*. Site Internet du projet EVEIL-3D. Karlsruhe. Disponible sur : <http://www.eveil-3d.eu> (consulté le 09.08.16).

Schlemminger, Gérald. 2014. Mondes virtuels et jeux sérieux pour apprendre les langues : l'exemple du projet EVEIL-3D. *Zeitschrift für romanische Sprachen und ihre Didaktik*, *8*(2), 71–85.

Schlemminger, Gérald. 2017 (soumis). *Langue « étrangère », lien social et appropriation du monde*.

Schlemminger, Gérald / Geiger-Jaillet, Anemone / Collas, Perrine. 2016. « Architecte 2015 », un jeu sérieux en réalité alternée et son intégration didactique dans un cours de langue. In : Roy, Mickaël / Kusyk, Meryl / Schlemminger, Gérald / Bechmann, Dominique (ed.). *Environnements numériques et interactions en langue étrangère : du formel à l'informel, du réel à la réalité virtuelle. Fremd-*

sprachliches Handeln in digitalen Umgebungen: vom formellen zum informellen Lernen, real und virtuell. Digital Environments and Foreign Language Interaction: Formal and Informal Learning in Real and Virtual Worlds. Berne, Suisse : Peter Lang, 27–42.

Schmoll, Laurence. 2016a. L'emploi des jeux dans l'enseignement des langues étrangères : Du traditionnel au numérique. *Sciences du jeu*, n°5 [En ligne]. DOI : <10.4000/sdj.628>.

Schmoll, Laurence. 2016b. *Concevoir un scénario de jeu vidéo sérieux pour l'enseignement-apprentissage des langues ou comment dominer un oxymore*. Thèse de doctorat en sciences du langage. Université de Strasbourg, Strasbourg, France : Non publié.

Schmoll, Laurence. 2016c. Scénarisation d'un learning game en environnement immersif tridimensionnel. In : Roy, Mickaël / Kusyk, Meryl / Schlemminger, Gérald / Bechmann, Dominique (ed.). *Environnements numériques et interactions en langue étrangère : du formel à l'informel, du réel à la réalité virtuelle. Fremdsprachliches Handeln in digitalen Umgebungen: vom formellen zum informellen Lernen, real und virtuell. Digital Environments and Foreign Language Interaction: Formal and Informal Learning in Real and Virtual Worlds*. Berne, Suisse : Peter Lang, 43–63.

Schmoll, Laurence / Roy, Mickaël. 2014. Serious game et apprentissage en réalité virtuelle : résultats d'une étude préliminaire sur la mémorisation en langue étrangère. *Synergie Pays germanophones*, n° 7, 77–88. Disponible sur : <http://gerflint.fr/Base/Paysgermanophones7/schmoll_roy.pdf> (consulté le 03.08.16).

Schmoll, Patrick. 2000. Les mondes virtuels, entre imagerie et imaginaire. *Sociétés*, *70*(4), 33–46. Disponible sur : <https://hal.archives-ouvertes.fr/hal-01299669/document> (consulté le 03.08.16).

Schmoll, Patrick. 2001. Les espaces textuels partagés. Nouvelles formes d'écriture, nouvelles formes de communication. In : Buridant, Claude / Kleiber, Georges / Pellat, Jean-Christophe (ed.). *Par monts et par vaux : itinéraires linguistiques et grammaticaux*. Paris, France [etc.] : Peeters, 351–364.

Schroeder, Ralph. 2002. Copresence and Interaction in Virtual Environments: An Overview of the Range of Issues. *Proceedings of the 5th international workshop on presence*. Porto, Portugal, 274–295.

Disponible sur : <https://ispr.info/presence-conferences/previous-conferences/presence-2002> (consulté le 03.08.16).

Schubert, Thomas / Friedmann, Frank / Regenbrecht, Holger. 2001. The Experience of Presence: Factor Analytic Insights. *Presence: Teleoperators & Virtual Environments*, *10*(3), 266–281. DOI : <10.1162/105474601300343603>.

Schubert, Thomas W. 2009. A New Conception of Spatial Presence: Once Again, with Feeling. *Communication Theory*, *19*(2), 161–187. DOI : <10.1111/j.1468–2885.2009.01340.x>.

Schwienhorst, Klaus. 2002. The State of VR: A Meta-Analysis of Virtual Reality Tools in Second Language Acquisition. *Computer Assisted Language Learning*, *15*(3), 221–239. DOI : <10.1076/call.15.3.221.8186>.

Searle, John R. / Ducrot, Oswald. 1972. *Les actes de langage : essai de philosophie du langage*. Paris, France : Hermann.

Selting, Margret / Auer, Peter / Barden, Birgit / Bergmann, Jörg / Couper-Kuhlen, Elizabeth / Günthner, Susanne / Quasthoff, Uta / Meier, Christoph / Schlobinski, Peter / Uhmann, Susanne. 1998. Gesprächsanalytisches Transkriptionssystem (GAT). *Linguistische Berichte*, n°173, 91–122.

Sheridan, Thomas. 1992. Musings on telepresence and virtual presence. *Presence: Teleoperators and Virtual Environments*, *1*(1), 120–126. DOI : <10.1162/pres.1992.1.1.120>.

Sherry, John L. 2004. Flow and Media Enjoyment. *Communication Theory*, *14*(4), 328–347. DOI : <10.1111/j.1468–2885.2004.tb00318.x>.

Skinner, Burrhus F. 1958. Teaching Machines: From the experimental study of learning come devices which arrange optimal conditions for self-instruction. *Science*, *128*(3330), 969–977. DOI : <10.1126/science.128.3330.969>.

Slater, Mel. 1999. Measuring Presence: A Response to the Witmer and Singer Presence Questionnaire. *Presence: Teleoperators and Virtual Environments*, *8*(5), 560–565. DOI : <10.1162/105474699566477>.

Slater, Mel / Usoh, Martin. 1993. Presence in immersive virtual environments. Communication présentée à : *Virtual Reality Annual*

International Symposium, 1993 IEEE. Seattle, US-WA, 90–96. DOI : <10.1109/VRAIS.1993.380793>.

Slater, Mel / Usoh, Martin / Steed, Anthony. 1994. Depth of presence in virtual environments. *Presence-Teleoperators and Virtual Environments*, *3*(2), 130–144. DOI : <10.1162/pres.1994.3.2.130>.

Sternberger, Ludovic. 2006. *Interaction en réalité virtuelle*. Thèse de doctorat en informatique. Université Louis Pasteur, Strasbourg. Non publié. Disponible sur : <http://scd-theses.u-strasbg.fr/1320/01/sternberger2006.pdf> (consulté le 03.08.16).

Steuer, Jonathan.1992. Defining Virtual Reality: Dimensions Determining Telepresence. *Journal of Communication*, *42*(4), 73–93. DOI : <10.1111/j.1460–2466.1992.tb00812.x>.

Strauss, Anselm L. 1991. *Grundlagen qualitativer Sozialforschung: Datenanalyse und Theoriebildung in der empirischen soziologischen Forschung*. München, Allemagne : Fink.

Szulborski, Dave. 2005. *This is Not a Game: A Guide to Alternate Reality Gaming*. S.i., US-PA : New-Fiction Publishing.

Tang, Wen Jun. 2012. Utilisation des stratégies d'apprentissage d'une langue étrangère dans un environnement virtuel multi-utilisateurs en trois dimensions. *Alsic. Apprentissage des Langues et Systèmes d'Information et de Communication*, *15*(2). DOI : <10.4000/alsic.2521>.

Tarone, Elaine. 1977. Crymes: Conscious communication strategies in interlanguage. In : Brown, H. Douglas / Yorio, Carlos A. / Crymes, Ruth H. *On TESOL '77*. Washington, US-WA : Teachers of English to Speakers of Other Languages, Inc. 194–203.

Teoh, Jase. 2007. Second Life, a Simulation: Barriers, Benefits, and Implications for Teaching. *Proceedings of the 7th Technology, Colleges & Community (TCC) Worldwide online conference*. Hawaii, US-HI, 116–125. Disponible sur : <http://tcc.kcc.hawaii.edu/previous/TCC%202007/teoh.pdf> (consulté le 08.08.16)

Tönshoff, Wolfgang. 1997. Training von Lernerstrategien im Fremdsprachenunterricht unter Einsatz bewusstmachender Vermittlungsverfahren. In : Rampillon, Ute / Zimmerman, Günther (ed.) *Strategien und Techniken beim Erwerb fremder Sprachen*. Ismaning, Allemagne : Hueber Verlag, 203–215.

Tricot, André. 2007. L'expérimentation et la démarche scientifique. *Recherches en didactique des langues et des cultures : les cahiers de l'Acedle*, n°4, 85–92.

Tricot, André / Pierre-Demarcy, Corinne / El Boussarghini, Rachid. 1998. Définitions d'aides en fonction des types d'apprentissages dans des environnements hypermédia. In : Rouet, Jean-François / La Passardière, Brigitte. de (ed.). *Hypermédias et Apprentissages 4*. Actes du Quatrième colloque « Hypermédias et apprentissages ». Poitiers, France. Paris, France [etc.] : Presses de l'Institut national de recherche pédagogique, 41–58.

Trudel, Louis / Simard, Claudine / Vonarx, Nicolas. 2007. La recherche qualitative est-elle nécessairement exploratoire ? Recherches qualitatives, Hors série n°5, 38–45. Disponible sur : <http://www.recherche-qualitative.qc.ca/documents/files/revue/hors_serie/hors_serie_v5/trudel.pdf> (Consulté le 20.08.16).

Usoh, Martin / Catena, Ernest / Arman, Sima / Slater, Mel. 2000. Using Presence Questionnaires in Reality. *Presence: Teleoperators & Virtual Environments*, *9*(5), 497–503. DOI : <10.1162/105474600566989>.

Vandergrift, Laurens / Tafaghodtari, Marzieh H. 2010. Teaching students how to listen does make a difference: An empirical study. *Language Learning*, 60, 470–497. DOI : <10.1111/j.1467–9922.2009.00559.x>.

Veit, Manuel / Stücker, Sebastian. 2012. *EVEIL-3D – Etude technique : rapport*. Document interne au projet EVEIL-3D. Non publié.

Verbi GmbH. 2012. *MAXQDA* (Version 11). Berlin, Allemagne.

VPL Research, Inc. 1989. Virtual Reality at Texpo 89. Redwood City : Author.

Vygotski, Lev Semenovitch. 1978. *Mind in society: the development of higher psychological processes*. London, Royaume-Uni [etc.] : Harvard University Press.

Wanlin, Philippe. 2007. L'analyse de contenu comme méthode d'analyse qualitative d'entretiens : une comparaison entre les traitements manuels et l'utilisation de logiciels. *Bilan et prospectives de la recherche qualitative en sciences humaines et sociales*. Hors série n°3, 243–272. Disponible sur : <http://www.recherche-qualitative.qc.ca/documents/files/revue/hors_serie/hors_serie_v3/RQ-HS-3-Numero-complet.pdf> (consulté le 03.08.16).

Warschauer, Mark. 1996. Computer assisted language learning: An introduction. In : Fotos, Sandra (ed.). *Multimedia language teaching*. Tokyo, Japon : Logos International, 3–20.

Watson, John B. 1913. Psychology as the behaviorist views it. *Psychological Review*, *20*(2), 158–177. DOI : <10.1037/h0074428>.

Weibel, David / Wissmath, Bartholomäus. 2011. Immersion in Computer Games: The Role of Spatial Presence and Flow. *International Journal of Computer Games Technology*, vol. 2011 [En ligne]. DOI : <10.1155/2011/282345>.

Weibel, David / Wissmath, Bartholomäus / Habegger, Stephan / Steiner, Yves / Groner, Rudolf. 2008. Playing online games against computer- vs. human-controlled opponents: Effects on presence, flow, and enjoyment. *Computers in Human Behavior*, *24*(5), 2274–2291. DOI : <10.1016/j.chb.2007.11.002>.

Wigham, Ciara R. 2012. *The interplay between nonverbal and verbal interaction in synthetic worlds which supports verbal participation and production in a foreign language*. Thèse de doctorat en sciences du langage. Université Blaise Pascal, Clermont-Ferrand, France. Disponible sur : <https://tel.archives-ouvertes.fr/tel-00762382> (consulté le 03.08.16).

Winebarger, Joshua / Mediani, Mohammed / Stücker, Sebastian / Waibel, Alexander. 2016. Challenges for Automatic Speech Recognition of Non-Native Adolescent Speech. In : Roy, Mickaël / Kusyk, Meryl / Schlemminger, Gérald / Bechmann, Dominique (ed.). *Environnements numériques et interactions en langue étrangère : du formel à l'informel, du réel à la réalité virtuelle. Fremdsprachliches Handeln in digitalen Umgebungen: vom formellen zum informellen Lernen, real und virtuell. Digital Environments and Foreign Language Interaction: Formal and Informal Learning in Real and Virtual Worlds*. Berne, Suisse : Peter Lang, 97–124.

Wirth, Werner / Hartmann, Tilo / Böcking, Saskia / Vorderer, Peter / Klimmt, Christoph / Schramm, Holger / Saari, Timo / Laarni, Jari / Ravaja, Niklas / Ribeiro, Gouvela / Biocca, Frank / Sacau, Ana / Jäncke, Lutz / Baumgartner, Thomas / Jäncke, Petra. 2007. A Process Model of the Formation of Spatial Presence Experiences. *Media Psychology*, *9*(3), 493–525. DOI : <10.1080/15213260701283079>.

Wissmath, Bartholomäus / Weibel, David / Mast, Fred W. 2009. Measuring presence with verbal versus pictorial scales: a comparison between online- and ex post-ratings. *Virtual Reality*, *14*(1), 43–53. DOI : <10.1007/s10055-009–0127-0>.

Witmer, Bob G. / Singer, Michael J. 1998. Measuring Presence in Virtual Environments: A Presence Questionnaire. *Presence: Teleoperators and Virtual Environments*, 7(3), 225–240. DOI : <10.1162/105474698565686>.

Wolcott, Harry F. 1994. *Transforming Qualitative Data: Description, Analysis, and Interpretation*. Thousand Oaks, US-CA [etc.] : Sage Publications.

Sources des images

Figures 5, 6, 23 :	Prises de vue dans le cadre du projet EVEIL-3D, avec l'autorisation des personnes figurant sur les photos
Figure 4 :	Natalia Lukiyanova / 123RF GmbH, Berlin
Figures 8, 9 :	Art – Advanced Realtime Tracking. <http://www.ar-tracking.com>
Figures 22 :	Prise de vue de Marc Rollmann. Modèle 3D de la catédrale de Strasbourg, avec le soutien de la Fondation de l'Oeuvre Notre Dame et « Inventive Studio » (Stéphane Poitier)
Figures 17, 18, 19, 20, 21, 24, 25 :	Prises de vue dans le cadre du projet EVEIL-3D, avec l'autorisation des personnes figurant sur les photos. Modèle 3D de la catédrale de Strasbourg, avec le soutien de la Fondation de l'Oeuvre Notre Dame et « Inventive Studio » (Stéphane Poitier)

Table des figures

Table des tableaux

Table des exemples analysés

Annexes

Annexe 1 : Calendrier du projet EVEIL-3D

C **Planning / Planung**

ID	Nom / Name	2012												2013												2014											
		1	2	3	4	5	6	7	8	9	10	11	12	1	2	3	4	5	6	7	8	9	10	11	12	1	2	3	4	5	6	7	8	9	10	11	12
LOT1	**Coordination / Projektleitung**	1	2	3	4	5	6	7	8	9	10	11	12	13	14	15	16	17	18	19	20	21	22	23	24	25	26	27	28	29	30	31	32	33	34	35	36
LOT2	**Etude / Planung**																																				
2.1	Etude technique / Technische Planung	1	2	3	4	5	6																														
2.2	Etude didactique / Didaktische Planung	1	2	3	4	5	6																														
2.3	Cahier des charges / Pflichtenheft				1	2	3	4	5	6																											
LOT3	**Développements / Entwicklung**																																				
3.1	Moteur de jeu / Spielengine							1	2	3	4	5	6	7	8	9	10	11	12	13	14	15	16	17	18	19	20	21	22	23	24						
3.2	Pilotage de l'environnement immersif / Steuerung der immersiven Umgebung							1	2	3	4	5	6	7	8	9	10	11	12	13	14	15	16	17	18	19	20	21	22	23	24						
3.3	Reconnaissance de la parole / Spracherkennung							1	2	3	4	5	6	7	8	9	10	11	12	13	14	15	16	17	18	19	20	21	22	23	24						
LOT4	**Création de contenus / Gestaltung des Inhalts**																																				
4.1	Graphismes / Grafik							1	2	3	4	5	6	7	8	9	10	11	12																		
4.2	Bruitages / Gerauschkulisse							1	2	3	4	5	6	7	8	9	10	11	12																		
4.3	Voix / Stimmen							1	2	3	4	5	6	7	8	9	10	11	12																		
LOT5	**Evaluations / Auswertung**																																				
5.1	Evaluation pédagogique / Pädagogische Auswertung												1						2						3						4	5	6	7	8	9	
5.2	Evaluation économique / Wirtschaftliche Auswertung																														1	2	3	4	5	6	
5.3	Evaluation technologique / Technologische Auswertung												1						2						3						4	5	6	7	8	9	
LOT6	**Dissémination / Verbreitung**																																				
6.1	Promotion du projet / Projektförderung	1	2	3	4	5	6	7	8	9	10	11	12	13	14	15	16	17	18	19	20	21	22	23	24	25	26	27	28	29	30	31	32	33	34	35	36
6.2	Diffusion des résultats / Verbreitung der Ergebnisse						1	2	3	4	5	6	7	8	9	10	11	12	13	14	15	16	17	18	19	20	21	22	23	24	25	26	27	28	29	30	31
6.3	Exploitation des résultats / Nutzung der Ergebnisse	1	2	3	4	5	6																			7	8	9	10	11	12	13	14	15	16	17	18

En vert = temps de travail
En vert foncé = réunions prévues

Grün = Arbeitszeit
Dunkelgrün = geplanten Treffen

Certaines réunions auront lieu le même mois, mais pas nécessairement à la même date
Dans le tableau, ces réunions se retrouvent dans la même colonne

Einige Veranstaltungen finden im selben Monat, aber nicht notwendigerweise am selben Tag
In der Tabelle sind diese Treffen in der gleichen Spalte gefunden werden

Source : Pädagogische Hochschule Karlsruhe. 2011. *Formulaire de demande de concours communautaire. EVEIL 3D, version déposée (réf. : 4106)* [annexe « Lots de travail »]. Strasbourg : Non publié.

Annexe 2 : Questionnaire de présence de Witmer et Singer (1994)

Appendix B

PRESENCE QUESTIONNAIRE
Version 2.0, Bob Witmer & Michael J. Singer

Characterize your experience in the virtual environment, by marking an "X" in the appropriate box of the 7-point scale, in accordance with the question content and descriptive labels. Please consider the entire scale when making your responses, as the intermediate levels may apply. Answer the questions independently in the order that they appear. Do not skip questions or return to a previous question to change your answer. ANSWER ALL QUESTIONS WITH REGARD TO THE VIRTUAL ENVIRONMENT.

1. How much were you able to control events?

|________|________|________|________|________|________|________|
NOT AT ALL — SOMEWHAT — COMPLETELY

2. How responsive was the environment to actions that you initiated (or performed)?

|________|________|________|________|________|________|________|
NOT RESPONSIVE — MODERATELY RESPONSIVE — COMPLETELY RESPONSIVE

3. How natural did your interactions with the environment seem?

|________|________|________|________|________|________|________|
EXTREMELY ARTIFICIAL — BORDERLINE — COMPLETELY NATURAL

4. How completely were <u>all</u> of your senses engaged?

|________|________|________|________|________|________|________|
NOT ENGAGED — MILDLY ENGAGED — COMPLETELY ENGAGED

5. How much did the visual aspects of the environment involve you?

|________|________|________|________|________|________|________|
NOT AT ALL — SOMEWHAT — COMPLETELY

6. How much did the auditory aspects of the environment involve you?

|________|________|________|________|________|________|________|
NOT AT ALL — SOMEWHAT — COMPLETELY

7. How natural was the mechanism which controlled movement through the environment?

|________|________|________|________|________|________|________|
EXTREMELY ARTIFICIAL — BORDERLINE — COMPLETELY NATURAL

8. How aware were you of events occurring in the real world around you?

|________|________|________|________|________|________|________|
NOT AWARE AT ALL — MILDLY AWARE — VERY AWARE

9. How aware were you of your display and control devices?

|________|________|________|________|________|________|________|
NOT AWARE AT ALL — MILDLY AWARE — VERY AWARE

10. How compelling was your sense of objects moving through space?

|________|________|________|________|________|________|________|
NOT AT ALL — MODERATELY COMPELLING — VERY COMPELLING

11. How inconsistent or disconnected was the information coming from your various senses?

|________|________|________|________|________|________|________|
NOT AT ALL INCONSISTENT — SOMEWHAT INCONSISTENT — VERY INCONSISTENT

12. How much did your experiences in the virtual environment seem consistent with your real world experiences?

|________|________|________|________|________|________|________|
NOT CONSISTENT — MODERATELY CONSISTENT — VERY CONSISTENT

B-2

13. Were you able to anticipate what would happen next in response to the actions that you performed?

NOT AT ALL			SOMEWHAT			COMPLETELY

14. How completely were you able to actively survey or search the environment using vision?

NOT AT ALL			SOMEWHAT			COMPLETELY

15. How well could you identify sounds?

NOT AT ALL			SOMEWHAT			COMPLETELY

16. How well could you localize sounds?

NOT AT ALL			SOMEWHAT			COMPLETELY

17. How well could you actively survey or search the virtual environment using touch?

NOT AT ALL			SOMEWHAT			COMPLETELY

18. How compelling was your sense of moving around inside the virtual environment?

NOT COMPELLING			MODERATELY COMPELLING			VERY COMPELLING

19. How closely were you able to examine objects?

NOT AT ALL			PRETTY CLOSELY			VERY CLOSELY

20. How well could you examine objects from multiple viewpoints?

NOT AT ALL			SOMEWHAT			EXTENSIVELY

21. How well could you move or manipulate objects in the virtual environment?

|________|________|________|________|________|________|________|
NOT AT ALL SOMEWHAT EXTENSIVELY

22. To what degree did you feel confused or disoriented at the beginning of breaks or at the end of the experimental session?

|________|________|________|________|________|________|________|
NOT AT ALL MILDLY DISORIENTED VERY DISORIENTED

23. How involved were you in the virtual environment experience?

|________|________|________|________|________|________|________|
NOT INVOLVED MILDLY INVOLVED COMPLETELY ENGROSSED

24. How distracting was the control mechanism?

|________|________|________|________|________|________|________|
NOT AT ALL MILDLY DISTRACTING VERY DISTRACTING

25. How much delay did you experience between your actions and expected outcomes?

|________|________|________|________|________|________|________|
NO DELAYS MODERATE DELAYS LONG DELAYS

26. How quickly did you adjust to the virtual environment experience?

|________|________|________|________|________|________|________|
NOT AT ALL SLOWLY LESS THAN ONE MINUTE

27. How proficient in moving and interacting with the virtual environment did you feel at the end of the experience?

|________|________|________|________|________|________|________|
NOT PROFICIENT REASONABLY PROFICIENT VERY PROFICIENT

B-4

28. How much did the visual display quality interfere or distract you from performing assigned tasks or required activities?

|________|________|________|________|________|________|________|
NOT AT ALL — INTERFERED SOMEWHAT — PREVENTED PERFORMANCE

29. How much did the control devices interfere with the performance of assigned tasks or with other activities?

|________|________|________|________|________|________|________|
NOT AT ALL — INTERFERED SOMEWHAT — INTERFERED GREATLY

30. How well could you concentrate on the assigned tasks or required activities rather than on the mechanisms used to perform those tasks or activities?

|________|________|________|________|________|________|________|
NOT AT ALL — SOMEWHAT — COMPLETELY

31. Did you learn new techniques that enabled you to improve your performance?

|________|________|________|________|________|________|________|
NO TECHNIQUES LEARNED — LEARNED SOME TECHNIQUES — LEARNED MANY TECHNIQUES

32. Were you involved in the experimental task to the extent that you lost track of time?

|________|________|________|________|________|________|________|
NOT AT ALL — SOMEWHAT — COMPLETELY

B-5

Source : Witmer, Bob G / Singer, Michael F. 1994. *Measuring Presence in Virtual Environments* [Technical Report 1014]. Virginia : U.S. Army Research Institute for Behavioral an Social Sciences.

Annexe 3 : Questionnaire de présence de Usoh *et al.* (2000)

1. Please rate *your sense of being in the* office space, on the following scale from 1 to 7, where 7 represents your *normal experience of being in a place.*
   I had a sense of "being there" in the office space:
   (1) Not at all. (7) Very much.
2. To what extent were there times during the experience when the office space was the reality for you?
   There were times during the experience when the office space was the reality for me. . .
   (1) At no time. (7) Almost all the time.
3. When you think back about your experience, do you think of the office space more as *images that you saw,* or more as *somewhere that you visited?*
   The office space seems to me to be more like. . .
   (1) Images that I saw. (7) Somewhere that I visited.
4. During the time of the experience, which was strongest on the whole, your sense of being in the office space, or of being elsewhere?
   I had a stronger sense of. . .
   (1) Being elsewhere. (7) Being in the office space.
5. Consider your memory of being in the office space. How similar in terms of the *structure of the memory* is this to the structure of the memory of other *places* you have been today? By "structure of the memory," consider things like the extent to which you have a visual memory of the office space, whether that memory is in color, the extent to which the memory seems vivid or realistic, its size, location in your imagination, the extent to which it is panoramic in your imagination, and other such *structural* elements.
   I think of the office space as a place in a way similar to other places that I've been today. . .
   (1) Not at all. (7) Very much so.
6. During the time of the experience, did you often think to yourself that you were actually in the office space?
   During the experience I often thought that I was really standing in the office space. . .
   (1) Not very often. (7) Very much so.

Source : Usoh, Martin / Catena, Ernest / Arman, Sima / Slater, Mel. 2000. Using Presence Questionnaires in Reality. *Presence: Teleoperators & Virtual Environments*, *9*(5), 497–503.

Annexe 4 : Questionnaire de prédisposition à la présence – R_1

Nom, prénom : Classe :

Questionnaire

Pour chaque affirmation, cochez UNE case afin d'indiquer si vous êtes « pas du tout d'accord », « pas trop d'accord », « plutôt d'accord », « tout à fait d'accord ».

Il n'y a pas de bonne ou de mauvaise réponse, seule votre avis est important.

Merci de votre participation !

		pas du tout d'accord	pas trop d'accord	plutôt d'accord	tout à fait d'accord
1	Je regarde souvent des films à la télé ou au cinéma.	❑	❑	❑	❑
2	Je joue souvent à des jeux vidéo.	❑	❑	❑	❑
3	Je lis souvent des romans.	❑	❑	❑	❑
4	Je préfère jouer à des jeux vidéo sur une console qui reconnaissait les gestes (Wii, Kinect ...).	❑	❑	❑	❑
5	Je préfère regarder des films en 3D (au lieu de la 2D).	❑	❑	❑	❑
6	Lorsque je regarde un film, j'ai souvent l'impression de faire partie de la scène.	❑	❑	❑	❑
7	Lorsque qu'il arrive quelque chose dans un film, j'ai souvent l'impression que cela m'arrive à moi.	❑	❑	❑	❑
8	Lorsque je joue à un jeu vidéo, j'ai souvent l'impression de faire partie de la scène.	❑	❑	❑	❑
9	Lorsqu'il arrive quelque chose dans un jeu vidéo, j'ai souvent l'impression que cela m'arrive à moi.	❑	❑	❑	❑
10	Lorsque je lis un roman ou une BD, j'ai souvent l'impression de faire partie de la scène.	❑	❑	❑	❑
11	Lorsqu'il arrive quelque chose dans un roman ou une BD, j'ai souvent l'impression que cela m'arrive à moi.	❑	❑	❑	❑
12	Lorsque je regarde un film, il en faut beaucoup pour attirer mon attention sur autre chose.	❑	❑	❑	❑
13	Lorsque je joue à un jeu vidéo, il en faut beaucoup pour attirer mon attention sur autre chose.	❑	❑	❑	❑
14	Lorsque je lis un roman ou une BD, il en faut beaucoup pour attirer mon attention sur autre chose.	❑	❑	❑	❑
15	Lorsque je regarde un film, j'ai du mal à me dire que les évènements ne sont pas réels.	❑	❑	❑	❑
16	Lorsque je joue à un jeu vidéo, j'ai du mal à me dire que les évènements ne sont pas réels.	❑	❑	❑	❑
17	Lorsque je lis un livre ou une BD, j'ai du mal à me dire que les évènements ne sont pas réels.	❑	❑	❑	❑
18	Lorsque je dois réaliser une tâche, je ne me laisse pas facilement distraire par autre chose.	❑	❑	❑	❑
19	Si je dois réaliser une tâche et que quelque chose se passe en même temps, je me laisse facilement distraire.	❑	❑	❑	❑

Mickaël Roy, questionnaire « Mesure de la prédisposition à la présence », étude pilote EVEIL-3D, janvier 2013 ©

Annexe 5 : Test de compréhension de l'oral – R_1

Nom, prénom :
Date :
Test compétences de compréhension C1

Consigne : Ecoutez les énoncés en allemand. Travail à faire pour chaque énoncé :
a) écrire **en allemand** l'objet à ranger (comme vous l'avez entendu)
b) écrire **en français** le nom de l'objet
c) inscrire **sur le dessin le n° de l'objet** (1ère colonne), à l'endroit où il devrait être rangé.

n°	objet compris EN ALLEMAND	objet EN FRANCAIS
1		
2		
3		
4		
5		
6		
7		
8		
9		
10		
11		
12		
13		
14		
15		
16		
17		

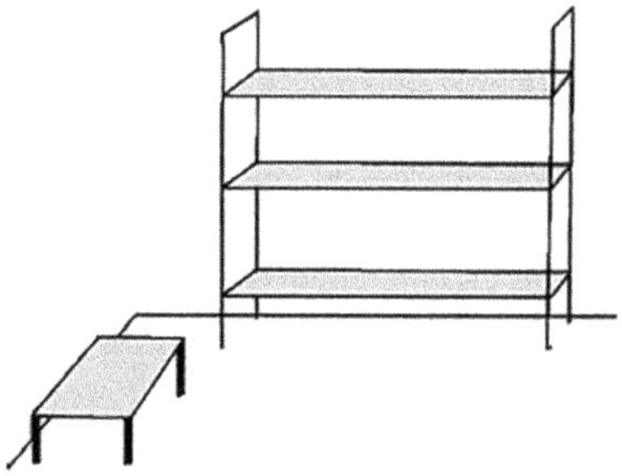

Mickaël Roy, test de compréhension C1, étude pilote EVEIL-3D, janvier 2013 © 1

Test compétences de compréhension C1

Transcription des énoncés :

n°	*objet*	*position*
1	Die Blumen	sollen in die Mitte des Tisches gestellt werden.
2	Der Wecker	kommt auf das mittlere Regal, rechts
3	Der Becher	soll auf das untere Regal links gestellt werden.
4	Stell bitte die blaue Lampe	oben links hin.
5	Stell bitte die Pflanze	links neben das Regal.
6	Das Gemälde	soll auf das obere Regal gestellt werden, ganz rechts.
7	Das Glas kommt	rechts auf den Tisch
8	Stell die grüne Lampe	auf das untere Regal, ganz links.
9	Stell bitte die rote Lampe	auf das untere Regal, rechts.
10	Die Kerzen sollen	links hinten auf den Tisch.
11	Die Karaffe kommt	auf das obere Regal, in die Mitte.
12	Stell den Krug	auf das untere Regal, in die Mitte.
13	Die Weinflasche	kommt auf das mittlere Regal, in die Mitte des Regals.
14	Die Schale	soll in das mittlere Regal, ganz links.
15	Das Goldfischglas kommt	vor das Regal, auf den Boden.
16	Stell den Spiegel	links vom Tisch hin.
17	Der Teller	soll auf das mittlere Regal, links

Réponses attendues :

n°	mot compris EN ALLEMAND	objet(s) EN FRANCAIS
1	Blumen	fleurs
2	Wecker	réveil
3	Becher	mug/tasse
4	blaue Lampe	lampe bleue
5	Pflanze	plante
6	Gemälde	peinture
7	Glas	verre
8	grüne Lampe	lampe verte
9	rote Lampe	lampe rouge

n°	mot compris EN ALLEMAND	objet(s) EN FRANCAIS
10	Kerzen	bougies
11	Karaffe	carafe
12	Krug	cruche
13	Weinflasche	bouteille de vin
14	Schale	bol
15	Goldfischglas	bocal à poissons
16	Spiegel	miroir
17	Teller	assiette

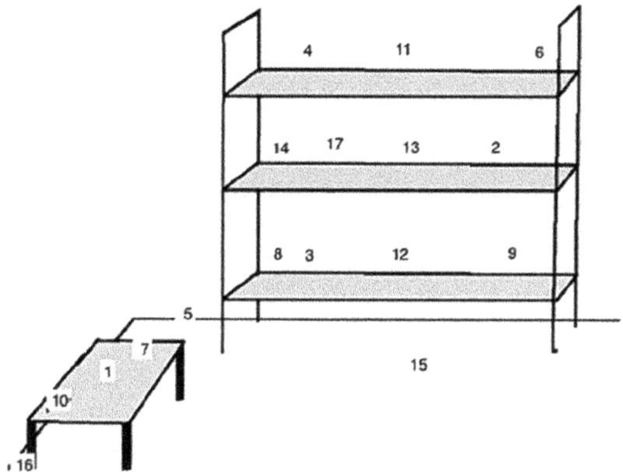

Evaluation des réponses de l'élève

Consignes à l'évaluateur :

Lecture du tableau :

- 1 énoncé par ligne
- 1 élément à évaluer par colonne
- dans chaque case : réponse attendue + code de l'énoncé + « 0 – 1 » à entourer

Codage : 0 = faux / 1 = correct

Colonne « discrimination » : critère = correspondance phonétique avec l'énoncé

Colonne « signification » : accepter synonyme

Colonnes « position » : comparer avec la position du chiffre sur le croquis.

N° identifiant élèves : ……………………………………

n°	objet 1 discrimination	objet 1 signification	objet 2 discrimination	objet 2 signification	position 1	position 2
1	Blumen OB3 : 0 - 1	fleurs OB3 : 0 - 1	- -	- -	in die Mitte IS4	-
2	Wecker OB6 : 0 – 1	réveil OB6 : 0 – 1	- -	- -	mittlere Regal IS12	rechts IS5
3	Becher OB2 : 0 – 1	mug/tasse OB2 : 0 – 1	- -	- -	untere Regal IS13	links IS2
4	blaue CO1 : 0 – 1	bleue CO1 : 0 – 1	Lampe OB1 : 0 - 1	lampe OB1 : 0 - 1	oben IS1	links IS2
5	Pflanze OB11 : 0 – 1	plante OB11 : 0 - 1	- -	- -	links IS2 : 0 – 1	neben dem Regal IS10 : 0 – 1
6	Gemälde OB8 : 0 – 1	peinture OB8 : 0 – 1	- -	- -	obere Regal IS11 : 0 – 1	ganz rechts IS6 : 0 – 1
7	Glas OB12 : 0 – 1	verre OB12 : 0 - 1	- -	- -	rechts IS5 : 0 – 1	auf den Tisch IS7 : 0 – 1
8	grüne CO3 : 0 – 1	verte CO3 : 0 – 1	Lampe OB1 : 0 - 1	lampe OB1 : 0 - 1	untere Regal IS13 : 0 – 1	ganz links IS3 : 0 – 1
9	rote CO2 : 0 – 1	rouge CO2 : 0 – 1	Lampe OB1 : 0 - 1	lampe OB1 : 0 - 1	untere Regal IS13 : 0 – 1	rechts IS5 : 0 – 1
10	Kerzen OB13 : 0 – 1	bougies OB13 : 0 – 1	- -	- -	links IS2 : 0 – 1	hinten IS9 : 0 – 1
11	Karaffe OB4 : 0 - 1	carafe OB4 : 0 - 1	- -	- -	obere Regal IS11 : 0 – 1	in die Mitte IS4 : 0 – 1
12	Krug OB10 : 0 - 1	cruche OB10 : 0 – 1	- -	- -	untere Regal IS13 : 0 – 1	in die Mitte IS4 : 0 – 1
13	Weinflasche OB15 : 0 - 1	bouteille de vin OB15 : 0 – 1	- -	- -	mittlere Regal IS12 : 0 – 1	in die Mitte IS4 : 0 – 1
14	Schale OB5 : 0 - 1	bol OB5 : 0 – 1	- -	- -	mittleren Regal IS12 : 0 – 1	ganz links IS3 : 0 – 1
15	Goldfischglas OB7 : 0 - 1	bocal à poissons OB7 : 0 – 1	- -	- -	vor IS8 : 0 – 1	-
16	Spiegel OB14 : 0 - 1	miroir OB14 : 0 - 1	- -	- -	links IS2 : 0 – 1	-
17	Teller OB9 : 0 - 1	assiette OB9 : 0 - 1	- -	- -	mittlere Regal IS12 : 0 – 1	links IS2 : 0 – 1

Annexe 6 : Questionnaire de présence – R_1

Nom, prénom : ________________________ Classe : ________

Identifiant : _________

Questionnaire

Pour chaque ligne, mettez une croix dans une case. Placez la croix selon votre avis, plus ou moins proche d'une des affirmations.

Exemples :

Tom aime manger du chocolat de temps en temps, mais sans plus. Il placera sa croix ici :

	x			

J'adore le chocolat. — Je déteste le chocolat.

Céline n'aime pas du tout le chocolat. Elle placera sa croix ici :

				x

J'adore le chocolat. — Je déteste le chocolat.

A vous de cocher les affirmations qui peuvent s'appliquer à l'expérience que vous venez de vivre :

1.

C'était comme si j'étais dans le magasin. — C'était comme si j'avais vu des images d'un magasin sans me sentir à l'intérieur.

2.

C'était comme si le tuteur était avec moi. — C'était comme si j'étais seul.

3.

C'était comme si le tuteur du magasin me regardait. — C'était comme si personne ne faisait attention à moi.

1

4.

J'ai fait attention à ne pas heurter les meubles du magasin				Je me suis déplacé(e) sans faire attention aux meubles du magasin.

5.

Mes mouvements pour déplacer les objets m'ont semblé faciles.				L'utilisation des manettes pour déplacer les objets m'a semblé difficile.

6.

Pour délacer les objets, j'ai eu l'impression de les manipuler avec mes mains.				Pour déplacer les objets, j'ai eu l'impression de les transporter avec une manette.

7.

Lorsque je déplaçais des objets, il se passait ce que j'attendais.				Lorsque je déplaçais des objets, j'étais surpris(e) par ce qui se passait.

8.

C'était comme si je travaillais comme vendeur/vendeuse stagiaire.				C'était comme si je faisais un exercice.

9.

J'ai rangé les objets pour le tuteur du magasin.				J'ai rangé les objets pour réussir la simulation.

9.

J'ai reçu des consignes en fonction de ce que je faisais.				J'ai reçu des consignes sans rapport avec ce que je faisais.

10.

La voix du tuteur était nette, facile à comprendre.

La voix du tuteur n'était pas claire, pas facile à entendre.

11.

Les objets et les meubles étaient nets, faciles à voir.

Les objets et les meubles n'étaient pas nets, pas faciles à voir.

12.

J'étais actif.

J'étais spectateur.

13.

Aujourd'hui, je suis en pleine forme

Aujourd'hui, je ne suis pas du tout en forme

14.

J'ai adoré la simulation

J'ai détesté la simulation

15.

Je m'intéresse beaucoup aux nouvelles technologies

Je ne m'intéresse pas du tout aux nouvelles technologies

16.

J'adore la langue allemande

Je déteste la langue allemande

17.

J'adore ma formation de vendeur

Je déteste ma formation de vendeur

Merci pour votre participation !

Annexe 7 : Questionnaire de retour d'expérience – R_1

Nom, prénom :

Vous avez participé au projet « Réalité virtuelle pour les langues »

1) Pour chaque thème ci-dessous, indiquez dans les colonnes correspondantes ce que vous avec aimé et ce que vous n'avez pas aimé. Expliquez pourquoi. Merci.

.	☺	☹
Le scénario (aménager un espace de vente)		
Les appareils utilisés (casques, télé…)		
Le niveau de difficulté des consignes		

2) Aimeriez-vous utiliser du matériel de réalité virtuelle en classe. Pourquoi ? A quelles conditions ?

(Répondre au dos)

Mickaël Roy, Questionnaire « Feedback », étude pilote EVEIL-3D, janvier 2013 ©

Annexe 8 : Grille d'observation – R_2 et R_3

EVEIL-3D - Guide d'observation
Consignes à l'observateur

1. Tâches de l'observateur
L'observateur a un double rôle : mettre l'élève en confiance et observer en laissant se dérouler le test. Il effectue les tâches suivantes :
- allumer l'enregistrement vidéo,
- accueillir et équiper l'élève (voir guide tâches « Equipement »),
- guider l'élève dans la prise en main (voir guide tâches « Phase de prise en main du dispositif »,
- intervient pendant l'immersion en cas de difficulté.

Attention : les aides techniques, linguistiques ou scénaristiques sont à apporter après 3 tentatives infructueuses de l'élève, à sa demande. Avant ces 3 tentatives, s'il est sollicité par l'élève, l'opérateur lui demandera de réessayer.
- accompagner l'élève en fin d'immersion (dépose lunettes...), le remercie et lui indique la salle d'entretien.
- éteindre la vidéo.

3. Positionnement de l'observateur
L'observateur se positionne en dehors du champ de vision de l'élève, de manière à pouvoir observer ses mouvements et déplacements et à entendre ses paroles.
Il est assis, peut se lever si nécessaire mais en veillant à ne pas trop attirer l'attention de l'élève.

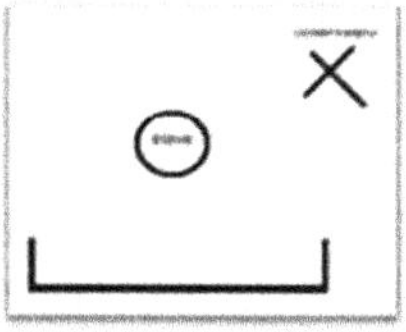

4. Remplir la grille d'observation
L'observateur reçoit
- sa liste de tâches
- une grille d'observation sur feuille de couleur complétée à titre d'exemple
- des grilles d'observation sur feuilles blanches à compléter, format A3.

L'observateur complète la fiche par des mots-clés lisibles et compréhensibles.
Attention :
- veillez à observer les réactions non verbales et para-verbales
- l'observation se poursuit après la fin du scénario immersif, lorsque l'élève retire sont équipement.
- utilisez les colonnes « scène 1 » et « scène 2 » pour distinguer le moment de l'observation. Indiquer « idem », en face d'une observation si elle se répète dans l'autre colonne (relier par un trait si nécessaire).
- en cas de manque de place sur le recto, écrire au verso en utilisant les numéros des rubriques.

Merci pour votre participation et bonne observation !

Mickaël Roy, guide d'observation R2, expérimentation juin 2013 ©

EVEIL-3D - Expérimentation juin 2013 - Grille d'observation

Date :	Lieu :	Observateur :
Identifiant de l'élève :		Heure (début immersion) :

À observer		Scène 1 (crypte) J'ai observé...
Gestes/mouvements /déplacements	1. mains - bras	
	2. pieds	
	3. tête	
Réactions verbales et non verbales	4. immédiatement avant le début du jeu ou pendant la prise en main	
	5. pendant l'immersion	
Interventions extérieures (observateurs, techniciens...)	6. aide technique	
	7. aide linguistique	
	8. aide scénaristique	
Technique	9. sélection, déplacement objets... (niveau de difficulté)	
Divers	10. perturbations extérieures...	

Mickaël Roy, guide d'observation R2, expérimentation juin 2013 ©

Annexe 9 : Guide d'entretien – R_2 et R_3

EVEIL-3D – Guide d'entretien
Consignes à l'interviewer

1. Déroulement de l'entretien :

1ère partie : entretien semi guidé

Dans la première partie de l'entretien, l'idée est de laisser la parole la plus libre possible. Cette première partie débutera par la question « Alors, comment c'était ? ». Voir grille d'entretien.

On veillera dans cette première partie à aborder les thèmes proposés dans la grille. Attention à respecter la durée (5 minutes maximum) afin de pouvoir mener la 2ème partie de l'entretien.

2ème partie : entretien guidé

La deuxième partie de l'entretien, guidée par des questions précises, doit permettre le recueil de données pour comparaison entre les élèves et vérification d'hypothèses recherche.
L'interviewer veillera à poser l'ensemble des questions (cocher les questions posées).

3ème partie : entretien libre

Partie facultative, en fonction du temps restant et des thèmes déjà abordés dans l'entretien.

2. Positionnement de l'interviewer

L'interviewer prendra la posture d'un partenaire de discussion souhaitant savoir comment l'élève a vécu cette expérience en réalité virtuelle. Il veillera à être présent dans la discussion, en laissant à l'élève *l'essentiel du temps de parole*. Cela passera notamment par une communication non verbale et para verbale avec l'élève.
Afin de ne pas créer de rupture dans le discours de l'élève, l'interviewer veillera à limiter sa prise de notes. Les entretiens faisant l'objet d'un enregistrement audio, d'une transcription et d'une analyse ultérieure ; la prise de note se concentrera sur la communication non verbale et sur le ressenti au moment de l'interview. Elle se fera si nécessaire, par mots-clés dans la colonne de droite.

3. Tâches de l'interviewer

- Allumer l'enregistrement audio et vérifier que celui-ci est bien en cours (que le compteur tourne).
- Accueillir l'élève, se présenter, compléter le cartouche du guide d'entretien.
- Mener l'entretien, en deux parties.
- Remercier l'élève, le diriger vers l'accueil (où il rendra son badge), éteindre l'enregistrement..

Bons entretiens !

Guide d'entretien		
Date :	Lieu :	Interviewer :
N° piste dictaphone :	Identifiant de l'élève :	Heure (début de l'entretien) :

1ère partie : entretien semi guidé (5 min.)	
Thèmes à aborder dans la discussion	Notes de l'interviewer
Poser la question « **Comment c'était ?** » dès le début de l'entretien. Consignes à l'interviewer : - laisser l'élève s'exprimer pour recueillir ses impressions - reformuler la question si nécessaire (« qu'est-ce que tu penses de ce que tu viens de faire ? ») - demander « **quoi par exemple ?** », « **qu'est ce qui… ?** » et/ou « **pourquoi ?** » en cas de réponse(s) coute. Thèmes de la discussion : ressenti, manipulation, graphismes, voix, expérience préalable, difficulté, aides, apprentissage…	*(suite au verso)*

2ème partie : entretien guidé (15 min.)	
Questions à poser obligatoirement ! Si possible dans l'ordre. Cocher les thèmes abordés.	Notes de l'interviewer
A. **Présence** (ne pas dire ce titre à l'élève) 1. Si on avait pu enregistrer tes pensées pendant la simulation, qu'est-ce tu aurais dit (deux ou trois) ? 2. **Où** est-ce que s'est déroulée la simulation ? 3. **Qui** était dans la simulation ? 4. Qu'est-ce que tu as **fait** pendant la simulation ? 5. **Comment** est-ce que tu t'es **déplacé** dans la crypte ? 6. **Qu'as-tu fait** avec les pierres qui étaient au sol ? C'était difficile ou facile ? 7. **Qui** est-ce qui te parlait ? 8. **Pourquoi** la voix était là ?	

B. Scénario / jeu sérieux (ne pas dire ce titre à l'élève)	
9. Comment appellerais-tu ce que tu viens de faire ? (un jeu, un cours, un exercice, autre) Pourquoi ? Si la réponse est liée à un exercice scolaire : est-ce que tu dis ça parce que ça s'est passé au lycée ou pour une autre raison ? 10. Est-ce que ça t'a fait penser à un genre de jeu que tu connais ? (titre) 11. Qu'est-ce que tu as dû faire ? C'était intéressant ? pas intéressant ? 12. Qu'est-ce qui t'a le plus plu ? Qu'est-ce qui t'a le plus déplu ? (préciser si l'élève parle du jeu, de l'histoire, de la situation d'apprentissage, autre) 13. Est-ce que tu as échangé des mails avec Céline Steinbach et/ou été sur le site Internet ? Qu'est-ce que tu en as pensé ? 14. Qu'est-ce que tu penses de l'idée de ce jeu pour l'apprentissage de l'allemand ? Tu penses qu'on doit continuer, arrêter, améliorer ? Pourquoi ? Est-ce que tu penses que ce serait bien / pas bien pour d'autres disciplines ? 15. Quelle valeur donnes-tu au dispositif de ***réalité virtuelle*** dans l'histoire ? (c'est plutôt un plus, ça n'apporte rien, c'est plus gênant qu'autre chose) Pourquoi ?	

3ème partie : entretien libre (5 min.)	
Partie facultative, en fonction du temps restant et des thèmes déjà abordés dans l'entretien.	Notes de l'interviewer
Thèmes de la discussion : ressenti, manipulation, graphismes, voix, expérience préalable, difficulté, aides, apprentissage…	*(suite au verso)*

Annexe 10 : Tableau de données R_1

A	B	C	D	E	F	G	H	I	J	K	L	M	N	O	P	Q	R	S
Sujet	Sexe	Groupe	IM	IT	C1_D_OB	C1_S_OB	C1_S_IS	C1_TO	C3_D_OB	C3_S_OB	C3_S_IS	C3_TO	C4_D_OB	C4_S_OB	C4_S_IS	C4_TO	PP	P
11	F	A	1	1	15	15	24	54	18	17	25	60	19	16	27	62	72	51
12	M	A	1	1	9	6	7	22	6	6	15	27	11	10	3	24	70	32
13	F	A	1	1	0	0	0	0	2	1	2	5	4	0	0	4	80	58
14	M	A	1	1	10	9	11	30	16	12	13	41	12	9	3	24	78	66
15	M	A	1	1	6	6	2	14	12	6	17	35	14	9	4	27	88	66
16	F	A	1	1	10	7	1	18	17	9	19	45	14	9	9	32	50	58
17	M	A	1	1	4	4	0	8	18	11	12	41	18	10	3	31	64	62
18	F	A			19	17	25	61										
19	F	A	1	1					16	12	23	51	15	13	23	51	90	74
110	F	A	1	1	14	12	11	37	14	12	24	50	17	13	27	57	66	48
111	F	A	1	1	8	8	3	19	10	9	11	30	10	8	13	31	94	50
112	F	A	1	1	18	12	16	46	15	15	20	50	17	10	20	57	86	76
113	M	A	1	1	14	13	26	53	19	17	26	62	19	16	30	65	62	72
114	F	A	1	1	18	15	13	46	19	17	29	65	19	16	28	63	104	66
115	F	A			10	10	15	35					7	7	0	14		
21	F	B	2	2	8	8	1	17	6	6	14	26	7	8	6	21	64	48
22	F	B	2	2	10	9	12	31	8	7	12	27	12	9	9	30	72	62
23	F	B	2	2	6	6	0	12	6	8	1	15	13	8	5	26	66	46
24	M	B	2	2	5	5	0	10	13	9	9	31	16	10	17	43	74	56
25	F	B	2	2	20	18	29	67	19	18	31	68						
26	F	B	2	2					14	12	15	41	19	16	18	53	100	50
27	M	B	2	2	17	14	22	53	17	16	22	55	20	17	29	66	66	34
28	F	B	2	2	16	13	20	49	16	14	22	52	19	15	26	60	52	66
29	F	B			7	6	5	18					7	7	0	14		
210	F	B	2	2	9	5	3	17	15	8	8	31	11	7	0	18	72	64
211	M	B	2	2	16	7	12	35	17	12	26	55	20	12	26	58	102	82
212	F	B	2	2	19	15	18	52	17	14	27	58	20	15	27	62	84	44
213	F	B	2	2	18	14	25	57	19	18	30	67	19	16	28	63	86	78
214	F	B	2	2	13	11	26	50	14	14	29	57	16	16	25	57	58	58
215	M	B	2	2	0	0	0	0	14	11	13	38	6	5	0	11	68	44
31	F	C			17	12	24	53					19	15	26	60		
32	F	C	2	1	11	12	26	49	20	12	20	52	20	11	21	52	74	48
33	F	C	2	1	15	13	15	43	20	18	26	64	20	16	26	62	80	62
34	F	C	2	1	10	7	2	19	9	8	2	19	14	9	0	23	66	70
35	F	C	2	1	17	9	20	46	20	13	20	53	19	14	15	48	66	56
36	M	C	2	1	11	7	0	18	15	7	4	26	17	11	7	35	84	50
37	F	C	2	1	6	4	6	16	3	3	1	7	8	8	0	16	56	52
38	F	C	2	1	10	7	8	25	18	9	9	36	18	10	5	33	70	60
39	M	C	2	1	11	8	14	33	15	9	9	33	11	8	8	27	80	60
310	F	C	2	1	10	8	2	20	2	3	6	11	18	12	5	35	90	62
311	F	C	2	1	8	7	3	18	10	10	11	31	12	10	2	24	44	48
312	F	C	2	1	17	17	27	61	19	18	27	64	19	16	29	64	76	70
313	M	C	2	1	17	13	15	45	16	13	25	54	17	14	27	58	90	58
314	M	C	2	1	11	11	19	41	12	12	25	49	17	12	27	56	86	62
315	F	C			0	0	0	0										
41	M	D	1	2	17	16	26	59	20	17	27	64	20	17	26	63	86	56
42	F	D	1	2	14	8	14	36	11	4	2	17	17	10	2	29	90	52
43	F	D	1	2	19	17	25	61	20	20	31	71	20	20	30	70	46	46
44	F	D	1	2	19	17	30	66	20	20	29	69	20	20	29	69	56	60
45	F	D	1	2	8	8	2	18	9	5	0	14	19	10	16	45	70	62
46	F	D	1	2	4	3	0	7	4	4	1	9	6	8	1	15	66	44
47	F	D											13	11	11	35		
48	F	D	1	2	3	5	3	11	4	9	5	18	7	8	1	16	40	44
49	F	D	1	2	12	11	10	33	10	10	1	21	19	16	29	64	80	66
410	M	D	1	2					7	8	0	15	0	0	3	3	62	48
411	F	D	1	2	16	11	12	39	13	12	14	39	15	14	9	38	86	42
412	M	D	1	2	11	8	1	20	13	10	14	37	0	4	0	4	44	36
413	F	D	1	2	16	14	23	53	10	8	12	30	17	17	27	61	68	64
414	M	D	1	2	3	2	2	7	4	4	1	9	5	4	11	20	58	44
415	F	D																
Score maximal					20	20	31	71	20	20	31	71	20	20	31	71	154	104

Lecture du tableau :

Colonne A « Sujet » :	numéro d’anonymat du participant
Colonne B « Sexe » :	élève garçon (M) ou élève fille (F)
Colonne C « Groupe » :	groupe d’appartenance (A, B, C, D)
Colonne D « IM » :	degré d’immersion dans le dispositif (1 = faible, 2 = fort)
Colonne E « IT » :	degré d’interaction dans le dispositif (1 = faible, 2 = fort)
Colonne F « C1_D_OB » :	score obtenu à la partie « discrimination auditive » du test T_2 de compréhension de l’oral (R_1)

Colonne A « Sujet » :	numéro d'anonymat du participant
Colonne G « C1_S_OB » :	score obtenu à la partie « signification en français des objets » du test T_2 de compréhension de l'oral (R_1)
Colonne H « C1_S_IS » :	score obtenu à la partie « indications spatiales » du test T_2 de compréhension de l'oral (R_1)
Colonne I « C1_TO » :	score total obtenu au test T_2 de compréhension de l'oral (R_1)
Colonne J « C3_D_OB » :	score obtenu à la partie « discrimination auditive » du test T_3 de compréhension de l'oral (R_1)
Colonne K « C3_S_OB » :	score obtenu à la partie « signification en français des objets » du test T_3 de compréhension de l'oral (R_1)
Colonne L « C3_S_IS » :	score obtenu à la partie « indications spatiales » du test T_3 de compréhension de l'oral (R_1)
Colonne M « C3_TO » :	score total obtenu au test T_3 de compréhension de l'oral (R_1)
Colonne N « C4_D_OB » :	score obtenu à la partie « discrimination auditive » du test T_5 de compréhension de l'oral (R_1)
Colonne O « C4_S_OB » :	score obtenu à la partie « signification en français des objets » du test T_5 de compréhension de l'oral (R_1)
Colonne P « C4_S_IS » :	score obtenu à la partie « indications spatiales » du test T_5 de compréhension de l'oral (R_1)
Colonne Q « C4_TO » :	score total obtenu au test T_5 de compréhension de l'oral (R_1)
Colonne R « PP » :	score obtenu au questionnaire de prédisposition à la présence
Colonne S « P » :	score obtenu au questionnaire de présence

Annexe 11 : Liste des participants aux recueils R_2 et R_3

Recueil 2

Identifiant	*Prénom fictif*
D01_0501	Thomas
D01_0502	Julien
D01_0503	Maxime
D01_0504	Ilan
D01_0505	Alexandre
D01_0506	Brandon
D01_0507	Rébecca
D01_0508	Brian
D01_0510	Flavio
D01_0512	Julian
D01_0513	Damien
D01_0601	Philippe
D01_0602	Olivier
D01_0604	Sébastien
D01_0605	Tom
D01_0606	Lucas
D01_0608	Clément
D01_0609	Romain
D01_0610	Florian
D01_0611	Guillaume
D01_0612	Anthony
–	–

Identifiant	*Prénom fictif*
D02_0501	Antoine
D02_0502	Benoît
D02_0503	Christian
D02_0504	Daniel
D02_0505	Éric
D02_0506	François
D02_0507	Gaétan
D02_0508	Hector
D02_0509	Isidore
D02_0510	Jacques
D02_0512	Karim
D02_0513	Lionel
D02_0514	Maurice
D02_0602	Nadia
D02_0603	Octave
D02_0604	Patrice
D02_0605	Quentin
D02_0606	Raymond
D02_0608	Samantha
D02_0609	Timothée
D02_0610	Urien
D02_0612	Valentin

Recueil 3

Identifiant	*Prénom fictif*
LD01-01	Jana
LD01-02	Timo
LD01-03	Jan
LD01-04	Sandra
LD01-05	Thomas
LD01-06	Linda
LD01-07	Felix
LD01-08	Jens

Annexe 12 : Corrélation entre immersion et présence R_2

Tableau A : nombre de marques.

Groupe : *Catégorie :*	*R_2 / D_1* *Immersion faible*	*R_2 / D_2* *Immersion forte*	*Total*
Présence	199,00	224,00	423,00
Présence sociale	51,00	54,00	105,00
Présence spatiale	51,00	52,00	103,00
Présence d'action	80,00	84,00	164,00
Présence de soi	17,00	34,00	51,00
Carence de présence	175,00	160,00	335,00
Carence de présence sociale	51,00	34,00	85,00
Carence de présence spatiale	27,00	27,00	54,00
Carence de présence d'action	52,00	55,00	107,00
Carence de présence de soi	45,00	44,00	89,00
SUM	374,00	384,00	758,00
n (élèves)	22,00	24,00	46,00

Tableau B : pourcentage de marques par rapport à l'ensemble des marques de la même catégorie.

Groupe : *Catégorie :*	*R_2 / D_1* *Immersion faible*	*R_2 / D_2* *Immersion forte*	*Total*
Présence	47,04 %	52,96 %	100,00 %
Présence sociale	48,57 %	51,43 %	100,00 %
Présence spatiale	49,51 %	50,49 %	100,00 %
Présence d'action	48,78 %	51,22 %	100,00 %
Présence de soi	33,33 %	66,67 %	100,00 %
Carence de présence	52,24 %	47,76 %	100,00 %

Groupe : *Catégorie :*	R_2 / D_1 *Immersion faible*	R_2 / D_2 *Immersion forte*	*Total*
Carence de présence sociale	60,00 %	40,00 %	100,00 %
Carence de présence spatiale	50,00 %	50,00 %	100,00 %
Carence de présence d'action	48,60 %	51,40 %	100,00 %
Carence de présence de soi	50,56 %	49,44 %	100,00 %
SUM	49,34 %	50,66 %	100,00 %
n (élèves)	47,83 %	52,17 %	100,00 %

Tableau C : pourcentage de marques par rapport à l'ensemble des marques du groupe.

Groupe : *Catégorie :*	R_2 / D_1 *Immersion faible*	R_2 / D_2 *Immersion forte*	*Total*
Présence	53,21 %	58,33 %	
Présence sociale	13,64 %	14,06 %	13,85 %
Présence spatiale	13,64 %	13,54 %	13,59 %
Présence d'action	21,39 %	21,88 %	21,64 %
Présence de soi	4,55 %	8,85 %	6,73 %
Carence de présence	46,79 %	41,67 %	
Carence de présence sociale	13,64 %	8,85 %	11,21 %
Carence de présence spatiale	7,22 %	7,03 %	7,12 %
Carence de présence d'action	13,90 %	14,32 %	14,12 %
Carence de présence de soi	12,03 %	11,46 %	11,74 %
SUM	100,00 %	100,00 %	100,00 %
n (élèves)	22	24	46

Annexe 13 : Corrélation entre l'immersion / interaction et la présence R_3

Tableau A : nombre de marques.

Groupe : *Catégorie :*	R_3 / D_1 *Interaction+* *Immersion forte*	R_3 / D_2 *Interaction+* *Immersion faible*	*Total*
Présence	69	78	147
Présence sociale	34	32	66
Présence spatiale	17	11	28
Présence d'action	10	31	41
Présence de soi	8	4	12
Carence de présence	40	19	59
Carence de présence sociale	6	0	6
Carence de présence spatiale	6	1	7
Carence de présence d'action	16	8	24
Carence de présence de soi	12	10	22
SUM	109	97	206
n (élèves)	8	7	15

Tableau B : pourcentage de marques par rapport à l'ensemble des marques de la même catégorie.

Groupe : *Catégorie :*	R_3 / D_1 *Interaction+* *Immersion forte*	R_3 / D_2 *Interaction+* *Immersion faible*	*Total*
Présence	88,46 %	53,06 %	100,00 %
Présence sociale	51,52 %	48,48 %	100,00 %
Présence spatiale	60,71 %	39,29 %	100,00 %
Présence d'action	24,39 %	75,61 %	100,00 %
Présence de soi	66,67 %	33,33 %	100,00 %

Groupe : *Catégorie :*	R_3 / D_1 *Interaction+* *Immersion forte*	R_3 / D_2 *Interaction+* *Immersion faible*	*Total*
Carence de présence	67,80 %	32,20 %	100,00 %
Carence de présence sociale	100,00 %	0,00 %	100,00 %
Carence de présence spatiale	85,71 %	14,29 %	100,00 %
Carence de présence d'action	66,67 %	33,33 %	100,00 %
Carence de présence de soi	54,55 %	45,45 %	100,00 %
SUM	52,91 %	47,09 %	100,00 %
n (élèves)	53,33 %	46,67 %	100,00 %

Tableau C : pourcentage de marques par rapport à l'ensemble des marques du groupe.

Groupe : *Catégorie :*	R_3 / D_1 *Interaction+* *Immersion fortes*	R_3 / D_2 *Interaction+* *Immersion faibles*	*Total*
Présence	63,30 %	80,41 %	
Présence sociale	31,19 %	32,99 %	32,04 %
Présence spatiale	15,60 %	11,34 %	13,59 %
Présence d'action	9,17 %	31,96 %	19,90 %
Présence de soi	7,34 %	4,12 %	5,83 %
Carence de présence	36,70 %	19,59 %	
Carence de présence sociale	5,50 %	0,00 %	2,91 %
Carence de présence spatiale	5,50 %	1,03 %	3,40 %
Carence de présence d'action	14,68 %	8,25 %	11,65 %
Carence de présence de soi	11,01 %	10,31 %	10,68 %
SUM	100,00 %	100,00 %	100,00 %
n (Documents)	8	7	15

Annexe 14 : Nombre de marques de présence et de carence de présence / élève

Recueil R_2

	Présence					*Carence de présence*					
	To-tal	*so-ciale*	*spa-tiale*	*ac-tion*	*soi*	*To-tal*	*so-ciale*	*spa-tiale*	*ac-tion*	*soi*	*To-tal*
R2 – D1 \ D01_0501	5	0	3	2	0	9	5	2	1	1	14
R2 – D1 \ D01_0502	8	3	2	1	2	14	6	1	6	1	22
R2 – D1 \ D01_0503	11	2	4	4	1	8	4	1	2	1	19
R2 – D1 \ D01_0504	10	1	2	4	3	10	1	4	1	4	20
R2 – D1 \ D01_0505	10	3	3	3	1	4	2	0	1	1	14
R2 – D1 \ D01_0506	7	1	1	5	0	7	2	2	1	2	14
R2 – D1 \ D01_0507	4	2	1	1	0	7	1	1	3	2	11
R2 – D1 \ D01_0508	9	2	3	3	1	5	0	0	2	3	14
R2 – D1 \ D01_0510	7	1	2	4	0	10	5	3	0	2	17
R2 – D1 \ D01_0511	6	2	0	3	1	8	1	1	4	2	14
R2 – D1 \ D01_0512	12	4	2	5	1	6	0	0	3	3	18
R2 – D1 \ D01_0513	10	3	1	4	2	3	0	0	0	3	13
R2 – D1 \ D01_0601	14	2	5	6	1	8	2	0	5	1	22
R2 – D1 \ D01_0602	10	1	3	6	0	10	0	3	3	4	20

	Présence					*Carence de présence*					
	To-tal	*so-ciale*	*spa-tiale*	*ac-tion*	*soi*	*To-tal*	*so-ciale*	*spa-tiale*	*ac-tion*	*soi*	*To-tal*
R2 – D1 \ D01_0604	11	4	6	1	0	11	2	1	5	3	22
R2 – D1 \ D01_0605	12	8	2	2	0	12	7	2	1	2	24
R2 – D1 \ D01_0606	8	1	2	4	1	5	1	1	1	2	13
R2 – D1 \ D01_0608	8	1	2	5	0	4	1	1	0	2	12
R2 – D1 \ D01_0609	5	1	1	3	0	5	1	0	3	1	10
R2 – D1 \ D01_0610	8	1	2	4	1	6	2	0	2	2	14
R2 – D1 \ D01_0611	16	7	3	4	2	7	0	3	3	1	23
R2 – D1 \ D01_0612	8	1	1	6	0	16	8	1	5	2	24
R2 – D2 \ D02_0501	11	1	5	5	0	9	3	0	4	2	20
R2 – D2 \ D02_0502	9	1	4	4	0	8	1	1	3	3	17
R2 – D2 \ D02_0503	9	4	2	3	0	5	0	0	2	3	14
R2 – D2 \ D02_0504	12	2	3	5	2	7	1	0	4	2	19
R2 – D2 \ D02_0505	13	1	3	7	2	5	2	0	1	2	18
R2 – D2 \ D02_0506	9	3	1	3	2	4	0	1	2	1	13
R2 – D2 \ D02_0507	4	1	0	0	3	12	2	5	3	2	16
R2 – D2 \ D02_0508	10	1	2	5	2	6	4	0	0	2	16
R2 – D2 \ D02_0509	11	2	2	3	4	3	1	1	0	1	14

	Présence					*Carence de présence*					
	To-tal	*so-ciale*	*spa-tiale*	*ac-tion*	*soi*	*To-tal*	*so-ciale*	*spa-tiale*	*ac-tion*	*soi*	*To-tal*
R2 – D2 \ D02_0510	8	2	3	2	1	5	0	1	3	1	13
R2 – D2 \ D02_0512	10	3	1	4	2	7	0	2	4	1	17
R2 – D2 \ D02_0513	7	1	1	4	1	4	3	0	0	1	11
R2 – D2 \ D02_0514	15	6	4	3	2	8	2	2	3	1	23
R2 – D2 \ D02_0601	8	1	3	4	0	4	0	0	2	2	12
R2 – D2 \ D02_0602	7	1	3	2	1	10	2	2	4	2	17
R2 – D2 \ D02_0603	7	2	1	3	1	5	0	3	1	1	12
R2 – D2 \ D02_0604	13	4	1	7	1	8	2	0	3	3	21
R2 – D2 \ D02_0605	7	2	1	3	1	4	0	3	0	1	11
R2 – D2 \ D02_0606	14	2	4	6	2	3	0	1	1	1	17
R2 – D2 \ D02_0607	7	3	1	2	1	10	2	3	3	2	17
R2 – D2 \ D02_0608	6	2	1	2	1	7	2	0	3	2	13
R2 – D2 \ D02_0609	10	1	3	4	2	9	2	0	3	4	19
R2 – D2 \ D02_0610	10	4	2	2	2	4	1	0	2	1	14
R2 – D2 \ D02_0612	7	4	1	1	1	13	4	2	4	3	20
SUM	423	105	103	164	51	335	85	54	107	89	758

Recueil R_3

	Présence					Carence de présence					
	Total	*sociale*	*spatiale*	*action*	*soi*	*Total*	*sociale*	*spatiale*	*action*	*soi*	*Total*
R3 – D1 \ LD01-01	10	7	1	1	1	5	0	1	2	2	15
R3 – D1 \ LD01-02	13	6	3	3	1	2	0	0	2	0	15
R3 – D1 \ LD01-03	9	4	3	2	0	10	4	0	3	3	19
R3 – D1 \ LD01-04	4	3	0	1	0	5	0	2	2	1	9
R3 – D1 \ LD01-05	9	3	3	2	1	4	0	0	3	1	13
R3 – D1 \ LD01-06	13	6	4	0	3	4	0	1	1	2	17
R3 – D1 \ LD01-07	7	3	1	1	2	7	2	2	3	0	14
R3 – D1 \ LD01-08	4	2	2	0	0	3	0	0	0	3	7
R3 – D2 \ LD02-01	15	7	2	5	1	2	0	0	0	2	17
R3 – D2 \ LD02-02	11	4	1	5	1	1	0	0	0	1	12
R3 – D2 \ LD02-03	10	4	2	4	0	4	0	0	2	2	14
R3 – D2 \ LD02-04	8	4	2	2	0	6	0	0	3	3	14
R3 – D2 \ LD02-05	12	6	2	4	0	3	0	0	2	1	15
R3 – D2 \ LD02-06	14	4	1	7	2	0	0	0	0	0	14
R3 – D2 \ LD02-08	8	3	1	4	0	3	0	1	1	1	11
SUM	147	66	28	41	12	59	6	7	24	22	206

Annexe 15 : Matrice de répartition des marques de présence par élève

Recueil 2, dispositif 1

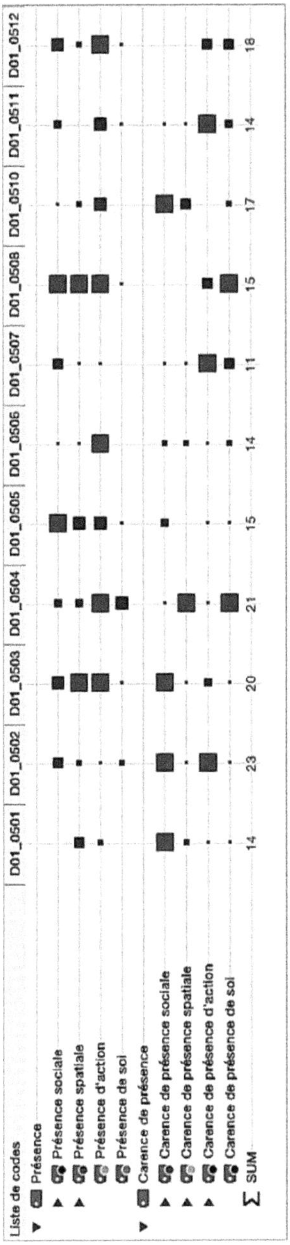

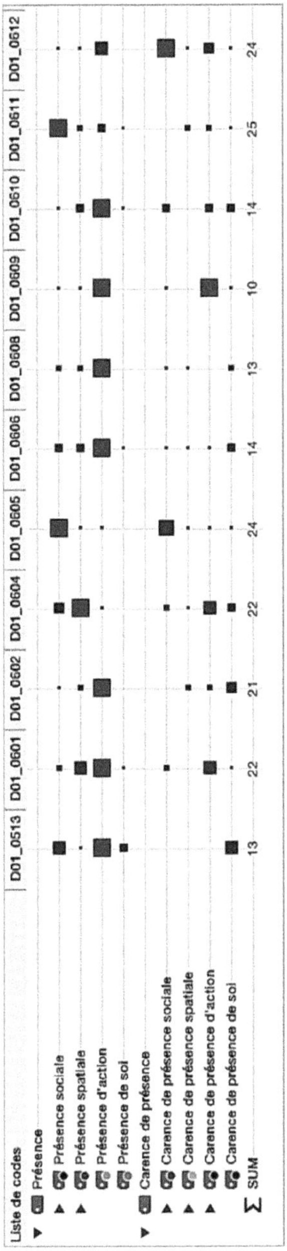

Recueil 2, dispositif 2

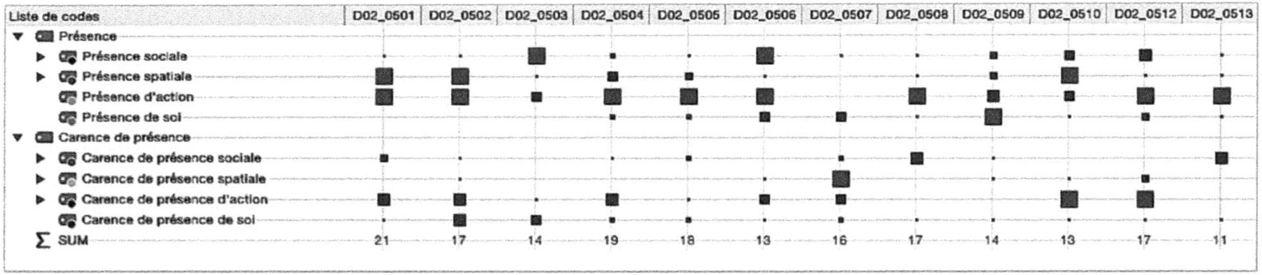

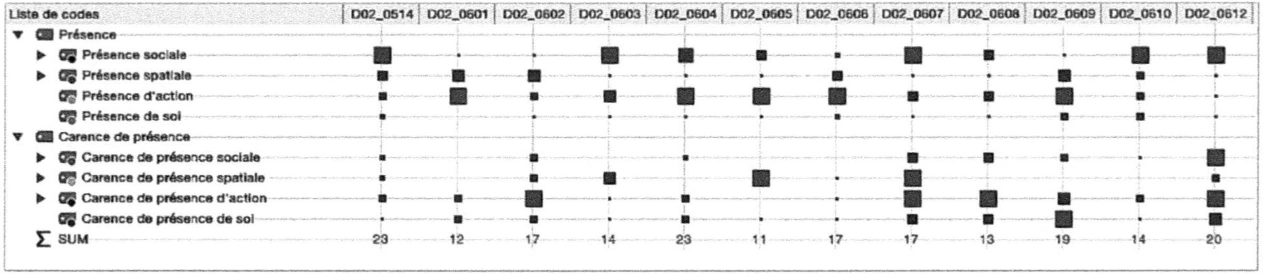

Recueil 3, dispositif 1

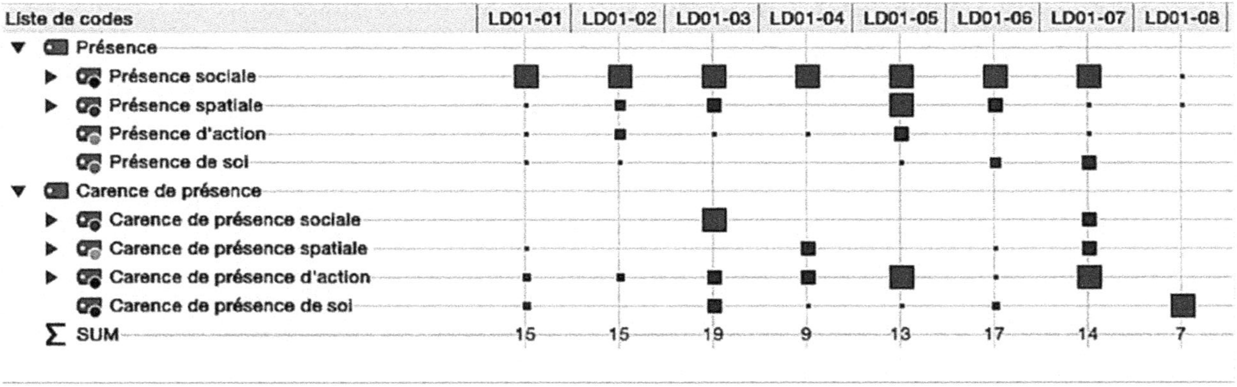

Recueil 3, dispositif 2

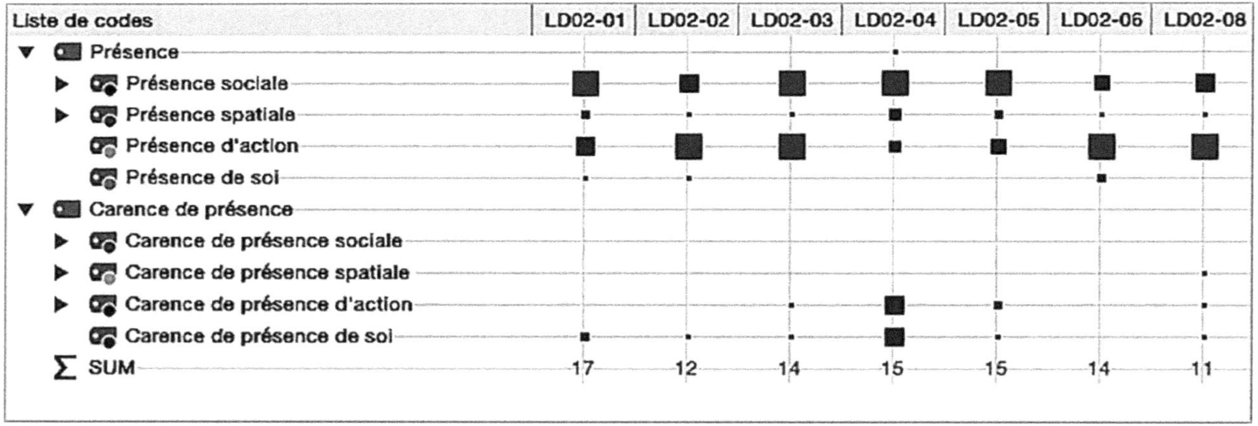

Annexe 16 : Fréquence des énoncés en langue cible pendant l'immersion

Recueil 2	*Mots isolés*	*Mots isolés cor-rects*	*Mots isolés non cor-rects*	*Phrases*	*Phrases correctes*	*Phrases non cor-rectes*	*Énon-cés*	*Énon-cés cor-rects*	*Énon-cés non cor-rects*
D02_0501 Antoine	7	7	0	2	1	1	9	8	1
D02_0502 Benoît	5	5	0	11	4	7	16	9	7
D02_0503 Christian	5	5	0	0	0	0	5	5	0
D02_0504 Daniel	8	8	0	3	2	1	11	10	1
D02_0505 Éric	6	6	0	0	0	0	6	6	0
D02_0506 François	9	9	0	2	1	1	11	10	1
D02_0507 Gaétan	10	10	0	4	4	0	14	14	0
D02_0508 Hector	5	5	0	4	3	1	9	8	1
D02_0509 Isidore	11	10	1	3	2	1	14	12	2
D02_0510 Jacques	9	8	1	0	0	0	9	8	1
D02_0512 Karim	3	3	0	9	4	5	12	7	5
D02_0513 Lionel	7	7	0	0	0	0	7	7	0
D02_0514 Maurice	1	1	0	30	16	14	31	17	14
D02_0602 Nadia	8	8	0	0	0	0	8	8	0

Recueil 2	*Mots isolés*	*Mots isolés corrects*	*Mots isolés non corrects*	*Phrases*	*Phrases correctes*	*Phrases non correctes*	*Énoncés*	*Énoncés corrects*	*Énoncés non corrects*
D02_0603 Octave	7	7	0	0	0	0	7	7	0
D02_0604 Patrice	7	7	0	2	1	1	9	8	1
D02_0605 Quentin	5	3	2	0	0	0	5	3	2
D02_0606 Raymond	10	10	0	0	0	0	10	10	0
D02_0608 Samantha	9	9	0	4	2	2	13	11	2
D02_0609 Timothée	8	8	0	0	0	0	8	8	0
D02_0610 Urien	14	14	0	4	4	0	18	18	0
D02_0612 Valentin	16	12	4	5	4	1	21	16	5
TOTAL	170	162	8	83	48	35	253	210	43
Nombre dialogues	22	22	4	13	13	11	22	22	13
Médiane	7,5	7,5	0	2	1	0,5	9,5	8	1

Recueil 3	*Mots isolés*	*Mots isolés corrects*	*Mots isolés non corrects*	*Phrases*	*Phrases correctes*	*Phrases non correctes*	*Énoncés*	*Énoncés corrects*	*Énoncés non corrects*
LD01-01 Jana	0	0	0	3	3	0	3	3	0
LD01-02 Timo	0	0	0	0	0	0	0	0	0
LD01-03 Jan	0	0	0	5	3	2	5	3	2
LD01-04 Sandra	3	3	0	2	2	0	5	5	0

Recueil 3	*Mots isolés*	*Mots isolés corrects*	*Mots isolés non corrects*	*Phrases*	*Phrases correctes*	*Phrases non correctes*	*Énoncés*	*Énoncés corrects*	*Énoncés non corrects*
LD01-05 Thomas	2	2	0	8	8	0	10	10	0
LD01-06 Linda	0	0	0	6	6	0	6	6	0
LD01-07 Felix	0	0	0	2	2	0	2	2	0
LD01-08 Jens	0	0	0	2	0	2	2	0	2
TOTAL	5	5	0	28	24	4	33	29	4
Nombre dialogues	2	2	0	6	1	1	7	6	2
Médiane	0	0	0	2,5	2,5	0	4	3	0

Annexe 17 : Fréquence de réussite et d'échec des actes de parole

Recueil 2	*Réussite de l'acte*	*Échec de l'acte*	*Total*
D02_0501 Antoine	8	1	9
D02_0502 Benoît	9	7	16
D02_0503 Chris-tian	5	0	5
D02_0504 Daniel	9	2	11
D02_0505 Éric	6	0	6
D02_0506 François	11	0	11
D02_0507 Gaétan	14	0	14
D02_0508 Hector	8	1	9
D02_0509 Isidore	13	1	14
D02_0510 Jacques	7	2	9
D02_0512 Karim	12	0	12
D02_0513 Lionel	7	0	7
D02_0514 Maurice	31	0	31
D02_0602 Nadia	8	0	8
D02_0603 Octave	4	3	7
D02_0604 Patrice	5	4	9
D02_0605 Quentin	4	1	5
D02_0606 Ray-mond	8	2	10
D02_0608 Saman-tha	11	2	13
D02_0609 Timo-thée	7	1	8
D02_0610 Urien	16	2	18
D02_0612 Valentin	11	10	21
TOTAL	214	39	253
Nombre dialogues	22	14	22
Médiane	8	1	9,5

Recueil 3	*Réussite de l'acte*	*Échec de l'acte*	*Total*
LD01-01 Jana	0	3	3
LD01-02 Timo	0	0	0
LD01-03 Jan	3	2	5
LD01-04 Sandra	5	0	5
LD01-05 Thomas	10	0	10
LD01-06 Linda	6	0	6
LD01-07 Felix	2	0	2
LD01-08 Jens	2	0	2
TOTAL	28	5	33
Nombre dialogues	6	2	2
Médiane	2,5	0	4

Annexe 18 : Représentation tabulaire du dialogue du recueil R_2

Tableau A : extrait du dialogue de la scène 1 (version 1.0). Vite, réparons la crypte !

Personnage	*Action / Consigne*	*Réponse attendue du joueur / Evénement*	*Énoncé*	*État*	*Ligne*	*État/ Ligne suivante*
Céline Steinbach	Annonce action 2		*Schau! Drei Säulen sind kaputt. Nur eine einzige Säule trägt noch das Gewölbe, das ist zu schwer! Wenn das Gewölbe einstürzt, wird die Krypta zerstört! Schnell, die Säulen müssen repariert werden! Wie viele Steine siehst du?*	3	1	32
Joueur		Réponse locutée	*Drei*	3	2	38
			Was?/Ich verstehe nicht/ Entschuldigung?/Wiederholen Sie bitte/Entschuldigen Sie/Wie? (après 31)			33
			Was?/Ich verstehe nicht/ Entschuldigung?/Wiederholen Sie bitte/Entschuldigen Sie/Wie? (après 33)			34
			Was?/Ich verstehe nicht/ Entschuldigung?/Wiederholen Sie bitte/Entschuldigen Sie/Wie? (après 34)			35
			Was?/ich verstehe nicht/ Entschuldigung?/Wiederholen Sie bitte/Entschuldigen Sie/Wie? (après 35)			36
			autre réponse (après 31)			37
			autre réponse (après 37)			36

Personnage	*Action / Consigne*	*Réponse attendue du joueur / Evénement*	*Énoncé*	*État*	*Ligne*	*État/ Ligne suivante*
Céline Steinbach	Aide action 2		*Wie viele Steine siehst du auf dem Boden?* [élocution plus lente]	3	3	32
			Schau die Steine unten an, wie viele sind das?	3	4	32
			Zähl die Steine. + pierres en surbrillance	3	5	38
			Ich glaube…, es sind drei Steine.	3	6	38
			Was? Zähl die Steine noch einmal!	3	7	32
Céline Steinbach	Conclusion action 2		*Ich verstehe jetzt, drei, für die drei kaputten Säulen. Du musst auf jede Säule wieder einen Stein setzen.*	3	8	E41
Céline Steinbach	Annonce action 3		*Schau dir die Steine gut an, auch ihre Form. Nimm einen Stein und setz ihn auf eine Säule, dort, wo sie kaputt ist.*	4	1	42
Joueur		Placement pierre 1	Action réussie	4	2	46
			Si le joueur ne fait rien (après E41)			43
			Si le joueur ne fait rien (après E43)			44
			Si le joueur ne fait rien (après E44)			45
		Si réponse locutée	*Was?/Ich verstehe nicht/ Entschuldigung?/Wiederholen Sie bitte/Entschuldigen Sie/Wie?* (après 41)			43

Personnage	*Action / Consigne*	*Réponse attendue du joueur / Evénement*	*Énoncé*	*État*	*Ligne*	*État/ Ligne suivante*
			Was?/Ich verstehe nicht/ Entschuldigung?/Wiederholen Sie bitte/Entschuldigen Sie/Wie? (après 43)			44
			Was?/Ich verstehe nicht/ Entschuldigung?/Wiederholen Sie bitte/Entschuldigen Sie/Wie? (après 44)			45
Céline Steinbach	Aide action 3		*Nimm einen Stein und setz ihn auf eine Säule.* [élocution lente]	4	3	42
			Nimm diesen Stein (pierre 1 en surbrillance) und setz ihn auf diese Säule (colonne 1 en surbrillance)	4	4	42
			Nimm diesen Stein (pierre 1 en surbrillance) *und setz ihn auf diese Säule* (colonne 1 en surbrillance) + déplacement automatique de la pierre.	4	5	46
Céline Steinbach	Conclusion action 3		*Sehr gut, machen wir weiter und lass uns jetzt das Gewölbe reparieren.*	4	6	E51

Tableau B : extrait du dialogue de la scène 2 (version 1.0). Découverte de la rosace.

Personnage	*Action / Consigne*	*Réponse attendue du joueur / Événement*	*Énoncé*	*État*	*Ligne*	*État/ Ligne suivante*
Céline Steinbach	Interaction		*Wow, was für eine wunderbare Rosette! Wie findest du sie?*	1	1	12

Personnage	*Action / Consigne*	*Réponse attendue du joueur / Événement*	*Énoncé*	*État*	*Ligne*	*État/ Ligne suivante*
Joueur		Réponse locutée	*schön / wunderbar / super / prächtig / hübsch*	1	2	16
			hässlich / unschön / nicht schön / nicht hübsch			13
			Ich weiß nicht/ Ich verstehe nicht / Was? / Entschuldigung? / Wiederholen Sie / Entschuldigen Sie / Wie? / Pas de réponse			14
Céline Steinbach			*Ah? Wirklich? Nun gut, wir werden also versuchen, sie schöner zu machen!*	1	3	16
Céline Steinbach			*Denkst du, dass die Rosette schön ist?*	1	4	15
Joueur		Réponse locutée	*ja / natürlich / in der Tat / absolut / das stimmt / Es geht. / schön / wunderbar / super / prächtig / hübsch*	1	5	16
			nein / überhaupt nicht / absolut nicht / hässlich / unschön / nicht schön / nicht hübsch			13
			Ich weiß nicht/ Ich verstehe nicht / Was? / Entschuldigung? / Wiederholen Sie / Entschuldigen Sie / Wie? / Pas de réponse			16
Céline Steinbach	Monologue en compréhension		*Ach ja, ich habe gehört, die Rosette hat eine sehr symbolische Bedeutung: Sie spiegelt die Welt wieder. Jede Farbe stellt ein Naturelement dar.*	1	6	E21

Personnage	*Action / Consigne*	*Réponse attendue du joueur / Événement*	*Énoncé*	*État*	*Ligne*	*État/ Ligne suivante*
	Interaction		*Im Tagebuch gibt es fünf Elemente: das Wasser, die Erde, die Felder, die Bäume und den Himmel.*	2	1	22
Céline Steinbach			*Siehst du den gelben Kreis in der Rosette?*	2	2	23
Joueur		Réponse locutée	*ja / natürlich / in der Tat / absolut / gelb / ich sehe*	2	3	26
			nein / überhaupt nicht / absolut nicht / keine Farben (1ère fois)			24
			nein / überhaupt nicht / absolut nicht / keine Farben (2ème fois)			25
			nein / überhaupt nicht / absolut nicht / keine Farben (3ème fois)			26
			Ich weiß nicht/ Ich verstehe nicht / Was? / Entschuldigung? / Wiederholen Sie / Entschuldigen Sie / Wie? / Pas de réponse (1ère fois)			24
			Ich weiß nicht/ Ich verstehe nicht / Was? /Entschuldigung? / wiederholen Sie / entschuldigen Sie / wie? / Pas de réponse (2ème fois)			25
			Ich weiß nicht/ Ich verstehe nicht / Was? / Entschuldigung? / Wiederholen Sie / entschuldigen Sie / Wie? / Pas de réponse (3ème fois)			26

Personnage	*Action / Consigne*	*Réponse attendue du joueur / Événement*	*Énoncé*	*État*	*Ligne*	*État/ Ligne suivante*
Céline Steinbach			*Vor dir ist Gelb. Siehst du es?*	2	4	22
Céline Steinbach			*Dort, Gelb, siehst du es?* (cercle jaune en surbrillance)	2	5	22
Céline Steinbach			*Ich denke, dass Gelb die Felder darstellt. Gelb ist die Farbe des Weizens.*	2	6	27

Document interne du projet EVEIL-3D. Lot de travail 4. Élaboré par Mickaël Roy et Laurence Schmoll.

Annexe 19 : Plan de la crypte – scène du recueil R_3

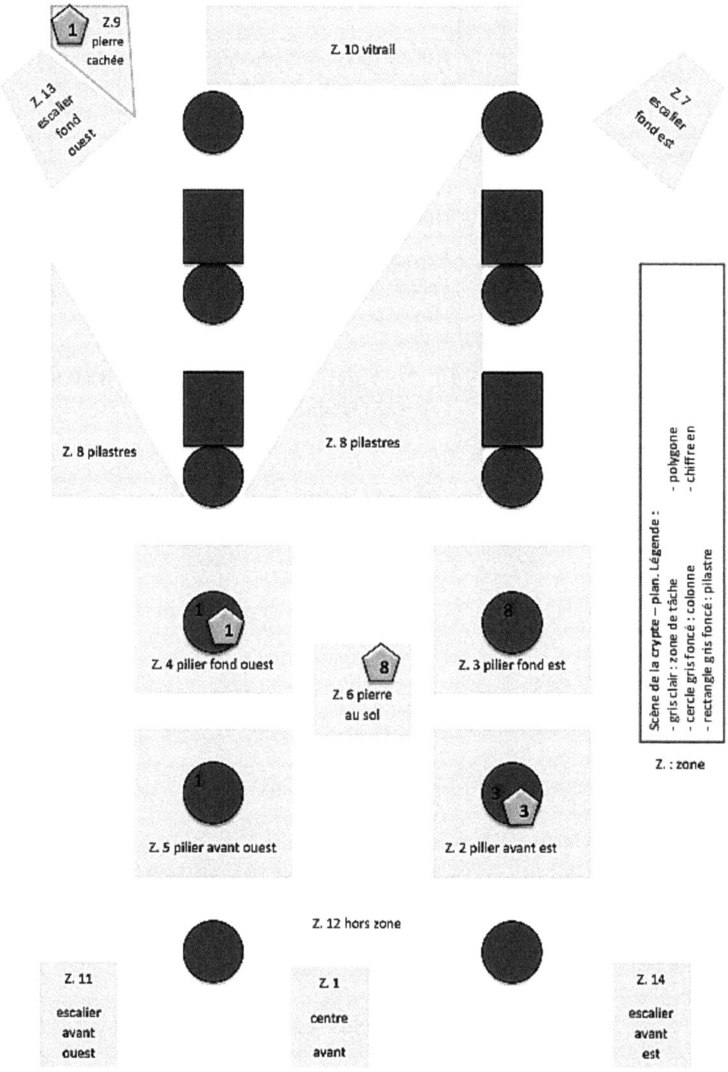

Document interne du projet EVEIL-3D. Lot de travail 4. Élaboré par Mickaël Roy et Laurence Schmoll.

Annexe 20 : Représentation à branches du dialogue du recueil R_3

Schéma A : zone 4 dans la crypte.

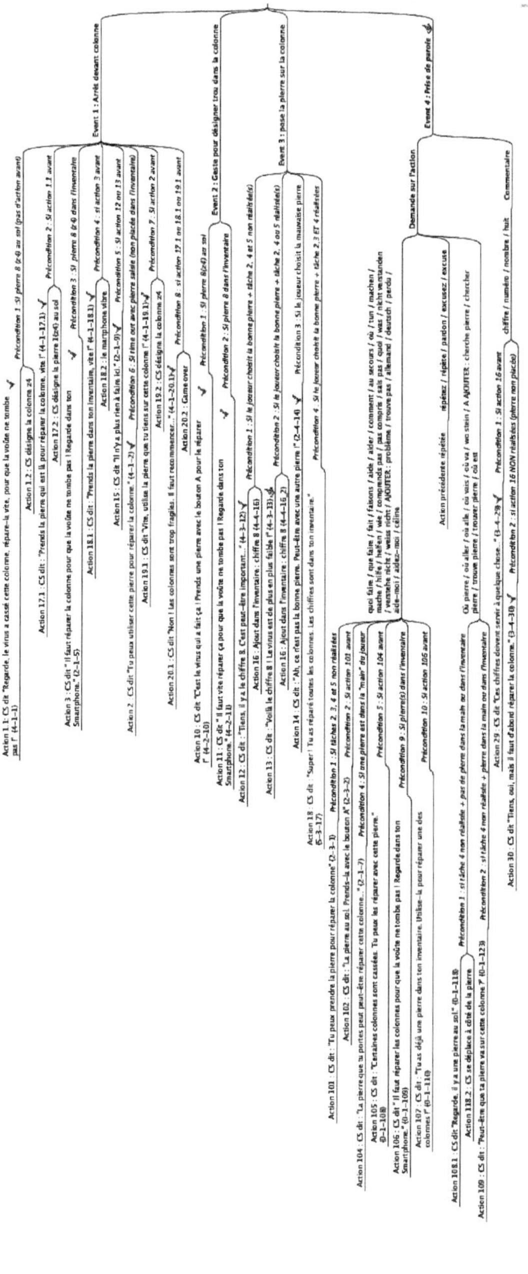

Document interne du projet EVEIL-3D. Lot de travail 4. Élaboré par Mickaël Roy et Laurence Schmoll.

Schéma B : demande linguistique dans l'ensemble des zones.

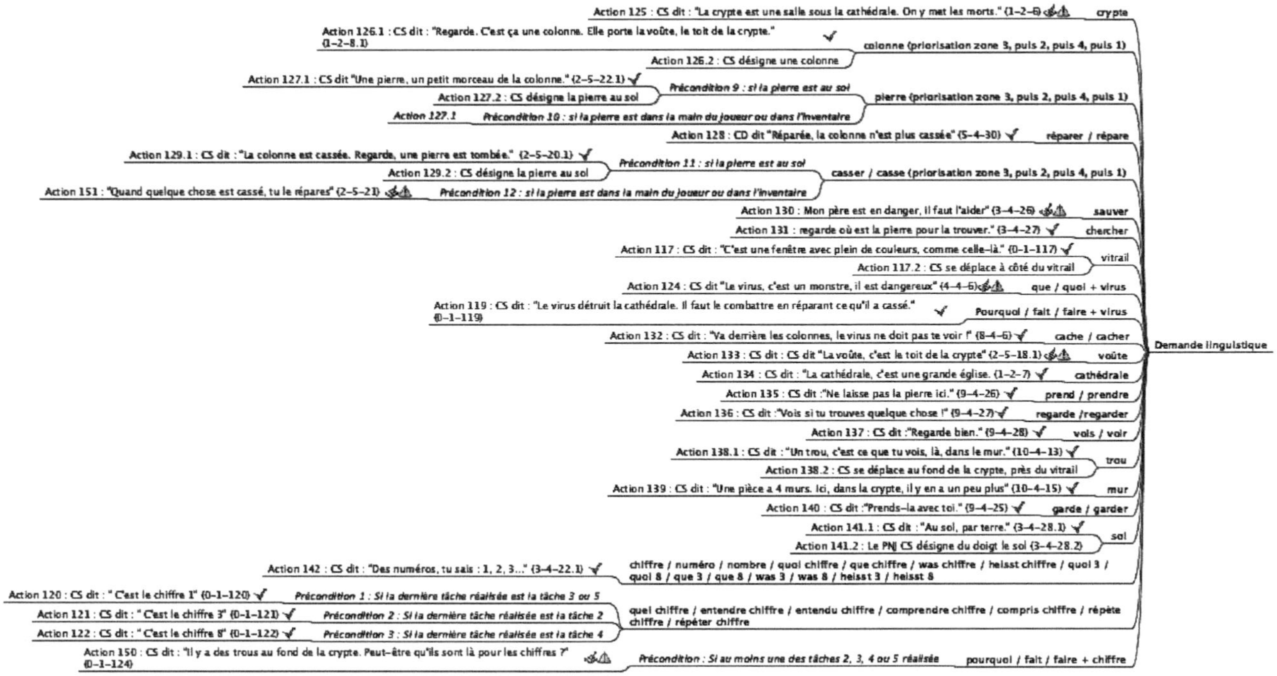

Document interne du projet EVEIL-3D. Lot de travail 4. Élaboré par Mickaël Roy et Laurence Schmoll.

Annexe 21 : Fréquence des ruptures de la situation de communication

Recueil 2	*Inaction prolongée*	*Interactivité compensatoire*	*Total*
D02_0501	0	2	0
D02_0502	3	2	5
D02_0503	19	0	19
D02_0504	3	3	3
D02_0505	18	0	18
D02_0506	1	1	2
D02_0507	1	0	1
D02_0508	2	1	3
D02_0509	4	0	4
D02_0510	0	1	1
D02_0512	0	0	0
D02_0513	9	0	9
D02_0514	0	0	0
D02_0602	0	0	0
D02_0603	10	1	11
D02_0604	5	12	17
D02_0605	12	1	13
D02_0606	1	0	1
D02_0608	0	0	0
D02_0609	0	1	1
D02_0610	0	1	1
D02_0612	0	0	0
TOTAL	88	26	114
Nombre dialogues	13	9	16
Médiane	1	1	2

Recueil 3	*Inaction prolongée*	*Interactivité compensatoire*	*Total*
LD01-01	1	10	11
LD01-02	1	8	9
LD01-03	0	1	1
LD01-04	0	0	0
LD01-05	0	0	0
LD01-06	0	0	0
LD01-07	0	0	0
LD01-08	0	0	0
TOTAL	2	19	21
Nombre dialogues	2	3	4
Médiane	0	0	3

Annexe 22 : Équilibre entre interaction verbale et interactivité

Transcription codée de l'immersion de François (D02_0506).

Codage	N°	Transcription
	1	• <05:38> PNJ : *Hallo, hörst du mich?* *<05:40>*
..Production langue cible	2	• **E : *Ja. <05:43>***
	3	• PNJ : *Wow, wir sind in der Krypta, unter der Kathedrale. Das ist unglaublich! Stell dir vor! Du bist jetzt im Jahr 1015! Da hat man begonnen, die Kathedrale zu erbauen! Hier in der Krypta befindet sich der erste Stein der Kathedrale! Siehst du alle diese Säulen? Sie tragen das Gewölbe der Krypta. Stimmt, das ist eine Konstruktion aus der Romanik. Aber... aber, es gibt ein Problem! Schau auf den Boden, was siehst du dort?* <06:25>
..Production langue cible	4	• **E : *Es fehlen Stücke von der Saüle. <06:32>***
	5	• PNJ : *Was liegt auf dem Boden?* (répétition) <06:38>
..Production langue cible	6	• **E : *Stücken von *die Saülen, die kaputt sind. <06:43>***
	7	• PNJ : *Schau auf den Boden, was siehst du?* (répétition) <06:52>
..Stratégies communication	8	• **E : *Saüle* ? (bruits venant de l'extérieur) <07:03>**
	9	• PNJ : *Drei Säulen sind kaputt. Nur eine einzige Säule trägt noch das Gewölbe, das ist zu schwer! Wenn das Gewölbe einstürzt, wird die Krypta zerstört! Schnell, die Säulen müssen repariert werden! Wie viele Steine siehst du?* *<07:28>*
..Production langue cible	10	• **E : *Drei.* <07:29>**
	11	• PNJ : *Ich verstehe jetzt, drei, für die drei kaputten Säulen. Du musst auf jede Säule wieder einen Stein setzen. Schau dir die Steine gut an, besonders ihre Form. Nimm einen Stein und setz' ihn auf eine Säule, dort, wo sie kaputt ist.* *<07:53>*
..Interactivité de réalisation	12	• **[E passe son laser d'une pierre ou colonne à une autre]** *<08:06>*
	13	• PNJ : *Nimm einen Stein und setz' ihn auf eine Säule.* (répétition) <08:11>
..Interactivité compensatoire	14	• **[E passe son laser d'une pierre ou colonne à une autre]** *<08:32>*
	15	• PNJ : *Nimm diesen Stein und setz' ihn auf diese Säule.* (colonne en surbrillance) (répétition) <08:39>
..Interactivité de réalisation	16	• **[E place une pierre sur une colonne](réussite) <08:42>**
	17	• PNJ : *Sehr gut, machen wir weiter und lass uns jetzt das Gewölbe reparieren. Nimm den zweiten Stein und setz' ihn auf eine kaputte Säule.* (pierre en surbrillance) <08:54>
..Interactivité de réalisation	18	• **[E place une pierre sur une colonne](réussite) <08:58>**
	19	• PNJ : *Sehr gut, kommen wir zum Ende! Nimm den dritten Stein und setz' ihn auf die letzte kaputte Säule.* *<09:09>*
..Interactivité de réalisation	20	• **[E place une pierre sur une colonne] <09:12>**
	21	• PNJ : *Puhh, die Kathedrale steht noch... bravo! So ein Glück, die drei Säulen sind jetzt repariert. Das romanische Gewölbe wird von vier Säulen getragen. Und die stehen jetzt wieder! Denn jede Säule trägt ein bisschen das Gewölbe. So war das in der Romanik. Achtung, du wirst in ein neues Jahr eintreten!* *<09:37>*
	22	• (Changement de scène) <09:56>
	23	• PNJ : *Wow, was für eine wunderbare Rosette! Wie findest du sie?* *<10:03>*
..Production langue cible	24	• **E : *Schön. <10:07>***
	25	• PNJ : *Ach ja, ich habe einmal gehört, die Rosette hat eine sehr*

symbolische Bedeutung: Sie spiegelt die Welt wieder. Jede Farbe stellt ein Naturelement dar... Im Tagebuch gibt es fünf Elemente: das Wasser, die Erde, die Felder, die Bäume und den Himmel. Siehst du den gelben Kreis in der Rosette? <10:42>

..Production langue cible — 26 • **E : *Ja. <10:46>***

27 • PNJ : *Ich denke, dass Gelb die Felder darstellt. Gelb ist die Farbe des Weizens. Du musst die Rosette mit den anderen Farben anmalen: Hellblau, Dunkelblau, Grün und Braun für das Wasser, die Erde, die Bäume und den Himmel. Gut! Was ist die Farbe des Wassers? <11:14>*

..Production langue cible — 28 • **E : *Blau.* <11:17>**

29 • PNJ : *Nimm die blaue Farbe und bemal' die Rosette damit. <11:23>*

..Interactivité de réalisation — 30 • **[E place la couleur bleue sur la rosace] <11:29>**

31 • PNJ : *Ah! So ist es schon besser! Was ist die Farbe der Erde? Weißt du das? <11:39>*

..Production langue cible — 32 • **E : *Grün. <11:42>***

33 • PNJ : *Nein, die Erde ist nicht grün... <11:49>*

..**Inactivité prolongée** — 34 • **[E ne fait rien] <11:55>**

35 • PNJ : *Welche Farbe hat die Erde?* (répétition) <11:57>

..Production langue cible — 36 • **E : Braun. <12:02>**

37 • PNJ : *Nimm Braun und mal' die Rosette damit an. <12:11>*

..Interactivité de réalisation — 38 • **[E cherche la couleur] <12:59>**

39 • PNJ : *Mal' die Rosette mit Braun an.* (répétition) <12:46>

..Interactivité de réalisation — 40 • **[E essaie une couleur] <12:59>**

41 • PNJ : *Nimm Braun und mal' damit die Rosette an.* (répétition) <13:05>

42 • [I montre la couleur sur le Smartphone]. *<13:13>*

..Interactivité de réalisation — 43 • **[E essaie une couleur] <13:28>**

44 • PNJ : *Braun...in die Rosette...* (débit lent) <13:32>

..Interactivité de réalisation — 45 • **[E essaie une couleur] <13:40>**

46 • [I montre la couleur sur le Smartphone] *<14:02>*

..Interactivité de réalisation — 47 • **[E place la couleur sur la rosace] <14:07>**

48 • PNJ : *Weiter geht's! Was ist deiner Meinung nach die Farbe der Pflanzen? <14:15>*

..Production langue cible — 49 • **E : *Grün... Grün.* <14:18>**

50 • PNJ : *Gut, nimm Grün und mal' die Rosette damit an. <14:25>*

..Interactivité de réalisation — 51 • **[E place le vert sur la rosace]. <14:29>**

52 • PNJ : *Das wird langsam schön! Jetzt ist noch Blau für den Himmel übrig. Mal' die Rosette damit an. <14:40>*

..Interactivité de réalisation — 53 • **[E cherche une couleur]. *<15:02>***

54 • [I intervient pour montrer ou mettre la couleur] <15:12>

..Interactivité de réalisation — 55 • **[E place la couleur bleue sur la rosace] <15:17>**

56 • PNJ : *Die Rosette ist fertig, sie ist wunderbar! Siehst du, sie stellt die Erschaffung der Welt dar. Das hast du gut gemacht! Achtung, du wirst jetzt in ein neues Jahr eintreten...*

57 • (Fin de la simulation) <15:27>

Annexe 23 : Posture des élèves pendant l'immersion

Dispositif R_2 :

Dispositif R_3 :

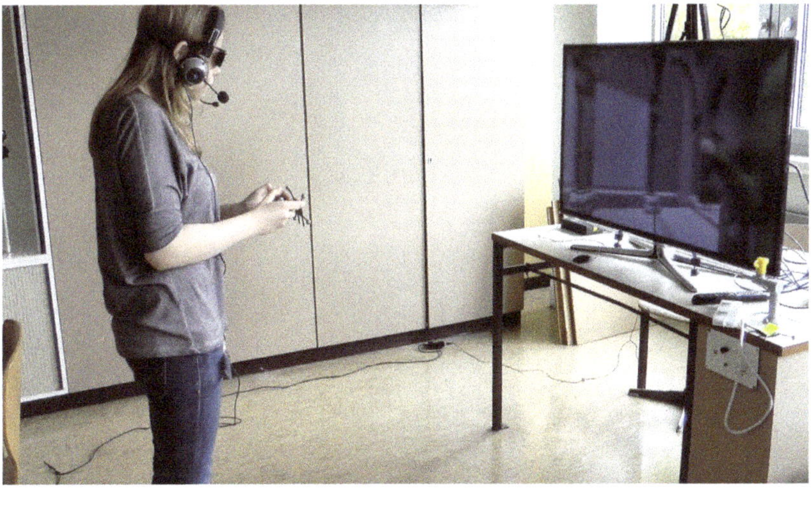

MEHRSPRACHIGKEIT IN EUROPA
MULTILINGUALISM IN EUROPE

Edited by
Demeter Michael Ikonomu & Ernst Kretschmer &
Gérald Schlemminger

Vol. 1 Demeter Michael Ikonomu
Regeln und kein Ende
Mehrsprachigkeit funktioniert anders: Plädoyer gegen die Künstlichkeit im Fremdsprachenunterricht
2010. ISBN 978-3-0343-0383-5

Vol. 2 Anemone Geiger-Jaillet (Hrsg.)
Lehren und Lernen in deutschsprachigen Grenzregionen
2010. ISBN 978-3-0343-0399-6

Vol. 3 Béatrice Giribone-Fritz, Renate Krüger & Chantal Muller
Europa in Sagen und Märchen
Ein anderer Zugang zu europäischen Kulturen und Sprachen für den Fremdsprachenunterricht der Grundschule
2010. ISBN 978-3-0343-0398-9

Vol. 4 Stéphane Borel
Langues en contact – Langues en contraste
Typologie, plurilinguismes et apprentissages
2012. ISBN 978-3-0343-1060-4

Vol. 5 Julia Putsche
Spracheinstellungen von Grundschülerinnen und Grundschülern in einer Grenzregion
Qualitative Untersuchung in zwei paritätisch unterrichteten ersten Klassen mit Zielsprache Französisch
2011. ISBN 978-3-0343-1052-9

Vol. 6 Alain Kamber & Carine Skupien Dekens (éds)
Recherches récentes en FLE
2012. ISBN 978-3-0343-1129-8

Vol. 7 Francisco Javier Díaz-Pérez, María Belén Díez-Bedmar, Paula García-Ramírez & Diego Rascón-Moreno (eds)
Global Issues in the Teaching of Language, Literature and Linguistics
2013. ISBN 978-3-0343-1255-4

Vol. 8 Sabine Ehrhart
Europäische Mehrsprachigkeit in Bewegung: Treffpunkt Luxemburg
Des plurilinguismes en dialogue: rencontres luxembourgeoises
2014. ISBN 978-3-0343-1400-5

Vol. 9 Demeter Michael Ikonomu
Bindungsqualität zwischen Eltern und Kind in der zweisprachigen Erziehung
2014. ISBN 978-3-0343-1610-1

Vol. 10 Michael Langner & Vic Jovanovic (Hg.)
Facetten der Mehrsprachigkeit / Reflets du plurilinguisme
Die Wahl der Sprachen: Luxemburg in Europa / Le choix des langues : le Luxembourg à l'heure européenne
2016. ISBN 978-3-0343-1688-0

Vol. 11 Alicia Yllera et Julián Muela Ezquerra (éds.)
Plurilinguisme dans la littérature française
2016. ISBN 978-3-0343-2021-4

Vol. 12 Mickaël Roy, Meryl Kusyk, Gérald Schlemminger et Dominique Bechmann (éds.)
Environnements numériques et interactions en langue étrangère : du formel à l'informel, du réel à la réalité virtuelle
Fremdsprachliches Handeln in digitalen Umgebungen: vom formellen zum informellen Lernen, real und virtuell
Digital Environments and Foreign Language Interaction: Formal and Informal Learning in Real and Virtual Worlds
2016. ISBN 978-3-0343-2028-3

Vol. 13 Mickaël Roy
La réalité virtuelle pour l'apprentissage des langues
Une étude auprès d'adolescents apprenant le français ou l'allemand
2017. ISBN 978-3-0343-2820-3

www.ingramcontent.com/pod-product-compliance
Ingram Content Group UK Ltd.
Pitfield, Milton Keynes, MK11 3LW, UK
UKHW021132041026
8980IPUK00034B/1738

9 783034 328203